سفر الخلود

من مملكة الضباب الى جمهورية القباب

(الجزء الأول)

بيت العلم للنابهين ....
....
ص. ب ١٤/٥٧٣٣ ـ المزرعة ـ بيروت ١١٠٥٢٠٧٠ ـ لبنان ـ هاتف : ٠١/٥٥٠٩٩٢

سفر الخلود

من مملكة الضباب الى جمهورية القباب

سلسلة ندوات دائرة المعارف الحسينية في العراق

(غرة شعبان ١٤٣٣هـ - ١٩ ذو القعدة ١٤٣٣هـ)

(٢١ حزيران- ٦ سبتمبر ٢٠١٢م)

الدكتور نضير الخزرجي

الجزء الأول

بيت العلم للنابهين

بيروت - لبنان

الفهرس

مقدمة الناشر

يقتضي المنطق التعريف بالانجازات الكبرى، والحديث عنها وعن أهميتها وفوائدها، وعكس ذلك يعتبر ظلماً ونكراناً لتلك الانجازات، كما تقتضي الحكمة إعلام الناس حقيقة بعض الأفراد ومستواها العلمي ونتاجاتها وعطاءاتها الفكرية والأدبية والعلمية، التي لا هدف لهم منها سوى إحياء التراث الفكري وإغناء المكتبة الإسلامية بكل ما يفيد الأمة من فكر وعلم.

ويقتضي العدل أن يُعطى المستَحِقُّ ما يستحقّه كاملاً من دون إجحاف بحقّه، والتعريف بمنجزاتهم سواء كانت فكرية وعلمية أو غير ذلك على مبدأ لا تبخسوا الناس أشياءهم.

والمنطق والحكمة والعدل تحتم علينا الحديث والتعريف بإنجازٍ ومنجزٍ فريدين في عصرنا الحالي ونكاد نجزم أنهما كذلك في العصور القادمة عنيت بهما دائرة المعارف الحسينية الكبرى التي شارفت أجزاؤها على الألف جزء، من إنجاز مؤلفها سماحة آية الله الفقيه الشيخ محمد صادق محمد الكرباسي دام ظله بما يعطيهما حقهما لكي لا نجافي العدل والإنصاف.

أهمية المُنجَزُ ومكانة المُنجِزُ حتّما على العاملين في المركز الحسيني للدراسات في لندن أن يسعوا مشكورين للتعريف بهما في بلاد الله، فتركوا الراحة والاستقرار ليطوفوا البلاد عاقدين الندوات تلو الندوات تعريفاً وشرحاً وتوضيحاً، ولم يكن العراق من شماله الى أقصى جنوبه إلا واحداً من تلك البلدان التي جابته تلك الثلة المخلصة حاملين بين ظهرانيهم الأجزاء الصادرة

من تلك الموسوعة مع ما تختزنه قرائحهم من معلومات قيمة عن ذلك المُنجَز الكبير وعن ذلك المنجِز العَلم شارحين ومبينين كل ما يتعلق بدائرة المعارف الحسينية من أجزائها الى أبوابها الستين، ومحدثين عن فكر وعطاء وجهد سماحة الشيخ الكرباسي أعزه المولى الذي سكبه فيها على مدى ثلاثة عقود تقريباً، ونذر عمره لها، فلم تثنه آلام أو أحزان أو عقبات أو تقاعس وتقصير من كان يجدر بهم تقديم الدعم والإسناد له مادياً ومعنوياً.

هو مسعى مبارك، كانت له أصداؤه الطيبة في كل البلدان التي عقدت فيها تلك الندوات، لاسيما في مدينة بلد القباب العراق المحتضن لجدث سيد الشهداء الإمام الحسين بن علي بن أبي طالب ﷿، المنتفض على الظلم والطغيان، والمؤسس لذلك النهج المتبع حتى يومنا هذا.

هذا الكتاب بجزأيه يضم بين دفتيه تفصيلاً عن تلك الندوات التي عقدت في العراق من الشمال الى أقصى الجنوب، والمحاضرات التي قدمت والقصائد التي ألقيت، الى جانب الإشارة الى ما أبداه الناس من اهتمام في تلك المدن الطيبة بهذه الموسوعة وما قدّموه من تسهيلات لتلك الندوات من استضافة وتأمين القاعات، ناهيك عن الاستقبال الطيب واللائق بهم وبالوفد، بما نعجز عن وصفه في هذه العجالة، إلا أن مضمون الكتاب أوفى بذلك، ولا بد هنا من ذكر جهد الفاضل الدكتور نضير الخزرجي الذي إضافة إلى دوره الفاعل في الوفد عمل على جمع هذا الكتاب وتنسيقه ومراجعته، فأوفى في سعيه، وأتقن في عطائه.

إليكم أيها القرّاء الأعزاء نقدم هذا الكتاب، منطلقين من مبدأ المنطق والانصاف والحكمة والعدل إسهاماً منّا في التعريف بالمنجَز الكبير والمنجِز العليم، لانروم إلا رضا الخالق عز وجل، ففي رضاه الغنى عن كل شيء، والحمد لله رب العالمين.

١٥/ ذو الحجة/ ١٤٣٧هـ
١٦/ أيلول/ ٢٠١٦م

المقدمة

منذ أن وقفت على حجم دائرة المعارف الحسينية ودور رائدها ومحررها آية الله الدكتور الشيخ محمد صادق الكرباسي في توثيق وتنقيح تراث النهضة الحسينية، كانت الرغبة تحدوني لأن يقف الناس على ما وقفت عليه، ولسان الحال: ﴿يَلَيْتَ قَوْمِي يَعْلَمُونَ﴾ [1]، وهذا يتأتى من خلال الإعلام الذي له وسائل وطرق مختلفة.

والإعلام في واقعه نقل لحدث أو واقعة، وليس هو الحدث بنفسه، وما نراه من تبعات لخبر ما إنما هو أصداء لذلك الحدث أو الواقعة، ومع هذا فإن للنبأ تأثيره الكبير لأن يخلق أحداثاً أخرى في السلب والإيجاب.

والندوات والمهرجانات والأُصبوحات والأُمسيات وأمثالها من المسميات، في واقعها حوادث ووقائع تحمل معها صبغة الإعلام، أي انها «الحدث» الذي يأتي رجل الإعلام لنقلها الى الآخر عبر وسائل الاتصال والإعلام المختلفة، ولكنها في الوقت نفسه إعلام عن شيء يُراد لمجموعة من الناس التعرف عليه ومن ثم إشاعته بالطرق المتاحة، ومن هنا كانت الرغبة تشدني الى أن يُصار إلى عقد ندوات، في العراق بخاصة وعواصم العالم بعامة، للتعريف بالموسوعة الحسينية التي أجدها

---

(١) سورة يس: ٢٦.

مظلومة حتى يومنا هذا، لا يعرف قدرها حتى الذين يزعمون أنهم قريبون من النهضة الحسينية.

وتفتّح برعم فكرة الندوات في العراق في عام ٢٠١٢م، وتشكلت في المركز الحسيني للدراسات في لندن خلية عمل كان يعسوبها المحقق الكرباسي الذي كان ولازال أكثرنا شباباً في الهمّة والعزيمة، فاستنفرت القوى والإرادات على قلة العدد والناصر، وصار القرار أن تعقد الندوات في محافظات العراق الثمان عشرة خلال شهر شعبان من العام ١٤٣٣هـ (٢٠١٢م)، على أن هناك ندوات معدودة حصلت قبل هذا التاريخ[1]،

---

[1] سبق سلسلة الندوات المكثفة في العراق في الفترة (٢١/٦ - ٦/٩/٢٠١٢م)، مجموعة من الندوات والمهرجانات التي شاركت فيها دائرة المعارف الحسينية أو ساهمت في إقامتها، منها:

المهرجان الكبير الذي أقامته حركة الحقوق الجعفرية الباكستانية (تحريك حقوق جعفري باكستان) في قاعة الحمراء وسط مدينة لاهور يوم ١٥/٤/١٩٩٤م، حيث تحدث ممثل دائرة المعارف الحسينية العلامة الشيخ صالح بن محمد الكرباسي عن مسيرة الموسوعة ومؤلفها الشيخ محمد صادق الكرباسي.

حفل تكريم مؤلف الموسوعة الحسينية المحقق الكرباسي الذي جرى في فندق السفير في حي السيدة زينب(ع) في دمشق يوم ٣٠/٧/٢٠٠٥م بحضور وفد من المركز الحسيني للدراسات في لندن تمثل بالدكتور عبد العزيز شبّين والدكتور وليد البياتي، وفيه مُنح المؤلف شهادات دكتوراه فخرية من عدد من الجامعات.

الحضور في مهرجان ربيع الشهادة الدولي الخامس وفيه ألقيت يوم ٢٠٠٩/٧/٢٨م كلمة في العتبة الحسينية المقدسة، وهذا مهرجان تشرف عليه العتبتان المقدستان الحسينية والعباسية وانعقد في الفترة ٢٦ - ٣٠/٧/٢٠٠٩م، حيث حضرت المهرجان ممثلا عن المركز الحسيني للدراسات في لندن.

كلمة ألقيتها في مهرجان «يوم كربلاء» الذي عقدته الحكومة المحلية في كربلاء المقدسة يوم ١٤/٧/٢٠١٠م، فقد حضرت المهرجان ممثلاً عن المركز الحسيني للدراسات بدعوة رسمية من محافظ المدينة المهندس آمال الدين الهر، وكانت لعضو الوفد الزائر من لندن الدكتور عبد العزيز مختار شبين قصيدة بالمناسبة ألقاها في الحفل.

شاركت مع الدكتور عبد العزيز شبين والأستاذ علاي التميمي والمستشار القانوني خليل المرعشي في مهرجان ربيع الشهادة الدولي السادس المنعقد في كربلاء المقدسة في =

وبدأت خلية العمل تتحرك مستفيدة في بعض الندوات من جهود مكتب دائرة المعارف الحسينية في كربلاء المقدسة، ومن العلاقات الشخصية المباشرة أو عبر طرف آخر، واستطاعت الخلية في أسابيع قليلة من تنظيم عقد الندوات في محافظات العراق بالتنسيق مع الجهات المنظمة، الشخصية والرسمية، التي كان لها كبير الأثر في نجاح الندوات، وبقيت مدينة الأنبار في غرب العراق خارج الإمكان رغم وجوده في قلب خطة العمل حيث لم تكن الأوضاع الأمنية مساعدة لعقد الندوة، مع ان الإصرار، كان قائماً وما زال، على عقدها حتى لا تُحرم مدينة من مدن العراق من بركات الإمام الحسين ﷺ، وقد جرت مداولات مع جهات حكومية وعدد من أعضاء مجلس النواب العراقي في عقد الندوة في مدينة الرمادي قاعدة محافظة الأنبار، ولكن الخيرة ما اختاره الله في تأجيلها لوقت آخر.

= الفترة (١٦-٢١/ ٧/ ٢٠١٠م) وفي اليوم الرابع من الحفل (١٩/ ٧/ ٢٠١٠م) ألقى الدكتور عبد العزيز مختار شبّين قصيدة في تخليد النهضة الحسينية وتمجيد الموسوعة الحسينية، وذلك في المهرجان الشعري المنعقد في العتبة العباسية المشرّفة.

شاركت مع الدكتور صلاح الخطيب (سويسرا) وفضيلة الشيخ عبد العزيز الحبيب (الكويت) في «مؤتمر عاشوراء الدولي الخامس» في العاصمة السنغالية داكار يوم ٢٠١١/١/٢٩م والذي دعت إليه مؤسسة المزدهر الدولية، وفيه ألقيت كلمة بالعربية وأخرى للدكتور الخطيب بالفرنسية، وفي اليوم التالي عقدت ندوة موسعة في أحد أحياء العاصمة تحدثت بالتفصيل عن الموسوعة الحسينية مع معرض خاص بأجزاء الموسوعة المطبوعة.

في بغداد نظم المركز الحسيني للدراسات في لندن مع دار الشؤون الثقافية وزارة الثقافة العراقية ندوة ثقافية بعنوان «العمل الموسوعي في دائرة المعارف الحسينية»، وبحضور نحو ٢٠٠ مثقف وأديب وشاعر من جنسيات مختلفة؛ مثّل المركز فيها الإعلامي فراس الكرباسي، وعقدت الندوة في الأيام الأولى من المعرض المقام في الفترة (٢٠-٤/ ٥/ ٥/ ٢٠١١م).

حضور الأستاذ علي التميمي ممثلا عن المركز الحسيني للدراسات المهرجان الشعري الدولي المنعقد في مدينة شادكان في خوزستان جنوب إيران منتصف كانون الثاني يناير ٢٠١٢م تحت شعار: «شعر عاشوراء وتأثيره على الصحوة الإسلامية»، وفيه ألقى الأستاذ عبد الرضا الخنيفري كلمة المركز.

٩

ولم يكن تنظيم الندوات لعقدها خلال شهر بالأمر اليسير، ولكن الهمّة كانت أعلى من التصور، وقد تحقق الأمر رغم استبعاد البعض انجازها ضمن الوقت المعين، وتخلف البعض عن الالتحاق مع وفد الموسوعة الحسينية في بداية الطريق رغم تعهده سلفا، والبعض تراجع في منتصف الطريق، والبعض كان الخوف يمسك بتلابيبه بين فترة وأخرى لاسيما وان حركة الوفد تتطلب في بعض الأحيان المرور من مناطق ساخنة أمنياً، ولكن الإرادة المستمدة من منبع الشهادة الحسينية كانت هي الساندة والواقية لنا في تجاوز العقبات الأمنية.

ومن المفارقات في مجال الوضع الأمني، أن أحد شيوخ[1] مدينة تلعفر كان قد هيأ لنا طعام العشاء بعد انتهاء ندوة الموسوعة الحسينية التي انعقدت عصر يوم الأحد ٢٠١٢/٧/٨م، وكانت الوليمة قد دخلت ضمن جدول العمل حينما كنا في لندن، ولكن الظرف الأمني وعامل الزمن لم يسمحا لنا بتلبية الدعوة، فالحركة من تلعفر الى بلدة تازه خورماتو[2] في كركوك، عبر مدينة الموصل مع مغيب الشمس محفوفة بالمخاطر، وهي تستغرق ما بين خمس الى ست ساعات، فتلبية الدعوة يتطلب منا المبيت حتى اليوم التالي، والبقاء يتقاطع مع ندوة محافظة أربيل التي ينبغي عقدها يوم الاثنين ٢٠١٢/٧/٩م حيث يتطلب الأمر السفر من تازه خورماتو الى أربيل في الصباح الباكر، فلم يقبل صاحب الدعوة اعتذارنا لولا تدخل

---

(١) هو الحاج فاضل عزيز آلاي بيك، المولود في تلعفر عام ١٩٥٠م، نشأ ودرس في مسقط رأسه، عمل بشهادته ثم انقطع الى الأعمال الحرة، ترك مسقط رأسه الى مدينة السليمانية بعد خروج مدينة تلعفر في حزيران ٢٠١٤م من سيطرة الحكومة المركزية.

(٢) تازه خورماتو: كانت مقر إقامتنا وتنقلنا على المحافظات الشمالية، وهي من توابع مدينة كركوك تقع على بعد ٢٠ كيلومتراً في الجنوب الشرقي، ومنها يمر طريق كركوك- بغداد، وهي كلمة تركمانية مركبة من ثلاث كلمات منفردة ومركبة وتعني مدينة «النمر والتوت الجديدة».

مدير شرطة تلعفر، وهو أحد ضيوف الندوة، الذي استحسن بشدة مغادرة تلعفر قبل حلول الليل وطلب من المضيّف تقبل الأمر الواقع بروح رياضية.

واليوم حينما أعود بالذاكرة الى تلك الأيام، أشعر بالفخر لما تم تحقيقه، فما بين وصولنا من لندن إلى بغداد يوم ٢٠١٢/٦/٢٠م وعقد أول ندوة في محافظة بابل يوم ٢٠١٢/٦/٢١م، هو أقل من ٢٤ ساعة، ولكن التنظيم المسبق والعزيمة والإصرار وتجاوب الراعين للندوات، عوامل هامّة ساهمت بشكل كبير في تقريب البعيد وتيسير العسير، بل كانت الصعوبات تزيد من الإصرار على تحقيق هذا المنجز المعرفي الإعلامي معاً، وزاد من ثقل المسؤولية عندما حللنا في العراق هو ارتفاع أعداد الندوات من ١٧ ندوة كما تم اقرارها في لندن الى ٢٦ ندوة وحفلتي تكريم، ولهذا سيجد القارئ أنه وفي يوم واحد تم عقد ثلاث ندوات في محافظة وقضاء وناحية، ورغم الإرهاق بفعل تقارب الندوات من حيث الزمان وتباعدها من حيث المكان، ولكن عطش الناس الى التعرف على الموسوعة الحسينية ورغبتنا في عرض الجوهرة المعرفية، خفَّف من الأعباء وشدّ من أزرنا، فالتجربة رغم ما حلّ فيها من مفارقات، فهي جميلة ومتعبة في آن واحد.

وفي هذا الكتاب نشرك القارئ بالنص والصورة، في هذه التجربة التي أسميناها «سفر الخلود .. رحلة الموسوعة الحسينية من مملكة الضباب الى جمهورية القباب»، في إشارة الى المملكة المتحدة التي تعرف بجزيرة الضباب والى العراق المشهور بقبابه من الجنوب الى الشمال، وهذا ما انعكس على الغلاف الذي انتصف الى قسمين، الجانب الأيمن مبدأ الحركة من المملكة المتحدة وما يحلّ من ضباب في عاصمتها لندن في بعض

المواسم الشتوية، والثاني مقصد الحركة الى العراق حيث قبة الإمام الحسين ﷺ في كربلاء المقدسة، محور الندوات كلها.

وفي العنوان تركنا كلمة «سفر» من غير حركة لنعطي للقارئ فرصة الحركة في أروقة حروف الكلمة ومعناها، فهل المقصود بالكملة الرحلة والسَفَر (بفتح السين والفاء) أم هي الكتاب الثمين (بكسر السين وسكون الفاء)؟ وكلاهما يعطيان المعنى المطلوب، فهي رحلة لركب الموسوعة الحسينية من المملكة المتحدة الى العراق توثِّق خلود النهضة الحسينية، والكتاب بذاته يوثق عظمة شأن دائرة المعارف الحسينية الرائدة والخالدة بخلود النهضة ورائدها الإمام الحسين ﷺ.

وتم وضع تسلسل الندوات حسب سياقها الزمني، وكل ندوة مجزّأة الى ثلاثة أقسام، الأول نص التقرير الذي حررناه بعد انتهاء كل ندوة وتم نشره في وسائل الإعلام المتنوعة باسم المركز الحسيني للدراسات، والثاني فقرات الندوة وما فيها من نصوص نثرية وشعرية، والقسم الثالث ضم ملاحق متعلقة بأجواء الندوة المعنية، إلى جانب مجموعة من أخبار مؤلف الموسوعة الحسينية الذي حلّ العراق بعد عشرة أيام من وصولنا إليه، الذي كان بحق سندنا، بعد الله ونبيه وأهل بيته، في كل خطوة وحركة على بساط ريح الموسوعة الحسينية التي تنقلت بين المدن والأقضية العراقية من البصرة حتى دهوك مروراً بالمحافظات العراقية الجنوبية والوسطى والشمالية.

وإذا كنا في هذه الحركة الماراثونية معدودي العدد والأنفار لا نتعدى أصابع اليد الواحدة، فإن الإيمان لم يغادرنا لحظة بأن الله، ببركة حبيبه محمد ﷺ وثاره سيد الشهداء الإمام الحسين ﷺ، هو معنا، لاعتقادنا الجازم بأن رسالة النهضة الحسينية ينبغي أن تصل إلى أطياف ومذاهب وأديان وأعراق الشعب العراقي، وهي رسالة الإنسانية التواقة الى الحرية والعيش برفاه وسلام ووئام، ورغم ثقل المسؤولية الواقعة على عاتقنا في

هذه المهمة الرسالية المحفوفة في بعض فقراتها بالمخاطر[1]، بيد أن قوله تعالى: ﴿إِنَّ إِبْرَهِيمَ كَانَ أُمَّةً﴾[2] كان ينير بصيرتنا قبل بصرنا، وأن قول رسول الإسلام ﷺ: «المؤمن وحده حجّة، والمؤمن وحدة جماعة»[3] كان يتلألأ أمام أنظارنا، بل إن شخصية مؤلف الموسوعة الحسينية العلامة الكرباسي وصورته كانت لا تغيب عن الذاكرة أبداً فهو الأسوة في التغلب على المصاعب وتحمل المتاعب، فهو أمّة في رجل، وقد أتى بما لم تأت به الأوائل، فكانت دائرة المعارف الحسينية التي فاقت الموسوعات السابقة والحاضرة كمّاً وكيفاً.

ولا شك ان هذه الندوات، بما فيها من نتائج معرفية نافعة، فتحت السبيل أمام ندوات أخرى إقليمية ودولية، لتعريف العالم بما تركته النهضة الحسينية لخلاص العالم[4].

---

(1) شاركنا في هذه المخاطر سائق السيارة الحاج محمد بن هادي بن عبيد بن حسون الغزالي، وهو من سكنة كربلاء المقدسة ولد في ناحية القادسية في مدينة النجف الأشرف عام ١٩٦٩م.

(2) سورة النحل: ١٢٠.

(3) الخصال: ٥٨٤/٢، الصدوق محمد بن علي، مؤسسة النشر الإسلامي، قم- إيران، ط ٤، ربيع الأول ١٤١٤هـ.

(4) أعقب سلسلة الندوات المكثفة في العراق في الفترة (٢١/٦- ٦/٩/٢٠١٢م)، مجموعة من الندوات والمهرجانات التي شاركت فيها دائرة المعارف الحسينية أو ساهمت في إقامتها، أو أقامها مكتب دائرة المعارف الحسينية في كربلاء المقدسة، منها:
ندوة في صحن مرقد أبناء الإمام الكاظم ﷺ في كربلاء المقدسة بتاريخ ٢٢/١٢/٢٠١٢م تحت شعار: (الموسوعة الحسينية انجاز حضاري تقدمي يهدف الى انقاذ الانسان من جميع اشكال الظلم الاجتماعي)، أقامها مكتب دائرة المعارف الحسينية في كربلاء المقدسة.
ندوة ثقافية في صحن مرقد أبناء الإمام الكاظم ﷺ في كربلاء المقدسة بتاريخ ٢٥/٢/٢٠١٣م تحت شعار: (الموسوعة الحسينية ثورة ثقافية وفكرية)، أقامها مكتب دائرة المعارف الحسينية في كربلاء المقدسة.
مشاركة وفد المركز الحسيني للدراسات المهرجان الدولي الأول الذي أقامته مؤسسة إدارة منهاج الحسين في مدينة لاهور في باكستان يومي ١٥/١٦/٦/٢٠١٣ تحت =

ولأن مشروع هذا الكتاب عبارة عن ندوات ولقاءات، فلابد من توثيق

<hr>

= عنوان: «مؤتمر الإمام الحسين ﷺ الدولي على ضوء دائرة المعارف الحسينية» وفيه ألقيت كلمة بالعربية، ومثلها ألقاها عضو الوفد فضيلة الشيخ فاضل الخطيب، وثالثة بالتركمانية ألقاها عضو الوفد الأستاذ عمر آلاي بيك، ورابعة باللغة الإنكليزية ألقاها عضو الوفد الدكتور وليد البياتي، وخامسة باللغة الأردوية ألقاها عضو الوفد فضيلة الشيخ هاشم الغديري.

المشاركة في مؤتمر الإمام الحسين ﷺ الدولي الثالث المنعقد يوم ١٢ محرم ١٤٣٥هـ /١٦ /١١ /٢٠١٣م) الذي دعت إليه الشبيبة المسلمة في لندن وأداره المهندس محمد رضا نضير الخزرجي، وفيه ألقى المستشار القانوني السيد خليل المرعشي ممثلا عن المركز الحسيني للدراسات كلمة عن دائرة المعارف الحسينية، كما أجرى معي عدد من الفضائيات حوارات عن آخر إصدارات دائرة المعارف الحسينية.

محاضرة لي عن (الإشراقات العلمية لدائرة المعارف الحسينية) ألقيتها في أمسية ثقافية في ديوانية الكتاب والأكاديميين الكويتيين في العاصمة الكويت مساء ٢٠١٤/٢/١م، وأعقبها حوارات مفتوحة عن دائرة المعارف الحسينية.

محاضرة لي عن (الموسوعة الحسينية وتجديد خطاب المنبر الحسيني) في أمسية ثقافية في ديوانية الأستاذ فيصل قاسم حيات في الكويت يوم ٢٠١٤/٢/٣م، وأعقبها حوارات مفتوحة عن دائرة المعارف الحسينية.

محاضرة لي عن (حيثيات نشأة دائرة المعارف الحسينية) في أمسية ثقافية خاصة بالنشاطات الكويتية انعقدت في حسينية البتول في الكويت يوم الأحد ٢٠١٤/٢/١٦م، وأعقبها حوارات مفتوحة عن دائرة المعارف الحسينية، وحضر الندوة التربوي الأستاذ طارق عبد الله الحبيب والناشطة الاجتماعية سارة عبد الله الحبيب.

محاضرة لي عن (معالم من الموسوعة الحسينية وسيرة مؤلفها) في أمسية ثقافية في ديوانية آل الحبيب في الكويت يوم ٢٠١٤/٣/١م، وأعقبها حوارات مفتوحة عن دائرة المعارف الحسينية.

مهرجان مجلس التعاون الخليجي الأول المنعقد في الكويت في فندق كراون بلازا عصر ومساء يوم ٢٠١٤/٣/٥م تحت عنوان: «الملتقى الثقافي عن دائرة المعارف الحسينية» والذي نظمته إدارة الوقف الشيعي في وزارة الأوقاف الكويتية بالتعاون مع جمعية المستقبل الثقافية وبالتنسيق مع المركز الحسيني للدراسات في لندن، وفيه ألقيت كلمة بوصفي ممثلا عن الموسوعة الحسينية.

ندوة ثقافية عامة عن الموسوعة الحسينية في مكتبة مداد العامة في قضاء الرميثة فى محافظة المثنى في آذار مارس ٢٠١٤م، أقامها مكتب دائرة المعارف الحسينية في كربلاء المقدسة.

=

١٤

الكلام بالصورة، وقد ضم الكتاب المئات من الصور تعكس وقائع الندوات ولقاءات سماحة الشيخ الكرباسي خلال وجوده في العراق إلى جانب الصور الشخصية لكل الذين رعوا وشاركوا في احياء الندوات والمهرجانات والأُصبوحات والأمسيات، وقد بذلنا الجهد في توثيق الأسماء وترجمتها لكي يتعرف القارئ عليها، وبعضها وهو أقل من القليل لم نتوصل اليها رغم الاتصالات والمراسلات بكل الوسائل المتاحة المباشرة وغير المباشرة، ولذلك فليعذرنا من وجد اسمه في الكتاب دون ترجمة لسيرته الذاتية، كما

= ندوة ثقافية في قاعة الغدير في محافظة السماوة يوم ١٣/٤/٢٠١٤م تحت عنوان: «الموسوعة الحسينية نهضة حضارية في فعلها الإنساني الخلاق»، مكتب دائرة المعارف الحسينية في كربلاء المقدسة.

ندوة ثقافية في صحن مرقد أبناء الكاظم ﷺ بتاريخ ٢٠/٤/٢٠١٤م تحت شعار: «نهضة الدائرة الحسينية جات وفق مقاييس نهضة السبط المحمدية»، أقامها مكتب دائرة المعارف الحسينية في كربلاء المقدسة.

ندوة ثقافية في قصر الثقافة والفنون في كربلاء المقدسة بمناسبة صدور الجزء ٨٦ من دائرة المعارف الحسينية وذلك يوم ٢٥/٥/٢٠١٤م، أقامها مكتب دائرة المعارف الحسينية في كربلاء المقدسة.

ندوة ثقافية في مضيف السيد أحمد السيد عباس الموسوي للتعريف بآخر انجازات الموسوعة الحسينية انعقدت يوم ١٨/٦/٢٠١٤م تحت شعار: «موسوعة العقيدة والولاء نور وعطاء»، أقامها مكتب دائرة المعارف الحسينية في كربلاء المقدّسة.

ندوة عامة في مضيف بني طرف في محافظة كربلاء المقدسة تحت شعار: «الموسوعة الحسينية نهضة إسلامية شامخة ذات بعد انساني راق» ٢٠/٦/٢٠١٤م، أقامها مكتب دائرة المعارف الحسينية في كربلاء المقدسة.

حضور وفد المركز الحسيني للدراسات في لندن المهرجان الدولي الثاني الذي أقامته مؤسسة إدارة منهاج الحسين في مدينة لاهور يوم ٢٢/٦/٢٠١٤م، وفيها ألقى عضو الوفد الزائر المستشار القانوني السيد خليل المرعشي كلمة باللغة الانكليزية، وثانية باللغة الأردوية ألقاها عضو الوفد فضيلة الشيخ هاشم الغديري.

ندوة ثقافية في مرقد ابناء الإمام الكاظم ﷺ في كربلاء المقدسة يوم ٢٥/٦/٢٠١٤م تحت شعار: (الموسوعة الحسينية آفاق من المعرفة)، أقامها مكتب دائرة المعارف الحسينية في كربلاء المقدسة.

فليعذرنا من شارك في ندوة من الندوات ولم يجد له في الكتاب ذكراً أو صورة، فقد بذلت الوسع حتى لا يضيع حق مشارك أو مساهم. ولابد من تقديم الشكر والعرفان لكل من ساهم في توفير التراجم والسير الذاتية للأسماء الواردة في الكتاب، جزاهم الله خيرا.

مدينة وندوة وشعار

عندما جرى القلم لعقد الندوات الخاصة بالموسوعة الحسينية في المحافظات العراقية، كان التصميم قائماً على أن تكون لكل ندوة شعارها يأتي منسجماً مع طبيعة المدينة التي سنزورها، لأن الشعار يمثل الواجهة والعلامة الفارقة منه يستطيع المرء أن يقرأ الكثير، وهي شعارات تم تحرير نصوصها في لندن، واعدادها في جداريات كبيرة في كربلاء المقدسة، وتم رفعها خلف منصّة كل ندوة.

وجاءت الشعارات، على النحو التالي حسب الترتيب الزماني لعقد المهرجانات والندوات والأُمسيات والأُصبوحات وحفلات التكريم:

(١)

مدينة الحلة (بابل)

«بابل جامعة الحضارات تحتضن الموسوعة الحسينية»

مركز بابل للدراسات الحضارية والتاريخية

الخميس: ٣٠ رجب ١٤٣٣هـ = ٢٠١٢/٦/٢١م

(٢)

مدينة الناصرية (ذي قار)

«الإمام الحسين نهضة تلد أخرى»

المؤسسة العراقية للثقافة والإعلام (ناس)

الجمعة: ١ شعبان ١٤٣٣هـ = ٢٠١٢/٦/٢٢م

(٣)

مدينة الكوت (واسط)
«دائرة سيد الإباء في ضيافة واسط الخضراء»

إتحاد الإذاعيين والتلفزيونيين العراقيين

السبت : ٢ شعبان ١٤٣٣هـ = ٢٠١٢/٦/٢٣م

(٤)

مدينة النجف الأشرف
«الموسوعة الحسينية تخترق دائرة العقائد الأخرى»

إتحاد الأدباء والكتاب في النجف الأشرف

الجمعة : ٨ شعبان ١٤٣٣هـ = ٢٠١٢/٦/٢٩م

(٥)

مدينة كربلاء المقدسة
«موسوعة حسينية أم ثورة معرفية»[1]

لجنة الشهداء والسجناء السياسيين في مجلس النواب العراقي

السبت : ٩ شعبان ١٤٣٣هـ = ٢٠١٢/٦/٣٠م

(٦)

قضاء الكوفة (النجف الأشرف)
«موسوعة سيد الإباء تسطع في سماء نجف الولاء»

لجنة العشائر في مجلس النواب العراقي

صباح الأحد : ١٠ شعبان ١٤٣٣هـ = ٢٠١٢/٧/١م

---

(١) هذا الشعار كان من اختيار اللجنة المنظمة لمهرجان كربلاء المقدسة الذي تبناه الشيخ محمد الهنداوي رئيس، لجنة الشهداء والسجناء السياسيين في سجل النواب العراقي للدورة ٢٠١٠-٢٠١٤م.

(٧)

قضاء طويريج (كربلاء المقدسة)

«دائرة المعارف الحسينية تتألق في سماء الموسوعات العلمية»

ديوان ألبو حسون الفتلاوي

عصر الأحد: ١٠ شعبان ١٤٣٣هـ = ٢٠١٢/٧/١م

(٨)

ناحية السلام (كربلاء المقدسة)

«الموسوعة الحسينية عطاء خالد في زمن التحديات»

ديوان بني طُرف

مساء الأحد: ١٠ شعبان ١٤٣٣هـ = ٢٠١٢/٧/١م

(٩)

الأحياء (كربلاء المقدسة)

«الثورة الحسينية صوت الحق الإلهي تتجلى صورها
في الموسوعة الحسينية»[1]

ديوان السيد محمد آل المحنا

الثلاثاء: ١٢ شعبان ١٤٣٣هـ = ٢٠١٢/٧/٣م

(١٠)

قضاء الخالص (ديالى)

«دائرة المعارف الحسينية منهجية رائعة تفتح آفاق الباحثين»

رابطة شعراء ورواديد المنبر الحسيني

الجمعة: ١٥ شعبان ١٤٣٣هـ = ٢٠١٢/٧/٦م

---

[1] هذا الشعار من اختيار راعي الندوة الدكتور السيد محمد المحنا.

(١١)

قضاء تلعفر (الموصل)

«استقبلت تلعفر ركب الرسالة وتستضيف اليوم موسوعة الحسين»

الاتحاد الإسلامي لتركمان العراق

الأحد: ١٧ شعبان ١٤٣٣هـ = ٢٠١٢/٧/٨م

(١٢)

مدينة أربيل

«عاصمة نابضة بالحياة تحتضن موسوعة الحياة»

إتحاد الأدباء الكرد في أربيل

الاثنين: ١٨ شعبان ١٤٣٣هـ = ٢٠١٢/٧/٩م

(١٣)

مدينة دهوك

«دائرة حفيد سيد الأنام في ضيافة مدينة التسامح والوئام»

إتحاد الأدباء الكرد في دهوك

الثلاثاء: ١٩ شعبان ١٤٣٣هـ = ٢٠١٢/٧/١٠م

(١٤)

مدينة السليمانية

«السليمانية ملتقى الثقافات تحتضن يتيمة الموسوعات المعرفية»

رئاسة الجمهورية العراقية

الأربعاء: ٢٠ شعبان ١٤٣٣هـ = ٢٠١٢/٧/١١م

(١٥)

مدينة كركوك
«النهضة الحسينية تنوع قومي ومذهبي ووحدة هدف»

لجنة أئمة وخطباء كركوك

صباح الخميس: ٢١ شعبان ١٤٣٣هـ = ٢٠١٢/٧/١٢م

(١٦)

قضاء بلد (صلاح الدين)
«التوثيق التاريخي في دائرة المعارف الحسينية»[1]

جامع بلد الكبير

مساء الخميس: ٢١ شعبان ١٤٣٣هـ = ٢٠١٢/٧/١٢م

(١٧)

مرقد سيد محمد (صلاح الدين)
«بلد العتبات والكرامات تستقبل موسوعة الحضارات»

الأمانة الخاصّة لمرقد السيد محمد- قضاء بلد

الجمعة: ٢٢ شعبان ١٤٣٣هـ = ٢٠١٢/٧/١٣م

(١٨)

مدينة الديوانية (القادسية)
«دائرة الإباء في ضيافة مدينة الفداء»

لجنة الخدمات والإعمار في مجلس النواب العراقي

السبت: ٢٣ شعبان ١٤٣٣هـ = ٢٠١٢/٧/١٤م

---

(١) عندما كنا في الطريق من كركوك الى قضاء بلد علمنا أن الأمانة العامة لجامع بلد الكبير قد أعدت ندوة بعد صلاتي المغرب والعشاء للتعريف بدائرة المعارف الحسينية، وهذا العنوان هو فحوى الكلمة التي ألقيتها في الندوة الحوارية.

(١٩)

مدينة السماوة (المثنى)

«دائرة المعارف الحسينية تحطّ الرحال في أرض الجهاد والنضال»

مؤسسة الأمل الثقافية الخيرية

الأحد: ٢٤ شعبان ١٤٣٣هـ = ٢٠١٢/٧/١٥م

(٢٠)

مدينة البصرة

«دائرة حفيد سيد البطحاء تطرق بوابة العراق الفيحاء»[1]

البيت الثقافي في البصرة- وزارة الثقافة

الاثنين: ٢٥ شعبان ١٤٣٣هـ = ٢٠١٢/٧/١٦م

(٢١)

مدينة العمارة (ميسان)

«مدينة العمارة والولاء تعانق دائرة الحسين وكربلاء»

مؤسسة الرسالة للثقافة والتطوير الفكري

الثلاثاء: ٢٦ شعبان ١٤٣٣هـ = ٢٠١٢/٧/١٧م

(٢٢)

مدينة بغداد

«دائرة المعارف الحسينية تتربع فوق قلب العراق النابض»

دائرة العلاقات الثقافية العامة- وزارة الثقافة

الأربعاء: ٢٧ شعبان ١٤٣٣هـ = ٢٠١٢/٧/١٨م

---

(١) الفيحاء من أسماء مدينة البصرة كما تطلق على مدينة الحلة، والبصرة هي البوابة البحرية الوحيدة للعراق.

(٢٣)

مدينة النجف الأشرف
«دلالات الأسوة العلمية في مشروع الكرباسي المعرفي»[1]

نقابة المحامين

مساء الثلاثاء: ٤ رمضان ١٤٣٣هـ = ٢٠١٢/٧/٢٤م

(٢٤)

مدينة النجف الأشرف
«دائرة المعارف الحسينية تؤسس لدائرة المعارف العلوية»[2]

ديوان الدكتور محمد بحر العلوم

مساء الثلاثاء: ٤ رمضان ١٤٣٣هـ = ٢٠١٢/٧/٢٤م

(٢٥)

مدينة كربلاء المقدسة
«ندوة تلد أخرى .. تكريم العلامة الكرباسي»[3]

ديوان السيد سلمان آل طعمة

مساء السبت : ٨ رمضان ١٤٣٣هـ = ٢٠١٢/٧/٢٨م

---

(١) هذا العنوان هو مدار الكلمة التي ألقيتها في ندوة نقابة المحامين في النجف الأشرف، لأن الندوة هي من بنات لحظتها ولم يكن هناك إعداد لأي شعار يتناسب وعنوان الندوة، حيث كنا مع الشيخ الكرباسي لخمسة أيام في النجف الأشرف، وكانت الوفود تترى لزيارة سماحته، ومنها وفد نقابة المحامين برئاسة أمين عام النقابة السيد محمد المهنا الغرابي الذي طلب عقد الندوة رغم المشاغل وارتباط الوفد بندوة ديوان آل بحر العلوم الذي يتزعمهم الدكتور الحجة السيد محمد بحر العلوم في الليلة نفسها.

(٢) هذا العنوان هو مدار حفل التكريم الذي أعده العلامة الدكتور السيد محمد بحر العلوم للشيخ محمد صادق الكرباسي بحضور أعلام وعلماء وأدباء النجف الأشرف.

(٣) هذا العنوان هو مدار حفل التكريم الذي أعده الدكتور السيد سلمان آل طعمة للشيخ محمد صادق الكرباسي بحضور أعلام وعلماء وأدباء كربلاء المقدسة.

(٢٦)
مدينة النجف الأشرف
«الإدارة والتنظيم في تجربة الكرباسي الكتابية»[1]

جامعة الزهراء للعلوم الدينية

عصر الثلاثاء: ١٦ شوال ١٤٣٣هـ = ٢٠١٢/٩/٤م

(٢٧)
قضاء الهندية (طويريج)
«رجالات الهندية تحتفي براعي الموسوعة الحسينية»[2]

مربد الكتبي

مساء الثلاثاء: ١٦ شوال ١٤٣٣هـ = ٢٠١٢/٩/٤م

(٢٨)
مدينة الكاظمية المشرّفة
«موسوعة سبط سيد البريّة في مدينة الكاظم والجواد الأبيّة»[3]

مجلس مكتبة الجوادين الثقافية العام

الخميس: ١٨ شوال ١٤٣٣هـ = ٢٠١٢/٩/٦م

(٢٩)
مدينة الرمادي (الأنبار)[4]
«دائرة المعارف البنّاءة في قِرى البوابة الغربية المعطاءة»

الخميس: ٢٨ شعبان ١٤٣٣هـ = ٢٠١٢/٧/١٩م

---

(١) هذا العنوان هو مدار المحاضرة التي ألقيتها في جامعة الزهراء للعلوم الدينية في مدينة النجف الأشرف، وهذه الندوة هي الأخرى من بنات لحظتها.

(٢) هذا العنوان هو مدار حفل التكريم الذي أعده الدكتور علاء الكتبي في مربد الكتبي بحضور أعلام وأدباء من قضاء الهندية (طويريج).

(٣) السبط إشارة الى الإمام الحسين ﷺ فهو حفيد سيد البرية محمد ﷺ من بنته فاطمة ﷺ، والكاظم والجواد إشارة الى الإمام موسى بن جعفر ﷺ وحفيده الإمام محمد بن علي ﷺ، حيث مرقدهما في مقابر قريش في الكرخ من بغداد، وأخذت المدينة اسم الإمام موسى بن جعفر المشهور بالصبر وكظم الغيظ.

(٤) حالت الظروف الأمنية دون عقد الندوة في مدينة الرمادي رغم الاستعدادات الكاملة لها والتنسيق بين لندن وبغداد وكربلاء المقدسة.

ندوات في الدائرة

أرجوزة أنشأها العلّامة المحقق الشيخ محمد صادق الكرباسي بخصوص الندوات التي أقيمت في محافظات العراق في التعريف عن دائرة المعارف الحسينية، وجرت معظمها في شهر شعبان ١٤٣٣هـ وبعضها في شهري رمضان وشوال، وبلغت ٢٨ ندوة وحفل تكريم[1].

قـد طـالـبـونـا نـدوة لـلـدائـره   شعب العراقِ المحتفي بالطاهره[2]

قطب الرحى أهلُ الولا سبطُ التُقى   أَعْني حسيناً خيرَ مَن قَدْ إِلْتَقَى[3]

ربُّ العـلا فيما قضى بعـد الفدا   في كربلا عزّا لـهم في المنتدى[4]

من مركـز السِّبْطِ الذي في لـندنِ   قد شارك الإخوان في المسترهنِ

ستاً وعشرين التي قد أنشأتْ   في كلِّ حدْبٍ من عراقٍ أربأتْ[5]

شعبان كانت طرفها بل موسماً   ليلاً نهاراً قد توالت معلـماً

---

(1) هذه الأرجوزة جزء من ديوان «مركب الألفين من شذا القرنين» في أجزاء عدة مخطوطة للعلامة الكرباسي، تضم أكثر من ثمانية آلاف بيت نظمها المؤلف عن سيرته ومشاهداته طيلة سبعين عاماً في القرنين الرابع عشر الهجري والخامس عشر الهجري، ولازال مستمراً في النظم كلما استجد جديد.

(2) الطاهرة: الزهراء فاطمة عليها السلام.

(3) قطبُ الرحى: مدارُ الحرب.

(4) المنتدى: المجلس.

(5) أربأت: حفظت الشيءَ وحرصتُ عليه.

رَمْضَـان بـل شـوّال فيـه جـدّدوا ... رقمـاً لأُمْسِـيَّـاتهِـمْ قـد عـدّدوا

شيئـاً مـن الأفكـار عـن موسوعـةٍ ... لمّـا تكـنْ مِنْ قَبْلُ بالمَسْمُوعَة

قد أبهجـتْ تلك المعاني قلبهُـم ... نالـتْ بـذا إعجابَهُـمْ قـل: لُبَّهُمْ (١)

قد شـارك الإعلامُ فـي أحيائهـا ... بـل شـاركَ الأعلامَ في إحْيائهَـا

إذ قـد تـولَّى نائـبٌ أو حاكـمُ ... أيـضاً وزيرٌ شـاعرٌ أو عالـمُ

قـد كانـتِ الأجـواءُ جـداً طيِّبَهْ ... إذ طالبوا تكثيرها في المأدَبَة

ما صدّقوا بالفكرةِ العظمى كما ... لم يرتقوا تلك المَعَاني سُلّما

قد كان تعريفـا سريعـا موجـزاً ... عمّـا أتانـا في بطونٍ مُعْجِزا

مـن لـنـدن هُـم أربـعٌ قـد أُوفِـدُوا ... إثنـانِ أيضـاً، مِنْ عراقٍ زوّدوا

قل: خزرجيّاً (٢) أو سعودَ التُّرْكُمَنْ (٣) ... يلقي قصيداً عن شبين الممتحنْ (٤)

____

(١) أبهجتْ: أَسَرَّتْ.

(٢) خزرجياً: إشارة إلى مؤلف هذا الكتاب بوصفه رئيس وفد المركز الحسيني للدراسات الزائر للعراق.

(٣) سعود التركمن: إشارة إلى: حسين بن حاجي بن إسماعيل السميري التركماني ويتخلص في كتاباته وأشعاره بـ (أبو سعود) بوصفه عضو الوفد، كاتب وقاص وشاعر وناقد أدبي، ولد في مدينة كربلاء المقدسة سنة ١٩٥٤م، هاجر مع أسرته إلى كركوك وله من العمر ست سنوات وفيها نشأ ودرس، وأكمل الدراسات الجامعية والعالية والعليا في كراتشي في باكستان في العلوم الإسلامية، ترك العراق عام ١٩٧٨م وتنقل في البلدان واستقر في المملكة المتحدة سنة ٢٠٠٠م وسكن لندن وفيها رأس لسنوات عدة الديوان الثقافي العراقي، وهو عضو مؤسس في منتدى الوحدة الإسلامية في لندن، وعضو مؤسس في مركز إسكس الإسلامي في شرق لندن، له حضور متميز في الصحافة العربية، له أكثر من عشرة مصنفات ودواوين وترجمة مطبوعة ومخطوطة منها: نظرية الخروج على الحاكم الظالم في المذاهب الإسلامية (رسالة دكتوراه)، دراسات في ثورة الحسين (ترجمة من الأردوية للسيد شرف الدين الموسوي البلستاني)، وسجين في حي سكني (ديوان شعر طبعته وزارة الثقافة الجزائرية).

(٤) شبين: هو عبد العزيز بن مختار شَبّين، بوصفه شاعر المركز الحسيني للدراسات الذي نظم لكل الندوات، وهو أديب وشاعر وجامعي جزائري، ولد في حي بلفور (حسن بادي) في العاصمة الجزائرية سنة ١٣٨٩هـ (١٩٦٩م)، له دكتوراه دولة في الأدب القديم، درَّس في الجامعة الجزائرية، انتقل إلى المملكة المتحدة وعمل في دائرة المعارف الحسينية، له دواوين مطبوعة ومخطوطة منها: لكربلاء كل القصائد، رباعيات شَبّين، ورأيت أحد عشر ذئباً يا أبتي.

أمَّا تميمٌ فهو في صلب النِّدَا(١)   إذ خزرج رأسٌ لوفد المنتدى

عباس كان الرابعَ المستوفدا(٢)   خذ من عراق هاشماً مستفردا(٣)

أيْضاً فراساً(٤) إلتقاهُمْ في النَّمَط(٥)   إِذْ إنَّهُ عرّابُهُمْ(٦) فيما انْتَبَطْ(٧)

---

(١) تميم: إشارة إلى: علي بن محمد بن قاسم التميمي، باعتباره مدير المركز الحسيني للدراسات، المولود في مدينة كربلاء المقدسة سنة ١٩٥٠م، كاتب وباحث في دائرة المعارف الحسينية، نشأ ودرس في مسقط رأسه ثم تنقل في البلدان مهاجراً واستقر في لندن منذ سنة ١٩٩٠م، له عدد من المصنفات المطبوعة والمخطوطة، منها: دائرة المعارف الحسينية في سطور، دول المسلمين عبر التاريخ، ويوميات كربلاء.

(٢) عبّاس: هو إبن جعفر بن محمد الإمامي، عضو مشارك في الوفد، ولد في ناحية تازه في محافظة كركوك عام ١٩٥٧م، درس الابتدائية والمتوسطة والإعدادية في مسقط رأسه، وانتقل للدراسة في مدينة النجف الأشرف منذ عام ١٩٧٩م وظل فيها ١٥ عاماً يمارس وظيفته الدينية الحوزوية في العراق وخارجه في مناطق مختلفة من العالم، واستقر في لندن، استأنف دراسته الجامعية في الجامعة العالمية للعلوم الإسلامية ونال منها الشهادة الجامعية (البكالوريوس) والشهادة العالية (الماجستير) والشهادة العليا (الدكتوراه)، من مؤلفاته: الدور السياسي للمرجعية الدينية في العراق الحديث (رسالة ماجستير)، مقتل الإمام الحسين (ترجمة)، الرقابة العامة للمرجعية الدينية في العراق الحديث.. بحث مقارن (رسالة دكتوراه).

(٣) هاشم: هو ابن مزهر بن فواز بن موسى الطرفي، ناشط في مكتب دائرة المعارف الحسينية في كربلاء، ولد في مدينة كربلاء المقدسة عام ١٩٦٧م، نشأ ودرس في مسقط رأسه وأنهى دراسة الإعدادية عام ١٩٨٦م، اشتغل في الإعلام وعمل مديراً لتحرير مجلة الفجر الكربلائية ومجلة البراق (طويريج) ومحرراً في مجلة الكوثر النجفية، وكتب في غيرها، عضو مجلس شيوخ وعشائر كربلاء المستقل، رئيس هيئة عشاق الحسين الخدمية.

(٤) فراسا: إشارة إلى: فراس بن عباس بن كاظم الكرباسي، عضو مشارك في الوفد، إعلامي عراقي، ولد في مدينة كركوك سنة ١٣٩٨هـ (١٩٧٧/٤/١٩م)، نشأ ودرس في مسقط رأسه وأكمل الدراسة الجامعية في كلية العلوم في بغداد وتخرج منها سنة ٢٠٠٣م، سكن بغداد للدراسة منذ عام ١٩٩٦م، وفي عام ٢٠٠٨م انتقل الى النجف الأشرف ولازال، مارس العمل الإعلامي منذ عام ٢٠٠٣م، ورأس مجلس إدارة مكتب الارتباط الإعلامي لمؤسسات المجتمع المدني ومقرها بغداد، وعمل في دائرة العلاقات الثقافية في وزارة الثقافة العراقية للفترة (٢٠٠٥- ٢٠٠٨م)، وأسس عام ٢٠٠٩م المؤسسة الإعلامية العراقية (معاً)، له برامج تلفزيونية متعددة فضلا عن مئات المقالات والتقارير الخبرية المنشورة في وسائل إعلام كثيرة، وفي عام ٢٠١١م عمل مستشاراً إعلاميا في مسجد الكوفة المعظم.

(٥) النَّمَط: جماعةٌ منَ الناس أمرهم واحدٌ.

(٦) العرّابُ: الكفيلُ والمُعْتَمَدُ.

(٧) انْتَبَط: الشيء، استخرجَهُ باجتهادِهِ.

دارت بـهـم فـلـك الـولا مـن نـيـنـوى قـدْ أوصـلـوا صـوتَ الذي شـاد اللِّـوَا
أعـني حسـيناً مَنْ فدى كُلُّ الورى أهـدافـه الـعـلـيـا عـلـى مـا قـد روى
قـد نـاقـشـتْ أخـبـاره مـوسـوعـةٌ بـالـعـلـم والـتـحـلـيـل تـي مشفوعةٌ
شـادوا بـهـا نـظـمـاً ونـثـرا حـيـنـمـا إِسْـتَـمْـتَـعُـوا بالمحتوى والمنتمى
لـم يـسـبـقـنْ أمـرٌ بـهـذا الـمـسـتـوى إذْ ليس فيه ما يُجَـاري الـمـحـتـوى
بـدءاً بـشـعـبـان جـرى حـتـى رسـمْ في شهر شَـوَّالَ الَّذي فيه خـتـمْ
قـد أرّخـوا ألـفـاً وزادوا أرْبَـعـاً أيْـضا ثلاثاً مـعْ ثلاثٍ ألْـمَـعَـا[1]

(١) إشارة إلى عام ١٤٣٣هـ، حيث بدأت أول ندوة يوم الخميس الأول من شعبان ١٤٣٣هـ في جامعة بابل وانتهت في مكتبة الجوادين الثقافية في العتبة الكَاظمية المشرّفه يوم الخميس التاسع عشر من شوال.

الصورة .. حدث الحاضر وحديث المستقبل

تختلف الاجتهادات بين أرباب القلم، حول استخدام الصورة داخل النص المنثور، فيذهب البعض وهم كثير الى تجنب استعمال الصورة في المؤلفات من اجل المحافظة على جمالية النص وتسلسله مع اعتقاد قائم بان الصورة تضعف من قيمة الكتاب ورصانته، وربما زاغت أبصار القارئ بين ألوان الصور المتوزعة بين صفحات الكتاب، فتسيطر الألوان على الأحاسيس وتضيع الفكرة والغرض الذي من أجله سُوِّدت صفحات الكتاب.

وهذه وجهة نظر مقبولة نوعا ما، وربما طغت الصورة على النص ولا يؤدي الكتاب غرضه، ولكن الأمر يختلف مع المؤلفات التي تدخل الصورة عاملاً أساسياً فيها، بل ان الفكرة تصل الى دهاليز ذهن القارئ مستهدياً بأنوار الصورة، فتقوم مقام الأنوار المضيئة في الشوارع المظلمة، فكتب الجغرافية لا تؤدي غرضها كاملاً إن لم تصاحب صفحاتها الصور، وكتب الطب تبقى ناقصة إن لم يردفها كاتبها بصور توضيحية، ومثلها كتب الفيزياء والكيمياء والصناعة والزراعة، وغيرها، ولأن الصورة في بعض الأحيان أبلغ من النص، وجدت الكتب المصورة طريقها الى المكتبات ولاسيما القصص المصورة للكبار وقصص الأطفال.

وفي هذا الكتاب الذي ترصّع بعنوان (سفر الخلود)، دخلت الصورة كجزء لا يتجزأ من النص، فهي من الكتاب كالروح من الجسد، لا يستغني أحدهما عن الآخر، وتكامل الكتاب بوحدة النص والصورة، بخاصة أن قوام النصوص بشكل عام عبارة عن مجموعة مهرجانات ومؤتمرات وندوات وأصبوحات وأمسيات أحياها أعلام العراق من علماء وأدباء وشعراء

ومثقفين وجامعيين وخطباء ورواديد وصحفيين وإعلاميين وإداريين وسياسيين وإداريين، وغيرهم.

ولعلّ واحدة من التجارب الغنية التي استفدت منها في غضون ربع قرن من التعامل اليومي مع المحقق الفقيه آية الله الشيخ محمد صادق الكرباسي، بدءاً من عام ١٩٩٢م وحتى الآن، هو الحرص الشديد الذي يبديه سماحته في بيان شخصية الأسماء التي ترد في نصوص كتبه، فمن حقهم على الكاتب أن يبرزهم للقراء، من الأحياء كانوا أو من الراحلين، وتجاوز القاعدة الخاطئة المتبعة لدى معظم المجتمعات في تذكر الأشخاص، وبخاصة الأعلام، بعد رحيلهم فحسب، وهي قاعدة تعكس قلة فهم المجتمع لأعلامه الذي يتحركون في جنبات الحياة العلمية والعملية ويتركون بصماتهم هنا وهناك.

وهذا الاستثناء الذي نرجو أن يكون قاعدة، كما هو خُلق الإسلام، حرصنا على إمضائه في كتاباتنا والعمل بهداه، من أجل إعطاء كل ذي حقٍ حقه وعدم إبخاس الناس أشياءهم، ومن الحق اعتماد الصورة للتعريف بالشخص، حتى يستحضر القارئ وهو يقرأ النص ملامح قائله أو كاتبه، وتأسيسا عليه جاءت هذه التشكيلة الظريفة من الصور اللطيفة، لكل الأشخاص الذين رافقونا في سفرنا، من مسؤولين ومشرفين ومتحدثين ومتكلمين وناظمين وملقين ومعدّين ورجال دولة، بعضهم رحل عنّا الى الرفيق الأعلى ولم تسعفه رؤية هذا الكتاب النصّي ولا الكتاب المصور الذي صدر عام ٢٠١٤م تحت عنوان: (سفر الخلود .. رحلة الموسوعة الحسينية الى العراق)، وبعضهم تقلَّب في المناصب الرسمية والإدارية، وبعضهم أصبح نازحاً في المدن العراقية، هارباً من ارهاب المجموعات المسلحة التي قذفتها الى بعض مدن العراق لفيف قوى داخلية وإقليمية ودولية، تكالبت على وأد التجربة الديمقراطية في العراق، وإرجاع العراق الى حكم السادة والعبيد.

فالصورة إذن، هي توثيق للحدث وما بعده، وتوثيق للذين ساهموا في خلق الحدث، وذكرى للأبناء والأحفاد يستذكرون نتاجات آبائهم.

صور فوتوغرافية

عن الشخصيات التي تحدثت
عن دائرة المعارف الحسينية
في الندوات التي أقيمت على أرض الرافدين

الشيخ محمد كاظم الهنداوي

الدكتور بدر ناصر السلطاني

الدكتور نبيل هاشم الاعرجي

الدكتور نضير رشيد الخزرجي

الدكتور سعد محمد حسين
الحداد العبودي

الدكتور عبود وحيد العيساوي

الاعلامي فراس عباس
الكرباسي

الدكتور حسين حاجي
ابو سعود

الدكتور عبد العزيز مختار
شبين

الدكتور لهيب جاسم الموسوي

الاعلامية منى عبد الغني البدري

الاستاذ غفار محمد عفراوي الازيرجاوي

الشيخ داود سلمان الربيعي

الشاعر حازم عجيل المتروكي

الاستاذ علي فضيلة الشمري

الشيخ محمد رضا عبد النعماني

الشاعر حيدر حاشوش العقابي

القاصة فاطمة قاسم العرداوي

الدكتور محمد باقر جعفر الكرباسي

الدكتور حسن عيسى الحكيم

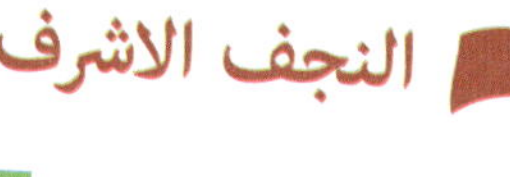

الشاعر مرتضى محمد الحمامي

الرادود السيد حسن هاشم الحسيني اللولجي

الاديب باسم ابو صخر الكربلائي

الاديب حسين صادق الصخني الكربلائي

الشاعر رضا كاظم الخفاجي

الدكتور تحسين حميد الطائي

الشاعر احمد حمادي الطويرجاوي

الاديب كاظم جواد الحلفي

الرادود عباس فاضل العيساوي

جامعة الكوفة

الحاج هاشم مزهر الطرفي

المحامي حسن عزيز الكلابي

الاستاذ جواد هاشم الفحام

الشيخ علي بشير حسين النجفي

الشيخ مالك كامل حبيب الفتلاوي

السيد حسين مهدي الصافي

طويريج (الفتلاوي)
كربلاء المقدسة

الشاعر ميثم عبد الامير الفتلاوي

الشاعر حسين عبد الهادي الطرفي

الشيخ عزيز جفات الطرفي

ناحية السلام
كربلاء المقدسة

الشيخ حسين داخل الشمري

ديوان المحنا
كربلاء المقدسة

الدكتور محمد وسام المحنا

قضاء الخالص (ديالى)

الفقيد سعيد اسماعيل الجواري

الاستاذ صلاح مهدي الحسيني

السيد صادق جعفر الحسيني

الاديب نعمان سلمان الربيعي

الحاج حسن محمد هادي السعدي

الاديب قاسم احمد البياتي

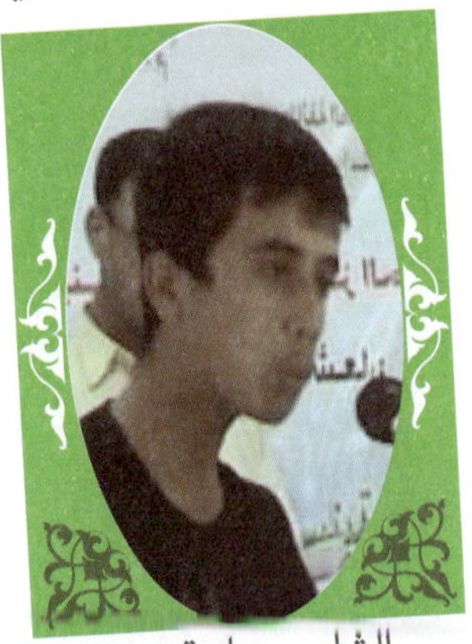

الشاب سجاد قدوري

الشاعر نعمان التميمي
(ابو زينب)

العميد عباس فاضل الطائي

الشاعر باقر موسى الزبيدي
(باقر الباقر)

الدكتور عباس جعفر الامامي

الشاعر جاسم علوان الخفاجي

الشيخ اياد محمد صالح الزركوشي

قضاء تلعفر

الشاعر ازهر محمد الملا

الاستاذ علي اكبر ذنون البياتي

الاستاذ جمال فاضل الاي بيك

الاستاذ قاسم ادريس الموسوي

قضاء تلعفر

الحاج محمد علي داود التلعفري

الاديب رضا محسن جولاق اوغلو

محافظة اربيل

الأستاذ عثمان الشيخ رشاد المفتي

الاديب كمال الحاج حسين غمبار

الشيخ عمر محمد رسول چنگياني

محافظة دهوك

الاديب حسن علو سليفاني

الدكتور أحمد محمد البرزنجي

الرئيس جلال حسام الدين الطالباني

الشيخ صلاح حسن الخفاجي

الدكتور شيركو عبد الله

الاستاذ احمد الحاج حسين الركابي

محافظة كركوك

الاديب صادق سمين البشيري

الحاج موسى اسماعيل تازلي

الشيخ حبيب سمين البشيري

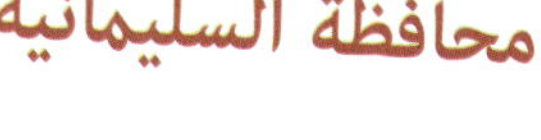

جامع قضاء بلد

الشاعر علي نصيف الخزرجي البلداوي

الشيخ محمد فرج الربيعي

الحاج الشيخ صالح سعد الموالي

الاستاذ احمد عبد علي الخزعلي

الشاعر امجد عبد الباقي الربيعي

الاديب عبد الكريم ابراهيم حسان الحامض

الاستاذ تارخ ابراهيم البلداوي

مرقد سيد محمد

الاستاذ سمير يوسف الگيّم

الملا فؤاد محمد صالح البلداوي

الاديب رضا جعفر البلداوي الحسيني

مرقد سيد محمد

الديوانية (القادسية)

الدكتور عباس امير الشمري

الدكتور دريد عبد الجليل الشاروط

المهندس احسان ياسين العوادي

الاستاذ عبد نور مَنْشَد الجياشي

العلامة السيد علي سلمان الميالي

السماوة (المثنى)

السماوة (المثنى)

السيد منتظر علي الميالي

الشاعر اياد أحمد الغرابي

الفنان علي جمال الخفاف

محافظة البصرة

الدكتور عباس كاظم الجميلي

الاستاذ حسين ابراهيم
السوداني

العمارة (ميسان)

الاستاذ باسم فرج الكناني

الاستاذ سعد عويد الموسوي

الشيخ ياسر صبير الحميداوي

الشيخ عماد كاظم الشمري

الاديب صالح صبيح الفاضلي

الاديب عقيل ابراهيم المندلاوي

الدكتور سعدون جوير الدليمي

الاديب مروان عادل حمزة النعيمي

المؤرخ علي عبد الامير الحيدري

الشاعر محمد علي بن عبد عون الخفاجي

الدكتور رزاق محسن محمد الشريف

الاديب شلال عباس عنوز

المحامي محمد بن صالح مهنا الغرابي

الدكتور علي حسن الشمري

العلامة السيد محمد بن علي بحر العلوم

الدكتور ابراهيم محمد بحر العلوم

المحقق الشيخ محمد صادق بن محمد الكرباسي

الشيخ ضياء محمد أمين زين الدين

الشيخ محمد علي بن داعي الحق القرشي

ديوان سلمان آل طعمة   كربلاء المقدسة

العلامة السيد كاظم محمد النقيب

الدكتور سلمان هادي آل طعمة

الدكتور احمد سلمان آل طعمة

العلامة السيد باسم الحسني

جامعة الزهراء الدينية
(النجف الاشرف)

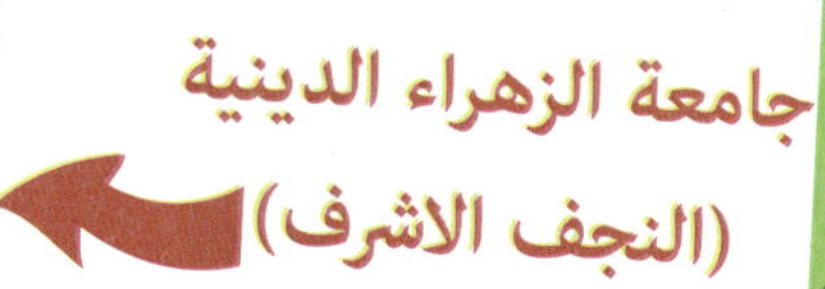

الاديب علي عبود ابو لحمة الشمري

مربد الكتبي (طويريج)
كربلاء المقدسة

الشيخ زيد كامل الكاظمي

الشيخ حسنين حسن ثويني

الدكتور علاء محمد حسن الكتبي

مربد الكتبي (طويريج) كربلاء المقدسة

الشاعر سعدي محمد علي المصور الفتلاوي

الشاعر عبد الزهرة نعمان الذرب

الاديب علي محمد الحسناوي

مكتبة الجوادين الكاظمية المشرّفة

الاستاذ عبد عون صالح النصراوي

الشاعر غيث سعدي المصور الفتلاوي

المقرئ الحاج عبد الكريم قاسم الزاملي

الدكتور حميد مجيد هدّو

السيد محمد اياد الشهرستاني

الشيخ عماد موسى الكاظمي

(١)

«بابل جامعة الحضارات
تحتضن الموسوعة الحسينية»

الموسوعة الحسينية

في

مدينة الحلة

٢٠١٢/٦/٢١م

(جامعة بابل)

البعد الأكاديمي
في دائرة المعارف الحسينية

فقرات ندوة محافظة بابل
مركز بابل للدراسات الحضارية والتاريخية

* كلمة الدكتور نبيل هاشم الأعرجي

* كلمة الدكتور بدر ناصر السلطاني

* كلمة الشيخ محمد كاظم الهنداوي

* كلمة الدكتور عبود وحيد العيساوي

* كلمة الدكتور نضير رشيد الخزرجي

* قصيدة الدكتور سعد محمد حسين الحداد العبودي

* قصيدة الدكتور عبد العزيز مختار شبّين (د. حسين أبو سعود)

* الحوار المفتوح

* حوارات مع وسائل الإعلام

* ندوة خاصة في مركز بابل للدراسات الحضارية والتاريخية

البعد الأكاديمي في دائرة المعارف الحسينية

(١)

محافظة بابل (الحلة)[1]

ندوة حوارية في بابل تناقش:
البعد الأكاديمي في دائرة المعارف الحسينية[2]

في باكورة سلسلة ندوات ثقافية حوارية يعقدها المركز الحسيني للدراسات في لندن للتعريف بدائرة المعارف الحسينية في المدن والمحافظات العراقية، استضاف مركز بابل للدراسات الحضارية والتاريخية في جامعة بابل صباح الخميس ٢٠١٢/٦/٢١م[3] ندوة ثقافية حوارية عامة تحت شعار «بابل جامعة الحضارات تحتضن الموسوعة الحسينية» تحدث

---

(١) الحلة: قاعدة محافظة بابل، من مدن الفرات الأوسط في العراق تقع جنوب العاصمة بغداد على بعد ١١٠ كيلومترات بالسيارة و٩٤ كيلومتراً حسب الخارطة.

(٢) وزع المركز الحسيني للدراسات خبر الندوة على وسائل الإعلام المختلفة، ونشر في الكثير منها، على سبيل المثال: وكالة بلاد نيوز (www.biladnews.net) بتاريخ ٢٠١٢/٦/٢٦م تحت عنوان (بابل تحتضن ندوة حوارية تناقش البعد الأكاديمي في دائرة المعارف الحسينية)، وبالتاريخ نفسه في مدونة ماجد السوداني (www.majidalsudani.blogspot.co.uk). وبتاريخ ٢٠١٢/٦/٢٧م في موقع منتديات بتنايا (www.batnaya.net).

(٣) وصل وفد دائرة المعارف الحسينية إلى بغداد قادما من لندن عبر فيينا عصر الأربعاء ٦/٢٠/ ٢٠١٢م، وكانت ندوة جامعة بابل هي باكورة نشاطاته الماراثونية للتعريف بالموسوعة الحسينية في الأندية الفكرية والثقافية والأدبية في المحافظات والمدن العراقية والتي انتهت بندوة مكتبة الجوادين في العتبة الكاظمية يوم الخميس ٢٠١٢/٩/٦م، ثم عاد الوفد الى لندن مساء الأحد ٢٠١٢/٩/٩م.

فيها كل من الدكتور نبيل هاشم الأعرجي [1] رئيس جامعة بابل والدكتور بدر ناصر السلطاني [2] منظم الندوة ومديرها رئيس مركز بابل للدراسات الحضارية والتاريخية، والشيخ محمد الهنداوي [3] رئيس لجنة الشهداء والضحايا والسجناء السياسيين في مجلس النواب العراقي، وعضو مجلس النواب الدكتور عبود الحاج وحيد العيساوي [4] والدكتور نضير الخزرجي موفد دائرة المعارف الحسينية إلى الندوة، كما تخللت فقرات الندوة قصيدة

---

(1) نبيل هاشم الأعرجي: هو حفيد كاغد الأعرجي، ولد في بابل (الحلة) سنة ١٩٥٤م، نشأ ودرس في مسقط رأسه، حصل على الشهادة الجامعية (البكالوريوس) في الإحصاء من الجامعة المستنصرية في بغداد سنة ١٩٧٦م، والشهادة العالية (الماجستير) في الإحصاء من جامعة بغداد سنة ١٩٧٨م والشهادة العليا (الدكتوراه) في الرياضيات من جامعة ويلز في المملكة المتحدة سنة ١٩٨٨م، تولى التدريس منذ عام ١٩٧٩م. وفي عام ٢٠٠٥ تولى رئاسة جامعة بابل، له عضوية في عدد من المجالس الأكاديمية في آذربايجان وطهران.

(2) بدر ناصر السلطاني: هو حفيد حسين، ولد في ناحية شوملي في قضاء المدحتية في محافظة بابل في ١٩٦٥/٤/٢٦م، وفيها نشأ ودرس الابتدائية، وأكمل المتوسطة والثانوية والإعدادية في الحلة، ونال الشهادة الجامعية من كلية الآداب في بغداد سنة ١٩٩٠م، والشهادة العالية من كلية الإعلام في بغداد سنة ١٩٩٥م ومن الكلية نفسها نال الشهادة العليا سنة ٢٠٠٧م، تولى تدريس الإعلام في جامعة أهل البيت ﷺ في كربلاء المقدسة للفترة ٢٠٠٥- ٢٠٠٩م، مساعد تحرير موسوعة الحلة الحضارية، مساعد تحرير مجلة مركز بابل للدراسات الإنسانية، له كتاب: «الإعلام الجامعي في العراق» بالاشتراك مع الدكتور عظيم كامل الجميلي، ويدير اليوم مركز بابل للدراسات الحضارية والتاريخية.

(3) محمد الهنداوي: هو ابن كاظم بن فيروز، ولد في مدينة الهندية (طويريج) من أقضية كربلاء المقدسة سنة ١٩٦٢م، خطيب وأستاذ حوزوي ومؤلف ونائب، درس الدراستين الحوزوية والجامعية ونال من جامعة كراجي في باكستان وجامعة المصطفى العالمية في إيران الشهادة الجامعية (البكالوريوس)، ساهم في إقامة العشرات من المشاريع الثقافية والدينية والتعليمية والحسينية، من مصنفاته: مجمع مصائب أهل البيت، عوامل خلود الثورة الحسينية، ويا لثارات الحسين.

(4) عبود الحاج وحيد: هو حفيد عبود بن عنيد العيساوي، ولد في مدينة الكوفة في النجف الأشرف سنة ١٩٥٣م، تربوي وأستاذ جامعي ونائب في مجلس النواب العراقي، نشأ ودرس في مسقط رأسه ونال الشهادة الجامعية من كلية التربية في بغداد سنة ١٩٧٩م، والشهادة العالية (الماجستير) في علم النبات من جامعة الكوفة سنة ١٩٩٦م، والشهادة العليا (الدكتوراه) في علم فسلجة النبات من الجامعة نفسها سنة ٢٠٠٢م، دخل الجمعية الوطنية سنة ٢٠٠٥م وتولى رئاسة لجنة العشائر كما يتولى اللجنة نفسها في مجلس النواب العراقي، مستشار رئيس الوزراء لشؤون العشائر.

للأديب الدكتور سعد الحداد[1] أثنى فيها على الجهد المعرفي المبذول في الموسوعة الحسينية من قبل مؤلفها الفقيه الدكتور محمد صادق الكرباسي[2]، وأخرى للأديب الجزائري الدكتور عبد العزيز شبين قرأها بالنيابة عضو وفد الدائرة الأديب الدكتور حسين أبو سعود التي عبرت في أبياتها عن الدور المتميز الذي تضطلع به مدينة بابل عبر أعلامها[3] ورجالاتها برفد العراق بكل ما هو خير ومفيد في المجالات كافة.

في الندوة الثقافية الحوارية التي جرت في قاعة الشهيد السيد الصدر (قدس) ربط الدكتور بدر ناصر السلطاني، رئيس مركز بابل للدراسات الحضارية والتاريخية في كلمته الترحيبية بين المناسبات الدينية التي يحتفل

---

(١) سعد الحداد: هو ابن محمد حسين بن جلوب بن محمد بن حمزة الحداد العبودي، ولد في ٢٥/ ٢/ ١٩٦١م (١٣٨٠هـ) بمحلة جبران في مدينة الحلة، أديب ومؤرخ وشاعر وتربوي، نشأ ودرس في مسقط رأسه، نال الشهادة الجامعية عام ١٩٨٦م من كلية التربية ببغداد، والشهادة العالية سنة ١٩٩٩م من كلية التربية بابل، والشهادة العليا سنة ٢٠٠٨ من كلية الآداب في الأدب العربي، عمل محرراً ثقافيا في عدد من الصحف والمجلات، وأصدر عام ٢٠٠٣م مجلة المحقق، ساهم في تأسيس عدد من الجمعيات ومنظمات المجتمع المدني، له عضوية في عدد من الاتحادات والنقابات الأدبية والصحافية، يتولى حاليا رئاسة قسم اللغة العربية في معهد إعداد المعلمين الصباحي، من مصنفاته: الحسين في الشعر الحلي، موسوعة أعلام الحلة، وأسفار المحبة (مجموعة شعرية).

(٢) من محاسن الصدف أنني التقيت بالدكتور سعد الحداد ثانية عند مسجد الكوفة عصر الأحد ٢٦/ ٨/ ٢٠١٢م أثناء تجوالي مع الأسرة الكريمة في معرض الكتاب المنعقد خارج مسجد الكوفة المعظم من جهة الجنوب ضمن فعاليات مهرجان السفير الثقافي الثاني في الفترة ٥- ٩ شوال ١٤٣٣هـ (٢٤-٢٨/ ٨/ ٢٠١٢م).

(٣) كان لمؤرخ الحلة والعراق الفقيد الدكتور صباح نوري المرزوك حضور مشهود في ندوة جامعة بابل، وقد افتقدته الساحة العلمية والأدبية العراقية حيث تعرّض الى حادث سير وهو في طريق عودته من بغداد الى الحلة يوم الأربعاء ١٥/ ١/ ٢٠١٤م ومات في المستشفى في مسقط رأسه يوم الجمعة ١٧/ ١/ ٢٠١٤م. وهو من مواليد الحلة عام ١٩٥١م، فيها نشأ ودرس، نال الشهادة الجامعية (بكالوريوس) من جامعة بغداد قسم اللغة العربية عام ١٩٧٢م، انتقل للدراسة في تركيا في الفترة ١٩٨٣- ١٩٨٩م، وحصل من أنقرة على دبلوم في اللغة التركية، والشهادة العالية (ماجستير) عام ١٩٨٥م في اللغة العربية وآدابها، وفي العام ١٩٨٩م نال الشهادة العليا (دكتوراه) في الموضوع نفسه، ونال درجة الاستاذية عام ٢٠٠٩م، من مؤلفاته: أعلام حليّون، تاريخ الصحافة الحلية، تاريخ الأدب في النجف.

بها المسلمون وبين الواقع الحالي وما يمكن أن تنهض به دائرة المعارف الحسينية في رفد الإنسانية بالعلوم المنبثقة من تراث الإمام الحسين ﷺ، فيما أكد رئيس جامعة بابل الأستاذ الدكتور نبيل الأعرجي على الثمرات الطيبة في حاضر الإنسان ومستقبله، في دنياه وآخرته، والمتوخاة من آلية العلاقة الصميمية بين الإنسان والرسالة الإسلامية من خلال الارتباط الحقيقي بالنبي محمد ﷺ وأهل بيته الكرام، معرّجاً على الموسوعة الحسينية التي تمثل حلقة ربط بين المسلمين وأهل بيت النبي محمد ﷺ عبر سيد شباب أهل الجنة الإمام الحسين ﷺ، فيما انصبّت كلمة رئيس لجنة الشهداء والضحايا والسجناء السياسيين الشيخ محمد الهنداوي على الجانب المعرفي في عمل دائرة المعارف الحسينية وأهميتها القصوى في إحياء النهضة الحسينية، بخاصة وأن الشيخ الهنداوي سبق وأن زار المركز الحسيني للدراسات في لندن منتصف اكتوبر تشرين الأول ٢٠١١م واجتمع بالمؤلف الدكتور الشيخ محمد صادق الكرباسي واطلع على الجهد المعرفي المبذول فيها، وشاهد مئات المسودات والمخطوطات من أجزاء الموسوعة التي بلغت نحو السبعمائة مجلد[١]. فيما تناول عضو مجلس النواب العراقي الدكتور عبود الحاج وحيد العيساوي البعد الحضاري في النهضة الحسينية ودور الموسوعة الحسينية في إيصال رسالة الإسلام إلى الإنسانية.

وأضاء موفد دائرة المعارف الحسينية إلى مدينة بابل الدكتور نضير الخزرجي أنواراً على البعد الأكاديمي من العمل الموسوعي للمؤلف الذي استفرغ في كل باب من أبواب الموسوعة الستين جهداً علميا في بيان القواعد العامة وتفريعات الباب المبنية على أساس علمي ومنهج أكاديمي، مما جعل مقدمة كل باب علماً مستقلاً بذاته نال المؤلف نظير أربعة مؤلفات مثلها شهادات دكتوراه فخرية من جامعات أميركية وفرنسية ولبنانية.

____

(١) للمزيد عن الزيارة، راجع: أجنحة المعرفة.. قراءة موضوعية في الموسوعة الحسينية: ٥١٩، نضير الخزرجي.

٥٦

وفي نهاية الندوة الثقافية فُتح باب الحوار والمداخلات أجاب فيها الدكتور الخزرجي على أسئلة تقدم بها عدد من الباحثين والأدباء ورؤساء العشائر[1] الذين كان وجودهم في الندوة مشهوداً، كما أهدى رئيس جامعة بابل لرئيس وفد الموسوعة الحسينية درع الجامعة وهدية قيِّمة[2]، عرفاناً بالجميل وبالجهد غير المحدود الذي يبذله مؤلف دائرة المعارف الحسينية الدكتور الكرباسي على طريق العلم والعلماء، كما أبدت شخصيات علمية وأدبية وعشائرية وعلمائية تقديرها التام لانجازات الموسوعة في المجالات المعرفية كافة، منهـم رئيس عشائر بني طرف الشيخ عزيز الشيخ چفّات الطرفي[3]، الشيخ عبد الهادي الزيدي[4] من مكتب المرجع اليعقوبي في

---

(1) خلال وجود الشيخ الكرباسي في العراق في هذه الفترة زاره الكثير من رؤساء ووجهاء العشائر العراقية، وممن تحضرني اسماؤهم: الشيخ قاسم جواد حبيب آل سلمان العباسي رئيس عشائر بني حسن، والناطق باسم إمارة بني حسن، والوفد المرافق وذلك مساء يوم ٢٠١٤/٨/١٩م، وحضر اللقاء الشيخ حسين بن عبد العظيم ذرب عجمي العابدي المولود في منطقة العجمية بقضاء الهندية في محافظة كربلاء المقدسة عام ١٩٧٠م، والشيخ قاسم آل سلمان الحسناوي من مواليد ناحية الحيدرية في النجف الأشرف عام ١٩٦١م. الشيخ صادق عبد الأمير خان آل عودة رئيس عشائر الدعوم والوفد المرافق له صباح ٢٠١٢/٨/٢٣م وضم الوفد الشيخ أحمد مهدي مرزوك الدعمي، الشيخ سعدون عبد برهان الدعمي، الأستاذ نجاح مهدي مرزوك الدعمي، وفي هاتين الزيارتين كان الدكتور السيد محمد وسام المحنا حاضراً.

(2) والهدية عبارة عن لوحة رمزية تمثل معلماً من معالم العراق القديم.

(3) عزيز چفّات الطرفي: هو حفيد كنجي بن سلطان بن ثعيب الطرفي الطائي، ولد في منطقة نهر السلام في قضاء الجدول الغربي التابع لقضاء الهندية بكربلاء سنة ١٩٧٣م، من وجهاء المدينة والساعين في الإصلاح عند الخلافات والنزاعات، عضو ناحية الجدول الغربي، حاصل على شهادة البكالوريوس من كلية الشريعة الاسلامية بكربلاء، عضو جمعية المؤرخين في العراق، من مؤلفاته: مدن عراقية على ضفاف الفرات، من تراث العشائر العراقية، أبو الفضل العباس والفضلاء من ذريته (مخطوط).

(4) عبد الهادي الزيدي: هو ابن ضيغم بن منشد، ولد في بغداد في ١٩٧٥/١١/٢م، نشأ ودرس في مسقط رأسه، وأكمل دراسته في معهد المسيب قسم الإنتاج الحيواني سنة ٢٠٠٣م، تفرغ للدراسة الحوزوية في النجف الأشرف وسكن مدينة الحلة سنة ٢٠٠٧م ويتولى فيها إدارة مكتب مرجعية الشيخ اليعقوبي، وهو إمام الجمعة والجماعة في جامع المؤمن وسط الحلة، من مؤلفاته: الجديد في الفكر الإسلامي، علاقة الرسول الخاتم بالإمام القائم، ودراسات في حياة أصحاب أمير المؤمنين.

الحلة، الشيخ إبراهيم حبيب آل عباس [1] رئيس عشائر بني حسن في بابل، الشيخ علي نعيس علاوي [2] شيخ عشيرة ألبو هارون قبيلة عبادة، خادم المنبر الحسيني السيد جواد الموسوي [3]، والتدريسي في جامعة كربلاء المقدسة السيد محمد السيد وسام المحنّا [4]، وغيرهم.

وعلى هامش الندوة الثقافية أجرت قنوات تلفزيونية وإذاعية غطت الحدث حوارات عدة مع الدكتور نضير الخزرجي والدكتور حسين أبو سعود، منها قناة الأنوار الثانية، قناة كربلاء [5]، قناة بلادي، قناة آفاق، قناة

---

(1) إبراهيم حبيب آل عباس: الخبط الحسناوي، من وجهاء وشيوخ مدينة الحلة، ولد في ١/ ٦/ ١٩٦٧م، تولى مسؤوليات عدة في ناحية الكفل والحلة وكربلاء وعمل في أمانة مجلس الوزراء العراقي، تولى عضوية مجلس محافظة بابل في ٢٠١٣/٨/٢٦م، له اهتمامات شعرية وأدبية، حاصل على الشهادة الجامعية (البكالوريوس)، له حضور متميز في حل النزاعات العشائرية والمشاكل الاجتماعية في الحلة وخارجها، يواصل دراساته الجامعية في الكلية الإسلامية الجامعة في النجف الأشرف قسم الفكر الاسلامي والعقيدة.

(2) علي نعيس علاوي: العبادي، من وجهاء مدينة الحلة، وناشط اجتماعي في حل النزاعات العشائرية والخلافات الاجتماعية.

(3) جواد الموسوي: هو ابن كاظم بن جعاطة المعموري الموسوي، خطيب حسيني، ولد في قضاء الهندية بكربلاء المقدسة سنة ١٩٥٧م، نشأ ودرس في مسقط رأسه وأنهى الإعدادية في عام ١٩٨٥م، توجه للدراسة الحوزوية إلى جانب الخطابة الحسينية، تخرج من مدرسة الإمام الباقر الخطابية (دورة الإمام زين العابدين)، وخريج دورة المعهد التخصصي للدراسات قسم الإدارة في النجف الأشرف، وهو الآن يدرس قسم السطوح في الحوزة العلمية.

(4) محمد المحنا: هو ابن وسام بن حيدر بن حسن المحنّا، ولد في كربلاء المقدسة في ٢١/ ١٠/ ١٩٨١م، نشأ ودرس في مسقط رأسه، ونال من جامعة كربلاء الشهادة الجامعية (البكالوريوس) عام ٢٠٠٤م والعالية (الماجستير) عام ٢٠١١م ونال الشهادة العليا (الدكتوراه) من كلية التربية للعلوم الصرفة بجامعة كربلاء عام ٢٠١٥م، وهو تدريسي فيها، من أعلام السادة آل محنّا، له إجازة في الرواية من عدد من العلماء، وله بحوث علمية منشورة في عدد من الدوريات.

(5) خلال وجود الشيخ الكرباسي في كربلاء المقدسة زاره رئيس قناة كربلاء الفضائية المهندس السيد حيدر نوري جلوخان عصر يوم ٢٠١٢/٧/١٤م وحينها كنت في محافظة الديوانية لإلقاء كلمة في المهرجان الذي عقده النائب المهندس احسان ياسين العوادي، كما كانت للسيد جلوخان زيارة أخرى عصر يوم ٢٠١٢/٩/٣م، معرباً عن سعادته وسروره للتعاون =

النعيم، جريدة عشاير، راديو بابل، وغيرها، كما جرت بعدها وفي قاعة مركز بابل للدراسات الحضارية والتاريخية ندوة خاصة مع عدد من الكوادر التدريسية في جامعة بابل تطرق فيها المحاورون إلى موضوعات علمية ومعرفية وأكاديمية شتى، شارك فيها من وفد الموسوعة الحسينية بالإضافة إلى الخزرجي وأبو سعود، الناشط الإعلامي فراس الكرباسي والأستاذ هاشم الطرفي من مكتب دائرة المعارف الحسينية في العراق[1].

= مع المركز الحسيني للدراسات في لندن، وكنت حاضراً هذا اللقاء.

والمفيد ذكره انه وخلال تمثيلي لدائرة المعارف الحسينية في مهرجان ربيع الشهادة الدولي الخامس في كربلاء المقدسة استضافتني قناة كربلاء الفضائية مساء يوم ٢٠٠٩/٧/٢٧م وأجرى الأستاذ حيدر السلامي معي حواراً مطولا ضمن برنامج «حوارات» لبيان معالم من الموسوعة الحسينية وسيرة مؤلفها.

كما أقام مكتب قناة كربلاء الفضائية قبل أعوام ندوة تعريفية بالقناة حضرها مديرها السيد حيدر جلوخان، وقد عُهد إليّ إدارة الندوة وما تخللها من مداخلات وتساؤلات.

(١) قامت وكالة (أيكنا) الخبرية ببث تقرير خبري لمراسلها علاء حيدر يوم ٢٠١٢/٦/٢٦م ونشر في موقعها، وجاء على النحو التالي:

بابل تحتفي بإصدار اكبر واضخم موسوعة حسينية ثقافية في العالم

بابل. ايكنا: تزامنا مع احتفالات مدينة بابل بولادة الأقمار المحمدية ﷺ في شهر شعبان الأغر اقامت جامعة بابل بالتعاون مع المركز الحسيني في لندن ندوة للاحتفاء بالموسوعة الحسينية.

وقال علاء حيدر، مراسل وكالة الأنباء القرآنية العالمية (ايكنا) في العراق، تزامنا مع احتفالات مدينة بابل بولادة الأقمار المحمدية ﷺ في شهر شعبان الأغر اقامت جامعة بابل بالتعاون مع المركز الحسيني في لندن ندوة احتفت بالموسوعة الحسينية التي تعتبر اكبر واضخم موسوعة ثقافية في العالم لمؤلفها سماحة الشيخ محمد صادق الكرباسي.

وأضاف علاء: تحوي الموسوعة بحسب القائمين على المركز على ٦٠٠ مجلد احتوت دراسات وبحوث وقصائد شعرية متوزعة على ستين باباً من ابواب المعرفة المختصة بالنهضة الحسينية.

هذا وشارك في الندوة اساتذة وباحثون وأكاديميون وشيوخ عشائر أثنوا جميعهم على الجهد المبارك الذي بذله الشيخ الكرباسي من خلال تأطير التراث والفكر والادب الحسيني ضمن دائرة المعارف الحسينية.

فقرات ندوة جامعة بابل
(محافظة الحلة)

استضاف مركز بابل للدراسات الحضارية والتاريخية في جامعة بابل (الحلة) صباح الخميس ٢٠١٢/٦/٢١م ندوة ثقافية حوارية عامة تحت شعار «بابل جامعة الحضارات تحتضن الموسوعة الحسينية»، وتضمن جدول المتحدثين والشعراء التالي:

(١)

* كلمة الدكتور بدر ناصر السلطاني رئيس مركز بابل للدراسات الحضارية: تناول فيها أهمية الاستفادة من الذكريات والمناسبات الإسلامية في استنهاض الأمة نحو الرقي والتقدم في حاضرها ومستقبلها، ومنها ذكرى واقعة الطف في كربلاء المقدسة.

(٢)

* كلمة الدكتور نبيل هاشم الأعرجي رئيس جامعة بابل: ركز فيها على الدور المهم الذي تلعبه دائرة المعارف الحسينية في ربط الأمة الإسلامية بتاريخها عبر تراث الإمام الحسين ﷺ ونهضته المباركة، والدروس المترجمة في واقع الأمة ومستقبلها.

(٣)

❈ كلمة الشيخ محمد كاظم الهنداوي رئيس لجنة الشهداء والضحايا والسجناء السياسيين في مجلس النواب العراقي : تناول فيها الحديث عن زيارته التي قام بها الى لندن عام ٢٠١١م ولقائه بمؤلف الموسوعة الحسينية الدكتور الشيخ محمد صادق الكرباسي، ووقوفه المباشر على الجهد اللامحدود الذي يبذله المؤلف بالتعريف بشخصية الإمام الحسين ﷺ ونهضته المباركة.

(٤)

❈ كلمة الدكتور عبود الحاج وحيد عبود العيساوي عضو مجلس النواب العراقي ومستشار رئيس الوزراء لشؤون العشائر : تناول المهمة الخطيرة التي تتولاها الموسوعة الحسينية في إيصال رسالة الإسلام الى العالم من منظار النهضة الحسينية.

(٥)

❈ كلمة الدكتور نضير رشيد الخزرجي موفد دائرة المعارف الحسينية الى العراق : سلط الضوء على جزء من الجانب الأكاديمي والجامعي في عمل الموسوعة الحسينية التي بسببها نال المؤلف الشيخ محمد صادق الكرباسي أربع شهادات دكتوراه في الشريعة والتاريخ الإسلامي.

(٦)

«موسوعة الدهر»

❈ قصيدة الأديب الدكتور سعد محمد حسين الحداد الأستاذ في جامعة بابل : وهي بعنوان «موسوعة الدهر» في (٢٩) بيتاً من بحر الكامل، ونصّها :

أَدْهَشْتَني فوجدتَني أتعثَّرُ   من غير خمرٍ في رحابك أسْكَرُ

والفـاتنـات من الكـواعبِ جمـرةٌ   تُردي القـلوبَ وجـذوةٌ تـتسعَّرُ

٦٢

وأُنـاشـدُ النَّغَـمَ الأصيـلَ مـسـرَّةً   كيـما يُعيـد غَنـاءَهُ ويُـزمّـرُ

ويَغيبُ عنّي الوعي مسلوبَ النُّهى   ونميرُك العذبُ الفراتُ يُقطّرُ

فأفيقُ مـن صدماتِ سِحْرٍ راوياً   دَنِـفـاً بـآفـاقِ السُّمـوِّ وأبـحِـرُ

فاضَ الغـديـرُ براعةً من حسنِهِ   وغدا الربيعُ مباهياً والعنبرُ

وتَضوعُ أنداءُ الشَّذى بمرابعي   بصحائفِ النُّورِ البهيِّ وتنشرُ

كـلُّ بـروضاتِ الجنانِ مُحـدِّقٌ   يَسْتافُ من ألقِ البيان ويشكرُ

غُـرَرٌ مـن الأسفارِ فاح رحيقُها   وضياءُ نـورِ الآلِ فيها يُغمـرُ

مـن حـلَّةِ الخيرِ العميمِ مدامعٌ   صُبّتْ من الفرح البهيج تُكبّرُ

نَـسَجتْ بـأقلام الأحبةِ نفحةً   للزائرينَ لها تَسُحُّ وتمطرُ

ومـن القـريض روائعٌ حفلتْ به   حتى غَدتْ أمثولةً لا تُحْصَرُ

يـرقى صفيُّ الدين (1) مرتبةً بها   حاز المعالي بالرِّضاءِ وأجـدَرُ

ومـن الخليعيِّ (2) الرقيق خرائدٌ   أحلى من العقد الجمان وأزهرُ

وابنُ العرَنْدس (3) في مدائحِهِ سَمَا   حُـبّـاً لآلِ مـحـمـدٍ لا يُـقْـصِـرُ

ومـن الـرَّثـاء فـرائدٌ منظومةٌ   يَحْدو ركاب الشّعر فيها حيدرُ

---

(1) صفي الدين: هو عبد العزيز بن سرايا بن أبي الحسن علي الطائي السُنبسي الحلي، ولد في الحلة سنة ٦٧٧هـ، وهو من أعلام الإمامية وأدبائها وفحول الشعراء ومبدعيهم له في كل الأغراض شعر، نظم في ألوان عدة، له ديوان شعر، مات ببغداد سنة ٧٥٠هـ وقيل ٧٥٢هـ، من آثاره: ديوان كبير وآخر صغير، درر النحور، والعاطل الحالي والمرخص الغالي.

(2) الخليعي: هو جمال الدين أبو الحسن علي بن عبد العزيز بن أبي محمد الموصلي الحلي المتوفى نحو عام ٧٥٠هـ، كان معادياً لأهل البيت ﷺ ثم استبصر بسبب رؤيا له في الإمام الحسين ﷺ، وسكن الحلة وأصبح من أهل الفضل والأدب، وقد خصص نظمه في أهل البيت ﷺ.

(3) ابن العرندس: هو صالح بن عبد الوهاب الحلي المتوفى في حدود عام ٩٠٠هـ، من العلماء الزهاد، والفقهاء الأصوليين، والأدباء الشعراء، اهتم بالمحسنات البديعية، وقيل إنه توفي عام ٨٤٠هـ في الحلة وقبره معروف يزار، من مؤلفاته: كشف اللآلي.

كلٌّ يـذوب بـحـبِّ آل مـحـمـدٍ *** نحويُّها(١) والصالحانِ(٢) وجعفرُ(٣)

كـحُبَابِ كأسِ الـودِّ قد عَلِقَتْ سَناً *** في الخافقين فلا تَمِيْسُ وتُهْصَرُ

والآخـرونَ لـهُـمْ مـنَ الإبـداعِ مـا *** شَرُفَتْ به كتبُ الورى والمنبرُ

تـلكُمْ هيَ الفيحـاءُ(٤) نبعـاً صافيـاً *** بولائهـا تَهَبُ الحيـاةَ وتَفخَرُ

أهـلاً بـمقدمكُمْ حُمـاةَ الـحرفِ إذ *** يزهـو بـأعلاق الـهدى ويُعطِّرُ

أهـلاً بـمـن حَـمَـلَ الأمـانـةَ شُعـلـةً *** ليُنيرَ دَرْبَ التـائهيـنَ وينصُرُ

أهـلاً بـدائـرةِ الـمـعـارفِ غبطـةً *** بالحقّ تصدحُ والمكـارمَ تُظهرُ

تـروي الـطـفـوفَ روايـةً ودرايـةً *** وتوثّقُ التـاريخَ نهجـاً يُبْهـرُ

ولهـا بـمختلفِ اللغـاتِ محـاسنٌ *** ومقـاصـدُ مـن كـلِّ فـنٍّ تُسْحِـرُ

فيها فتى (كرباس) أعني (صادقاً) *** عَلَمٌ بتحقيقِ النصوصِ ومصدرُ

---

(١) النحوي: هو محمد رضا بن أحمد بن حسن الحلي النحوي، ولد في الحلة في أواسط القرن ١٢ هـ وتوفي فيها عام ١٢٢٦هـ ودفن في النجف، أديب شاعر، وعالم فاضل، من آثاره: مجموعة التخاميس، وقد جمع علي الخاقاني شعره في ديوان.

(٢) الصالحان: ويريد بهما السيد صالح الحسيني الحلي والشيخ صالح الكواز الحلي.
صالح الحسيني الحلي: هو إبن حسين بن محمد الحسيني الحلي (١٢٨٩- ١٣٥٩هـ)، من أعلام الحلة وشعرائها وخطبائها، ولد فيها ومات في الكوفة ودفن في مقبرة وادي السلام في النجف الأشرف، نشأ ودرس في مسقط رأسه وواصل الدراسة الحوزوية في النجف الأشرف، شارك بشعره وخطابته بتحشيد الناس ضد الاحتلال البريطاني وفي ثورة العشرين، وبسبب مواقفه السياسية تعرض للإبعاد مرات عدة في داخل المدن العراقية وخارج العراق.
صالح الكواز الحلي: هو إبن مهدي بن حمزة الخضيري الشمري الحلي (١٢٣٣- ١٢٩٠هـ)، من شعراء الحلة وأعلامها ولد فيها ودفن في النجف الأشرف، أكثر شعره في أهل البيت عليهم السلام، اشتهر بالكواز لاشتغاله بمهنة أبيه في بيع الكيزان والأواني الخزفية، له: ديوان الكواز.

(٣) جعفر: هو ابن حمد بن عيسى آل كمال الدين الحسيني الحلي (١٢٧٧- ١٣١٥هـ)، من أعلام الحلة وشعرائها، ولد في قرية السادة بالحلة، انتقل الى النجف الأشرف للدراسة وفيها مات ودفن في مقبرة وادي السلام، قرض الشعر صبياً، من آثاره: سحر بابل وسجع البلابل.

(٤) الفيحاء: من ألقاب مدينة الحلة، كما تطلق على مدينة البصرة ودمشق وطرابلس لبنان، وتعني الأرض الواسعة الغنّاء.

بـاعٌ لـه في الـعـلـمِ، مـفـخـرةُ الـورى — ومـجـاهـدٌ أنـوارهُ لا تُـسْـتَـرُ
هـو لـلـحـسـين مـخـلَّـدٌ بـعـطـائـهِ — مـوسـوعـةً لـلـعـالـمـيـنَ تُـنَـوِّرُ
مـوسـوعـةً بـاسـمِ الـحـسـيـنِ (تعنونتْ) — أنـعِـمْ بـهـا ذكـراً أعـفُّ وأطـهـرُ

د. سعد الحداد

الحلة الفيحاء ٢٠١٢/٦/٢١م

(٧)

«بابل العراق»

* قصيدة الأديب الدكتور عبد العزيز مختار شبّين الباحث في المركز الحسيني للدراسات، ألقاها بالنيابة الأديب الدكتور حسين أبو سعود: وهي بعنوان «بابل العراق» في ٣٦ بيتاً من بحر المقتضب الثالث، ونصها:

بَـابِـلُ الْـعِـرَاقِ بَـقَـا — سَـاحِـرُ الْـجِـنَـانِ نَـقَـا
بَـابُـهُ لَـنَـا انْـفَـتَـحَـتْ — لَا أَرَاهُ مُـنْـغَـلِـقَـا
أَنْـفُـسٌ بِـهِ انْـشَـرَحَـتْ — مِـثْـلَ أُفْـقِـهَـا أَنَـقَـا
الْـجُـمَـانُ رَصَّـعَـهُ — حَـيْـثُ لَـاحَ أَوْ سَـمَـقَـا
السَّـمَـا حَـوَتْ قَـدَرًا — بَـدْرُهُ الَّـذِي شَـرَقَـا
الـثَّـرَى بِـجَـبْـهَـتِـهِ — قَـدْ زَهَـا بِـمَـا انْـفَـتَـقَـا
مِـنْ دُبَـيْـسٍ مَـأْثَـرَةٌ (١) — فَـاقَـتِ الـضُّـحَـى أَلَـقَـا
فَـالـشُّـمُـوخُ حِـلَّـتُـهُ — قَـدْ حَـكَـى بِـهَـا الْـأُفُـقَـا
بَـابِـلَ الْـبَـهَـاءِ تُـرِي — نِـي الْـخُـلُـودَ وَالْـوَرَقَـا

---

(١) دبيس: نسبة إلى أمير الحلة نور الدولة دبيس بن علي بن مزيد الأسدي المتوفى في ناحية النيل بمدينة الحلة سنة ٤٧٤هـ (١٠٨١م)، وهو ثاني أمراء الدولة المزيدية في الحلة التي أقامها والده سنة ٣٨٨هـ (٩٩٨م)، ولي الحكم بعد وفاة أبيه سنة ٤٠٨هـ، وفي عهده توطدت الإمارة المزيدية.

٦٥

فيكِ شِمْتُ جَدْوَلَهُ(١) الـ   مُسْتَطَابَ وَ الـزَّرَقا
مِنْ حَمُورَبِي(٢) ذِمَمْ   بَارَكَتْ فَمَا نَطَقا
الْعُيُونُ بِجِسْمِهَا   فِيكِ عَارِضٌ دَفَقا
رَوْضُهَا يُجَنِّحُهُ الـ   سِحْرُ صَارَ مُرْتَفَقا
جَنَّةٌ مُعَلَّقَةٌ   عِنْدَهَا الْحِجَى رَنَقا
باخْضِرَارِكِ ابْتَسَمَ الـ   مُسْتَهَامُ مُؤْتَلِقا
نَهْرُكِ(٣) الَّذِي عَبِقَتْ   عَيْنُهُ جَرَى غَدَقا
كَلَّمِ الطُّيُورَ بِهَا   يَحْتَفِلْ غَدٌ خَفَقا
والرَّبِيعُ مُنْتَشِرًا   فالْجَمَالَ والْيَلَقا
سَطَّرَ الرِّيَاضَ بِيُمْ   نَاهُ بَهْجَةً نَمَقا
الْحُرُوفُ تَهْتِفُ بالـ   مَجْدِ كُلَّمَا انْطَلَقا
الظِّلَالُ أَنْطَقَتِ الـ   رَسَّمَ أَزْهَرَتْ غَسَقا
إِنَّ صَفْوَ كَوْثَرِهِ   طَابَ لَيْسَ مُنْعَثِقا
مَا يُنِيرُ لَمْ أَرَهُ   فِي الزَّمَانِ مُنْفَلِقا
الصَّبَاحُ جَلَّلَنِي   مَشْرِقَاكِ وَ الْمَلَقا
قَدْ مَشَى النَّهَارُ بِمَا   أَبْدَعَاهُ واتَّسَقا
الْبَيَاضُ وَشَّحَكِ الـ   طُهْرَ، ثَجَّ وانْبَثَقا
زِبِرِقَانُ(٤) أَعْيُنُهُ   فِي الظَّلَامِ مَا انْشَرَقا

---

(١) جدوله: يريد به نهر الفرات الذي يشق مدينة الحلة (بابل) وفروعه وجداوله.

(٢) حموربي: ويريد به حمورابي إبن سي موبلط الأموري، سادس من حكم من السلالة البابلية الأولى التي ظهرت في الفترة (١٧٢٨- ١٨٨٦ ق.م)، حكم في الفترة (١٧٩٥- ١٧٥٠ ق.م) خلفه في الحكم سمسو إيلدنا، وفي عهده توسعت المملكة البابلية، واشتهر بمسلته التشريعية التي تضم ٢٨٢ مادة قانونية.

(٣) إشارة الى نهر الحلة الذي يشق وسط المدينة والمتفرع عن نهر الفرات.

(٤) زبرقان: بريق العين.

بَـابِـلُ الـنَّـدَى كَـلَّـمَـا تْ أَسَـرْنَ مَـنْ عَـشِـقَا

فِـيـكِ قَـدْ صَـفَـتْ نَـهْـرًا لِـلْـبَـيَـانِ مُـنْـدَلِـقَا

الـدُّمُـوعُ لَـوَّنَـهَـا الـ حُـزْنُ خَـضَّـبَـتْ شَـفَـقَا

كُـلَّـمَـا ذَكَـرْتُ حُـسَيـ نَ الـطُّـفُـوفِ مُـحْـتَـرِقَا

كُـلَّـمَـا سَـفَـحْـتُ لَـهُ الـ مُـقْـلَـتَـيْـنِ وَالـعَـلَـقَا

مَـوْكِـبُ الـحُـسَيـنِ(١) هَـفَـا نَـحْـوَ بَـابِـلَ اسْـتَـبَـقَا

فَـاسْـدِلِـي لَـهُ حُـجُـبًـا وَافْـرِشِـي الـمَـدَى حَـدَقَا

فِـي الـضَّـرِيـمِ وَالـعَـطَـشِ الـ مِـلْـحِ أَحْـيَـتِ الـرَّمَـقَا

الـسَّـلَامُ مَـوْرِدُهُ مِـنْ أَبِـي عَـلَاءَ(٢) سَـقَى

(٨)

* رئاسة الجامعة تقدم درع الإبداع لرئيس وفد دائرة المعارف الحسينية.

(٩)

* رئيس وفد دائرة المعارف الحسينية يقدم لرئاسة الجامعة هدية المركز الحسيني للدراسات(٣).

---

(١) يريد الشاعر وفد دائرة المعارف الحسينية.

(٢) أبو علاء: هي كنية مؤلف دائرة المعارف الحسينية، نسبة الى ابنه البكر(علاء) المولود في مدينة كربلاء المقدسة يوم الأحد ٢٤ شوال ١٣٩١هـ (١٢/ ١٢/ ١٩٧١م)

(٣) في كل الندوات التي تم عقدها في المحافظات العراقية قام الوفد الزائر بتقديم الجهات المنظمة هدية المركز الحسيني للدراسات بلندن وهي عبارة عن: مجموعة من الأقلام النفيسة معنونة بإسم دائرة المعارف الحسينية، نسخ من كتب الدكتور نضير الخزرجي وهي: نزهة القلم.. قراءة نقدية في الموسوعة الحسينية، أشرعة البيان.. قراءة موضوعية في الموسوعة الحسينية، التعددية والحرية في المنظور الإسلامي، وكتيب «دائرة المعارف الحسينية في سطور» للأستاذ علي قاسم التميمي، وفي بعضها تم تقديم دورة كاملة من المطبوع من دائرة المعارف الحسينية.

٦٧

ملحق (١)
كتابات وبرقيات وبطاقات تهنئة
محافظة الحلة

وتسلمت الندوة مجموعة من البرقيات، لعدد من الشخصيات الجامعية والاجتماعية والعشائرية، وهذه نصوصها حسب الحروف الأبجدية لقائليها:

(١)

سلاح الردع

* الشيخ إبراهيم حبيب الخبط آل عباس، رئيس بني حسن- بابل:

بسم الله الرحمن الرحيم

قال تعالى: ﴿فَبِمَا نَقْضِهِم مِّيثَاقَهُمْ وَكُفْرِهِم بِآيَاتِ اللَّهِ وَقَتْلِهِمُ الْأَنبِيَاءَ بِغَيْرِ حَقٍّ وَقَوْلِهِمْ قُلُوبُنَا غُلْفٌ بَلْ طَبَعَ اللَّهُ عَلَيْهَا بِكُفْرِهِمْ فَلَا يُؤْمِنُونَ إِلَّا قَلِيلًا﴾[1].

كل ما ورد في هذه الآية حدث في كربلاء: ١: نقضوا ميثاقهم، ٢: كفروا بآيات الله، ٣: قتلوا الأنبياء بغير حق.

---

[1] سورة النساء: ١٥٥.

٦٩

ورب سائل يسأل كيف قتلوا الأنبياء؟ أجيبهم : أليس قتل الحسين ﷺ هو قتل لجده محمد ﷺ؟! أليس قتل الحسين ﷺ هو قتل لمنهج جده ﷺ. لماذا فعلوا كل ذلك؟ لأنَّ قلوبهم غلف، وبعد هذا نتساءل : هل قتلوا الحسين ﷺ فعلاً؟

هيهات هيهات. (الخفيف) :

كـذب الـمـوتُ فـالـحـسـيـن مُـخَـلَّـد   كـلـمـا مـرَّ ذِكْـرُهُ يَـتَـجَـدَّدُ[1]

وليس ذكره يتجدد، لا بل موقفه يتجدد، فكلما استبد ظالم يكون له سيف الحسين بالمرصاد.

يا فجيعة كربلـه او دمِّ الطفوف   يا عطش رضعان يا حِرگة خيمْ

يا زنود الظـلّـت ادور ابـچـفـوف   حتى فوق الگـام ما يوگـع عـلـمْ

يا ركاب الضحكت الحد السيوف   حتى لـاء احسين ما تصبح نعمْ

من انطلق سهم القدر ما مره خوف   ركض صدر احسين وتلگه السهمْ

حضن سهمه او طاح لن رايد يعوق   جرح بـيـن الـنـاس يـتـردد قسـمْ

هاي شمس الله يمر بيه الكسوف   وانـتـه شـمـسك ابد ما مره العدمْ

واليوم إذ نستذكر الحسين ومواقفه لابد أن نتساءل : أين نحن اليوم من هذه المواقف؟

لاشك أن الكثير منا اتخذ من الحسين ﷺ عَبرة ولم يتخذ منه عِبرة، (المتقارب) :

كــأنَّ يــداً مــن وراء الــضــريـ   ـح حـمـراء مبـتـورة الإصبـع

<hr>

(١) البيت لشاعر أهل البيت علي بن محمد الحائري (١٩٣٣ – ١٩٩٨م)، ولد في كربلاء المقدسة وفيها نشأ ودرس، ونال الشهادة الجامعية من كلية الآداب بجامعة المستنصرية في بغداد سنة ١٩٧٣م، ومارس التعليم والتدريس في مسقط رأسه حتى تقاعده ورحيله، له : أغنيات في سهر شهرزاد، والركب الضائع.

تـمـدُّ الـى عـالـم بـالـخـنـو   ع والـضـيـم ذي شـرق مـتـرع

لـتـبـدل مـنـه جـديـب الـضـمـيـر   بـآخـر مـعـشـوشـب مـمـرع (١)

هل أراد لنا الحسين ﷺ أن ننحني للطغاة؟

هل أراد لنا الحسين ﷺ أن نصافح الظالمين؟

فكم من طاغية تجبر ولا سلاح لنا لردعه سوى الدموع.

او ما أظن إلكسري عد غير جبر   معنيتك اليوم اجيتك يا حسين

وآنـي بـذنـوبـي أدوّر عـن عـذر   إذنـوبـي بـيـه اتلـوذ من شدة الخوف

الشيخ إبراهيم حبيب الخبط آل عباس : رئيس بني حسن/ بابل

(٢)

وصية الأنبياء

٭ **كلمة السيد جواد الموسوي- خطيب المنبر الحسيني :**

بسم الله الرحمن الرحيم

الحمد لله رب العالمين، والصلاة والسلام على محمد وآله الطيبين الطاهرين، ولعنة الله على أعدائهم أجمعين إلى يوم الدين.

قال الله تعالى في كتابه الكريم : ﴿شَرَعَ لَكُم مِّنَ ٱلدِّينِ مَا وَصَّىٰ بِهِۦ نُوحًا وَٱلَّذِىٓ أَوْحَيْنَآ إِلَيْكَ وَمَا وَصَّيْنَا بِهِۦٓ إِبْرَٰهِيمَ وَمُوسَىٰ وَعِيسَىٰٓ أَنْ أَقِيمُوا۟ ٱلدِّينَ وَلَا تَتَفَرَّقُوا۟ فِيهِۚ﴾ (٢).

من هذه الآية المباركة يتبين أن الله تبارك وتعالى يخبر المسلمين أن

---

(١) الأبيات للشاعر العراقي محمد مهدي بن عبد الحسين الجواهري (١٨٩٩- ١٩٩٧م)، وهي من قصيدة في ٦٤ بيتاً ألقاها في الحفل الذي أُقيم في كربلاء المقدسة يوم ١١ محرم ١٣٦٧هـ (١٩٤٧/١١/٢٦م)، راجع : ديوان الجواهري: ٢٦٦/٢، دار العودة، بيروت، ط٣، ١٥/ ٣/ ١٩٨٢م.

(٢) سورة الشورى: ١٣.

٧١

الدين الذي شرعه لهم لا يتعارض مع الدين الذي شرعه لنوح وإبراهيم وموسى وعيسى ﷺ ، فطريق الأنبياء كلهم واحد وهو نفس ما أتى به النبي محمد ﷺ .

وهنا يطرح سؤال : ما هو الشيء الذي وصّى به الله نوحاً وإبراهيم وموسى وعيسى وخاتم النبيين محمداً سلام الله عليهم أجمعين؟

قال تعالى : ﴿أَنۡ أَقِيمُواْ ٱلدِّينَ﴾ ، ومعنى أقيموا الدين أي اجعلوه قائماً. وكما ان الإنسان القائم يتحرك ويمارس حياته بشكل طبيعي خلافاً للمريض الذي لا يستطيع القيام والنهوض فكذلك الدين إذا كان مبعداً عن الحياة لم يكن قائماً، والله تعالى أوصى أنبياءه أن يقيموا الدين. وهنا إذا أردنا أن نفتش عن أهم من أقام الدين وثبّت أركانه وجعله ديناً قائماً متفاعلاً مع مستجدات الحياة ليس للمسلمين فقط وإنما لكل المجتمع العالمي ، فإنه الحسين ﷺ .

إن الإمام الحسين ﷺ أقام دين جده ﷺ ، ولولاه لما قامت للدين الإسلامي قائمة ، ولقد ذكر القرآن الكريم قصة إسراء نبيه ﷺ وعروجه إلى السماء في موارد عدة، منها قوله في سورة النجم : ﴿ثُمَّ دَنَا فَتَدَلَّىٰ ۝ فَكَانَ قَابَ قَوۡسَيۡنِ أَوۡ أَدۡنَىٰ﴾[1] ، وعن أبي جعفر[2] : (فلما انتهى إلى محل السدرة وقف جبرئيل دونها وقال : يا محمد إنّ هذا موقفي الذي وضعني الله عزّ وجل فيه ولن أقدر على أن أتقدمه ، ولكن امض أنت أمامك إلى السدرة ، فوقف عندها : قال : فتقدم رسول الله ﷺ إلى السدرة وتخلف جبرئيل)[3] ، وهنا

---

(1) سورة النجم : ٨-٩.

(2) أبو جعفر: هو محمد بن علي بن الحسين بن أبي طالب ﷺ (٥٧- ١١٣هـ)، الشهير بالإمام الباقر، الخامس من أئمة أهل البيت ﷺ، وأمه فاطمة الكبرى بنت الحسن بن علي، ولد في المدينة المنورة وفيها مات ودفن في البقيع، تولى مهام الإمامة بعد رحيل والده السجاد في ٩٢/١/٢٥هـ حتى رحيله في ٧ ربيع الأول.

(3) بحار الأنوار : ٣١٦/٣، محمد باقر المجلسي، مؤسسة الوفاء، بيروت، ط٢، ١٤٠٣هـ (١٩٨٣م).

٧٢

عندما بلغ تعالى بحبيبه ﷺ هذه المرتبة جعل يريه آياته الكبرى وتحقق قوله سبحانه: ﴿لَقَدْ رَأَىٰ مِنْ ءَايَٰتِ رَبِّهِ ٱلْكُبْرَىٰٓ﴾[1] وكان مما رآه ﷺ من الآيات الكبرى:

- مكانة الحسين عليه السلام وعظمته في السماوات: كان النبي ﷺ جالساً مع أُبيّ بن كعب[2] فدخل الحسين عليه السلام فقال له الرسول ﷺ: مرحباً بك يا أبا عبد الله يا زين السماوات والأرضين. قال أُبيّ للرسول ﷺ: وكيف يكون يا رسول الله زين السماوات والأرضين أحد غيرك؟ قال ﷺ: يا أُبي والذي بعثني بالحق نبيّاً إن الحسين بن علي في السماوات أكبر منه في الأرض، وإنه لمكتوب عن يمين عرش الله عز وجل: إن الحسين مصباح هدى وسفينة نجاة وإمام خير ويُمن وعز وفخر وعلم وذخر[3].

إذن هذه المكانة التي بلغها الحسين عليه السلام عند الله تعالى وعند رسول الله ﷺ وعند الأنبياء جميعاً لا يمكن لأحد أن يصفها أو يأخذ بقدر رأس الدبوس من بحر الحسين عليه السلام.

وما هذا الجهد الذي قدمه سماحة الشيخ الدكتور محمد صادق الكرباسي إلا شموع تضيء ظلمة هذا الزمان وتكشف لمن لا يرى الحقيقة ما احتوت عليه هذه الموسوعة التي هي كنز من كنوز هذا الزمان على كل من يريد أن يعرف المزيد عن الحسين عليه السلام أن يقتنيها أو يجد فيها ضالته، فجزى الله القائمين عليها خيراً وحفظ الله الشيخ الكرباسي وجعل شفيعهم يوم القيامة الحسين عليه السلام.

خادم المنبر الحسيني السيد جواد الموسوي

آخر رجب ١٤٣٣هـ

---

(١) سورة النجم: ١٨.

(٢) أُبيّ بن كعب: هو حفيد قيس بن عبيد النجار الخزرجي، من أعيان اليهود وأحبارهم في المدينة المنورة، ولد قبل الهجرة، مات نحو ٢١هـ، وقيل غير ذلك، أسلم قبل معركة بدر وبايع في بيعة العقبة، واشترك مع النبي ﷺ في غزواته، وكان من كتاب الوحي.

(٣) السيرة الحسينية: ٢٥١/٢، محمد صادق الكرباسي، المركز الحسيني للدراسات، لندن، ط١، ١٤٢٤هـ (٢٠٠٣م).

(٣)

في سجل التاريخ

❋ برقية رابطة صفوة الأنبياء الثقافية النسوية :

بسم الله الرحمن الرحيم

تتقدم رابطة صفوة الأنبياء الثقافية النسوية بأجمل التهاني والتبريكات لوفد المركز الحسيني للدراسات القادم من لندن بمناسبة ولادة الأقمار من أهل بيت النبوة ﷺ، ثم نحمد الله لسلامة الوصول إلى أرض العراق أرض الخير والمحبة والسلام.

وكما نتقدم لهم بالشكر الجزيل لمبادرتهم الرائعة بإقامة المهرجانات والندوات التعريفية والتكريمية بالموسوعة الحسينية المباركة ومؤلفها آية الله الدكتور محمد صادق الكرباسي (دام عزه)، وقد أثلجت الموسوعة صدور محبي أهل البيت ﷺ، ونحن على ثقة تامة ستكتب هذه الندوات في سجلات التاريخ، وكما نقدم شكرنا وتقديرنا إلى مركز بابل للدراسات الحضارية والتاريخية في جامعة بابل لهذه الوقفة الرائعة، فأهلاً وسهلاً بالوفد القادم لما بذلوه من جهد وعناء من أجل إنجاح هذه الندوة المنعقدة يوم الخميس ١٢/٦/٢٠١٢م، والسلام عليكم ورحمة الله وبركاته.

ساهرة البحراني [١]

م/ رابطة صفوة الأنبياء الثقافية النسوية

---

[١] ساهرة البحراني: هي إبنة زهير بن حسين بن عبود المنكوشي البحراني، ولدت في مدينة كربلاء المقدسة في ٩/٧/١٩٧٣م، تربوية وناشطة اجتماعية، نشأت ودرست في مسقط رأسها، أنهت إعدادية التجارة وأكملت دبلوم معهد المعلمات المركزي، تمارس التعليم وتسهم في نشاطات ثقافية واجتماعية ودينية عبر رابطة صفوة الأنبياء الثقافية النسوية التي أسستها سنة ٢٠٠٤م، لها مقالات منشورة.

(٤)

البحث عن الحقيقة الضائعة

❋ برقية وفد مدينة الأنبار (الرمادي)

بسم الله الرحمن الرحيم

استجابة لدعوة مركز الدراسات الحضارية والتاريخية في جامعة بابل، وبكل احترام وتقدير، نبدأ كلمتنا بحديث رسول الله ﷺ: «حسين منّي وأنا من حسين»[١]، نحن اليوم بحاجة إلى معرفة الحقيقة الضائعة والمفقودة عن حوادث ملحمة الطف الخالدة كي نعرف وتعرف الأجيال حجم العطاء الذي قدمه سيد الشهداء ﷿ حتى نكون من الذين عرفوا الحق والحقيقة واتبعوها، وشخَّصوا الظلم والباطل واجتنبوه.

إن تصورنا لهذه الندوة الرائعة التي أقيمت في جامعة بابل هي دليل الحب والانتصار بحب آل محمد ﷺ، وهذا دليل بأن الإمام الحسين ﷿ وحَّد الأمة، كما واطلعنا على الأجزاء الصادرة من الموسوعة الحسينية وهي فرصة ذهبية تتطلب منا الشكر والمواصلة مع مركز الدراسات الحسينية وللشيخ الكرباسي بالخصوص، فشكراً لحضوركم للعراق، والسلام عليكم ورحمة الله وبركاته.

٢٠١٢/٦/٢١م

(١) عبد الرحمن عبد الكريم عبد الله، (٢) قادر نوفل ربيع مصطفى، (٣) مناف عبد القادر نجوان، (٤) مثنى عبد الكريم فواز، (٥). ضياء الدين جمال الدين خالد.

---

(١) ترجمة الإمام الحسين لابن عساكر: ١١٤. ونصه: (حسين مني وأنا من حسين، حسين سبط من الأسباط أحب الله من أحب حسينا).

٧٥

(٥)

خيمة الفكر

* برقية الشيخ عبد الهادي الزيدي، ممثل مكتب المرجع اليعقوبي.

بسم الله الرحمن الرحيم

نبارك لجامعة بابل ومركز الدراسات الحضارية احتضان هذه الندوة عن المركز الحسيني للدراسات في لندن، ونحن في غرة شهر شعبان المعظم الذي احتضن الحسين ﷺ مولوداً ليكون لهذه الأمة والداً وللأخلاق والعلم راعياً. ونسأل الله أن تبقى جامعة بابل والحلة الفيحاء خيمة لاحتضان الأدباء والكتاب والمفكرين، رواداً للفكر الحسيني وسفراءً للعلم والمعرفة.

الشيخ عبد الهادي الزيدي

مكتب سماحة المرجع اليعقوبي (دام ظله) في الحلة

(٦)

الإمام الحسين ﷺ رمز الفداء والتضحية

* كلمة عشائر بني طرف.

الحمد لله الذي لا يبلغ مدحه القائلون، ولا نعماءه العادون، والحمد لله إقراراً بوحدته، ولا إله إلا الله إخلاصاً لوحدانيته، الذي أنعم علينا بالخيرات، وأعطانا نعمة الحياة، ودفع عنا المضرات، عالم الخفيات ومجيب الدعوات، والصلاة والسلام على رسوله ﷺ المصطفى وحبيبه المجتبى، وعلى وصيه المرتضى وأهل بيته المنتجبين صلوات الله عليهم أجمعين.

وبعد فإن الإمام الحسين ﷺ فاق جميع البشر بما ضحى في سبيل إعلاء كلمة الله وجعلها باقية دائمة، وسار من أجل رفع اسم الإسلام وبقاء دعائمه قائمة، فتارة تجده يقدم أخاه وأخرى تراه يضحي بصاحبه، وغيرها ينحر في سبيل الله ولده، فأي تضحية وأي عطاء وأي دماء قال عنها إمامنا جعفر الصادق ﷺ[1]: (أشهد لقد اقشعرت لدمائكم أظلَّة العرش مع أظلَّة الخلائق)[2]، ورحم الله الشاعر عندما قال (البسيط):

جادوا بأنفسهم في حب سيدهم   والجود بالنفس أقصى غاية الجود[3]

---

(1) جعفر الصادق: هو ابن محمد بن علي بن الحسين ﷺ (٨٣- ١٤٨هـ)، الشهير بالإمام الصادق، السادس من أئمة أهل البيت ﷺ، ولد في المدينة المنورة وفيها مات ودفن في البقيع، وأمه فاطمة بنت القاسم بن محمد بن أبي بكر التيمية، تولى مهام الإمامة في ١١٣/٣/٧هـ حتى رحيله في ٢٥ شوال، اشتهر بحلقات الدراسة في المدينة المنورة.

(2) مفاتيح الجنان: ٤٣٦، عباس القمي، الأميرة للطباعة، بيروت، ط٢، ١٤٣٢هـ (٢٠١١م).
زيارة الإمام الحسين ﷺ في الأول من رجب.

(3) انظر: منتخب الطريحي: ٤١٥/٢، الباب الأول من المجلس التاسع، فخر الدين بن محمد علي الطريحي، مؤسسة الأعلمي للمطبوعات، بيروت.
وصدر البيت هو للشاعر العباسي مسلم بن الوليد الأنصاري الشهير بصريع الغواني، وهو من أهل الكوفة والمتوفى عام ٢٠٨هـ، وهو من (بحر البسيط) يقول فيه:

يجود بالنفس إذ ضنَّ الجواد بها   والجودُ بالنفس أقصى غاية الجود

انظر: الذخائر والعبقريات: ٦٧/١، عبد الرحمن بن عبد الرحمن البرقوقي، مكتبة الثقافة الدينية، مصر.
وبهذا الصدد قال الشاعر علي بن الحسين الحلي الشفهيني من شعراء القرن الثامن الهجري، من (بحر الكامل):

جادوا بأنفسهم أمام إمامهم   والجودُ بالنفس النفيسة أجودُ

انظر: ديوان القرن الثامن: ٦٨، محمد صادق الكرباسي، المركز الحسيني للدراسات، لندن، ط١، ١٤٢١هـ (٢٠٠٠م).
ومثله قول الشاعر حسن بن محمد الدمستاني المتوفى عام ١١٨١هـ من (بحر الطويل):

وجادوا بأسنى ما يجودُ به الوَرى   وليس وراء الجود بالنفس من جودِ

أنظر: ديوان القرن الثاني عشر: ٢٩٧/١، محمد صادق الكرباسي، المركز الحسيني للدراسات، لندن، ط١، ١٤٣٠هـ (٢٠٠٩م).

روى جمهور علماء الإمامية أن السيدة زينب بنت علي ﷺ [١] عندما جاءت الى أخيها ووجدته مذبوحاً من القفا وضعت يدها تحت ظهره وقالت إلهي تقبل منا هذا القربان. أما إمامنا فعندما كان يرى أصحابه وأهل بيته يخرون كالأضاحي يتهلل وجهه ويردد قول الله تعالى : ﴿فَمِنْهُم مَّن قَضَىٰ نَحْبَهُ وَمِنْهُم مَّن يَنتَظِرُ ۖ وَمَا بَدَّلُوا تَبْدِيلًا ۝﴾ [٢]، يقول بعض الرواة : (والله ما رأيت مكثوراً قط قد قتل ولده وأهل بيته وأصحابه أربط جأشاً منه، وإن الرجال كانت لتشد عليه فيشد عليها بسيفه فتنكشف عنه انكشاف المعزى إذا شد فيها الذئب، ولقد كان يحمل فيهم، وقد تكملوا ثلاثين ألفاً، فينهزمون بين يديه كأنهم الجراد المنتشر) [٣].

فأي بسالة وشجاعة وأي صبر وطاعة! ترى أعداءه يفتخرون ويتعجبون من شدة عزمه، وفيهم ينطبق قول الشاعر (الكامل) :

شهد الأنام بفضله حتى العدى   والفضل ما شهدت به الأعداءُ [٤]

وهذا هلال بن نافع يقول : (إني لواقف مع أصحاب عمر بن سعد إذ صرح صارخ : أبشر أيها الأمير، فهذا شمر قد قتل الحسين ﷺ، قال : فخرجت بين الصفين، فوقفت عليه، فإنه ليجود بنفسه، فوالله ما رأيت قتيلاً مضمخاً بدمه أحسن منه ولا أنور وجهاً، ولقد شغلني نور وجه وجمال هيئته

---

(١) زينب بنت علي : هي حفيدة أبي طالب عبد مناف الهاشمية (٦- ٦٢هـ)، ولدت في المدينة المنورة، وكانت شديدة الذكاء وهي التي روت خطبة أمها الزهراء في مسجد النبي وكان عمرها خمس سنوات، تزوجت من عبد الله بن جعفر بن أبي طالب، وشاركت مع أولادها في معركة كربلاء، وقادت ركب الأسر الى الكوفة والشام والعودة الى المدينة، خرجت الى القاهرة عام ٦١هـ وماتت فيها في السنة التالية وقبرها يُزار.

(٢) سورة الأحزاب : ٢٣.

(٣) الملهوف على قتلى الطفوف : ١٧١، علي بن موسى بن طاوُس الحلي، تحقيق : الشيخ فارس الحسون، دار الأسوة للطباعة والنشر، قم- إيران.

(٤) الصراط المستقيم الى مستحقي التقديم : ١٥٥/٢، علي بن يونس النباطي البياضي، مطبعة الحيدري، طهران- إيران.

عن الفكر في قتله)[1]، لم يبق من رجاله وأهل بيته ممن يستطيع الدفاع عن دين الحق إلا نفسه فتقدم إلى ساحة النزال وبرع في ميدان القتال، وجاء في الأثر ان الإمام الحسين ﷺ: (جعل يقاتل حتى قتل ألفاً وتسعمائة وخمسين سوى المجروحين فقال عمر بن سعد[2] لقومه: الويل لكم، أتدرون من تبارزون؟ هذا ابن الأنزع البطين، هذا ابن قتّال العرب، فاحملوا عليه من كل جانب، فحملوا بالطعن مائة وثمانين وأربعة آلاف بالسهام)[3].

نختم كلامنا بكلامه ﷺ عندما أنشد (الوافر):

تـركـت الـخـلـق طـراً فـي هـواكـا   وأيـتـمـت الـعـيـال لـكـي أراكـا

فـلـو قـطـعـتـني بـالـحـب إربـاً   لـمـا مـال الـفـؤاد إلـى سـواكـا[4]

كتبت هذه الكلمات عندما حضرت الندوة اللطيفة للموسوعة الحسينية في جامعة بابل ذات التاريخ الطويل والمجد الأصيل، فرأيت أن أكتب شيئاً عن موقف من مواقف أبي عبد الله الحسين ﷺ لكي ينضم إلى ما كتبه الشيخ الكرباسي وأعطيها إلى ولدنا البار هاشم الطرفي، سائلين الله أن يجمعهم تحت ظل رحمته يوم لا ظل إلا ظله.

الفقير الى الله

الشيخ عزيز الشيخ چفّات الطرفي

رئيس عشائر بني طرف

٢١/٦/٢٠١٢م

---

(١) الملهوف على قتلى الطفوف: ١٧٧.

(٢) عمر بن سعد: هو حفيد أبي الوقاص مالك بن أهيب الزهري (٢٣- ٦٦هـ)، مدني الأصل من أهل الكوفة وزعاماتها، قاد الجيش الأموي لقتال الإمام الحسين ﷺ وقتل في حركة المختار الثقفي.

(٣) تسلية المُجالس وزينة المَجالس: ٢/٣١٩، محمد الحائري الكركي، تحقيق: فارس حسون كريم، مؤسسة المعارف الاسلامية، قم- إيران.

(٤) وهو مما يُنسب للإمام الحسين ﷺ، راجع: ديوان الإمام الحسين للكرباسي: ١/١٧٥، والجزء الثاني منه في قافية الكاف.

(٧)

مؤازرة الموسوعة

❈ برقية وفد محافظة أربيل .

قال رسول الله ﷺ : (إنَّ الحسن والحسين هما ريحانتاي من الدنيا)[1] .

بمزيد من الفرح والسرور حضورنا لهذا اليوم الخميس ٢٠١٢/٦/٢١م في جامعة بابل للاستماع الى شرح مفصل عن الموسوعة الحسينية، وبحضورنا هذا نجدد العهد والولاء مع سيد الشهداء ﷺ.

لقد جئنا من أربيل لكي نكون مع الذين كتب الله لهم التوفيق ومؤازرتهم للموسوعة الحسينية، ندعو الله بالتوفيق لسماحة آية الله الدكتور محمد صادق الكرباسي والعاملين معه، ونتقدم بالشكر الجزيل لمركز الدراسات الحضارية والتاريخية في جامعة بابل، والسلام عليكم ورحمة الله وبركاته.

١- عـزيـز آزاد جرجيس البرزنجي الموسوي ٢- شـمـس الدين نهاد رياض البرزنجي ٣- سعد هلال مبارك غدير ٤- نور هادي آمال الدين عزة البرزنجي ٥- عبد القادر سليمان زين العابدين.

(٨)

يوم مبارك

❈ برقية الشيخ علي نعيس علاوي، شيخ عشيرة ألبو هارون.

بسم الله الرحمن الرحيم

بمزيد من الفرح نشارك هذا اليوم المبارك وهو يوم الخميس المصادف

---

(١) جامع الترمذي: ٥٨٧، ح ٣٧٧٠، محمد بن عيسى بن سورة الترمذي، بيت الأفكار الدولية للنشر والتوزيع، الرياض، ط١، ١٤٢٠هـ (١٩٩٩م).

٢٠١٢/٦/٢١م بالندوة الدولية المقامة في جامعة بابل والتي تتشرَّف باستضافتها مركز بابل للدراسات الحضارية والتاريخية، إنه ليوم مبارك نتعرف به على الموسوعة الحسينية التي يصدرها المركز الحسيني للدراسات (لندن) لمؤلفها آية الله الدكتور الشيخ محمد صادق الكرباسي. إننا سعداء بقدومكم إلى أرض الحلة هذه الأرض التي حلّت بها الشمس ^(١) لمولانا أمير المؤمنين ﷺ.

إننا نبارك هذا الإنجاز الكبير وكذلك الجهود التي بذلتموها من أجل التعريف بالموسوعة المباركة، وإننا على استعداد تام برفد الموسوعة بكل ما نملكه من بحوث ومشاريع حسينية وقصائد وترجمة خطباء وكل ما يصب بخدمة التاريخ الحسيني، أهلا بكم في بابل.

علي نعيس علاوي

شيخ عشيرة ألبو هارون- قبيلة عبادة

(٩)

موسوعة النور

❊ برقية الشيخ كريم جودة آل مسباح الزيدي، شيخ عشيرة بني زيد ^(٢).

---

(١) إشارة الى مقام مشهد الشمس في شمال غرب مدينة الحلة، والمعروف بمسجد مرد الشمس حيث رُدت الشمس للإمام علي ﷺ لأداء صلاة العصر كما في المصادر الحديثة للسنة والشيعة، للمزيد، راجع: الغدير في الكتاب والسنة والأدب : ١٢٦/٣ - ١٤١، عبد الحسين الأميني، دار الكتاب العربي، بيروت، ط٥، ١٤٠٣هـ (١٩٨٣م).

(٢) كريم جودة الزيدي: هو حفيد فرحان، كاتب وأديب وسياسي، ولد في كربلاء المقدسة في ١٩٦٣/٨/٢٨م، نشأ ودرس في مدرسة عون الابتدائية وانهى معهد الفنون الجميلة في بغداد عام ١٩٩٦م، من الوجوه العشائرية المعروفة في كربلاء ونواحيها وأقضيتها، زعيم عشيرة بني زيد في كربلاء، له أيادٍ بيضاء في تعمير مزارات أهل البيت ﷺ ومقاماتهم، تعاهد منذ عام ٢٠١٠م على اقامة مهرجان كبير على مستوى العراق في ذكرى ولادة الامام الحسين ﷺ في قضاء طويريج في مرقد اولاد الامام الكاظم ﷺ حيث يتولى فيه الأمانة الخاصة، عضو اتحاد الأدباء والكتاب في كربلاء، أمين عام=

٨١

بسم الله الرحمن الرحيم

يقول نبي الرحمة ﷺ: (إن الحسين مصباح هدى وسفينة نجاة)[1].

كلنا يعلم بأن الكتب السماوية أربعة هي التوراة والزبور والإنجيل والقرآن، وهناك صحف أخرى، والقرآن الكريم خاتمها[2]، وبه ختم الله شرائعه بشريعة سيد الرسل محمد ﷺ، ومن هنا جعل الله لأهل البيت ﷿ مكانة لقربهم من رسول الله ﷺ فمن تمسك بهم لن يضل ابدا فقد قال رسول الله ﷺ: (إني تارك فيكم الثقلين ما إن تمسكتم بهما لن تضلوا بعدي كتاب الله وعترتي أهل بيتي)[3]، والحسين ﷿ هو من العترة وهو الذي ضحى بنفسه من أجل الحفاظ على شريعة محمد ﷺ من الانحراف والضلالة، واليوم ينبغي منا جميعا أن ندعو الإنسانية جمعاء للاطلاع على سيرة سيد الشهداء ﷿، وملحمة الطف الخالدة ومواقفه الإنسانية لكي تعيش الأمة في محبة وسلام.

واليوم ولأول مرة تقع بين أيدينا أكبر موسوعة حسينية في العالم تجاوز عدد مخطوطاتها ٦٣٩ مخطوطاً صدر منها ٧٧ مجلداً، وهذا عطاء جديد سيخلد بأحرف من نور، ومن دواعي السرور أن نقدم الشكر والعرفان إلى

= حركة النهضة الاسلامية ومقرها حي الجمعية بكربلاء المقدسة، من مؤلفاته: المرتضى ما بين الغدير وخطبة الوداع، الإمام الحسين في المواجهة والامتحان، وقصائد حب (شعر حر).

(١) عيون أخبار الرضا: ٦٢/١، محمد بن علي القمي (الصدوق)، مؤسسة الأعلمي، بيروت- لبنان. وقريب منه في فرائد السمطين: ٤٢، إبراهيم بن محمد الحمويني، مطبعة النعمان، النجف الأشرف- العراق.

(٢) للمزيد عن الكتب السماوية وتشريعاتها، راجع: الجزء الأول من «الحسين والتشريع الإسلامي»، محمد صادق الكرباسي، المركز الحسيني للدراسات، لندن، ط١، ١٤٢١هـ (٢٠٠٠م).

(٣) فضائل الخمسة من الصحاح الستة: ٥٦/٢، مرتضى بن محمد الفيروز آبادي، مؤسسة الأعلمي، بيروت.

سماحة آية الله الدكتور محمد صادق الكرباسي (دام مجده وعزه) لتقديمه هذا العطاء الرائع، والسلام عليكم ورحمة الله وبركاته.

الشيخ كريم جودة آل مسباح الزيدي [1]

شيخ عشيرة بني زيد- كربلاء المقدسة

الخميس ٢٠١٢/٦/٢١م

(١٠)

ثورة الإمام الحسين ﷺ صوت الحق الإلهي

* مقالة الدكتور محمد المحنا، التدريسي في جامعة كربلاء.

الحمد لله الذي علا بحوله ودنا بطوله، مانح كل غنيمة وفضل، وكاشف كل عظيمة وأزل، أحمده على عواطف كرمه وسوابغ نعمه، وأؤمن به أولاً بادياً، واستهديه قريباً هادياً، وأستعينه قاهراً قادراً، وأتوكل عليه كافياً ناصراً، وأشهد أن محمداً عبده ورسوله، أرسله لانفاذ أوامره وإنهاء عذره وتقديم نذره، والصلاة عليه وعلى أهل بيته صلاة زاكية باقية مثمرة زاكية.

وبعد فإن الإمام الحسين ﷺ جوهرة صبغها الله جل وعلا وصاغها الرسول محمد ﷺ إمام الورى، فأضحت ثورته ثورة تتهافت عليها الناس كتهافت الجياع على القصاع، وقد غطت البقاع ونثرت بفكرها الأصقاع، وهي كما قال الشاعر [2] (الكامل):

هـي ثــورة كسـت العــراق فخـارا   حتـى غـدت للعــالمـين منــارا

---

(١) كما أهدى الشيخ كريم الزيدي درع الابداع العلمي الى جامعة بابل.

(٢) لم أقف على الشاعر ولعل البيت للكاتب، ولكن عجز البيت موجود في بعض المواقع الكهربية غير منسوب لشاعر بعينه.

لتعلم منها الإنسان كيف يراعي مبادئ الشرف وكيف يصل بعمله إلى أسمى الغرف، وأن يرسم لكل خطوة يخطيها وكل حركة يرغب أن يجريها، فهذا الإمام أبو عبد الله عليه‌السلام يقول: «إني لم أخرج أشراً ولا بطراً ولا مفسداً ولا ظالماً، وإنما خرجت لطلب الإصلاح في أمة جدي صلى‌الله‌عليه‌وآله»[1]، فوجوده رحمة كوجود جده إمام الإمة، وهذه أمه الزهراء عليها‌السلام تقول في خطبتها: «وكنتم على شفا حفرة من النار مذقة[2] الشارب ونهزة[3] الطامع وقبسة[4] العجلان وموطئ الأقدام تشربون الطَرَق[5] وتقتاتون الورق أذلة خاشعين تخافون أن يتخطفكم الناس من حولكم فأنقذكم الله برسوله صلى‌الله‌عليه‌وآله»[6]، فهو أسس لسن نظام كامل وبرنامج لعمل قانون شامل لنجاح المسلم وفلاحه والابتعاد عن هلاكه وطلاحه، أراد من المسلم أن يحترم ويقدس كلمة التوحيد وتوحيد الكلمة، وعليه طاعة الأوامر التي هي نظام للملّة ونجاح للناس من الفرقة، والسير على وفق مبادئه نجاة من الهلكة، نسأل الله أن يجعلنا على خطى ثورته سائرين وعلى نهجها محافظين وبإمامة مولانا متمسكين فإنه أرحم الراحمين.

كتبت هذه السطور عندما حضرت ندوة دائرة المعارف الحسينية في إحدى جامعاتنا الغراء، فوجدت موسوعة لطيفة مشرعة تحتوى على أجزاء جميلة منمقة، اطلعت على أكثر أجزائها برفقة الأستاذ هاشم الطرفي فوجدت عملاً جميلاً يحتاج إلى جهد جهيد ليصل الى ما وصل إليه اليوم،

---

(1) المقرم، عبد الرزاق، مقتل الحسين: ١٣٩ (بيروت، دار الكتاب الإسلامي، ط٥، ١٣٩٩هـ - ١٩٧٩م).

(2) المذقة: الجرعة.

(3) النهزة: الفرصة.

(4) القبسة: ما يقبض المرء بيده.

(5) الطَرَق: الماء الذي خاضت به الأبل وبالت فيه.

(6) بلاغات النساء: ١٧، أحمد بن أبي طاهر طيفور، مطبعة مدرسة والدة عباس الأول، القاهرة، ١٣٢٦هـ (١٩٠٨م).

ويتبارى بمجلداته في المكتبة الإسلامية ليكون في قمتها على الدوام، وقد أسدى خدمة لكل من يريد أن يكتب عن الإمام الحسين ﷺ وثورته الزاكية ومعارفه السامية، وكذلك الكتابة عن أصحابه الذي وصفهم إمامنا بأنبل العبارات ونعتهم بأجل الصفات، فحيا الله شيخنا الكرباسي على الإنجاز الرائع والصيت الذائع، فلله درّه وعليه أجره، بما كتب يراعه وباعه ليكون من الآخرة متاعه.

نأمل من الإخوة العاملين خدمة أكثر للقضية الحسينية لأنَّ هذا لم يكن سوى غيض من فيض من عطائها السامي وفكرها الرامي، فالبحث والتعب في هذا المضمار هو سبل المجد وطرق الكرامة وعلى هذا سار سلفنا الصالح من الأئمة الهداة الميامين رضوان الله عليهم أجمعين، سائلين المولى عز وجل أن يسبغ عليهم نعمه ظاهرة وباطنة، إنه سميع الدعاء[1].

الفقير إلى الله :

السيد محمد السيد وسام المحنّا

تدريسي في جامعة كربلاء المقدسة

٢٠١٢/٦/٢١م

(١١)

أخلاق الدعاة

٭ مقالة الاستاذ نجاح مهدي الدعمي، رئيس تحرير جريدة عشائر[2].

---

(١) شاركنا الدكتور محمد وسام المحنا في توفير التراجم والسير الذاتية لعدد من الأسماء الواردة هنا، جزاه الله خيراً.

(٢) نجاح مهدي الدعمي: هو حفيد مرزوك بن يونس ألبو عوفي الدعمي، من الوجوه العشائرية في كربلاء المقدسة والناطق باسم عشيرة الدعوم حيث يتولى والده الشيخ مهدي الدعمي زعامة العشيرة، ولد في ١٩٧٨/٦/٢٤م في قضاء الهندية بمحافظة كربلاء، إعلامي وكاتب ومستشار عشائري، أنهى الإعدادية عام ١٩٩٩م وفي عام ٢٠٠٤م نال الشهادة الجامعية من=

تلبية لدعوة دائرة المعارف الحسينية للحضور إلى المؤتمر المقام في جامعة بابل ولعمق التصور الأخلاقي والبعد الفكري للثورة الحسينية المباركة وطمعاً في الحظوة العظيمة في المشاركة في نشر المبادئ التي ضحى من أجلها الإمام الحسين ﷺ بكل شيء كتبت هذه المقالة :

إن الله سبحانه عز وجل أرسل أنبياءه ورسله كدعاة للناس لينقذونهم من النار ويدعونهم إلى اتباع طريق الحق والهداية وعبادة الله الواحد، حيث قال تعالى : ﴿...وَكُنتُمْ عَلَىٰ شَفَا حُفْرَةٍ مِّنَ ٱلنَّارِ فَأَنقَذَكُم مِّنْهَآ﴾[1]، ولحكمته جل جلاله جعل كل واحد من هؤلاء الأنبياء كاملاً في الخَلق والخُلق، متصفاً بأحسن الصفات من الشجاعة والكرم والسماحة والفصاحة والعلم ليكونوا ﷺ مثالاً حسناً للناس يقتدون بهم.

وبعد أن أدى كل نبي واجبه على أكمل وجه، وبعد أن ختم الله سبحانه وتعالى أنبياءه بسيدهم، ورسله بقائدهم محمد عليه وآله أفضل الصلاة وأتم التسليم، فكان خير ما يختتم به وأشرف ما يقتدى بخلقه حتى أتاه اليقين، وتوفاه رب العالمين.

فاستلم لواءه من بعده وصيه ووزيره علي ﷺ فكان كما أراد له الله ورسوله أن يكون صابراً مجاهداً محتسباً، وتوج بتاج المؤمنين الشهادة ونعم العاقبة للصالحين، فأكمل الطريق سبط الرسول ﷺ الحسن الزكي الذي واجه من الخطوب أعظمها وجسد من صفات المؤمنين أحسنها، وارث تاج أبيه لاحقاً بركب ريحانة المصطفى وفؤاد المرتضى روح الزهراء وحبيب

<hr>

= كلية الإدارة والاقتصاد في جامعة كربلاء، له مقالات منشورة في وسائل إعلام مختلفة، أسس عام ٢٠١١م جريدة العشائر المختصة بالعشائر العراقية وإعلام المصالحة الوطنية، له عضوية في منظمة الأنساب والقبائل العربية ومقرها النمسا، عضو نقابة الصحافيين العراقيين، عضو لجنة العشائر التابعة لرئاسة الوزراء، رئيس فرع العراق لمجلس الأدباء والكتاب والمثقفين العرب، له مخطوطات عن العشائر والاجتماع والدين.

(1) سورة آل عمران: ١٠٣.

المجتبى وهو الحسين الشهيد ﷺ، فكان بحق كما كان من قبله داعية الإسلام يدعو الى دين الحق وسبل الهداية متصفاً وملتزماً بكل ما يدعو له، فعندما قال ﷺ للناس (اعبدوا الله وآمنوا به)، كان قد خالط الإيمان دمه ولحمه ولم تزعزعه كثرة الجيوش وجعجعة الرماح والسيوف، وقهر الموت .. وعندما قال ﷺ: (أقيموا الصلاة) كان يصلي والرماح والسهام ترشق عن يمينه وشماله غير مبال .. وعندما قال ﷺ: (آتوا الزكاة) جعلها زكاة من دمه الشريف ومتاعه وسلب عياله .. وعندما قال ﷺ: (امروا بالمعروف وانهوا عن المنكر) فعل ذلك على أحسن ما يكون بيده وسلاحه، وعندما قال ﷺ: (جاهدوا في سبيل الله) بذل كل ماله في هذه الدنيا.

وهذا ما يجب أن يكون عليه الداعية، أي أنه يجب أن يملك ما يدعو الناس إلى امتلاكه سيد الخلق الحسن والعلم والدين القويم، وان المسلمين اليوم بحاجة إلى دعاة للحق يهدون الناس ولا تأخذه في الله لومة لائم، استاذهم الحسين ﷺ ودستورهم القرآن الكريم خاصة ونحن نرى الأرض تنهار تحت أقدام شباب المسلمين وبراعم الدين وحملة الكتاب، فالعداء شديد واللهجة شرسة والكافي هو الله جل وعلا، وان أعداء الإسلام قد استخدموا طرقاً جديدة للنيل منه عن طريق بث الثقافات المشوهة والأفكار المسمومة في إطار المجتمع، ساعدهم في ذلك السبات الذي انغمس فيه ذلك المجتمع بعد اهماله للدين والعلم والأخلاق، فأصبح مجتمعاً تابعاً ضعيفاً لا يقوى على النهوض وغير عارف بما يجري من حوله.

أيها المستنيرون بدين العلم والمعرفة أنتم اليوم أمام المسؤولية التي تستوقفكم في الحساب والتي أشفقت منها الجبال، وهي العمل على إعادة مجتمعنا الإسلامي إلى جادة الصواب حتى لو كلفكم ذلك الغالي والنفيس ولن يلحق بكم الضرر بقدر ما سيكون عليه لو وصل أعداؤكم إلى مبتغاهم،

فتمسكوا بما أوصى به رسول الله ﷺ وكتاب الله وعترته عليهم الصلاة والسلام، فإنكم لن تضلوا أبدا[1].

نجاح مهدي الدعمي

رئيس تحرير جريدة عشاير

---

(1) قام الأستاذ نجاح الدعمي في إطار وفد من عشائر كربلاء المقدسة بزيارة العلامة محمد صادق الكرباسي في مقر إقامته في استراحة مجمع السفير وذلك يوم الخميس ٢٠١٢/٨/٢٣م، ويومها كنت مع الأهل في رحلة عيد الفطر في مدينة أربيل.

ملحق (٢)

المشروع العملاق

كان الدكتور سعد الحداد قد بعث إلى لندن عبر البريد الالكتروني في ٢٠١١/٢/٢٥م تقريظا منشوراً قبل أن يقرظ الموسوعة الحسينية نظماً، ونص التقريظ الذي حمل عنوان: «المشروع العملاق»:

بسم الله الرحمن الرحيم

والصلاة والسلام على خير الأنام محمد بن عبد الله وعلى آله الطيبين الطاهرين.

سماحة آية الله الشيخ الدكتور محمد صادق محمد الكرباسي (دام ظله).

السلام عليكم ورحمة الله وبركاته.

وددت القول في مشروعكم العملاق فقلت مُوْجِزاً:

يتجلّى هذا الجهد بأهميته المعرفية المنبثقة من أنوار شخصية فريدة، كتب الله تعالى لها أن تكون نبراساً يضيء القلوب والعقول، وخلوداً سرمدياً لا مثيل له في الوجود، أعني سيدي ومولاي الإمام السبط الشهيد الحسين ﷺ.

لقد قيَّض الله سبحانه من أنواره الساطعة، وفيوضاته المباركة، لعبده

المحقق والبحاثة الثبت آية الله الكرباسي (دام ظله)، أن ينهض بعمل جبار يكون فيه رائداً على المستوى العالمي في إبراز عظمة المنجز الحسيني، ولمِّ شتاته حسب أبواب متعددة في العلوم والفنون والآداب، ليسجل بأحرف من نور عمق الانتماء الحسيني والولاء العقيدي متخذاً من دار غربته متنفساً آمناً ليتابع إصداراته من الموسوعة الكبرى كي تطوف في أرجاء الدنيا معرِّفةً بسيد الشهداء وتاريخه الثرِّ النيِّر.

وإذ أُسجل إعجابي وعظيم تقديري لرجل يعدو للإمام الحسين ﵇ بظاهرة غير مسبوقة في تنوعها، وطريقة عرضها وتحليلها، فيتحف أهل الفكر والأَدب والعلم بأنواع من الثقافات، وألوان من الكتابات فيكون بذلك مرجعاً وافياً، ومصدراً نافعاً وعرضاً شافياً.

أدعوا الله العلي القدير أن يمنَّ عليكم بالصحة والعافية والعمر المديد، لننهل من معينكم العذب معارف جمّة تستمد أنوارها من قبس سيد الشهداء أبي الأحرار الحسين ﵇، والسلام عليكم ورحمته وبركاته.

أخوكم د. سعد الحداد

الحلة- العراق

ملحق (٣)
الهنداوي في ضيافة الكرباسي

خلال زيارة الشيخ الكرباسي لمدينة كربلاء في شهري شعبان ورمضان والعشرة الأوائل من شوال عام ١٤٣٣هـ، قام الكثير من أعلام العراق من فقهاء وعلماء وأساتذة وسياسيين وإعلاميين بزيارته في مقر إقامته في الجناح الخاص في مجمع السفير الطبي، ومنهم النائب الشيخ محمد الهنداوي، ونشر المكتب الإعلامي للنائب في مجلس النواب العراقي خبر الزيارة في ٢٠١٢/٧/٢٤م[1]، وجاء على النحو التالي:

النائب الهنداوي يزور سماحة العلامة الشيخ محمد صادق الكرباسي

قام النائب الشيخ محمد الهنداوي الخميس ٢٠١٢/٧/١٩م بزيارة إلى سماحة العلامة الشيخ محمد صادق الكرباسي في مقر إقامته في كربلاء. العلامة الكرباسي هو المشرف العام على موسوعة المعارف الحسينية التي تم الاحتفاء بها من قبل العلماء والسياسيين العراقيين[2] ومنهم النائب

---

(١) مساء يوم ٢٠١٢/٨/١٢م قام الشيخ محمد صادق الكرباسي بزيارة الشيخ محمد الهنداوي في منزله في قضاء الهندية (طويريج)، مثمناً جهوده في خدمة العراق والعراقيين.

(٢) خلال وجود الشيخ الكرباسي في كربلاء المقدسة زاره عدد من السياسيين العراقيين، منهم: الأستاذ جواد العطار (جاسم محمد كاظم العطار) الناطق الرسمي باسم منظمة العمل=

الشيخ محمد الهنداوي الذي أقام مهرجاناً كبيراً قبل أيام في محافظة كربلاء حضره المئات من الشخصيات الكربلائية.

وتجاذب الشيخ الهنداوي والشيخ الكرباسي أطراف الحديث حول الأوضاع الفكرية والثقافية في العراق والعالم كما راح سماحة الشيخ الكرباسي يستطلع الوضع السياسي العراقي من النائب الهنداوي(١).

وفي ختام اللقاء تجول الشيخ الهنداوي رئيس لجنة الشهداء والضحايا والسجناء السياسيين بمجلس النواب العراقي في أقسام دائرة المعارف الحسينية واطلع على المئات من مخطوطاتها واستمع إلى شرح مختصر عن دائرة المعارف الحسينية قدّمه الدكتور الخزرجي مبيِّنا فيه الجهد اللامحدود الذي يبذله المؤلف الفقيه الدكتور الكرباسي في تأليف هذه الموسوعة المتوزعة على ستين باباً من أبواب المعرفة والتي تفوق أعدادها الستمائة مجلد صدر منها حتى يومنا هذا ٧٦ مجلداً.

<hr>

(٢)

«الإمام الحسين نهضة تلد أخرى»

الموسوعة الحسينية

في

مدينة الناصرية

٢٠١٢/٦/٢٢م

(المؤسسة العراقية للثقافة والإعلام - ناس -)
البعد الميداني في دائرة المعارف الحسينية

فقرات ندوة محافظة ذي قار المؤسسة العراقية للثقافة والإعلام (ناس)

* مقدمة الإعلامية منى عبد الغني البدري

* كلمة الأستاذ غفار محمد عفراوي الإزيرجاوي

* كلمة الدكتور لهيب جاسم الموسوي

* قصيدة الشاعر حازم عجيل المتروكي

* قصيدة الدكتور عبد العزيز مختار شبِّين (د. حسين أبو سعود)

* جلسة نقاش وحوار

* حوارات مع وسائل الإعلام

البعد الميداني في دائرة المعارف الحسينية

(٢)

محافظة الناصرية (ذي قار)[1]

ندوة حوارية في الناصرية:

تلاحق نتاجات أكبر موسوعة معرفية[2]

تحت شعار «الإمام الحسين نهضة تلد أخرى» وفي قاعة المركز الثقافي في محافظة الناصرية أقامت المؤسسة العراقية للثقافة والإعلام[3] في مدينة الناصرية (ذي قار) وبالتنسيق مع المركز الحسيني للدراسات في لندن ندوة

---

(١) الناصرية: قاعدة محافظة ذي قار الى الجنوب الشرقي من العاصمة بغداد على بعد ٣٥٠ كيلو متراً بالسيارة و٣٠٧ كيلو مترات حسب الخارطة.

(٢) وزع المركز الحسيني للدراسات خبر الندوة على وسائل اعلام مختلفة، ونشر في الكثير منها، على سبيل المثال: موقع صحيفة العراق السياسي (www.tahayati.com) بتاريخ ٢٨/٦/ ٢٠١٢م، وفي التاريخ نفسه في موقع صحيفة صوت العراق (www.sotaliraq.com) وموقع مؤسسة النور الثقافية (www.alnoor.se) بتاريخ ٢٠١٢/٦/٢٩م.

(٣) تم تغيير اسم المؤسسة الى «مؤسسة ناس للثقافة والتنمية الفكرية» وتم تسجيلها بتاريخ ٢٣/٥/ ٢٠١٣م كمنظمة غير حكومية بالرقم (٧٦٢٦٠). وجاء في أهداف المؤسسة: (نتبنى كل إبداع، ونساند كل مبدع، ونصحح كل خلل، ونشرح صدرنا للجميع ما داموا للحق محبين وللباطل مبغضين، والعمل على التعريف بأهمية القراءة وجعل الكتاب الصديق للإنسان من خلال إقامة ندوات فكرية بالإضافة الى العمل على تشجيع الشباب على الاطلاع على التقارير العالمية التي تصدرها المواقع الرصينة والمعتبرة من خلال إقامة مسابقات فكرية).

حوارية عصر الجمعة ٢٠١٢/٦/٢٢م[١] عن دائرة المعارف الحسينية، أبان فيها موفد الدائرة إلى العراق الدكتور نضير الخزرجي جوانب من البعد الميداني من عمل الموسوعة الحسينية.

افتتحت الندوة بكلمة قصيرة للإعلامية منى البدري[٢] قدّمت فيها الأديب غفار عفراوي[٣] مدير المؤسسة العراقية للثقافة والإعلام الذي قال: «لقد تشرفت المؤسسة أن تكون السباقة بإقامة هذه الندوة لما لها من أهمية كبيرة على أصعد عدة منها العدد الهائل من المجلدات حول القضية الحسينية والتي تجاوزت (٧٠٠) مجلد طبع منها لحد الآن أكثر من ٧٧ مجلدا في الإمام الحسين ﷺ من جميع النواحي الفقهية والعلمية والاجتماعية والأدبية وغيرها».

---

(١) انطلق وفد الموسوعة الحسينية من مدينة كربلاء المقدسة صباح الجمعة مبكراً، وبعد انتهاء الندوة مع غروب الشمس أمضى الوفد ليلته في فندق الجنوب برعاية طيبة من محافظ الناصرية الأستاذ طالب الحسن ورئيس مجلس محافظة الناصرية الأستاذ قصي العبادي والأديبين غفار العفراوي رئيس المؤسسة العراقية للثقافة والإعلام والدكتور لهيب الموسوي نائب رئيس المؤسسة.

(٢) منى البدري: هي إبنة عبد الغني بن نوماش البدري، إعلامية وأديبة وتدريسية عراقية ولدت في الكويت في ٢٣/ ١٠/ ١٩٧٨م، واستقرت في العراق في مدينة الناصرية منذ عام ١٩٩١م، نشأت ودرست في مسقط رأسها وأكملت الدراسة الجامعية في الناصرية وحصلت على الشهادة الجامعية (البكالوريوس) عام ٢٠٠٠م من جامعة ذي قار كلية التربية قسم اللغة العربية، تمارس التدريس منذ عام ٢٠٠٦م، لها مساهمات عملية وكتابية في إذاعة التضامن وقناة الأهوار في مجال المقالة والقصص القصيرة وكتابة المسلسلات الدرامية، لها: في قلب الأهوار.

(٣) غفار عفراوي: هو إبن محمد بن عفراوي الازيرجاوي، ولد في بغداد سنة ١٣٨٩هـ (١/ ٣/ ١٩٧٠م)، درس الابتدائية في مسقط رأسه وانهى السادس الابتدائي في مدينة الناصرية عند انتقاله مع أسرته إليها، وفيها أكمل الدراسة في متوسطة القدس ثم إعدادية اليرموك وأنهى دبلوم المعهد الفني سنة ١٩٨٩م وفي عام ٢٠٠٣م نال بكالوريوس لغة انكليزية من جامعة ذي قار، ومارس تدريسها في الكلية العسكرية لعام ونصف ثم توجه نحو الإعلام وكتب وحرر في صحف وجرائد مختلفة وعمل في قسم الإعلام في عدد من المنظمات والمؤسسات ثم استقل في العمل الإعلامي بمجلس محافظة الناصرية، المستشار الإعلامي لرئيس مجلس المحافظة منذ عام ٢٠٠٩م، له مؤلفات مطبوعة ومخطوطة منها: ما وراء الطف، سيرة الشهيد الصدر، وقصص قصيرة.

وعبّر الدكتور لهيب الموسوي (١) نائب رئيس المؤسسة العراقية للثقافة والإعلام ومدير الندوة الحوارية عن قناعته بأهمية الموسوعة الحسينية في تنوير البشرية، وأهميتها في الساحة العلمية والأدبية في الناصرية التي تضم الكثير من الأدباء والفنانين والشخصيات الشديدة الصلة بأدب النهضة الحسينية وعلومها ومعارفها، بعدها ألقى شاعر الناصرية الأستاذ حازم عجيل المتروكي (٢) قصيدة بالمناسبة (بحر البسيط)، ومطلعها:

قف هٰهنا ويك واسجد أيها الشرفُ   فهٰهنا الظهر يندى حيثما تقفُ

ثم تلتها قصيدة من نظم الشاعر الجزائري الدكتور عبد العزيز شبّين

---

(١) لهيب الموسوي: هو إبن جاسم بن ناصر الموسوي، ولد عام ١٣٩٥هـ (٢٤ /١٠ /١٩٧٥م) في مدينة الناصرية، أستاذ جامعي وخطيب منبري، نشأ في مسقط رأسه وفيها درس الإبتدائية، انتقل مع والدته الى قضاء سوق الشيوخ لسنتين بعد وفاة والده، عاد وأكمل المتوسطة في الناصرية، وتخرج من معهد المعلمين سنة ١٩٩٦م، وحصل على الشهادة الجامعية (بكالوريوس) في اللغة العربية من جامعة ذي قار، ونال من جامعة البصرة الشهادة العالية (الماجستير)، ومن الجامعة نفسها الدكتوراه التحضيرية في فقه اللغة العربية والتصحيح اللغوي، وإلى جانب الدراسة الجامعية درس في حوزة النجف الأشرف لعامين ومارس الخطابة المنبرية منذ عام ١٩٩٥م ولازال، أستاذ محاضر في جامعة الشهيدين الصدرين في الناصرية، وأستاذ مشارك في الكلية التربوية لوزارة التربوية، رئيس منتدى النشر الإسلامي في الناصرية وعضو مؤسس لمؤسسة ناس للثقافة والتنمية البشرية.

(٢) حازم عجيل المتروكي: هو حفيد عبيد بن صغير من عشيرة الشويلات ولد في ١ /٥ /١٩٧١م في قضاء الرفاعي بمحافظة الناصرية، كل دراسته من الابتدائية حتى الجامعة في مدينة الناصرية، حصل على شهادة دبلوم ميكانيك وشهادة جامعية (بكالوريوس) في العلوم السياسية من جامعة الشهيدين الصدرين، ويواصل الدراسة الجامعية في كلية الإعلام بجامعة ذي قار، مسؤول القسم الثقافي في قناة الأهوار، مسؤول القسم الثقافي في إذاعة التضامن، مراسل جريدة الصباح البغدادية، مسؤول الصفحة الثقافية في جريدتي صدى ذي قار وإعمار الناصرية، كاتب في الشأن الثقافي وله كتابات منشورة ومعد ومقدم برامج ثقافية وله سلسلة أفلام وثائقية تناولت كبار الشعراء ومنها طائر الجنوب الحاصل على جائزة دولية، ناشط في مجال حقوق الإنسان، عضو الإتحاد العام لأدباء العراق، عضو اتحاد الشعراء الشعبيين، عضو نقابة الصحافيين العراقيين، له مشاركات في مهرجانات أدبية وشعرية كالمربد والجواهري والمتنبي والسياب والحبوبي وجمال الدين وغيرها، يتولى منذ عام ٢٠١٠م زعامة العشيرة، له من المؤلفات: وخز بخاصرة الحروف (شعر)، عقد الولاء (ديوان مخطوط في أهل البيت)، الفراقد الأربعة (مخطوط).

أنشدها بالنيابة الأديب العراقي الدكتور حسين أبو سعود وهي هدية المركز الحسيني للدراسات في الثناء على مدينة الناصرية والإشادة بدورها الكبير في النهضة العراقية الحديثة، وهي من بحر الكامل الثاني ومطلعها:

بالـنـاصـريـة قـفْ مـع الأنـصـارِ   يـزكُ الـفـراتُ بـكـلِّ شـوقٍ جـاري

وفي كلمته ركّز الباحث المشارك في دائرة المعارف الحسينية الدكتور نضير الخزرجي على الجانب الميداني من عمل المؤلف المحقق الدكتور محمد صادق الكرباسي، مستشهداً بالأجزاء السبعة من باب «تاريخ المراقد»، حيث لم يكتف المؤلف بما لديه من مصادر عند البحث والتحقيق عن مرقد الإمام الحسين ﷺ ومشاهده، ومراقد الأصحاب والأنصار ومشاهدهم من الرجال والنساء، فيذهب بنفسه لمعاينة المرقد أو يبعث بوفد للتقصي الميداني.

وأشار الخزرجي إلى بعض النماذج من التحقيق الميداني في الموسوعة الحسينية، من قبيل زيارة المؤلف إلى لبنان للوقوف على توسعة مرقد السيدة خولة بنت الحسين في مدينة بعلبك اللبنانية[1]، أو زيارته شخصيا القاهرة عام ٢٠١١م لملاحقة حركة رأس الحسين من مدينة عسقلان الفلسطينية إلى القاهرة، وتنقلات الرأس الشريف حسب الرواية المصرية بين مساجد القاهرة[2].

وأكد المتحدث خلال جلسة النقاش والحوار أن الندوة هذه تأتي ضمن

---

(1) تجد تفاصيل زيارة المحقق الكرباسي التي تمت يوم ١٤٢٩/٢/١٤هـ (٢٠٠٨/٢/٢٢م) وما سطره يراعه وعدسة ناظريه في كتاب تاريخ المراقد الحسين وأهل بيته وأنصاره: ٦/٢٦٥- ٤٤٨، المطبوع عام ١٤٣٠هـ (٢٠٠٩م).

(2) تجد تفاصيل زيارتنا التحقيقية إلى القاهرة في الفترة من ١٩ إلى ٢٥ حزيران يونيو ٢٠١١م في كتابنا: أشرعة البيان قراءة موضوعية في الموسوعة الحسينية: ٦٥٣- ٦٥٨، أما تفاصيل حركة الرأس من عسقلان الى القاهرة وجزء من تفاصيل الزيارة تجدها في كتاب: تاريخ المراقد للكرباسي: ٧/١٠٧-٣٥٠.

ندوات عدة تعقد في عدد من محافظات العراق، ولأن ذي قار محافظة الأدب والثقافة والفن والحرف الأول فإنها صاحبة حق أن تقام إحدى هذه الندوات على أرضها المعطاء، مؤكداً أن الموسوعة الحسينية للشيخ الكرباسي هي من أضخم المصنفات في الفكر الحسيني وكان لزاما علينا كباحثين ودارسين أن نعرّف بها لتكون مصدراً قيماً وزاداً لمن شاء التعرف على النهضة الحسينية من جوانبها الأخرى المخفية أو المغطاة بجدار النسيان.

وكان لوسائل الإعلام حضور متميز، منها قناة المسار الأولى [1] والمسار الثانية والأنوار الثانية والفرات والنعيم والأهوار وسبل الإسلام وبلادي والعراقية بالإضافة إلى عدد من الوكالات الخبرية وشبكات الأخبار الإلكترونية، وقد أجرت لقاءات جانبية مع رئيس الوفد الزائر والدكتور حسين أبو سعود والمنسق الإعلامي في دائرة المعارف الحسينية الأستاذ فراس الكرباسي.

---

[1] أعدَّ مراسل قناة المسار الأولى الأستاذ علي البدري تقريراً مصوراً عن ندوة الناصرية، ونُشر تقريره في اليوم التالي من على شاشة القناة في أكثر من ثلاث دقائق، ورفع الى شبكة الإنترنت (اليوتيوب) في الأول من تموز يوليو ٢٠١٢م.
وجاء التقرير كالتالي:
المؤسسة العراقية للثقافة والإعلام تقيم ندوة حوارية لموسوعة الكرباسي الحسينية
بالتنسيق مع المركز الحسيني في لندن أقامت المؤسسة العراقية للثقافة والإعلام وعلى قاعة المركز الثقافي في الناصرية ندوة حوارية حول الموسوعة الحسينية الكبرى لمؤلفها آية الله الشيخ الدكتور محمد صادق الكرباسي.
تفاصيل اكثر في تقرير علي البدري:
المتحدثون
غفار عفراوي: رئيس المؤسسة العراقية للثقافة والإعلام.
الدكتور نضير الخزرجي: باحث في المؤسسة - المركز الحسيني للدراسات.-
فراس الكرباسي: المنسق الاعلامي للمركز.
الدكتور حسين أبو السعود: محاضر - فقرة الشعر -.

وفي ختام الندوة الثقافية الحوارية تسلَّم الدكتور نضير الخزرجي درع الإبداع قدَّمه رئيس المؤسسة العراقية للثقافة والإعلام الأديب غفار عفراوي تقديراً للجهد اللامحدود المبذول في المركز الحسيني للدراسات الذي تصدر عنه تباعا أجزاء دائرة المعارف الحسينية بوصفها الأكبر والأندر في تاريخ الموسوعات والمؤلفات حتى يومنا هذا[1].

---

(١) شاركنا الأستاذ غفار عفراوي في توفير التراجم والسير الذاتية لعدد من الأسماء الواردة هنا، فجزاه الله خيرا.

فقرات ندوة محافظة الناصرية
المؤسسة العراقية للثقافة والإعلام (ناس)

أقامت المؤسسة العراقية للثقافة والإعلام (ناس) وفي قاعة المركز الثقافي في مدينة الناصرية (ذي قار) عصر الجمعة ٢٠١٢/٦/٢٢م ندوة ثقافية حوارية عامة تحت شعار «الإمام الحسين نهضة تلد أخرى»، وتضمنت فقرات الندوة التالي :

(١)

❋ كلمة الإعلامية منى البدري حول الدور الثقافي الذي تضطلع به المؤسسة العراقية (ناس) للثقافة والإعلام برئاسة الكاتب غفار عفراوي.

(٢)

❋ كلمة الأديب غفار عفراوي تناول فيها المهمة الكبيرة التي يقوم بأعبائها الفقيه الدكتور محمد صادق الكرباسي لإحياء تراث الإسلام والنهضة الحسينية عبر دائرة المعارف الحسينية.

(٣)

❋ كلمة الدكتور لهيب الموسوي نائب رئيس المؤسسة العراقية (ناس)

للثقافة والإعلام، أوضح فيها أهمية الموسوعة الحسينية في تنوير البشرية وإضاءة طريقها.

(٤)

* قصيـدة الشـاعر حازم عجيـل المتروكي بـعنـوان: «في رحـاب الحسين»(١)، وهي من بحر البسيط في (٣٦) بيتاً، استهلها بكلمة ترحيبية لوفد دائرة المعارف الحسينية، جاء فيها:

تراتيل في محراب الحسين

بسم الله الرحمن الرحيم

﴿وَقُلِ ٱعۡمَلُواْ فَسَيَرَى ٱللَّهُ عَمَلَكُمۡ وَرَسُولُهُۥ وَٱلۡمُؤۡمِنُونَ﴾(٢).

صدق الله العلي العظيم

إنه ليشرفني أن ألتقي بعلمين بارزين من أعلام ثقافتنا الحسينية الأصيلة الدكتور نضير الخزرجي المحترم والدكتور حسين أبو سعود المحترم، ومن خلالهما أبعث ببعض قصائدي والتي هي دليل ولائي ومحبتي لأهل بيت رسول الله ﷺ كهدية متواضعة إلى والدي وأستاذي المجاهد المحقق صاحب الموسوعة الحسينية الغراء سماحة آية الله الدكتور الشيخ محمد صادق بن محمد الكرباسي (حفظه الله ورعاه)، داعياً المولى القدير أن تنال شرف القبول (البسيط).

قف هاهنا ويـك واسجد أيها الشرفُ   فهـاهـنا الطهر يندى حيثما تقفُ

---

(١) وللقصيدة عنوان آخر هو: (تراتيل في محراب الحسين).

(٢) سورة التوبة: ١٠٥.

١٠٦

هذا التراب عبير من شذا مِقَةٍ (١) … قلب النبي بها قد شفَّه (٢) الكلفُ (٣)

يا سُؤدداً يتغنى ما بعده شرفُ … إن تسجد اليوم حيث النور يعتكفُ

فاسجد لتستاف (٤) من ضوع (٥) يفوحُ على … روض يحلّ به القرآنُ والصحفُ

واقنتْ مَلياً فهذي الأرض كعبتنا … فيها ملائكة الرحمن تختلفُ

إن الشياطين إنْ مرَّتْ برحبتها … أبصارها من سنا الأنوار تنخطفُ

هذا الحسين أتدري مَنْ به نطقت … هذي الجوارح واسأل فيم ترتجفُ

بلْ كمْ تَلَعْثَمَ مَنطيق (٦) إذا ذكرتْ … حروفه الغرُّ وهو المارد الصلفُ

أو أي عينٍ يُزين الله خلقتها … إذا رأته دما منها ستنذرف

أو أيُّ قلبٍ يحبُ السبط ما انشعفت (٧) … أنياطه (٨) فهو قلبٌ خافقٌ يجفُ (٩)

حب الحسين جوازٌ والنجاة به … مَنْ ودهُ لؤلؤٌ مَنْ قالَه (١٠) صدفُ

نورٌ تنزَّل من عليا مساكنه … فيه صفاتٌ من الخلّاق تأتلفُ

إن حلَّ به في جسدٍ عصفٌ (١١) يحلُّ به … فراح يذوي كصبٍّ (١٢) شفَّه الدنفُ (١٣)

تمضي العصورُ ويبقى الطَّفُّ يُسمعنا … صوت الحسين وأصوات الألى زحفوا

حلَّوا بروضٍ أتمَّ الله نعمتهُ … لكنهم منه غير العار ما قطفوا

---

(١) مِقة: محبة ومودة أي محبة الرسول ﷺ.

(٢) شفّ: نحل وضعف.

(٣) الكلف: المرض والإعياء.

(٤) تستاف: تشم.

(٥) ضوع: المسك والعطر.

(٦) منطيق: البليغ.

(٧) انشعفت: اهتزت من شدة الحب واحترقت شوقاً.

(٨) أنياط: القلب أو شرايين القلب أو العرق الرابط بين القلب والرئتين، دلالة على شدة الحب.

(٩) يجف: يضطرب ويهتز.

(١٠) قال: ابتعد وجفاه.

(١١) عصف: الريح الشديدة.

(١٢) صبّ: عاشق ومحب.

(١٣) الدنف: المرض الثقيل الملازم.

واوطأوا الخيلَ والأسيافَ خضرته   والله ينظر غضباناً لمـا اقترفوا

كانوا يظنون أن النور مـات ظمـاً   وأنهـم لصدور المـارقين شفوا

والنور يأبى احتشامـا أن يخالطه   ماء لذلك آل البيت(١) قد عزفوا(٢)

عـن ذلك المـاء إكرامـا لخلقته   وكان إن قيل: أقبل جاء وارتشفوا

آل الرسول وويحي إذ بـكم كتبت   هذي الأيادي التي قـد زانها الترفُ

مـرثيــة لأيـاد مـزقت إربـا   كانت جفانا(٣) ومن قـد أجدبوا غرفوا

قالوا يتامى وما أسمى مقالتهم   أكرمْ بمن وَصَفوا وأنعم بمن وُصِفوا

مَنْ قال أيتام آل البيت مقصده   بـأننا مَعْشَـرٌ للآن ما نصفوا

لغيرنا اليُتم أما نحن في جذل   ملء القلوب التي ما شانها أسفُ

يـوما علـى فَقْدِ أمٍّ أو هـلاك أبِ   مخـلّدون بمـا قد خُلِّد السلفُ

ومـا بكينـا ليتم قد أحلَّ بنا   فأمُّنـا كربـلا والـوالد النجفُ

لكن يتامى لفرط الحزن إن ذُكِرَت   تلك الفجيعةُ والخذلانُ والهدفُ

آه حسـينُ ونـدري أن قائمكم(٤)   آت بـه كـل أهل الأرض تعتـرف

ليملأ الأرضَ عدلاً بعدما مُلئت   جوراً وما راعني شكٌّ بما أصفُ

في كل يـوم لنا سجنٌ ومقصلةٌ   وكـم نضامُ فهل يوما سنُنتصفُ

بكـل دمعة حزنٍ رُقرِقَـتْ غضبُ   تستصرخُ الله حتى يظهر الخلفُ

ومـا بكتـك عيـونٌ مـن ذوي وَلَهِ   ماءً ولكن حشاشات لـهم نزفوا

يا كعبة الثائرين الصِّيد(٥) كَمْ وفدوا   كَمْ أحرموا ثم طافوا ثمَّـة ازدلفوا

---

(١) آل البيت: يفترض «أهل البيت»، فللرجل آل وللبيت أهل.

(٢) عزف: انصرف عنه وزهد فيه.

(٣) جفان: بئر ماء، ومنه الجفنة: الكريم والسخي والمضياف.

(٤) القائم: يريد به الإمام المهدي المنتظر ابن الإمام الحسن العسكري، المولود في سامراء عام ٢٥٥هـ والغائب عن الأنظار حتى يأذن الله.

(٥) الصيد: مفردها الأصيد الباسل والشجاع والسخي والكريم.

من كلِّ فجٍّ على مر الزمان وهمْ   بساحة الطف كيما يقدموا !!! وقفوا

لتطمئن قلوبٌ مسَّها وجلٌ   حتى متى ما ارتووا من عزمها انصرفوا

يا أيها الجرحُ يبكيك الزمان دماً   والماءُ والطيرُ والأفنانُ(١) والسعفُ

والإنسُ والجنُّ بل حتى الجماد بكى   حزناً وتشهق في أرحامها النُّطفُ

(٥)

«مدينة الأنصار»

* قصيدة الأديب الدكتور عبد العزيز مختار شبِّين الباحث في المركز الحسيني للدراسات، ألقاها بالنيابة الأديب الدكتور حسين أبو سعود: وهي بعنوان «مدينة الأنصار» في ٣٣ بيتاً من بحر الكامل الثاني، ونصها:

بالنَّاصِرِيَّةِ قِفْ مَعَ الأنْصارِ   يَزْكُ الفُراتُ بِكُلِّ شَوْقٍ جاري

يُرْوَ الظَّماءُ بِكَأْسِ حُبِّكِ مُتْرَعًا   هَيْهاتَ يَرْوي العِشْقَ ماءُ بِحارِ

صادي إلى عَيْنَيْكِ تَهْديهِ الكُرو   مُ فَيَنْتَشي بِفَواصِلِ الأَشْعارِ

رَيَّانُ نَبْعُ الفَنِّ فيكِ تَبَجَّسَتْ   أَلْطافُهُ بِحَلاوَةِ الأَنْهارِ

ماذِيُّ وَرْدِكِ أُمْ يَجْري في دَمي   جَرَيانَ نُسْغِ الطَّلْعِ في الأَزْهارِ

الفِتْيَةُ الخُضْرُ الذينَ أَتَوْكِ بالـ   كَلِماتِ مِثْلُ طَوالِعِ الأَقْمارِ

جاؤوكِ بالرَّيْحانَتَيْنِ مَعارِفًا   خَضِرَتْ رَبيعَ ضُحى وَصِبْغَ نُضَارِ

القادِمونَ إلَيْكِ مِنْ أقصى الشَّما   لِ مُحَجَّلينَ لِلَمِّ شَمْلِ نُثَارِ

الحامِلونَ على جَناحِ البشرِ نفْ   ح قَصيدَةٍ تُشْتَمُّ دُونَ خِمارِ

الباعِثونَ بِكُلِّ جَذْبٍ نَفْخَةً   أَحْيَتْ رَميمَ اللَّيْلِ بِالأَنْوارِ

ومُبَشِّرونَ بِكُلِّ ذِكْرى أَلْهَمَتْ   أَرْواحَنا بِمَلاحِمِ الأَسْفارِ

---

(١) أفنان: أغصان الأشجار.

هُمْ قاصِدوكَ وَفي الشِّفاهِ مِنَ الحُسَيـ ::: ـنِ هُدى اليَقينِ شَدا، ولَحْنُ هَزار

الوَافِدونَ عَلَيْكِ يَتْلونَ الشَّها ::: دَةَ مُصْحَفًا حَفِظُوهُ للأَعْصار

عادَ الشَّهيدُ إلَيْكُمْ بالحَرْفِ، مَنْ ::: يُطْفي شُواظَ الطَّفِّ باسْتِعْبار؟

مَوْسوعَةٌ كُتِبَتْ صَحائِفُها بِدَمـ ::: عِ أَوْ دَمٍ مِنْ مُهْجَةٍ زَخّار

مُدُّوا يَدًا بَيْضاءَ وارِفَةَ العَطا ::: لِلْكاتِبيها يَرِقُ مَدُّ فَخار

فَيَراعَةُ الكَرْباسِ شَهْدًا قَدْ جَرَتْ ::: بِسُيُولِ حُبٍّ في شُبَيْرٍ غِزار

أَعيادُ نَهْضَتِكَ التي قَدْ أَثْمَرَتْ ::: زَيْتونَةً بِلَواقِحِ الأَفْكار

إنَّ الحُسَيْنَ سَفينَةٌ للبِرِّ قَدْ ::: طابَتْ بِها تَغْريبَةُ الإِبْحار

أَبْحِرْ على مَتْنِ الخَلاصِ تَجِدْ بِهِ ::: زُلْفى، وتَجْني الصِّدْقَ طيبَ مَحار

يا نَهْضَةَ نَبَتَ السُّمُوُّ بِتُرْبِها ::: فاخْضَوْضَرَتْ مَهْدًا لِمِسْكِ بَهار

قَدْ خَطَّ إبْراهيمُ فاتِحَةَ النَّدى ::: أَدْرَكْتُها عِنْدَ البَلا بِجَهار

يا دَوْحَةَ الحَنَفِيَّةِ السَّمْحا وَمَطْ ::: لَعَ نُورِها، وَخَصيبَ أَلْفِ نَهار

مِنْ أُورَ لاحَ السِّلْمُ في بَرَدٍ فَو ::: شَّحَهُ انْبِلاجُ الفَجْرِ بالأَذكار

المُطْلِعوهُ على اللَّيالي اليابِسا ::: تِ سَنابِلاً أَطْعَمْنَ كُلَّ بَوار

فَجَرْنَ في الزَّمَنِ الخَرابِ فُصولَ مَحْ ::: يا أَعْقَبَتْ فَتْحًا حُقولَ عَمار

للنَّاصِرِيَّةِ قُلْ: أَتَتْكِ مِنَ الحُسَيـ ::: نِ رَسائِلُ مَفْتوحَةُ الأَسْرار

أَرْضٌ اقرَئي آياتِها ثُمَّ ابْسُطي ::: نَحْوَ المَعارِفِ ديمَةَ الأَمْطار

بَطْحاءُ بالجُودِ الحُسَيْنِيِّ اسكُبي ::: النَّبْعَ الزُّلالَ لِظامِئينَ حِرار

للنَّاصِرِيَّةِ أَهْلُ مَجْدٍ تَبْتَغي ::: فيهِ الطُّيورُ مَعارِجَ الأَحْرار

فالعِزُّ لا تُرْقى عَرائِشُهُ إذا ::: رَكِبَ الطُّموحُ مَطِيَّةَ الأَعْذار

وابعث سلامَ مُحَمَّدٍ مِنْ مركز ::: أَحْيا الحُسَيْنَ بخالِدِ التِّذْكار

(٦)

⁎ **كلمة الدكتور نضير رشيد الخزرجي** موفد دائرة المعارف الحسينية الى العراق : تناول الجانب الميداني في عمل مؤلف الموسوعة الشيخ الكرباسي، مستشهداً بالأجزاء السبعة الصادرة من باب «تاريخ المراقد الإمام الحسين وأهل بيته وأنصاره».

(٧)

⁎ مطارحات ومناقشات وأسئلة وأجوبة.

(٨)

⁎ رئيس المؤسسة العراقية (ناس) للثقافة والإعلام الأستاذ غفار عفراوي يقدم شهادة تقدير لوفد دائرة المعارف الحسينية.

(٩)

⁎ سلسلة لقاءات وحوارات مع وسائل إعلام مختلفة.

١١١

ملحق (١)
لقطات من ندوة محافظة ذي قار [1]

القطع المبرمج للكهرباء:

* في يوم ما رنّ هاتفي الخلوي وإذا به الدكتور نضير الخزرجي (ولم أكن قد التقيته أو كلمته سابقا) وبدأ يحدثني عن استعدادات المؤسسة لاستضافة الوفد لإقامة أمسية تعريفية بالموسوعة ودائرة المعارف الحسينية. وكانت لحظات جميلة ورائعة وأنا أتحدث مع شخص لطالما قرأت مقالاته وبحوثه المتميزة في المواقع الالكترونية إضافة إلى قراءتي لكتابيه عن الموسوعة (نزهة القلم) و(أشرعة البيان) وقد أبديت استعدادي الكامل لإقامة الندوة مهما كانت الظروف (لأنني اعلم أن ظروفي مرتبكة في تلك الفترة بسبب مرض ابنتي الصغيرة بالسكري) .

الحمد لله على عونه لي في تسهيل كافة الإجراءات الفنية واللوجستية وغيرها، فقد أجريت عدة لقاءات مع محافظ ذي قار السيد طالب الحسن [2]

---

(١) من رسالة بعث بها الأستاذ غفار عفراوي يوم الجمعة ٢٠١٢/١٠/٥م تلبية لرغبتنا في توثيق الحدث.

(٢) طالب الحسن: هو ابن كاظم بن عبد الكريم، أديب وسياسي عراقي، ولد ونشأ في ناحية الفهود بمحافظة الناصرية سنة ١٩٤٩م، ومارس التربية والتعليم بعد ان تخرج من دار المعلمين عام ١٩٦٩م، ترك العراق مهاجرا عام ١٩٨١م الى دمشق ثم سكن ايران وعمل=

ومع رئيس مجلس المحافظة المهندس قصي العبادي [1] وابديا مشكورين تقديمهما المساعدة اللازمة لاستقبال الوفد الضيف. ومن أكبر وأهم تلك المساعدات هو توفير الطاقة الكهربائية للقاعة المخصصة لإقامة الندوة لأن القطع المبرمج سوف يطالها في وقت الندوة فتم الإيعاز إلى مديرية التوزيع بتغيير الفترة وتجهيز المركز الثقافي بالطاقة حتى نهاية الندوة. فكانت مساعدة لا تقدر بثمن خصوصا وان درجة الحرارة تلك الأيام كانت أكثر من ٤٠ درجة مئوية.

سهرة جميلة:

* بعد نهاية الندوة الرائعة توجهنا إلى أحد المطاعم ثم أخذت الوفد ومعي د. لهيب الموسوي بجولة في شوارع الناصرية ولو كان الوقت أطول

= في شمال العراق حتى عام ١٩٩٦م حيث تولى مسؤولية مكتب حزب الدعوة الاسلامية في أربيل، ثم هاجر ثانية الى سوريا ومارس السياسة والكتابة والتأليف، ثم هاجر الى استراليا وسكن سدني، ثم عاد الى العراق بعد سقوط النظام عام ٢٠٠٣م، وتولى مسؤوليات حزبية وادارية منها مدير عام العلاقات العامة في مكتب رئيس الوزراء، الى جانب الدراسة في جامعة صلاح الدين بأربيل حيث تخرج من كلية اللغات عام ٢٠٠٧م، وتولى منصب محافظ ذي قار في ٢٠٠٩/٤/١٦م عن حزب الدعوة الاسلامية خلفا للمحافظ عزيز كاظم علوان عن المجلس الاسلامي الاعلى العراقي، ثم خلفه من بعده المحافظ يحيى محمد باقر الناصري عن كتلة التضامن الذي تولى المسؤولية في ٢٠١٣/٦/١٦م، من مؤلفاته: بطانة السلطان أشباه الرجال في دائرة الضوء، بعث العراق من البداية المريبة الى النهاية الغريبة، وحكومة القرية فصول من سيرة النازحين.

(١) قصي العبادي: هو ابن عمر بن شريف، مهندس وسياسي عراقي، ولد في مدينة الناصرية في ١٩٧٢/٥/١٧م، نشأ ودرس في مسقط رأسه، والتحق بكلية الهندسة بجامعة البصرة ولم يكمل لأسباب سياسية وأمنية فهاجر الى إيران ومنها الى شمال العراق حيث التحق بجامعة صلاح الدين في أربيل وأكمل المرحلة الاولى عام ١٩٩٦م ثم واصل الدراسة في جامعة السليمانية وحصل على الشهادة الجامعية (بكالوريوس هندسة مدنية) عام ٢٠٠٠م، وعمل بشهادته في شمال العراق ثم عاد الى العراق بعد سقوط النظام عام ٢٠٠٣م، وفاز بعضوية مجلس محافظة ذي قار عن حركة الاصلاح الوطني ثم أصبح في ٢٠٠٩/٤/١٦م رئيسا لمجلس محافظة ذي قار حتى العام ٢٠٠٣م وخلفه النائب هلال السهلاني.

لأخذناهم إلى أقضية المحافظة الأخرى لكنهم كانوا قد عزموا على المغادرة صباحاً. فقضينا ليلة من أجمل الليالي الثقافية في قاعة استراحة فندق الجنوب السياحي (مقر إقامة الضيوف)(١) وكان الحديث لا يُمل مع نخبة رائعة من مثقفي العراق (د. نضير الخزرجي، د. حسين أبو السعود، فراس الكرباسي) فقد نسينا العائلة والأطفال في تلك الدقائق الجميلة وقاربت الساعة الثانية بعد منتصف الليل ولولا رؤيتنا لعيون د. حسين التي بالكاد تقاوم النعاس لبقينا حتى الفجر، لكننا ودعناهم على أمل اللقاء معهم في كربلاء بعد مجيء الشيخ الكرباسي إلى أرض الفداء والأحرار.

لقاء المؤلف:

* بعد أن علمنا بوصول سماحة الشيخ الكرباسي إلى العراق وتواجده في مدينة كربلاء المقدسة توجهت بوفد من المؤسسة العراقية للثقافة والإعلام لزيارته(٢) بعد التشرف بزيارة أبي الأحرار وأخيه عِلَيْسِلَامَه. وفعلاً تحققت أمنيتنا الغالية وتم لنا ما جئنا من أجله.. شاهدنا الطلعة البهية لنور الشخصية الإسلامية الواعية، فقيه، كاتب، إنسان ... صفات تسرق اللب.

استقبلنا بصوته الأبوي الحنون، تحدث معنا وبالكاد تحدثنا معه للعظمة والشخصية الأخّاذة التي تسيطر على القلب والعقل في آن.

في الختام ودعناه بعد أن بارك لنا اختيار اسم جديد للمؤسسة وهو

(ناس) مأخوذا من سورة الناس .. فقال بارك الله لكم بالمؤسسة وبالاسم الجديد فصارت منذ التقينا مؤسسة ناس للثقافة والإعلام [1] .

<hr>

(1) نص خبر لقاء الأستاذ غفار العفراوي بسماحة المؤلف الشيخ الكرباسي في مدينة كربلاء المقدسة كما نشرته صحيفة جريدة الناصرية الأخبارية في ٢٠١٢/٧/٢٥م، وفيها أهدى سماحته دورة من المطبوع من الموسوعة الحسينية.

آية الله الكرباسي يهدي نسخة من الموسوعة الحسينية لأهالي ذي قار

أهدى سماحة آية الله الشيخ الدكتور محمد صادق محمد الكرباسي (دام ظله) نسخة من مؤلفه الكبير (الموسوعة الحسينية) لوفد المؤسسة العراقية للثقافة والإعلام في ذي قار والذي زاره في مقر إقامته في محافظة كربلاء المقدسة. وقال رئيس المؤسسة غفار عفراوي: إن سماحة الشيخ الكرباسي وبعد اللقاء الذي جرى بيننا واطلاعه على عمل المؤسسة وما ترمي إليه من التوعية والتثقيف في جميع مجالات الحياة وبالخصوص الجانب الإسلامي، أشاد بالمؤسسة وباركها ودعا لها بالتوفيق والنجاح والسير على طريق الحق والتوعية الحقيقية.

واضاف عفراوي انه جرى في ختام اللقاء تسليمنا دورة من هدية الشيخ الكرباسي (الموسوعة الحسينية الكبرى) والتي تجاوزت (٧٠٠) مجلدا وطبع منها لحد الآن(٧٧) مجلدا لتكون بين أيادي أبناء المحافظة من مثقفين وقراء وأكاديميين، إذ أنها تعتبر مرجعاً ومصدراً مهما في القضية الحسينية والفكر الحسيني بما تحويه من روايات وتواريخ وأحداث وقصص وأسماء وحوارات إلى غير ذلك الكثير.

وأشار عفراوي ان أجزاء الموسوعة متوفرة حاليا ويمكن إعارتها للجميع خدمة للقضية الحسينية وأبناء محافظتنا الكرام.

١١٦

ملحق (٢)

الحدث الثقافي

نشرت شبكة سوق الشيوخ الإخبارية يوم ٢٠١٢/٦/٢٤م خبر ندوة الناصرية على النحو التالي:

المؤسسة العراقية للثقافة والإعلام تقيم ندوة لموسوعة الكرباسي الحسينية[1]

بالتنسيق مع المركز الحسيني في لندن أقامت المؤسسة العراقية للثقافة والإعلام وعلى قاعة المركز الثقافي في الناصرية ندوة حوارية حول الموسوعة الحسينية الكبرى لمؤلفها آية الله الشيخ الدكتور محمد صادق الكرباسي وحاضر في الندوة الدكتور نضير الخزرجي من المركز الحسيني للدراسات في لندن كما حضر الندوة الدكتور حسين أبو السعود من لندن.

وقال رئيس المؤسسة غفار عفراوي: «لقد تشرفت المؤسسة أن تكون السباقة بإقامة هذه الندوة لما لها من أهمية كبيرة على عدة صعد منها العدد الهائل من المجلدات حول القضية الحسينية والتي تجاوزت (٦٠٠) مجلد طبع منها لحد الآن أكثر من (٧٠) مجلدا في الإمام الحسين ﷺ من جميع النواحي الفقهية والعلمية والاجتماعية والأدبية وغيرها».

كما أكد الدكتور نضير الخزرجي أن هذه الندوة تأتي ضمن عدة ندوات سيتم عقدها في عدد من محافظات العراق، ولأن ذي قار محافظة الأدب والثقافة والفن والحرف الأول فإنها صاحبة حق أن تقام إحدى هذه الندوات على أرضها المعطاء. وأضاف الخزرجي ان الموسوعة الحسينية للشيخ الكرباسي هي من أضخم المصنفات في الفكر الحسيني وكان لزاما علينا كباحثين ودارسين أن نعرف بها لتكون مصدرا قيما وزادا لمن شاء التعرف على القضية الحسينية من جوانبها الأخرى التي استطيع تسميتها مخفية أو مغطاة بالنسيان.

وحضر الندوة عدد من الشخصيات الدينية والسياسية وجمهور من أبناء المحافظة إضافة إلى عدد من القنوات الفضائية ووسائل الإعلام الأخرى.

<h1 style="text-align:center">ملحق (٣)</h1>

<h2 style="text-align:center">حضور رسمي</h2>

كان للحكومة المحلية حضورها المتميز في الندوة الفكرية الثقافية، وجاء في الموقع الرسمي لمحافظة ذي قار (الناصرية) الخبر التالي المنشور على صفحتها في ٢٠١٢/٦/٢٢م:

المستشار القانوني يحضر الندوة التي نظمها المركز الحسيني للدراسات نيابة عن محافظ ذي قار

شارك مستشار محافظ ذي قار للشؤون القانونية «جواد كاظم بدر»[1] نيابة عن محافظ ذي قار في اعمال الندوة الثقافية التي أقامها المركز الحسيني للدراسات ومقره في المملكة المتحدة بريطانيا في العاصمة لندن، وهي مؤسسة علمية ثقافية عامة وتتخصص وتهتم وتعمل للجوانب الثقافية والعلمية والأكاديمية وعلى الدراسات الحسينية.

---

(١) جواد كاظم بدر: عبود الغزي، مستشار قانوني، ولد في محافظة الناصرية عام ١٩٧٣م، نشأ ودرس في مسقط رأسه، وحصل على البكالوريوس عام ١٩٩٤م من كلية القانون بجامعة البصرة، عمل مستشاراً قانونياً في دائرة الاتصالات في الناصرية، وفي عام ٢٠١٠م أصبح مستشاراً قانونياً لمحافظ ذي قار (الناصرية) الأستاذ طالب الحسن ثم شغل الوظيفة نفسها عام ٢٠١٣م في عهد المحافظ الجديد الأستاذ يحيى الناصري، ولازال، دخل في انتخابات مجلس النواب العراقي (٢٠١٤/٤/٣٠م) في دورته الثالثة عن كتلة الأحرار بالرقم ٢١٤ تسلسل ١٠، ولم يصل العتبة الانتخابية.

وعرض في الندوة التي أقيمت على المركز الثقافي في الناصرية العديد من المطبوعات في العشرات من الحقول المعرفية التي تهتم بالنهضة الحسينية والخواص الدقيقة لهذه النهضة المباركة، وقدم الأستاذ كاظم الشكر والتقدير للقائمين على المركز للأعمال الكبيرة من تأليف ودراسات بحثية مهمة تعنى بالرمز الإنساني الكبير الإمام الحسين ﷺ.

وحملت الندوة شعار «الإمام الحسين نهضة تلد أخرى»، ويذكر أن المركز الحسيني للدراسات ينفرد بمكتبة تحتوي على أكثر من ٦٠٠ مجلد[1] وتم ترجمة هذه المجلدات إلى العديد من اللغات، إضافة للمخطوطات النادرة التي تحمل قيمة علمية وأثرية تعود إلى مئات السنوات وكلها خاصة بالموسوعة الحسينية التي يعمل عليها المركز.

____

(١) تضم مكتبة الموسوعة الحسينية نحو ٣٠ ألف كتاب، في حين أن الموسوعة الحسينية نفسها بلغ المطبوع منها والمخطوط نحو ٩٠٠ مجلد، والمطبوع منها حتى منتصف ٢٠١٦م هو ١٠٣ مجلدات.

ملحق (٤)
جهود طيبة

نظراً لجهود الحكومة المحلية في إقامة الندوة ونجاحها قامت مؤسسة (ناس) للثقافة والتنمية الفكرية بزيارة عدد من قادة الحكومة المحلية، وجاء في الخبر الذي نشرته الدائرة الإعلامية في المؤسسة عن لقائها بالمحافظ الأستاذ طالب كاظم الحسن:

مؤسسة ناس تكرّم محافظ الناصرية[1]

كرَّمت مؤسسة ناس للثقافة والتنمية الفكرية السيد طالب الحسن محافظ ذي قار يوم الاربعاء الموافق ١٤-١١-٢٠١٢م وذلك في مكتب السيد المحافظ في ديوان المحافظة.

وجاء التكريم عرفانا من المؤسسة لجهوده القيمة في انجاح ندوة فكرية عن الموسوعة الحسينية واستقبال وفد دائرة المعارف الحسينية في لندن. هذا وحضر اللقاء المهندس رحيم الخاقاني[2] المعاون الفني لمحافظ ذي قار.

---

(١) نشر الخبر في وسائل إعلام مختلفة وبصور متنوّعة، منها: موقع كتابات في الميزان (www.kitabat.info).

(٢) رحيم الخاقاني: هو ابن ياسر بن حسين بن علي، ولد في قضاء الشطرة بمحافظة الناصرية عام ١٩٧٨م، نشأ ودرس فيها، ونال دبلوم مساحة عام ١٩٩٨م كما حصل على الشهادة الجامعية (بكالوريوس هندسة مدني)، يواصل تعليمه العالي، مهندس في وزارة الموارد المائية، رئيس=

وقـام الأديـب غفـار العفـراوي رئيـس مؤسسـة «نـاس» بإهـداء مـحافظ الناصرية الأستاذ طالب كاظم الحسـن عددا من مؤلفات الباحـث العراقي المقيم في لندن الدكتور نضير الخزرجي.

والجدير ذكره أن الدكتور الخزرجي كان قد رأس وفد دائرة المعارف الحسينية إلى مدينة الناصرية في الندوة التي عقدتها مؤسسة ناس للثقافة والتنمية الفكرية يوم الخميس ٢٠١٢/٦/٢٢م بالتنسيق مع المركز الحسيني للدراسات في لندن في قاعة المركز الثقافي في محافظة الناصرية، وأدارها الدكتور لهيب الموسوي نائب رئيس مؤسسة ناس.

ملحق (٥)
مساهمة مخلصة

نظراً لمساهمة رئيس مجلس محافظة الناصرية في إقامة الندوة ونجاحها، قامت مؤسسة (ناس) للثقافة والتنمية الفكرية بزيارة المهندس قصي العبادي وتقديم آيات الشكر والعرفان، وجاء الخبر على النحو التالي:

مؤسسة ناس تكرم رئيس مجلس محافظة ذي قار [1]

استقبل المهندس قصي العبادي رئيس مجلس المحافظة في مكتبه الرسمي اليوم الثلاثاء ٢٠١٢/١٢/٤م وفد مؤسسة ناس للثقافة والتنمية الفكرية في ذي قار الذي حمل سلام وتحيات الفقيه الدكتور آية الله الشيخ محمد صادق محمد الكرباسي لرئيس المجلس وشكره لكل من ساهم في عقد الندوة. وأشاد رئيس المجلس بدور كافة المؤسسات الثقافية في التوعية والتثقيف من خلال الندوات والنشاطات التي تقيمها في المحافظة. وأضاف ان مؤسسة ناس قدمت عدة نشاطات مميزة تستحق الثناء والتقدير.

وفي ختام اللقاء قدم رئيس المؤسسة الكاتب غفار عفراوي شهادة شكر

---

(١) نُشر خبر اللقاء في وسائل اعلام مختلفة، منها: شبكة أخبار الناصرية (www.nasiriyah.org) بتاريخ ٢٠١٢/١٢/١٠م.

١٢٣

وتقدير للجهود الكبيرة التي يبذلها في دعم الثقافة عموما ومساهمته في اقامة
الندوة الحوارية التي اقامتها المؤسسة لدائرة المعارف الحسينية في لندن
والتي ركزت على الموسوعة الحسينية الكبرى لمؤلفها الشيخ الكرباسي.

ملحق (٦)
شهادة تقديرية

مؤسسة ناس تمنح نائب محافظ ذي قار شهادة تقديرية وتهديه مؤلفات الخزرجي [1].

زار وفد من مؤسسة ناس للثقافة والتنمية الفكرية متمثلاً برئيس المؤسسة غفار عفراوي وعدد من أعضاء المؤسسة السيد حيدر عبد الواحد بنيان [2] نائب محافظ ذي قار في مكتبه الرسمي [3]. ونقل رئيس المؤسسة تحيات رئيس دائرة المعارف الحسينية في لندن سماحة آية الله الشيخ الدكتور محمد

---

(١) نُشر الخبر في وسائل اعلام مختلفة، منها: موقع مؤسسة ناس للثقافة والتنمية الفكرية (www.peoplenas.blogspot.co.uk) بتاريخ ٢٠١٢/١٢/٣م، وبالتاريخ نفسه في شبكة أخبار الناصرية (www.nasiriyah.org).

(٢) حيدر بنيان: هو ابن عبد الواحد بن بنيان بن طاهر، النائب الثاني لمحافظ مدينة الناصرية (ذي قار)، ولد في مدينة الناصرية عام ١٩٦٨م، فيها نشأ ودرس، وحصل عام ١٩٩١م على الشهادة الجامعية (بكالوريوس علوم الحياة)، شارك في تأسيس أول مجلس بلدي في الناصرية عام ٢٠٠٣م، شغل من قبل عضوية مجلس ذي قار والمعاون الاداري لمحافظ ذي قار.

(٣) كنت قد التقيت بالنائب السيد حيدر آل بنيان في مدينة كربلاء يوم الأربعاء ٢٠١٠/٧/١٤م في متنزه الامام الحسين الكبير، وحينها كنت مدعوا من قبل محافظ المدينة المهندس آمال الدين الهر لحضور احتفال مهرجان يوم كربلاء، وفيه ألقيت كلمة باسم المركز الحسيني للدراسات بلندن.

١٢٥

صادق محمد الكرباسي دام ظله. كما تم تقديم شهادة تقدير للسيد النائب على الجهود المباركة التي قدمها من اجل إقامة الندوة الحوارية الثقافية التي أقامتها المؤسسة لوفد دائرة المعارف الحسينية في لندن للتعريف بالموسوعة الحسينية للشيخ الكرباسي، كما تم تقديم عدد من مؤلفات رئيس الوفد الثقافي الدكتور نضير الخزرجي.

وأكد السيد نائب المحافظ انه مع كل بادرة أو نشاط أو فعالية تخدم أبناء المحافظة وخصوصا في الجانب الثقافي، مرحبا بوفد المؤسسة ومبديا شكره وتقديره لرئيسها وكادرها على الجهود التي تبذلها المؤسسة في بناء الإنسان العراقي من خلال النشاطات الثقافية.

والمفيد ذكره ان الوفد المرافق لرئيس المؤسسة الأستاذ غفار عفراوي هم السادة والسيدات: جواد الحجامي [1]، حسين الغزي [2]، هناء الخفاجي [3]، ونعيمة العتابي [4].

---

(1) جواد الحجامي: هو ابن كاظم، إعلامي عراقي، ولد في مدينة الناصرية عام ١٩٨٠م، يتولى حاليا مسؤولية إعلام مؤسسة ناس للثقافة والتنمية الفكرية، مراسل مجلة الخالدون، ومسؤول إعلام مؤسسة الشهداء في ذي قار (الناصرية).

(2) حسين الغزي: هو ابن عبد الأمير، إعلامي وكاتب عراقي، ولد في مدينة الناصرية عام ١٩٨٠م، نشأ ودرس في مسقط رأسه، ونال من جامعة بغداد شهادة (بكالوريوس إعلام)، عضو في مؤسسة ناس للثقافة والتنمية الفكرية، مراسل شبكة ناس الإعلامية، مراسل صحيفة المدى وصحيفة المساء.

(3) هناء الخفاجي: هي بنت باقر بن گمر، إعلامية عراقية، ولدت في مدينة الناصرية عام ١٩٦٨م، نشأت ودرست في مسقط رأسها وحصلت على شهادة معهد الفن في الناصرية، رئيسة لجنة المرأة في مؤسسة ناس للثقافة والتنمية الفكرية، رئيسة لجنة المرأة في نقابة الصحافيين فرع ذي قار، لها مساهمات كتابية وصحافية في عدد من الصحف المحلية.

(4) نعيمة العتابي: هي بنت عبد السادة، عضو في مؤسسة ناس للثقافة والتنمية الفكرية، ولدت في مدينة الناصرية عام ١٩٨٠م.

<h1 style="text-align:center">ملحق (٧)</h1>

<h2 style="text-align:center">الشرطة في خدمة النهضة</h2>

الناصرية تبدي استعدادها لاستقبال دائرة المعارف الحسينية[1]

مع حلول شهر محرم الحرام للعام الهجري الجديد ١٤٣٥هـ أبدى العميد شاكر كوين[2] قائد شرطة محافظة الناصرية (ذي قار) في جنوب العراق استعداد المدينة لاستقبال وفد دائرة المعارف الحسينية وإقامة الندوات الثقافية على غرار ما جرى في العام الماضي ٢٠١٢م.

جاء ذلك في اللقاء الذي جمع الأستاذ غفار العفراوي مدير مؤسسة وشبكة ناس الإعلامية والعميد كوين، وذلك في مقر مديرية شرطة ذي قار يوم الجمعة الأول من تشرين الثاني نوفمبر ٢٠١٣م، حيث قدّم العفراوي مجموعة من إصدارات المركز الحسيني للدراسات، منها كتاب: «نزهة

---

(١) قام المركز الحسيني للدراسات بلندن بتوزيع الخبر، ونشر في الكثير من وسائل الإعلام، منها: موقع المطيرفي (www.almoterfy.com) بتاريخ ٢٠١٣/١١/٤م، موقع دنيا الوطن (www.alwatanvoice.com) بتاريخ ٢٠١٣/١١/٥م، وبالتاريخ نفسه في موقع بانيت (www.panet.co.il).

(٢) شاكر كوين: هو حفيد عنيد آل علي، ولد في مدينة الناصرية سنة ١٩٦٦م، تولى مسؤوليات عدة، منها مدير مكتب المفتش العام لوزارة الداخلية في مدينة الناصرية في ٢٠١٢/١٠/٨م خلفاً للعميد عباس الزاملي، ومدير شرطة الناصرية منذ تموز يوليو ٢٠١٣م خلفاً للواء حسين عبد علي حتى ٢٠١٤/١/٢٩م وقد خلفه اللواء الركن صادق جعفر علي الزيدي، وهو لازال مسؤولاً في المفتشية العامة لوزارة الداخلية.

١٢٧

القلم .. قراءة نقدية في الموسوعة الحسينية» للدكتور نضير الخزرجي الذي يتناول قراءات متنوعة عن أجزاء دائرة المعارف الحسينية، إلى جانب كتابه الآخر المعنون «التعددية والحرية في المنظور الإسلامي .. دراسة مقارنة».

ونقل الأستاذ العفراوي شكر وتقدير وتحيات راعي الموسوعة الحسينية ومؤلفها آية الله الشيخ الدكتور محمد صادق الكرباسي، فيما عبّر العميد شاكر كوين عن كبير اهتمامه بدائرة المعارف الحسينية وأهمية نشر الثقافة الحسينية على طريق الصلاح والإصلاح.

وتجدر الإشارة إلى أن وفد دائرة المعارف الحسينية زار محافظة الناصرية يوم ٢٠١٢/٦/٢٢م وحضر مهرجاناً ثقافيا أقامته المؤسسة العراقية للثقافة والإعلام في قاعة المركز الثقافي، تناول فيها الدكتور نضير الخزرجي رئيس الوفد الزائر، في بحثه جانب التوثيق الميداني في عمل الموسوعة الحسينية، وتضمن المهرجان كلمات وأبحاثا وقصائد لكل من : الإعلامية منى البدري، الأديب غفار العفراوي رئيس المؤسسة العراقية للثقافة والإعلام، الدكتور لهيب الموسوي نائب رئيس المؤسسة العراقية للثقافة والإعلام، قصيدة الشاعر حازم عجيل المتروكي، قصيدة الشاعر الجزائري عبد العزيز شبين ألقاها بالنيابة الأديب الدكتور حسين أبو سعود عضو الوفد الزائر، إلى جانب حلقة حوارية أجاب فيها الوفد الزائر على أسئلة الحاضرين بشأن الموسوعة الحسينية التي بلغ المطبوع منها اليوم ٨٣ مجلداً من مجموع ٨٠٠ مجلد.

والمفيد ذكره أن العميد شاكر كوين، وهو من مواليد مدينة الناصرية، تولى قيادة شرطة المدينة وبشكل رسمي يوم ٢٠١٣/٧/٢٧م خلفاً للواء الركن حسين عبد علي الذي نُقل للعمل في مقر وزارة الداخلية في بغداد، وكان العميد كوين يشغل قبل ذلك منصب المفتش العام لوزارة الداخلية في مدينة الناصرية.

ملحق (٨)
وجه الحسين .. آية الله الكرباسي

﴿ مقالة كتبها الأستاذ غفار العفراوي من وحي احتكاكه بوفد الموسوعة الحسينية وقبل لقائه المباشر بالشيخ محمد صادق الكرباسي في مدينة كربلاء المقدسة في ٢٨ شعبان ١٤٣٣هـ[1]، نشرها تحت عنوان: «وجه الحسين .. آية الله الكرباسي».

لا أعلم متى موعد بداية يومه ومتى نهايته؟ متى يكتب؟ متى يقرأ؟ متى يرتاح؟ متى ينام؟ لا أعلم متى ينتهي يومه.

في كل عصر وزمان يبعث الله للعالمين بعامة وللمسلمين بخاصة آية من آياته المادية لتكون حجة عليهم يوم يكون الحساب والعقاب والثواب، يوم لا ينفع ولد لوالده ولا مرضعة لرضيعها ولا صاحب لصاحبته. ومن الآيات والحجج على البرايا والمخلوقات يكون هناك شخص متفرد ومتميز في صفاته عن الملايين من أقرانه بعلم وعمل وتواضع وجهاد وصبر وحكمة وعبقرية فذة.

---

[1] نُشرت المقالة في صحف ومواقع كهربية كثيرة، منها: جريدة صوت الحرية (www.baghdadtimes.net) بتاريخ ٢٠١٢/٧/٢٩م، جريدة الناصرية الالكترونية (www.nasiriaelc.com) بتاريخ ٢٠١٢/٧/٣٠م، وفي التاريخ نفسه في موقع راديو دجلة (www.radiodijla.com).

تلك الآيات والحجج تبعث في النفوس الأمل كما أنها تبعث الحيرة والاستغراب من تزاحم صفات الخير والعبقرية والإنسانية وغيرها في شخص واحد.. فمنهم من ينهل من هذه الحجج ما ينفعه في دنياه وآخرته ومنهم من تمر عليه الآيات وهو نائم لا يستيقظ حتى يوقظه ملك من الله مرسل لقبض روحه عن جسده المادي لتبدأ الحسرة والندامة تعشش في هذه الروح إلى ما شاء الله.

في هذا العصر الذي طغت المادة والمادية في جميع مفاصل الحياة فيه، وصار الباطل حقا والحق باطلا، بل صار الأمر بالمنكر والنهي عن المعروف هو المتسالم بين الناس، يهب الله الإنسانية والإسلام والمذهب الحق رجلا فارق مغريات الدنيا وملذاتها وراحتها وطيباتها فصارت جميعها حب الإمام الحسين بن علي بن أبي طالب عليهم السلام، وكان قلبه حسينيا وعقله حسينيا وفكره حسينيا ووقته حسينيا، وكله للحسين، فذاب في الحسين فكراً وروحاً ومنهجاً وتاريخاً وجهاداً وصبراً وتواضعاً وأخلاقاً وكرما.. فكان حقا على من عرفه أو كاد أن يتعرف على هذه الشخصية الحسينية أن يلقبه بألقاب هو مستحق لها وليس من باب المجاملة أو المبالغة أو حتى الغلو أو التعظيم الفارغ وحاشاه من ذلك كله. إذ يقول أخوه الشيخ صالح الكرباسي [1] عن الموسوعة الكبرى (وإني أبارك لشقيقي العزيز هذا الانجاز العظيم وأهنئه على ما حالفه من التوفيق العظيم الكاشف عن وجود تأييد الهي متواصل، ومباركة حسينية

---

(١) صالح الكرباسي: هو ابن محمد، من أعلام كربلاء المقدسة وخطبائها، ولد فيها في ١٠/٥/ ١٣٧٦هـ (١٣/١٢/١٩٥٦م)، درس في كربلاء وطهران وقم المقدسة، وسكن لفترة دبي، يمارس الخطابة باللغتين العربية والفارسية ويتولى الامامة والتدريس في طهران، أنشأ مركز الإشعاع الإسلامي للدراسات والبحوث الإسلامية، من آثاره: العين الباصرة في المطبوع من الدائرة، أحكام المرأة والفتاة، والعقيدة الميسرة.

خاصة، وعزم إيماني راسخ، ومقدرة علمية نادرة، وكفاءة عالية متنوعة، واطلاع معرفي واسع)(١).

كان الإمام الحسين في يوم الطف قد نادى ألا من ناصر ينصرنا فنصره خيرة أهل الأرض في زمانه بل هم خير الأصحاب بضرورة التاريخ والأحاديث المروية نصروه بالدم والروح والأهل والأطفال والمال وكل شيء. لكننا نعلم أن الحسين ﷺ لم يكن صاحب موقف وقتي ولا نداءً وقتياً، وإنما كان يخاطب العالم بأسره جيلا بعد جيل من كافة الطوائف والأديان والمذاهب والقوميات .. ألا من ناصر ينصرنا معناها ألا من ناصر للحق .. الحق أينما كان ومهما كان .. فكان لزاما على الجميع وبالأخص أتباعه وشيعته أن يكونوا ناصرين له وللحق المتمثل به وبمنهجه.

فكان آية الله الشيخ الدكتور محمد صادق محمد الكرباسي دامت بركاته مصداقا للنصرة التي طلبها الإمام ﷺ. فقد حمل هذا الفقيه العبقري لواء القلم والكتابة للدفاع عن قضية الإمام الحسين وفكر الإمام الحسين وتاريخه ونسبه وأخلاقه وكل ما يخص هذا الاسم المبارك يقول الدكتور نضير الخزرجي (كان الأشتر رضي الله عنه للمرتضى علي يمناه القابضة على السيف وصار الكرباسي لسيد الشهداء ﷺ يمناه القابضة على القلم فسار الحفيد على خطى الجد وربما وقع القلم في هذه الأيام أمضى من حد السيف وإن صدقا)(٢).

وما مؤلفه العظيم دائرة المعارف الحسينية إلا مصداق لما نشير إليه من إعجاز فكري وعلمي وأدبي وتاريخي. فقد بلغت لحد الآن أكثر من (٧٠٠)

---

(١) انظر: العين الباصرة في المطبوع من الدائرة: ١٠، صالح الكرباسي، بيت العلم للنابهين، بيروت، ط١، ١٤٢٥هـ (٢٠٠٤م).

(٢) انظر: العمل الموسوعي في دائرة المعارف الحسينية: ٢، نضير الخزرجي، المركز الحسيني للدراسات، لندن، ط١، ١٤٢٨/١/١هـ (٢١/٧/٢٠٠٧م).

مجلد تضم ٦٠ باباً في علوم مختلفة تجمعها النهضة الحسينية!! كأمر لا يصدقه عاقل ويستغربه أقرب مقربيه من أهله وصحبه ومحبيه، فهي تعتبر أضخم موسوعة فكرية في قرننا الحالي وربما في التاريخ.

في زيارتهم الأخيرة (٢٠١٢/٦/٢٢م) لمحافظة ذي قار لإقامة ندوة حول الموسوعة استمعنا إلى شرح موجز من قبل الدكتور الكاتب نضير الخزرجي من المركز الحسيني للدراسات في لندن حول الموسوعة ومؤلفها فذكر أن سماحته يعمل ٢٠ ساعة في اليوم على الأقل أي أن هناك أياماً يعمل فيها أكثر من ذلك! وذكر أن وقت استراحته هو التحول من موضوع إلى آخر في التأليف والكتابة وليس النوم أو شرب الشاي أو التنزه كما اعتدنا في الغالب. وأضاف الدكتور إن ساعات نومه القليلة جدا ليست مغلقة أمام الناس فمن طلبه عبر الهاتف من أية دولة في العالم فانه ينهض من نومه ويقضي حاجة السائل مهما كانت.. لذا استطيع القول انه لا ينام أبدا.

وقد حدثت معي شخصياً هذه الحادثة كمصداق لقول الخزرجي فان الأخير أعطاني رقم هاتف سماحة الفقيه المؤلف الكرباسي وقال اتصل به وخذ موعدك للقائه في كربلاء أجبته إنني لا استطيع أن أتحدث معه مباشرة لكنه ألحّ عليّ وكانت الساعة الثانية ظهرا تقريبا. رن الهاتف أربع مرات فخجلت وأقفلت الخط لأنني قلت في نفسي لعله نائم. وما هي إلا دقيقة وإذا بالهاتف يرن وآية الله الفقيه الكرباسي يقول لي : عفوا هل اتصلت بي! أخبرته إنني آسف لأنني أقلقت ساعة راحتك : أجاب بكل أخلاق أهل البيت : (إن وقتي كله مخصص لكم ولا ساعة لراحتي).

هذا هو حجة الله وآية الله على الأرض يتصل بنفسه هاتفيا برقم لا يعرف من صاحبه ويكون بخدمته ودون سؤال أو تحقيق أو تدقيق.

انه مؤلف الموسوعة الكبرى الذي تفرد عن الآخرين بكل شيء إذ يقول

عنه أخوه صالح الكرباسي : (فقد كان حفظه الله ذا مقاييس خاصة فرضها على نفسه بإرادة حديدية لا تثنى ولا تقبل التراجع والتسامح في مجال العمل العلمي والمعرفي، فكانت مقاييسه تختلف عن المقاييس الطبيعية المتعارفة للآخرين تماما، فمثلا كان قليل النوم جدا بحيث كان نومه في الغالب لا يتجاوز الساعتين خلال الأربع والعشرين ساعة، وكانت أوقاته كلها موزعة بين الدراسة والتدريس والمطالعة والتحقيق والكتابة والتأليف والاختبار العلمي والاختراع والاكتشاف في شتى المجالات، ولم يُر منه تهاون أو تكاسل أو استصعاب بالنسبة إلى أي عمل أو مشروع قرر انجازه أبدا. فروح هذا الرجل العبقري لا تعرف الكلل والملل أبداً، وإنني لا أنسى أبداً كيف انه قرر أن يحفظ القرآن الكريم بالكامل خلال شهر رمضان المبارك فبدأ في حفظه مع بداية شهر رمضان وما أن وصل الشهر الكريم إلى نهايته حتى كان قد فرغ من حفظ القرآن الكريم بتمامه عن ظهر القلب أمام ذهول الآخرين من هذه الموهبة العظيمة التي وهبها الله عز وجل إياه، ومن قوة عزمه وإرادته، وما أنعم الله عليه من الذاكرة القوية)[1].

غفار عفراوي- الناصرية

---

(١) العين الباصرة في المطبوع من الدائرة: ١١، مصدر سابق.

١٣٣

ملحق (٩)
قصائد متروكية

(أ)
موسوعة خميلة

ابنكم البار الشاعر: حازم عجيل عبيد المتروكي- الناصرية، ٢٢/٦/
٢٠١٢م، والمقطوعة من (بحر الرجز) في تقريظ دائرة المعارف الحسينية:

موسوعةٌ خميلةٌ للـناسِ   بَـلْ نَبْـعُ عِـلمٍ راقَ لـلـجُـلَّاسِ

فيها تَـلالا السِّبـطُ أبهى دُرَّةً   قد زانَـها كفّان للـعبـاسِ

قاموا عليها ثُلَّةٌ يعسوبُهُم (١)   فخرُ الولاءِ العالِمُ الكربـاسي

(ب)
بكائية قطيع الكفين

القصيدة من (بحر البسيط) في رثاء العباس بن علي ﷺ.

لمْ يصدق السيف اذْ لم يكذب النبأُ   بأنَّ عباسَ شمسٌ ليس ينطفئُ

وأن شمسكَ يا عباس ما أفلتْ   وإنْ تقـوَّل أقوامٌ فقد خسِئـوا

أولـئك الإنـسُ مـن أي شـردمةٍ   لا تستبـين بها صـح وذا خطأُ

---

(١) يعسوب: كبير القوم ورئيسهم وزعيمهم.

١٣٥

آهٍ أبا الجـود كـم درس بـه عبـر — علمتنا خوف يـوم فيه ننكفئُ

اذ قلت للنفس هوني وهي ظامئة — والعين ترنـو لأطفـال بكم رزئوا(١)

يـلـوي بـهـم ظـمـأ حـتـى كـأنـهـم — سـعـف بريح اذا مـا جئتهم هدأوا

حتى سقاهـم رسـول الله من يدهِ — مـاءً فـراتـا بـه مـمـا بـهـم بـرئوا

أيقنـتُ كـفـكَ أنَّ الله شـرَّفـهـا — والعين ذي السهم والأخرى التي فقأوا

حتى تهاويتَ كالطودِ العظيم وهمْ — مـن نورِ غُرَّتِك الحمراء ما جرأوا

أن يقربوكَ وقد ضجّتْ جوارحهم — خوفاً ومـن هيبة بالرعب قد مُلئوا

يَبْنَ الوصيّ وعار الطفِ يحمله — جيلٌ فجيلٌ مضى للآن ما فتئوا

يبكون مـن فعلةٍ يندى الجبينُ لها — بـل كـم وحقك مَن اعدائكم برئوا

هـل خامرَ القومَ شكٌّ أن فعلتهم — منها النواميس عاراً سوف تمتلئُ

منها عيـون رسـول الله لؤلؤها — جمرا تَـدَلى بخدٍّ بـاتَ يهتريُ

هل صاح أغربْ تُرى ام فرَّ من يده — مـاء الفرات وكان الريُّ والظمأُ

همـا طريقان حب السبط بينهما — وغربةٌ بـل وْبيتٌ فيه قد نشأوا

حتى متى ما استوى ماءٌ براحته — فزَّتْ يداه كغرقى حينما نتأوا

وراح يَومئُ للماءِ الخجولِ بأن — عـذرا فلي في أخي ماءٌ ولي كلأُ

يا أيها الماءُ احمل صْوتَ غُربَتِنا — للقادمين وقل مِن هٰهنا بدأوا

أقصص عليهم بما جادت مقاتلنا — كي يستضيء بنا في تيهِ الملأُ

حدّث بأن نجوما هٰهنا سقطتْ — مجزّرات على الكثبان تتكئُ

---

(١) البيت تضمين لقول العباس بن علي عليه السلام يوم كربلاء من الرجز المشطور:

يـا نفسُ مِن بعدِ الحسينِ هُوني — وبعده لا كنتِ أن تكوني

هـذا الحـسـينُ واردُ المنونِ — وتـشـربـين باردَ المعينِ

هيهاتَ ما هذا فعالُ ديني — ولا فِـعـالَ صادقِ اليقيـنِ

ديوان القرن الأول: ٢٢٩/٢، محمد صادق الكرباسي، المركز الحسيني للدراسات، لندن-المملكة المتحدة، ط١، ١٤١٤هـ ١٩٩٤م.

آهٍ فراتُ وما تلك النجوم سـوى   سِفرٍ الوفاء لِمن ضحوا ومن طرأوا

مَن عانقوا الظمأ الوحشي في جذلٍ   مَن أوصدوا البابَ من جبنٍ ليختبئوا

آهٍ ابا الفضلْ كم دارَ الزمان بكم   بل كـم عليكم لهذا اليوم يجترئُ

يا ساقي الماء يا سيفاً نلـوذ به   عند الشدائد لا يرقى لك الصدأُ

يا أيها الخبرُ الباقي اذا اشتبكت   بيضُ الصفاح وِفي الخيرات مبتدأُ

ما زال طفُّك يا عباس معتصماً   للخائفين به إنْ زُلزلوا لجأوا

كفاك وَالماء سِفرٌ شعَّ باطنه   قد خُطَّ بالطف والأحرار قد قرأوا[2]

فيه نقصُّ عليكم أيـما قصصٍ   طفُّ الحسين فلا طير ولا سبأ

(ج)

عالم بقدر عينك

وأنـشأ الـشاعر حازم الـمتروكي في رثاء الإمـام الحـسين (عليه السلام) والمستشهدين بين يديه من أهل بيته وأصحابه في كربلاء (بحر البسيط):

هذه دموعك تهمي[3] أيها القمرُ   قدْ جفَّ ضَرعُ[4] السما إذ غادر المطرُ

أنتَ التضادُ الذي يبدو كمعجزةٍ   كُثرُ صفاتك عفواً كيف أختصرُ

يا رقةً كفـراش الروض مفـرطةً   والشمسُ في يدكَ الغراء تستعرُ

عيناكَ قد أُغْمِضَتْ احداهما ثقةً   لكنَّ أخراكَ قد ألوى[5] بها السَّهَرُ

---

(١) سِفر: كتاب ذو قيمة.

(٢) إشارة وتضمين لقصة النبي سليمان وخبر سبأ وبلقيس والهدهد، قال تعالى: ﴿وَتَفَقَّدَ ٱلطَّيْرَ فَقَالَ مَا لِيَ لَآ أَرَى ٱلْهُدْهُدَ أَمْ كَانَ مِنَ ٱلْغَآئِبِينَ ۝ لَأُعَذِّبَنَّهُ عَذَابًا شَدِيدًا أَوْ لَأَاذْبَحَنَّهُ أَوْ لَيَأْتِيَنِّي بِسُلْطَٰنٍ مُّبِينٍ ۝ فَمَكَثَ غَيْرَ بَعِيدٍ فَقَالَ أَحَطتُ بِمَا لَمْ تُحِطْ بِهِ وَجِئْتُكَ مِن سَبَإٍ بِنَبَإٍ يَقِينٍ﴾ سورة النبأ: ٢٠- ٢٢.

(٣) تهمي: تصب.

(٤) الضرع: مدر الحليب للحيوانات وهي بمثابة الثدي.

(٥) ألوى: أتعب وأهلك.

١٣٧

كم صورةٍ عُلّقت في قلبِ شُرْفَتِها   تدمي الفؤادَ وكمْ في كربلا صورُ

فيها الحسين يصيخُ(١) السمعَ في وَلَهِ   بلْ تلك زينب(٢) يبدو عندها خبرُ

وصورتُه الشنعاء حين أتى شمرُ(٣)   ناداكَ اخرج، معي أمْنٌ، هنا خطرٌ(٤)

كَمْ جالَ عابسٌ(٥) في عينيك مقتلُه   عارٍ وكمْ كان فيما قد أتى عِبَرُ

يطأطئُ هاماً صارخاً وجلاً حرٌّ(٦)   يا آل طهَ ألا عذرٌ فأعتذرُ

هل صورةُ المجتبى(٧) كانت مُلألأة   أمْ قاسم(٨) حينما حاطت به زُمرُ

أمْ أشبهُ الناس في خَلْقٍ وفي خُلُقٍ(٩)   وحولَهُ الناس تطوى ثم تَنْتَشِرُ

---

(١) يصيخ: يستمع.

(٢) زينب: هي بنت علي بن أبي طالب(ع) (٦- ٦٢هـ)، وُلدت في المدينة المنورة وماتت في القاهرة حيث مرقدها يُزار، وهي المعروفة بزينب الكبرى والتي في قرية راوية بدمشق هي اختها زينب الصغرى.

(٣) شمر: هو ابن ذي الجوشن بن شرحبيل بن الأعور العامري الضبابي المقتول في الكوفة عام ٦٦هـ على يد عبد الرحمن بن أبي الكنود من أصحاب المختار، كان قائد كتيبة في الجيش الأموي في معركة كربلاء، هو آخر من جلس على صدر الإمام الحسين(ع) وحزَّ رأسه الشريف من القفا، وهو ممن أمر بحرق خيام الحسين(ع).

(٤) يشير الشاعر الى حادث مجيء شمر بن ذي الجوشن الى العباس بن علي(ع) قبل وقوع المعركة في العاشر من محرم عام ٦١هـ، حيث يرتبط به بنسب من جهة الأم، فأعطى للعباس(ع) الأمان مقابل أن ينسحب من معسكر أخيه الإمام الحسن(ع)، فرفض العباس(ع) أمانه ونهره وأدان وقوفه الى جانب الباطل.

(٥) عابس: هو ابن أبي شبيب بن شاكر الهمداني الشاكري، من شهداء واقعة الطف عام ٦١هـ، عقر الأعداء فرسه، فاستخف بهم ونزع درعه ونزل الى المعركة مقاتلاً واستشهد بعد أن قتل من الجيش الأموي مقتلة.

(٦) حر: هو ابن يزيد الرياحي، وكان في المعسكر الأموي، فانقلب الى الحق واستشهد بين يدي الإمام الحسين(ع) في معركة الطف عام ٦١هـ.

(٧) المجتبى: يُريد به الإمام الحسن بن علي بن أبي طالب(ع) وهو والد الشهيد القاسم بن الحسن(ع).

(٨) قاسم: هو ابن الحسن بن علي بن أبي طالب(ع) (٤٦- ٦١هـ)، وأمه أم ولد اسمها رملة، ولد في المدينة المنورة واستشهد في كربلاء المقدسة.

(٩) إشارة إلى علي الأكبر ابن الحسين بن علي بن أبي طالب(ع) (٣٨- ٦١هـ)، وأمه ليلى بنت أبي مرة بن عروة الثقفية، ولد في الكوفة واستشهد في كربلاء، كان أشبه الناس بالنبي محمد(ص) خَلْقاً وخُلُقاً.

يصيحُ بالجمعِ ما دارَ الزمانُ بنا   فلا يُحَكَّمُ فينا آبقٌ أشِرُ

كم صورةٍ لصغارٍ عضّهم ظمأٌ   تحلقوا دمعةً حمراءَ وانهمروا

تَمَوَّجَ الماءُ في عينيك حين رأت   وجهَ الحسينِ الذي يعلو وينحدرُ

أظنه قال إنهل وارتوِ فلهُ   فيما ظننتُ به أسبابهُ الكُثُرُ

يا مَن بعينيك تغفو ألفُ ملحمةٍ   مِنْ كربلاءَ لها آيٌ لها سُوَرُ

فشاهدُ العصرِ ذي عينيك انهما   سِفْرٌ تناقله الأيامُ والعُصُرُ

(د)

نداء المهدوية

وأنشأ الشاعر حازم المتروكي في استنهاض الإمام الحجة المنتظر (عج) لاستنقاذ الأمة من آلامها (بحر البسيط):

كم في فؤادكَ ما يدعو الى القلقِ   على بنيكِ لِما لاقوا من الحَنَقِ

أم يا تُرى أنت جذلان لمألكةٍ[1]   أتتْ اليك كسيلِ الوابلِ[2] الغَدِقِ[3]

نحنُ القرابينُ كي لا ينطفي قبسٌ   لله فِي الأرض من خِبٍّ[4] ومن مَلِقِ[5]

بنو أميةَ قد جاشوا[6] وها قدموا   مثل الذئابِ التي تنسلُّ في الغَسَقِ[7]

راموا البراءةَ منا لَيْتَهم عَلِموا   حبُّ الوصيِّ بنا مُذ نحنُ في العَلَقِ[8]

---

(١) المألكة: الرسالة.

(٢) الوابل: المطر الشديد القطر.

(٣) الغدق: المطر الكثير، والماء الجاري دون انقطاع، والخير العميم.

(٤) خِبّ: بكسر الخاء الخائن والمخادع.

(٥) الملق: المتصنع للود والحب ما ليس في قلبه.

(٦) جاش: سار الليل كله.

(٧) الغسق: الليل إذا أظلم وادلهم.

(٨) العلق: وهي المرحلة الثالثة من مراحل تكوين الجنين بعد النطفة والنطفة الأمشاج وقبل المرحلة الرابعة (المضغة)، قال الإمام جعفر بن محمد الصادق ﷺ: (العلقة كعلقة الدم المحجمة الجامدة، تمكث في الرحم بعد تحويلها من النطفة أربعين يوماً). وسائل=

١٣٩

الشيعة : ٢٩/٣١٤، ح ٣٥٦٧٧، محمد بن الحسن الحر العاملي، تحقيق: مؤسسة آل البيت(عليه السلام) لإحياء التراث، قم المشرفة- إيران، ط١، ١٤١٢هـ.

من ألفِ عامٍ مضت سُكرى بحبكمُ   هـذي القلوب وحتى الآن لَم تُفِـقِ

همـا طريقـان إعـلان بـراءَتِنـا   مـن الـوصي وإلا جَـزَّةُ الـعُـنـقِ

مُـتْنا اصطبـاراً وقلنا ذا علي لنا   ويا نواصبُ في نار اللظى احترقي

في كـلِّ قـدرٍ لـهُ واللـه مغرفةٌ   يا نور غُـرَّتـهِ الأبهى مـن الألَـقِ

شعشع أبا صالحٍ [1]   من حالكِ الليلِ يبدو ضاحكَ الفلقِ [2]

فالكـل منتظر   بانت غُلاماتُهُ الكُبرى على الأفقِ

مرحى فُـدِيتَ فها عصر الظهـورِ دنا   وأجملَ الخلقِ في خَلقٍ وفي خُلقِ

عطفاً حنانيكَ [3] يا خيـرَ الرجالِ أبـاً   قد مُزِّقتْ قطعاً تُـرمى على الطُرقِ

فـدينُ جدِّكَ في قـوم جوارحُـهُمْ   ومـا تـراهُ سـوى حبـرٍ على ورقِ

اذ عـادَ دينُ صفي اللّـه مغتربـاً   سبعينَ ديناً بسبعينٍ من الفرقِ

قد شـرَّع اَللّـهُ ديناً واحـداً فغـدا   لولا الولاء مضى ما فيه من رَمَقِ

يا صاحب الأمرِ هذا الدين محتضرٌ   واستنقذَ ألدينَ إذ أشفى [4] على الغرقِ

فقم أبا صالح وانشرْ عدالتكمْ   وقد حملناكَ نوراً في سما الحَدَقِ

يا من وجدناك نبضاً في جوارِحنا

---

(1) أبو صالح: كنية الإمام المهدي المنتظر ابن الحسن العسكري بن علي الهادي (عج).

(2) الفلق: نور الصباح.

(3) حنانيك: الحنان الشديد والحنو على الآخر والاهتمام به.

(4) أشفى: إقترب.

(٣)

«دائرة سيد الإباء في ضيافة واسط الخضراء»

الموسوعة الحسينية

في

مدينة الكوت (واسط)

٢٠١٢/٦/٢٣م

(إتحاد الإذاعيين والتلفزيونيين العراقيين)

منهج كتابة السيرة في دائرة المعارف الحسينية

فقرات ندوة محافظة واسط (الكوت) اتحاد الإذاعيين والتلفزيونيين العراقيين

* كلمة الافتتاح : الأستاذ علي فضيلة الشمري

* كلمة الشيخ داود سلمان الربيعي

* قصيدة الشاعر حيدر حاشوش العقابي

* كلمة الشيخ محمد رضا عبد النعماني

* قصيدة الدكتور عبد العزيز مختار شبين (د. حسين أبو سعود)

* كلمة الدكتور نضير رشيد الخزرجي

* جلسة حوار ومداخلات

منهج كتابة السيرة في دائرة المعارف الحسينية

(٣)

محافظة واسط (الكوت)[١]

فن كتابة السيرة في ندوة ثقافية حوارية[٢]

استضاف اتحاد الإذاعيين والتلفزيونيين العراقيين في مدينة الكوت (واسط) العراقية يوم السبت ٢٠١٢/٦/٢٣م وفد دائرة المعارف الحسينية القادم من المملكة المتحدة للتعريف بالموسوعة الحسينية لمؤلفها المحقق الدكتور محمد صادق الكرباسي التي بلغت نحو ٧٠٠ مجلد صدر منها حتى اليوم ٧٧ مجلداً[٣].

وفي الندوة الثقافية الحوارية التي عقدت في قاعة مجلس محافظة واسط تحت شعار «دائرة سيد الإباء في ضيافة واسط الخضراء»، تطرق الدكتور نضير الخزرجي رئيس وفد دائرة المعارف الحسينية إلى جوانب من المنهج

---

(١) الكوت: قاعدة محافظة واسط تقع جنوب شرق بغداد العاصمة على بعد ١٨٠ كيلومتراً بالسيارة و١٦٢ كيلومتراً حسب الخارطة.

(٢) وزع المركز الحسيني للدراسات التقرير على وسائل الإعلام المختلفة، ونشر في الكثير منها، على سبيل المثال: موقع صحيفة عروس الأهوار (www.arusalahuar.com) بتاريخ ٢/٧/ ٢٠١٢م، شبكة أخبار الناصرية (www.nasiriyah.org) بتاريخ ٢٠١٢/٧/٤م، وموقع منظمة بنت الرافدين (www.brob.org).

(٣) تمت الاشارة من قبل أن عدد المطبوع بلغ حتى نهاية ٢٠١٦م ١٠٣ أجزاء من مجموع ٩٠٠ مجلد مخطوط.

١٤٥

الذي يتبعه الشيخ الكرباسي في تناوله باب السيرة الحسينية، مؤكداً أن الأمة تُعرف بسيرة قادتها باعتبار أن السيرة هي مجموعة أفعال الشخص وأقواله التي يُعبر عنها بالسلوك، فالسيرة تاريخ الشخص والتاريخ سيرة الأمة، فإن حسنت سيرة القادة حسن تاريخ الأمة.

وفصّل المتحدث القول عن منهجية الكرباسي في كتابة سيرة الإمام الحسين ﷺ بملاحظة الجزئيات وتشريح النصوص الواردة وتسليط الأضواء على تاريخ النبي وموقع الحسين ﷺ من سيرته المباركة وملاحظة المؤثرات الزمانية والمكانية والجِرمية، لما لها من مدخلية في تحديد زمان وقوع الحدث ومكانه.

ودعا الدكتور الخزرجي في ختام كلمته إلى ترجمة المأثور بأن (الحسين عَبرة وعِبرة) من خلال القراءة الواعية لسيرة الإمام الحسين بوصفها عِبرة (بكسر العين) كما نبكيه بوصفه عَبرة (بفتح العين) بناءً على وصية الإمام علي ﷺ لابنه الإمام الحسن ﷺ: «يا بُني إني وإن لم أكن قد عمّرت عُمرَ مَن كان قبلي، فقد نظرت في أعمارهم وفكّرت في أخبارهم وسرتُ في آثارهم حتى عدت كأحدهم، بل كأني بما انتهى إليَّ من أمورهم قد عمّرت مع أولهم وآخرهم، فعرفت صفوه من كدره، ونفعه من ضرره...»[1].

وكانت الندوة التي أدارها[2] رئيس اتحاد الإذاعيين والتلفزيونيين[3]

---

[1] نهج البلاغة: ٣٩٣، قسم الرسائل والخطب والوصايا، وصية رقم ٣١، صبحي الصالح، بيروت، ط١، ١٣٨٧هـ (١٩٦٧م).

[2] شاركه في الإدارة والتنسيق الإعلامي العراقي مفيد بن هادي بن رجب البديري، مواليد مدينة الكوت سنة ١٩٦١، نشأ ودرس في مسقط رأسه ونال من جامعة واسط بكالوريوس لغة انكليزية عام ٢٠٠٧م، له خدمة إعلامية نحو ٢٥ عاماً، خريج الإعداد والتدريب التلفزيوني، نائب رئيس اتحاد الإذاعيين والتلفزيونيين في الكوت، وحاليا هو مراسل قناة العراقية في الكوت.

[3] وكالة الأمل نيوز (www.alamelnews.com) من واسط نشرت في ٢٠١٢/٧/٥م خبراً عن=

الأستاذ علي فضيلة الشمري (١) حضرها جمهور غفير من العلماء والأدباء والأكاديميين ومسؤولي الحكومة المحلية في مدينة واسط وعلى رأسهم نائب المحافظ للشؤون الفنية المهندس عمار عيسى الكناني (٢) وعضو مجلس محافظة واسط الأستاذ علي غركان الدلفي (٣)، وقد افتتحت بآي من الذكر

الحكيم تلاها المقرئ السيد حسين الصافي [1]، ثم الوقوف دقيقة على أرواح الشهداء، بعدها قدّم الشيخ داود سلمان الربيعي [2] ملخص بحث عن النهضة الحسينية مؤكداً فيه أن حركة الإمام الحسين ﷺ أسقطت شرعية الحكم الظالم، مقدماً شكره للموسوعة الحسينية ومؤلفها الفقيه المحقق الكرباسي حيث: (تتبنى الموسوعة هذا الجهد المبارك لتجعل منها كنزاً عظيماً يليق بعظمة الإمام الحسين ﷺ وبعظمة ثورته المقدسة التي أنقذت الناس

= الكوت في ٢٨/٨/١٩٧٨م، نشأ ودرس في مسقط رأسه وأكمل الشهادة الجامعية في كلية التربية بجامعة واسط ونال منها البكالوريوس في قسم التاريخ سنة ٢٠٠٢م، نال عضوية مجلس محافظة واسط (الكوت) في ٢٥/١١/٢٠١١م عن كتلة المواطن، ولازال.

(1) حسين الصافي: هو ابن علي، إعلامي ومقرئ قرآن، ولد في مدينة واسط في ١٣/٨/ ١٩٨٦م، نشأ ودرس في مسقط رأسه وواصل الدراسة الجامعية في جامعة واسط وحصل على بكالوريوس علوم قرآن وتربية إسلامية عام ٢٠١٤م، بدأ بتجويد القرآن الكريم في سن مبكرة وصعد المنابر منذ عمر ١٢ عاماً، شارك في مسابقات تجويد القرآن الكريم على مستوى العراق وخارجه، فاز عام ٢٠١٢م في المرتبة الثانية على مستوى الجامعات العراقية، له مقالات وبحوث منشورة في مجال القرآن، له كراس «القرآن أربعة أرباع»، هو الآن مسؤول مكتب قناة كربلاء الفضائية فرع واسط، كما يتولى إدارة مكتب إذاعة الروضة الحسينية المقدسة فرع واسط.

(2) داود سلمان الربيعي: هو حفيد هادي الربيعي البدراوي، من أعلام مدينة واسط، ولد في مدينة بدرة بمحافظة واسط سنة ١٩٥٣م، انتقل عام ١٩٥٤م مع أسرته رضيعاً الى بغداد وسكن مدينة الكاظمية، وفيها نشأ ودرس، ولأسباب سياسية ترك العراق عام ١٩٨١م إلى إيران عبر كردستان العراق وسكن خوزستان، وفيها تفرغ للدراسة الحوزوية في مدينتي الأهواز ودزفول ومارس التدريس والعمل الاجتماعي مع الجالية العراقية المهاجرة والمهجّرة في خوزستان، وأسس في مدينة أنديمشق مسجد الهادي، واصل بحث الخارج والتدريس في حوزة قم العلمية التي انتقل اليها عام ١٩٩٢م، وأدار حوزة الشهيدة بنت الهدى النسوية، عاد الى العراق عام ٢٠٠٣م وأسس في واسط حوزة الشهيدة آمنة الصدر النسوية عام ٢٠٠٥م كما يشرف على جمعية الجوادين الخيرية التي أسسها في ٢٠/٦/ ٢٠٠٨م، وهو إلى جانب الدراسة الحوزوية والتدريس خطيب حسيني لكنه في الفترة الأخيرة تفرغ للتدريس وإدارة المشاريع التربوية والاجتماعية والقرآنية، كما نال من جامعة المصطفى شهادة بكالوريوس علوم إسلامية، وهو الآن إمام وخطيب جامع الحاج عبود، له كتابات ومؤلفات عدة، منها: العيد وانتظار الفرج، السجود مفهومه وآدابه والتربة الحسينية، وكتاب الطلاق.

وأخرجتهم من ظلمات الجهل والخنوع إلى ربوع العلم والنور والهداية وامتلاك الإرادة)، ثم كانت الفقرة التالية قصيدة للشاعر حيدر حاشوش العقابي[1] بعنوان «لأنَّ رأس الحسين يضيء جعلوه على الرماح»، ثم تقدّم العلامة الشيخ محمد رضا النعماني[2] بكلمة قصيرة أبان فيها للحضور أهمية النهضة الحسينية في بناء الإنسان مؤكداً على الدور الكبير الذي يضطلع به المركز الحسيني للدراسات وما تصدر عنه من أجزاء الموسوعة في إظهار واقع النهضة الحسينية وبيان حقيقة الإسلام، معتبراً ان دعم الموسوعة الحسينية لإنجاز مهمتها الرسالية أفضل من كثير من أعمال البر والخير، وان مؤازرتها هي مؤازرة للإسلام ونبي الإسلام. فيما كانت الفقرة التالية قصيدة من نظم الشاعر الجزائري الدكتور عبد العزيز شبّين بعنوان «شهيد الكوت» قرأها بالنيابة عضو وفد دائرة المعارف الحسينية الأديب الدكتور حسين أبو سعود، وهي من بحر المديد الثاني ومنها:

إِمْنَحِي لـي مِنْ زَمَانِكِ عُمْـرَا   كُــوتُ وَالأَيَّـامُ فِـيــكِ عِـذَابٌ

وخُتمت الندوة بمداخلات وحزمة أسئلة أجاب عليها الدكتور الخزرجي، كما جرت على هامش الندوة مجموعة لقاءات صحفية مع القنوات والوكالات التي غطت الندوة الحوارية منها قناة العراقية، قناة العهد، تلفزيون وإذاعة النهرين، قناة الشرقية نيوز، قناة الإتجاه، قناة

---

(1) حيدر حاشوش العقابي: من أدباء وشعراء مدينة واسط، ولد عام ١٩٦٦م، عضو الاتحاد العام للأدباء والكتاب في العراق، صدر له عام ٢٠٠٧م ديوان: (شظايا الخوف).

(2) محمد رضا النعماني: هو ابن عبد، من أعلام مدينة واسط، ولد في قضاء النعمانية سنة ١٩٥٣م، نشأ ودرس في مسقط رأسه وتوجه الى الدراسة الحوزوية في النجف الأشرف والتحق بالمدرسة الشبرية سنة ١٩٧١م، وبعد فترة من الدراسات الأولوية لازم حوزة السيد محمد باقر الصدر حتى استشهاده عام ١٩٨٠م، ولهذا السبب هاجر الى إيران واستقر في قم المقدسة وفيها واصل وظيفته الدينية والاجتماعية، ثم عاد الى العراق بعد سقوط النظام عام ٢٠٠٣م، وواصل ممارسة وظيفته الدينية والاجتماعية، من مؤلفاته: سنوات المحنة وأيام الحصار، شهيد الأمة وشاهدها، والشهيدة بنت الهدى سيرتها ومسيرتها.

١٤٩

كربلاء، إذاعة صوت العراق، وكالة نون الخبرية، وكالة نينا الخبرية، شبكة أخبار واسط، إذاعة الروضة الحسينية المقدسة، وغيرها.

وكان الوفد الزائر قد التقى في قصر الضيافة التابع للحكومة المحلية بالنائب الثاني للمحافظ المهندس عمار الكناني وعضو مجلس المحافظة الأستاذ علي الدلفي، ولقي الوفد رعاية وحفاوة طيبة، وعبّر الأستاذ الكناني الذي التقى الوفد في مكتبه في مبنى الحكومة عن امتنانه لعقد الندوة في محافظة واسط.

من جانبه صرّح الأستاذ علي فضيلة الشمري الرئيس المنتخب لاتحاد الإذاعيين والتلفزيونيين فرع واسط : (إن الندوة الثقافية الحوارية التي عقدها الاتحاد بالتنسيق مع المركز الحسيني للدراسات مثّلت فرصة كبيرة لتواجد مسؤولي المركز الحسيني للدراسات ودائرة المعارف الحسينية في محافظة واسط والغرض منها خلق روابط الصلة مع المجتمع).

وكان الوفد الزائر المتمثل بالدكتور نضير الخزرجي والدكتور حسين أبو سعود والأستاذ فراس الكرباسي التقى مساء ذلك اليوم في المجلس الثقافي في الكوت [1] بعدد من مثقفي وسياسي واسط منهم اللواء طيار حسين علي مرواح الشمري [2]، السيد مهدي الموسوي [3] نائب رئيس مجلس محافظة

---

(١) اسمه المعلن هو (مجلس واسطيون الثقافي).

(٢) حسين علي الشمري: لواء طيار متقاعد، ولد في واسط سنة ١٩٥٤م، ونشأ ودرس وتخرج من اعدادية الكوت عام ١٩٧٣م، وهو خريج كلية القوة الجوية العراقية عام ١٩٧٦م، تدرج في وظيفته العسكرية حتى أصبح مدرب مدربين على الطيران، من مؤسسي جماعة «الكوت عشيرتنا» للانتخابات المحلية، بعد تقاعده توجه للأعمال الحرة ويتولى الآن أمانة سر اتحاد رجال الأعمال، له صفحة في الشبكة الكهربية بعنوان «واسطيون مصلحون» يدعو فيها إلى شد لحمة المجتمع الواسطي بخاصة والأمة العراقية بعامة.

(٣) مهدي الموسوي: هو ابن علي بن جابر، ولد في مدينة الكوت سنة ١٩٧٦م، نشأ ودرس في مسقط رأسه، وتعرض للاعتقال عام ١٩٩٨م بسبب نشاطه السياسي وحكم عليه بالمؤبد ثم أفرج عنه قبل عام ٢٠٠٣م، واصل الدراسة وحصل من الكلية الإسلامية في النجف =

واسط، الأستاذ حيدر الزيدي (١) مدير المفوضية العليا المستقلة للانتخابات فرع واسط، والأستاذ حسن علي مرواح الشمري (٢) مدير النشاط المدرسي في المحافظة.

وفي اليوم التالي التقى الوفد في قضاء الحي في محافظة واسط بالسيد ماهر الحسني (٣) رئيس برلمان السجناء السياسيين في عموم العراق، كما قام الوفد الزائر يرافقه الأستاذ علي الشمري والبروفيسور مازن الحسني (٤)

= الأشرف على شهادة بكالوريوس تربية عام ٢٠١٢م، تولى المسؤولية ضمن حزب الدعوة الإسلامية تنظيم العراق، ثم استقال من الحزب عام ٢٠١١م، دخل في انتخابات مجلس النواب العراقي التي جرت يوم ٢٠١٤/٤/٣٠م أمينا عاماً لقائمة دولة العدالة الاجتماعية بالرقم ٢٣٥ وحصل على أعلى الأصوات في القائمة ولم يصل عتبة الفوز، شغل في الدورة السابقة لمجلس محافظة واسط منصب نائب الرئيس، وفي الدورة الجديدة انتخب عضواً لمجلس محافظة واسط.

(١) حيدر الزيدي: هو ابن عبد بن علاوي، من أهالي الكوت، ولد في واسط سنة ١٩٧٠م، تولى في انتخابات مجلس النواب عام ٢٠١٤م إدارة مكتب انتخابات الجالية العراقية في الدانمارك التي جرت يوم ٢٠١٤/٤/٢٨م.

(٢) حسن علي الشمري: رئيس مجلس واسط للثقافة والفنون ومدير النشاط المدرسي في مديرية تربية واسط (الكوت)، ولد في واسط سنة ١٩٥٧م، نشأ ودرس في مسقط رأسه وتخرج من معهد إعداد المعلمين في الكوت، مارس التربية والتعليم في مجال الفنون، ناشط في منظمات المجتمع المدني، يرعى ويدير مهرجانات ثقافية وفنية على مستوى المحافظة.

(٣) ماهر الحسني: هو ابن حسن بن جاسم بن هاشم الحسني، ولد في بغداد في ٤/٢٣/ ١٩٦٩م، ونشأ في قضاء الحي بواسط (الكوت) وفيه درس الابتدائية والمتوسطة والإعدادية، ونال فيما بعد الشهادة الجامعية (بكالوريوس علوم دينية) و(بكالوريوس جغرافية)، إلى جانب الدراسة الحوزوية حيث أنهى فيها المقدمات، تعرض للاعتقال عام ١٩٨٧م وبعد الإفراج عنه بعد خمس سنوات هاجر الى إيران ومنها الى استراليا وفيها حصل على بعض الشهادات الدراسية والتقديرية وشغل منصب نائب رئيس مجلس اللاجئين العراقيين في استراليا، وساهم عام ٢٠٠٥م في تأسيس غرفة التجارة والصناعة العراقية الاسترالية، كما عمل في القسم القنصلي في سفارة جمهورية العراق في استراليا لسنتين كما تولى الإشراف على قسم الأرشيف في وكالة الأنباء العراقية، ويتولى حاليا في العراق رئاسة برلمان السجناء والمعتقلين السياسيين في العراق.

(٤) مازن الحسني: هو ابن حسن بن جاسم بن هاشم، ولد في بغداد في ١٩٦٧/٢/١٤م، ونشأ في قضاء الحي بواسط (الكوت) ودرس الابتدائية والمتوسطة والإعدادية فيه، ونال من جامعة =

الأستاذ في جامعة واسط مرقد فقيه العراق وشهيد الكوت التابعي سعيد بن جبير الأسدي[1] المستشهد عام ٩٥ للهجرة وكان في استقبالهم مسؤول العلاقات في ممثلية مزارات واسط الأستاذ جعفر حسين ساجت[2] الذي رافق الوفد في زيارة أخرى لمرقد الإمام محمد العگار[3] الذي يعود بنسبه إلى الإمام موسى الكاظم ﵇.

= بغداد الشهادات الثلاث الجامعية (بكالوريوس تربية رياضية) سنة ١٩٩١م، والعالية (ماجستير تربية رياضية) اختبارات وقياس سنة ٢٠٠١م، والعليا (دكتوراه فلسفة التربية الرياضية اختبارات وقياس سنة ٢٠٠٥م، أستاذ مساعد في جامعة واسط وهو في طريقه لنيل كرسي الأستاذية (بروفيسور)، خبير في رياضة كرة السلة وله فيها أبحاث ودراسات علمية ورياضية إلى جانب ممارسته لها ومشاركته في بطولات داخلية وخارجية، أستاذ محاضر في عدد من الكليات بواسط الى جانب الجامعة الهولندية فضلا عن تدريسه وإشرافه على طلبة الدراسات العليا في الجامعة الحرة الهولندية ومناقشاته للرسائل الجامعية والأطاريح في جامعات العراق وفي الجامعة الحرة الهولندية وجامعة سانت كلمنتز الانكليزية، شارك في مؤتمرات أكاديمية داخل العراق وخارجه، من مؤلفاته: الحريات الأساسية والديمقراطية، حقوق الإنسان والديمقراطية، الإحصاء وتطبيقاته في المجال الرياضي باستخدام برنامج (SPSS).

(١) سعيد بن جبير الأسدي: هو أبو عبد الله الكوفي، الأسدي بالولاء (٤٥ - ٩٥هـ)، فقيه أهل الكوفة، أخذ عن ابن عباس وابن عمر، قتله الحجاج في واسط، قال فيه أحمد بن حنبل: (قتل الحجاج سعيداً وما على وجه الأرض أحد إلا وهو مفتقر إلى علمه).

(٢) جعفر حسين ساجت: هو جعفر بن حسين بن ساجت بن موسى الفتلاوي، ولد في قضاء الحي بمحافظة واسط في ١٩٧٨/٧/٣١م (١٣٩٨/٨/٢٥هـ)، نشأ ودرس في مسقط رأسه ونال شهادة المتوسطة، يتولى حاليا مسؤولية العلاقات العامة والمنسق بين العتبات المقدسة في ممثلية مزارات واسط، عمل مسؤول الإعلام في مزار سعيد بن جبير(رض)، ومسؤول العلاقات العامة في مؤسسة الصفوة الإسلامية الثقافية الخيرية لرعاية الأيتام والمحتاجين في قضاء الحي.

(٣) محمد العگار: الشهير بالحائري والمعروف بالإمام العگار المجاب ابن محمد العابد ابن الإمام موسى بن جعفر الكاظم ﵇، هو أبو الحسن محمد بن إبراهيم من توابع قضاء الحي بواسط، عاش في النصف الثاني من القرن الثالث الهجري ومرقده في قرية الخابورة والده كربلاء المقدسة بعد عام ٢٤٧هـ، وتوفي نحو ٣٥٢هـ حيث سكن

(٤) شاركنا الأستاذ علي فضيلة الشمري في توفير التراجم والسير الذاتية لعدد من الأسماء الواردة هنا، فجزاه الله خيرا.

فقرات ندوة محافظة واسط (الكوت)

اتحاد الإذاعيين والتلفزيونيين العراقيين

أقام إتحاد الإذاعيين والتلفزيونيين العراقيين في مدينة الكوت (واسط) وفي قاعة مجلس محافظة واسط عصر السبت ٢٠١٢/٦/٢٣م ندوة ثقافية حوارية عامة تحت شعار «دائرة سيد الإباء في ضيافة واسط الخضراء»، وتضمنت فقرات الندوة التالي:

(١)

❊ آيات من **الذكر الحكيم** تلاها المقرئ السيد حسين الصافي.

(٢)

❊ الوقوف دقيقة حداد لقراءة الفاتحة على أرواح الشهداء.

(٣)

الصراع الأبدي

❊ كلمة الإعلامي علي فضيلة الشمري [١] قدم فيها تعريفاً عاماً بدائرة

---

(١) التقيت ثانية بالأستاذ علي فضيلة الشمري في مدينة كربلاء المقدسة خلال مهرجان ربيع الشهادة الثقافي الدولي الثامن المنعقد في الفترة (٢٤-٢٨/٦/٢٠١٢م).

المعارف الحسينية، ولمّا كان الشمري قد أدار الندوة الجماهيرية، فقد تخللت فقراتها كلمات قصار بقلمه، وهذه نصوصها:

الحمد لله الذي يعلم عجيج الوحوش في الفلوات، ومعاصي العباد في الخلوات، واختلاف النينان[1] في البحار الغامرات وتلاطم الماء بالرياح العاصفات[2]، والصلاة والسلام على سيد الكائنات وأفضل أهل الأرض والسماوات محمد المبعوث بالمعجزات الباهرات، والآيات البينات وعلى آله الطاهرين المظلومين مصابيح الظلمات وعصم الأمة من الهلكات، لاسيما الإمام المظلوم الشهيد قتيل العبرات وأسير الكربات الحسين مصباح الهدى وسفينة النجاة.

سادتي الحضور أحييكم تحية الإسلام، السلام عليكم ورحمة الله وبركاته، لمن دواعي السرور والسداد أن نلتقي هذا اليوم وعلى بركة الله وفداً يمثل نخبة من دائرة المعارف الحسينية.

الإمام الحسين ﷺ هو رمز التضحية والفداء ورمز لرفض الظلم وانتصار الحق، كما قال غاندي زعيم الهند: لقد طالعت بدقة حياة الإمام الحسين شهيد الإسلام الكبير ودققت النظر في صفحات كربلاء واتضح أن الهند إذا أرادت إحراز النصر فلابد لها من اقتفاء سيرة الإمام الحسين ﷺ[3].

ــــــــــــــــــــــــــــــــ

(1) النينان: الحيتان، واحدها النون: الحوت.

(2) من «يعلم عجيج» الى «العاصفات» هو اقتباس من دعاء الإمام علي ﷺ، انظر: البحار: ٨٧/٣، علي النمازي الشاهرودي، مستدرك سفينة مؤسسة النشر الإسلامي، تحقيق: حسن بن علي النمازي الشاهرودي، قم- إيران.

(3) هذه النص مما يُنسب الى غاندي، ولم يثبت من مراجع أصيلة، للمزيد، راجع: الإمام الحسين: ٢١/١، محمد صادق الكرباسي، المركز الحسيني للدراسات، لندن، ط١، ١٤٣٥هـ (٢٠١٤م).

كما لا يفوتنا أن نتقدم بالشكر الجزيل لكل من ساهم في عقد هذه الندوة الفكرية الحوارية وبالخصوص الثناء والشكر الموصول لكل من السيد علي غركان عامر عضو مجلس محافظة واسط وكذلك الأستاذ المهندس عمار عيسى الكناني النائب الثاني لمحافظ واسط، وكذلك أقدم شكري وتقديري للسادة الحضور الذين لبّوا دعوة إتحاد الإذاعيين والتلفزيونيين العراقيين فرع واسط.

❋ ❋ ❋ ❋

معظم الكتابات السابقة حول الإمام الحسين عليه‌السلام تناولت إما المقاتل أو المناقب، وهذه بطبيعتها وصفة عاطفية، وأخرى أوقفت نفسها على السرد التاريخي المجرد، وهو على أهميته القصوى مجرد مادة خام، وأقل القليل منها الذي غلب عليه الطابع التحليلي، فالحسين عليه‌السلام أعطانا دروساً في العزة والإباء، وعلّمنا كيف نكون صلدي الإيمان والعقيدة، وأن نقف موقفاً ملؤه العزة والفخار[1].

❋ ❋ ❋ ❋

وانتصر الحسين عليه‌السلام في المعركة، فالحياة حد فاصل لاختبار متانة الأرض التي يقف عليها الإنسان، أهو على أعتاب نصر عظيم أو هزيمة نكراء، فالذي ينكب على ارتشاف الأهواء ويتنكر لروحه وفطرته يسقط في هاوية الضعف والذلة، فالإنسان بروحه وتمسكه بالقيم الإلهية الثابتة يرتقي عزة ويرتدي قوة ويهتدي فكراً. إنها معركة الالتزام بالقيم الثابتة التي تمتد من الأزل إلى الأبد ويتصاعد الإنسان ويسمو بروحه عظمة عندما يرتكز على

---

(١) العبارة من «فالحسين أعطانا» الى «الفخار»، اقتباس من مقالة للأستاذ خليل رشيد من مدينة العمارة، راجع كتاب يوم الحسين للكاتب البصري عبد الرزاق العائش، طباعة مؤسسة دار الإسلام بلندن.

١٥٥

تلك القيم ويستمد منها طاقته، تلك القيم ما هي إلا أسباب للارتقاء الإنساني نحو الله تعالى.

ولم يكن الحسين الشهيد عليه‌السلام إلا ذلك النموذج الذي ضحى بكل ما يملك ليرتقي بتلك القيم إلى مكان يغبطه بها الأولون والآخرون، فقد سطر ملحمة مهيبة خالدة يستمد منها التاريخ عنفوان عظمته، فمثل الحسين عليه‌السلام لا يحيا إلا بالحرية، فانتصر بمقتله على الظلم، وأثبت معه عاشوراء أنها رمز الانتصار وأن كربلاء قبلة الأحرار، وانتصر سيد الشهداء عليه‌السلام في ثورته الخالدة ويبقى منتصراً ورمزاً ومنهلاً رغم محاولات الأعداء طمس معالم نهضته المباركة لأنه يمثل الامتداد الطبيعي للخط المحمدي الأصيل بكل ما يحمل من قيم ومعانٍ إلهية سامية، وكذلك فإن الله عز وجل ناصر دينه ومظهره على الدين كله في مختلف العصور والأزمان[1]، قال تعالى: ﴿يُرِيدُونَ أَن يُطْفِئُوا نُورَ اللَّهِ بِأَفْوَاهِهِمْ وَيَأْبَى اللَّهُ إِلَّا أَن يُتِمَّ نُورَهُ وَلَوْ كَرِهَ الْكَافِرُونَ﴾[2].

❋ ❋ ❋ ❋

إن أعداء الحسين عليه‌السلام هم أعداء الإسلام والإنسانية، جهلة رعاع، يبغون الدنيا وهم عن الآخرة معرضون، استهوتهم الأيام المعدودة التي يعيشونها لذلك نرى أنَّ منهج هؤلاء متوارث عبر الأجيال في تحريف رسالة الإسلام عن خطها المستقيم الذي اراده الله عزّ وجل، فكما كان لهابيل قابيل وكما كان لموسى عليه‌السلام فرعون، وكما كان لإبراهيم عليه‌السلام نمرود، وكما كان لمحمد صلى‌الله‌عليه‌وآله مشركو قريش، فإن للحسين عليه‌السلام يزيداً، وهكذا فكل حق أمامه باطل ليتبين في هذا الصراع الخيط الأبيض من الخيط الأسود.

---

(1) فحوى هذه القطعة الأدبية نشرها الكاتب العراقي كاصد الأسدي في موقع وكالة أنباء براثا (www.burathanews.com) بتاريخ ٢٠١٣/١١/٢٥م بعنوان «الحسين لكل زمان».

(2) سورة التوبة: ٣٢.

١٥٦

ويستمر الصراع .. فبعد ما يقارب الألف وأربعمائة عام، تكررت المأساة وذلك في ضرب العزّل من النساء والأطفال والشيوخ والأبرياء، وانتهاك الأماكن المقدسة وحرمة أيام وشعائر أرادها الله عز وجل مناراً للحرية والإباء، ورغم كل ذلك انتصر الحسين ﷺ كما انتصر في يوم عاشوراء عام ٦١ هجرية، فهيهات أن يخبو هذا النور وينطفئ لأنَّ نهضة الحسين ﷺ انسانية أرادت الخير والحياة لكل البشرية، وهذ هو سر النجاح، وانما الموت والاندثار لكل من أراد أن يقف بوجه الإمام الحسين ﷺ ويعرقل مسيرته الرائدة في الكون.

(٤)

الموسوعة الحسينية جهد قلّ نظيره

* بحث الشيخ داود سلمان الربيعي تناول حيثيات النهضة الحسينية ودور الموسوعة الحسينية في إحيائها تحت عنوان «الموسوعة الحسينية جهد قلّ نظيره»، وهذا نصها :

بسم الله الرحمن الرحيم

الحمد لله رب العالمين والصلاة والسلام على خير الأنام سيدنا رسول الله محمد بن عبد الله وعلى آله الأصفياء النجباء رمز الطهارة والنقاء وعلى أصحابهم وأوليائهم الأوفياء، واللعن الدائم على أعدائهم ومبغضيهم إلى يوم اللقاء.

اللّهم اجعلني في مقامي هذا ممن تناله منك صلوات ورحمة ومغفرة، واجعل محياي محيا محمد وآل محمد ومماتي ممات محمد وآل محمد.

إن ثورة الإمام الحسين ﷺ حافلة بأفكار ومفاهيم وقيم ومشاهد جمالية يندر مثلها في غيرها من السير والمواقف والكلمات، وهي نهضة إنسانية

١٥٧

واعية تهدف تخليص المستضعفين من قيود الاستكبار الذي سعى لتشويه حقائق الإسلام فانطلت على الناس معانيه، فكان لابد من عمل لتصحيح المسار، ومَن أولى بهذا الواجب المقدس من الحسين ﷺ.

إن الإمام الحسين ﷺ لم يكن يفكر ولا يمكن أن يفكر في حركة عسكرية، وإنما كان يقدم عن علم ووعي على تضحية مأساوية نادرة، بنفسه وأهل بيته وأصحابه، يهز ضمير الأمة الخامل، ويبعث في نفوسهم الحركة وروح التضحية والإقدام. إذن فالإمام الحسين ﷺ كان يفكر في الإقدام على (مقاومة مسلحة) في وجه النظام تتبعها تضحية مأساوية دامية، لم يفكر في (عمل عسكري) على الإطلاق لمواجهة سلطان بني أمية، وهذان نحوان من الخروج على الظالم، كل منهما يحقق هدفاً محدوداً، والخلط بينهما يؤدي إلى الوقوع في أخطاء تاريخية كبيرة تشوش علينا فهم الثورة الحسينية وغاياتها ونتائجها.

والآن يحق لنا أن نتساءل عما كان يمكن أن يقصده الإمام الحسين ﷺ من أهداف وغايات من وراء هذه (المقاومة المسلحة) والتضحية المأساوية التي أقدم عليها عن علم ووعي.

ولضيق الوقت نذكر هدفين مع الاختصار:

أولا: تحرير إرادة الأمة: يستخدم الطغاة عادة سلاحين مؤثرين في وجه الأمة وتمردها ورفضها للظلم، وهما سلاح (الإرهاب) و(الإفساد)، ومن خصائص هذين السلاحين أنهما يسلبان من الأمة الإرادة والقدرة على التحرك والإدراك، ومن أولى مستلزمات كل حركة إصلاح (الوعي) و(الإرادة).

وعندما يفقد الإنسان بصيرته وإرادته يفقد كل قدرة للتحرك، ويستسلم للواقع الفاسد، ويتكيف معه، وعند ذلك يسيطر الطاغية وعصابته على إرادة الأمة ووعيها ومصيرها، وحتى على ذوقها وأخلاقها وأعرافها، ويتم مسخ

شخصية الأمة بصورة كاملة في كل أبعادها، ويتحكم الطاغية في كل شيء في حياة الأمة، ولا تملك الأمة تجاه الطاغية غير الطاعة والانقياد والاستسلام، وإلى هذه الحقيقة يشير القرآن الكريم في علاقة فرعون بقومه وعلاقتهم بفرعون: ﴿فَٱسْتَخَفَّ قَوْمَهُۥ فَأَطَاعُوهُ إِنَّهُمْ كَانُوا۟ قَوْمًا فَٰسِقِينَ ۝﴾ [1].

ولانقياد الناس الذين وقعوا في قبضة الطاغوت وأسره لا بد من إعادة (الوعي) و(الإرادة) إليهم قبل كل شيء حتى ينظروا إلى الأمور والأشخاص بوعيهم الذي أعطاهم الله سبحانه، لا من خلال ما يحبه الطاغوت ويكرهه، وليتمكنوا من اتخاذ القرار لأنفسهم بأنفسهم، لا أن يتخذ الطاغوت القرار بالنيابة عنهم ولهم.

ثانيا: سلب الشرعية من النظام الظالم: رغم فداحة الخسائر التي لحقت بالمسلمين والانحراف والانحطاط الذي لزمهم في هذه الفترة من حكم بني أمية، فقد كان هناك خطر أكبر بكثير من كل ذلك، يلحق بالإسلام مباشرة وليس بالمسلمين فقط، وهو أن ينسحب هذا الانحراف على الإسلام نفسه، ويتعرض لما تعرض له المسلمون من تحريف.

وذلك أن هذا الانحراف كان ينحدر من واقع الخلافة الإسلامية التي كانت تمتلك في نفوس المسلمين رصيداً كبيراً من الشرعية والقدسية، وقد كان بنو أمية يعتمدون كثيراً على عنصر الشرعية في موقعهم السياسي والاجتماعي، وكانوا يوحون إلى الناس بطريق أو آخر أن موقع الخلافة هو أقوى من موقع الرسالة فيقول قائلهم: (إن خليفة أحدكم أفضل من رسوله) [2].

وكانوا يرون في هذا المواقع أداة لتنفي طموحاتهم ورغباتهم بأيسر

---

(١) سورة الزخرف: ٥٤.

(٢) وهو مفاد قول الحجاج الثقفي: (رسول أحدكم في حاجته أكرم عليه من خليفته في أهله)،
راجع: تهذيب تاريخ دمشق: ٧٢/٤، ابن عساكر علي بن الحسن الشافعي، دار احياء
التراث العربي، بيروت، ط٣، ١٤٠٧هـ (١٩٨٧م)

الطرق وأسهلها، فلذلك دأب معاوية[1] على تحكيم هذه الشرعية لنفسه ولابنه يزيد[2] من بعده. فقد كان الانحراف ينحدر إلى الناس من قصور الخلفاء في إطار من الشرعية، وكان هناك في قصور الخلفاء من يبرر ويوجِّه هذا الانحراف ويعطيه الصبغة الشرعية من علماء البلاط، وبالتالي كان هذا الانحراف ينعكس وينسحب على الإسلام، ويفقد الإسلام أصالته ونقاءه على أوسع صعيد. وقد حرص الإمام الحسين ﷺ في حركته على كسر هذا الإطار الشرعي المزيف الذي كان يحتمي به حكام بني أمية، وسلب صفة الشرعية من حكومة بني أمية، وتجريدها من القدسية والشرعية اللتين حرص عليهما بنو أمية كل الحرص، وبالتالي تفويت الفرصة على الحكم الأموي في تحريف الإسلام.

كان الإمام الحسين ﷺ يصرح بهذه الحقيقة جهاراً، ويعلن عن رأيه في يزيد وعدم أهليته للخلافة، وينال منه بالحق كلما واتته فرصة. وقد أعلن عن رأيه هذا في يزيد عندما دعاه الوليد بن عتبة[3] للبيعة ومروان[4] حاضر:

---

(1) معاوية: هو ابن أبي سفيان صخر بن حرب بن أمية (٢٠ ق.هـ- ٦٠هـ) ولد في مكة ومات في دمشق، أسلم عام ١٠هـ، ولاه أبو بكر قيادة الجيش، وولاه عمر ولاية الأردن ثم دمشق عام ٢١هـ، ووسع عثمان من ولايته فأصبح والي بلاد الشام، وأما علي فعزله فانقلب عليه واستقطع بلاد الشام من الدولة الإسلامية وأصبح الحكم ملوكيا منذ عام ٤١هـ.

(2) يزيد: هو ابن معاوية بن صخر الأموي (٢٦- ٦٤هـ) ثاني ملوك الأمويين، ولد في قرية الماطرون في ريف دمشق، نصبه أبوه ولياً للعهد، حكم بعده عام ٦٠هـ حتى وفاته، قاتل سبط الرسول ﷺ الحسين بن علي ﷺ عام ٦١هـ، وأمر باستباحة المدينة في وقعة الحرة وانتهاك الأعراض عام ٦٣هـ، كما أمر بضرب الكعبة بالمنجنيق وقتل أهلها سنة ٦٤هـ.

(3) الوليد بن عتبة: هو حفيد أبي سفيان صخر بن حرب الأموي، من أهل مكة ولي المدينة لمعاوية بن أبي سفيان في الفترة ٥٧- ٦٠هـ وقد وليها بعد عمرو بن سعيد بن العاص الأموي، وخلفه عمرو بن سعيد الأشدق بالنيابة عنه ثم عثمان بن محمد الأموي، اغتيل وهو في دمشق للصلاة على معاوية بن يزيد الأموي المتوفى عام ٦٤هـ وقيل مات بالطاعون وهو يؤدي الصلاة على معاوية.

(4) مروان: هو ابن الحكم بن أبي العاص الأموي (٢- ٦٥هـ)، من دهاة العهد الأموي، ولد في مكة المكرمة ومات في دمشق، شهد مع عثمان بن عفان يوم الدار، ومع عائشة بنت أبي بكر=

قال عليه‌السلام له بعد كلام طويل وهو يريد أن يسمع مروان رأيه في يزيد وموقفه من البيعة: «أيها الأمير إنّا أهل بيت النبوة ومعدن الرسالة ومختلف الملائكة ومهبط الرحمة، بنا فتح الله وبنا يختم، ويزيد رجل فاسق، شارب الخمر، قاتل النفس المحترمة، معلن بالفسق، فمثلي لا يبايع مثله»[1].

وقد كان لخروج الإمام الحسين عليه‌السلام على يزيد، ومحاربته لجيش ابن زياد[2] بعد رفض البيعة ليزيد، واستشهاده هو وأهل بيته وأصحابه بتلك الصورة المفجعة على يد جيش الخلافة، وكان لذلك كله أثر كبير في إسقاط شرعية الخلافة وتجريدها عن القدسية المزيفة التي أوهموا الناس بها.

لقد أثار استشهاد الإمام الحسين عليه‌السلام بالصورة المفجعة التي حدثت في كربلاء، مشاعر المسلمين جميعاً (من الجيل الذي تعقب جيل القتلة في كربلاء) وفي جيل القتلة على صعيد واسع، واستشعروا جسامة الجريمة وبشاعتها في وجدانهم وضمائرهم، ونقموا على يزيد، ومن لحقه من بني أمية، الذين خلفوا يزيد على السلطان والحكم، وسقطت القيمة الشرعية للخلافة، ولم تعد موقعاً شرعيا يمتلك رصيداً من الشرعية والقدسية في نفوس المسلمين.

والذي يواكب قراءة التاريخ الإسلامي يجد فارقاً نوعياً واضحاً في

____

= يوم الجمل ومع معاوية بن أبي سفيان يوم صفين، ولي المدينة في عهد معاوية ثم عزله ثم ولاه اياها ثانية ثم عزله، وهو الذي أشار على يزيد بن معاوية أخذ البيعة من الحسين، تولى الحكم في دمشق عام ٦٤ بعد اغتيال معاوية بن يزيد الأموي والوليد بن عتبة الأموي.

(١) مقتل الحسين: ١٨٤، موفق بن أحمد الخوارزمي، مكتبة المفيد، قم- إيران.

(٢) ابن زياد: هو عبيد الله بن زياد بن أبيه (٢٨- ٦٧هـ) ولد في البصرة وقتل في ضواحي الموصل، من ولاة بني أمية، نشأ في كنف زوج أمه مرجانة، ولي لمعاوية بن أبي سفيان البصرة وخراسان عام ٥٥هـ وأقره يزيد بن معاوية عليهما وأضاف اليه الكوفة، هرب الى دمشق بعد وفاة يزيد، عاد الى العراق في عهد مصعب بن الزبير قائداً للجيش الأموي وتصدى له إبراهيم بن مالك الأشتر في خازر وقتله.

١٦١

موقع الخلافة قبل واقعة الطف وبعدها، وجوهر الفرق هو افتقاد الخلافة بعد معركة كربلاء للصيغة الشرعية والإطار الديني الذي كانت تمتلكه من قبل، وبذلك حقق الإمام الحسين ﷺ أهدافه الثورية، وأحدث عملية التغيير الفكري والاجتماعي التي كانت في نظر الكثيرين مستحيلة بعد أن أطبق الأمويون قبضتهم على زمام الأمور في كل مفاصل الدولة.

ومن أجل أن نقف على جانب من عمل الموسوعة الحسينية الكبيرة ونتاجاتها الفكرية والتي تمثل النموذج الرائع لجمع تراث الإمام الحسين ﷺ وما كتب عنه من أبحاث ودراسات وما قيل في حقه على لسان الشعراء والأدباء، وما تفتقت به عقول الفلاسفة والمفكرين ودهاقنة السياسة في العالم، بالإضافة إلى ما يكتبه مؤسس الموسوعة المفكر الكبير آية الله الدكتور محمد صادق محمد الكرباسي دام عزه من أبحاث ودراسات قلّ نظيرها في هذا المجال وكذا الإخوة العاملون معه.

وتتبنى الموسوعة هذا الجهد المبارك لتجعل منه كنزاً عظيماً يليق بعظمه الإمام الحسين ﷺ وبعظمة ثورته المقدسة التي أنقذت الناس وأخرجتهم من ظلمات الجهل والخنوع إلى ربوع العلم والنور والهداية وامتلاك الإرادة بعد أن حطم بصموده وتحدّيه قيود الظالمين الكافرين وفضح أساليب الشياطين، ولازال يرعبهم وهو في ضريحه المقدس، حيث يمد الثائرين بالعزم والقوة ويبعث فيهم روح التضحية والإقدام في كل زمان ومكان.

ونحن من هنا نقدم الشكر والامتنان والعرفان للأخوة الأعزاء القائمين على عمل هذه الموسوعة الحسينية وعلى الخصوص سماحة آية الله الدكتور محمد صادق الكرباسي (دام ظله) وأعزه الله تعالى في الدارين على ما يقدمه من فكر أصيل وجهد يستحق الثناء، منذ تأسيس هذه الموسوعة الحسينية الكبيرة في ليلة الحادي عشر من محرم سنة (١٤٠٨) هجري

الموافق (٥/ ٩/ ١٩٨٧) ميلادي، والتي تسمى (دائرة المعارف الحسينية) لسعة آفاقها والمجالات التي تناولتها في البحث والدراسة مع ما تملك من مكتبة ضخمة وغنية بالمصادر الإسلامية وغيرها وفي عدة لغات عالمية، حتى أن الكثير من الجامعات العالمية أخذت تعتمد على ما فيها من مصادر علمية ممتازة، فتوجه طلابها للاعتماد على مكتبة هذه الموسوعة الموثوقة، ولو كان الوقت يسمح لي لتناولت جوانب أكثر من خصائص هذه الموسوعة ورائدها سماحة الشيخ الكرباسي (دام عزه) فأدعوكم يا أحباب الإمام الحسين ﷺ لمتابعة نشاطات هذه الموسوعة القيمة من خلال المطالعة المباشرة لإصداراتها أو من خلال موقعها في الإنترنت.

أعتذر من الإطالة وأستغفر الله لي ولكم ولجميع المؤمنين والحمد لله رب العالمين وصلى الله على محمد وآله الطيبين الطاهرين.

(٥)

«لأن رأس الحسين يضيء جعلوه على الرماح»

✼ مقطوعة الشاعر حيدر حاشوش العقابي وعنوانها: «لأن رأس الحسين يضيء جعلوه على الرماح»[1]، ونصها:

الطيرُ قد لبس السواد

يبكي مصرعك

والفضيلةُ تتجسدُ في ذكركم

إن الإدمان بأذرعك

يابن البتول وحسبنا

إنّا . . . .

---

(١) وللمقطوعة عنوان آخر هو: «بكاء على باب الحسين»، كما جاء في رسالة الشاعر للمركز الحسيني للدراسات بلندن في ٣٠/ ٩/ ٢٠١٢م.

١٦٣

يا ليتنا كنا معكْ

يا ليتنا كنا معكْ

وطن أنت يا سيدي

لن يضيع مع المدى

وها نحن نستحضر ذكراك كي لا نُضيِّعَكْ

نصنع الأحلامَ من طينٍ

ونلمَّ الصبحَ من أذرعكْ

أي لغز قد ولَّدته الطفوف

فتسامى الدهرُ في مصرعكْ

يا واهب الدنيا كل فضيلةٍ

سقط الغمامُ مُضرَّجا . . .

بأدمعكْ

الصحبُ قتلى

والطفولة ترتجي ماء الفرات

وها ألف سهمٍ تعثر بالرمال

وما أوقعكْ

ووقفت كالطودِ العظيم بملتقى

هذه الألوف

فما وهنتَ ولا حشد أفزعكْ

أبصرتهم .. أبصرتهم نور الهداية سيدي

فتصرَّموا

وتجبَّروا

وتكبَّروا

حتى عمى مَن يسمعكْ

سبعون(١)

سبعون من خير الأنام توشَّحوا

بدم الشهادة كانوا طَيعَكْ

سيفٌ تنقل بالرؤوس مسبحا ..

هل يستطيع الكونُ كل الكون أن يجمعكْ

هي كعبةٌ يرتادها نفرُ

وها ألف كعبة في إصبعكْ

هل كنت وحدك في الطفوف مقاتلاً

إن الملائكة كلها كانت معكْ

لكن نداء الله جاءك أن تموت مضرجاً

كي يستوي الدين المعطل بمصرعكْ

يا راية سوداءُ

بل بيضاءُ

تجمعنا على رغيف الخبز جوعاً فنُشبعكْ

---

(١) استطاع المحقق الكرباسي أن يثبت أن الرقم ٧٢ من شهداء كربلاء كما هو المشهور على ألسنة
الخطباء والأدباء، هو رقم يعود للشهداء من أهل البيت ﷺ فقط والذين استشهدوا مع
الإمام الحسين ﷺ، في حين أن شهداء واقعة الطف هم أكثر من ثلاثمائة شهيد،
للمزيد، راجع: الأجزاء الأول والثاني والثالث من «معجم أنصار الحسين.. الهاشميون»
والأجزاء الأخرى من «معجم أنصار الحسين.. غير الهاشميين» الذي صدر منه حتى الآن
الجزء الأول.

وصبرت على حكم الإله وأمره

ما كان جرحك موجعا

فهلاكهم قد أوجعكْ

يا سيدي لست الوحيد مضرجاً بدمائه

فلقد نزفتَ بأربعكْ

هم يعرفون يزيدهم مَن أمُّهُ

هم يعرفون أي ثغر أرضعكْ

فوهبت للآتين خير هداية

وخلدت في كل القلوب

موضعكْ . . .

طوبى لمن ركب المنايا يرتقي

حيث المباهج مرتعكْ

يا سيدي

أنت البيان وعَلَمه

مَن يا ترى قد يجمعكْ

(٦)

✷ كلمة الباحث الشيخ محمد رضا النعماني: أبان فيها دور الموسوعة الحسينية المعرفي في بيان حقيقة النهضة الحسينية.

(٧)

«شهيد الكوت»

✷ قصيدة الأديب الدكتور عبد العزيز مختار شبِّين، ألقاها بالنيابة

الأديب الدكتور حسين أبو سعود: وهي بعنوان «شهيد الكوت» في ٣٦ بيتاً من بحر المديد الثاني، ونصها:

أَتْرِعُ الأَشْجَارَ كَالغَيْثِ حِبْرَا   يَنْفَتِقْ وَحْيُ الطَّبِيعَةِ شِعْرَا

تَنْطِقِ الأَطْيَارُ بِالحُبِّ بَوْحَا   طَالَمَا حَاصَرَهَا الصَّمْتُ حَيْرَى

يَعْبَقِ الأُفْقُ النَّدَى بِنَشِيدٍ   كَانَ نَبْضًا ثُمَّ أَزْبَدَ بَحْرَا

كُوتُ وَالأَيَّامُ فِيكِ عِذَابٌ   إِمْنَحِي لِي مِنْ زَمَانِكِ عُمْرَا

ظُلُمَاتٌ أَقْبَرَتْ فِيكِ حُلْمَا   بَعْدَهَا حَفَّرْتِ لِلَّيْلِ قَبْرَا

أَغْبَرَتْ فِيكِ الظِّلَالُ مَسَاءً   لَكِنِ الإِصْبَاحُ أَوْرَقَ فَجْرَا

أَيُّ أَرْضٍ مِثْلُكِ اخْضَرَّتِ الدُّنْ   يَا لَهَا كَانَ النَّسِيمُ مَمَرَّا

مَعْرِجًا كَانَتْ إِلَى أَلْفِ نَجْمٍ   لَمْ يَجِدْ غَيْرَ المَشَاعِلِ جِسْرَا

كُوتُ أَطْلَقْتِ مِنَ القَلْبِ شَوْقًا   وَأَغَانٍ مِثْلَهُ كُنَّ أَسْرَى

لِلْفَرَاشَاتِ عَلَى الخَدِّ مَمْشَى   مِثْلَمَا يَمْشِي الخَرِيرُ وَيَتْرَى

مِنْكِ مُلِّئَتْ البَرَاءَةُ سِرًّا   وَتَسَابِيحُ العَصَافِيرِ ذِكْرَا

أَرْضُ بَلْسَمْتِ جِرَاحَ صَوَادٍ   زَادَهُمْ عَضُّ السَّلَاسِلِ جَمْرَا

قَدْ أَحَاطَ النَّهْرُ بِالعَاشِقِيكِ الـ   آنَ، هَا، إِنَّ مَعَ العُسْرِ يُسْرَا

فَيْضُكِ الرَّيَّانُ كَوْثَرُهُ يَنْـ   سَابٌ مِنْ فِيكِ زُلَالاً وَخَمْرَا

لَكِ تُبْدِي فِتْنَةً حَارَ فِيهَا   بَابِلُ السِّحْرِ فُتُونًا وَسِحْرَا

فِيكِ غَرَّافٌ[1] يُسَاقِيكِ كَأْسًا   وَدُجَيْلٌ[2] لِلظَّمَا طَابَ مَجْرَى

فَامْدُدِ الكَفَّ إِلَيْهَا غَلِيلاً   تَنْتَخِي الرُّوحُ مِنَ الغَرْفِ سَكْرَى

---

(١) الغرّاف: أو شط الحي أحد فروع نهر دجلة يتفرع عند سدة الكوت بمحافظة واسط، ويمر بمدن الموفقية وقضاء الحي ثم ينتهي بمحافظة الناصرية (ذي قار) عند ناحية الغراف.

(٢) الدُّجيل: أو الدجيلة وهو أحد فروع نهر دجلة يتفرع من جنوب شرق الكوت باتجاه ناحية شيخ سعد وقضاء الحي ليدخل حدود محافظة العمارة (ميسان) من جنوبها الشرقي، وهو غير قضاء الدجيل بمحافظة صلاح الدين شمال بغداد.

رَسَمَ الصُّبْحُ مُحَيَّاكِ مَا أَبْ   هَاهُ رَسْمًا جَلَّلَ الأَرْضَ زَهْرَا

رِيَّةٌ دَجْلَةُ تَيَّهَكِ الدَّهْ   رُبِّهَا إذْ كُنْتَ ظَمْآ وَتَعْرَى

هِيَ مَا بَيْنَ يَدَيْكَ نَعِيمٌ   عَدْنُهُ النَّشْوَانُ أَزْهَرَ قَفْرَا

كُوتُ والتَّارِيخُ فِيكِ شُمُوخَا   خَطَّ قَدْ تَاهَ مَعَ المَجْدِ كِبْرَا

يَا عَرِينَ الثَّوْرَةِ انْفَلَقَتْ مِنْ   لَكِ عُيُونُ الصَّحْوِ تُوقِدُ جَمْرَا

وَسَعِيدُ ابْنُ جُبَيْرٍ عَلَى هَا   مِكِ فِي الثُّوَّارِ يَزْرَعُ صَبْرَا

زُرْ مَصَابِيحَ لِعَيْنَيْهِ تَزْدَدْ   مِنْ صَبَاحَاتِ البُطُولَاتِ فَخْرَا

وَيَقِينًا يَدْفَعُ المَوْجَ عَزْمًا   أَوْ حَنِينًا يَسْكُبُ الدَّمْعَ قَطْرَا

يَتَهَادَى كُوتُ نَحْوَكِ سِرْبٌ   مِنْ طُيُورِ الفَتْحِ يَحْمِلُ نَصْرَا

وَأَبَابِيلَ مِنَ النَّارِ حُمْرًا   وَتَبَاشِيرَ مِنَ الخِضْرِ خُضْرَا

كُوتُ لَمْ أَنْسَ شَهِيدَ اليَرَاعِ ان[1]   دَفَقَتْ مِنْ دَمِهِ الأَرْضُ نَهْرَا

إذْ تَمَنَّى المَوْتُ فِيهِ عُلَاهُ   وَتَجَلَّى فِي لَيَالِيهِ بَدْرَا

لَمْ تَرَ الدُّنْيَا كَأَنْفِكَ طُورًا   وَالإِشَارَاتُ كَلَوْحِكَ سِرَّا

اسْتَمَدَّ العَزْمُ نُورَ سِرَاجٍ   مِنْ حُسَيْنِ الطَّفِّ نَهْجَا وَذِكْرَى

كُوتُ تَأْتِيكِ نِداءاتُ سِبْطٍ   لَمْ يَزَلْ آذَانُهُ مُسْتَمِرًّا

كُلُّ طَيْرٍ فِيكِ هَامَ وَلَاءَ   وَعَلَى حُبِّ ضُحَاكِ أَصْرَا

لِغَدِ المَوْسُوعَةِ الآنَ آفَا   قٌ بِهَا العَقْلُ سَعَى وَتَحَرَّى

بِكِ كَرْبَاسِيٌّ يَهْوَى المَعَالِي   فِيكِ أَضْحَى بَالُهُ مُسْتَقِرَّا

فَسَلَامُ الوَجْدِ مِنْهُ وِصَالٌ   أَبَدًا مَا كَانَ يَحْمِلُ هَجْرَا

---

(1) شهيد اليراع: إشارة الى سعيد بن جبير الأسدي المستشهد بواسط والذي قال عن نفسه: (ربما أتيت ابن عباس فكتبت في صحيفتي حتى أملأها، كتبت في نعلي حتى أملأها، وكتبت في كفّي، وربما أتيته فلم أكتب حديثاً حتى أرجع لا يسأله أحد عن شيء). الطبقات الكبرى: ٦/٢٥٧، ابن سعد محمد بن سعد بن منيع البصري، دار صادر، بيروت.

(٨)

* **كلمة الدكتور نضير رشيد الخزرجي** موفد دائرة المعارف الحسينية الى العراق: تناول فيها جوانب من المنهج الذي يتبعه الشيخ الكرباسي في كتابة السيرة الحسينية.

(٩)

* مداخلات ومطارحات ومناقشات وأسئلة وأجوبة[1].

---

(1) من الشخصيات والأسماء التي شاركت في الندوة الفكرية وساهمت في المداخلات والمطارحات: المهندس عمار عيسى ناجي الكناني (نائب محافظ واسط)، علي غرگان الأستاذ عامر الدلفي (عضو مجلس محافظة واسط) السيد ناظم الصافي (عالم دين)، الأستاذ الدكتور كاظم جهيد الطائي (المعاون الإداري لجامعة واسط)، الدكتور مازن جاسم الحسني (أستاذ التربية الرياضية في جامعة واسط)، الدكتور صالح نهير الزاملي (أستاذ تربية وعلم نفس في جامعة واسط)، الدكتور مهدي الكناني (أستاذ هندسة كهرباء في جامعة واسط) الأستاذ سلام حسين إبراهيم (مدير رياضة وشباب واسط)، الأستاذ حيدر جاسم محمد الكناني (نائب محافظ واسط للشؤون الثقافية)، الأستاذ فارس علي عسكر (باحث إسلامي)، الشيخ ماجد السراي (مسؤول مكتب حزب الدعوة - تنظيم العراق- فرع واسط)، الأستاذ علي فاضل سلطان (مدير تربية واسط السابق)

١٦٩

ملحق (١)
موسوعة النور العظيم

الشاعر حيدر حاشوش العقابي، أهدى قطعة شعرية قرّظ فيها دائرة المعارف الحسينية، وهي من بحر الكامل.

فتَسامقت وشدا نخيلُ حمامِها	موسوعةٌ حملتْ لواءَ غمامِها
ماءُ الحسينِ سقى فسيحَ ضرامِها	حملت من النورِ العظيمِ قلادةً
وبـمـاء طـه كـان فِطْرُ صيامِها	نـشـرت عـلـومَ الله مـعـلـم هـادئ

ملحق (٢)
تقرير خبري

نص التقرير الخبري حول نشاط وفد الموسوعة الحسينية الخاص بوكالة السماوة الإخبارية كما هو منشور في موقعها ليوم الإثنين ٢٥/٦/ ٢٠١٢م[1]:

اتحاد الاذاعيين والتلفزيونيين العراقيين فرع واسط نظم ندوة ثقافية حول نهضة الامام الحسين ﷺ بالتعاون مع دائرة المعارف الحسينية للمركز الحسيني في لندن.

أقام اتحاد الاذاعيين والتلفزيونيين العراقيين فرع واسط ندوة ثقافية وبالتعاون مع دائرة المعارف الحسينية (المركز الحسيني للدراسات في لندن) تحت شعار الامام الحسين بن علي ﷺ هو رمز لرفض الظلم والذل والهوان وقد رفد الانسانية جمعاء دروسا وعبرا خالدة ستبقى أبد الدهر وعلى قاعة مجلس محافظة واسط. وقد رعى الندوة النائب الثاني لمحافظ واسط عمار عيسى ناجي الكناني وعضو مجلس محافظة واسط علي غركان، وحضر الندوة ممثل رئاسة جامعة واسط الاستاذ الدكتور كاظم

---

(١) على الرابط التالي: (http://samawhnews.com/archives/3488).

جهيد(١) وعدد كبير من أساتذة الجامعة ومدير رياضة وشباب واسط سلام حسين ابراهيم(٢).

افتتحت الندوة بآي من الذكر الحكيم والوقوف دقيقة على أرواح شهداء الاسلام، بعدها قدم الشيخ داود سلمان الربيعي بحثه، كما نالت قصيدة الشاعر حيدر حاشوش استحسان الحضور التي تغنت بحب وشجاعة الامام الحسين ﷺ، كما القى الشيخ محمد رضا النعماني كلمة رحب من خلالها بضيوف المحافظة وعرج على دور الامام الحسين بالنهضة الاسلامية، وبعدها القيت قصيدة الشاعر الجزائري الدكتور عبد العزيز شبين القاها بالنيابة الدكتور حسين ابو سعود مهداة لأبناء محافظة واسط، ومسك الختام كانت محاضرة الدكتور نضير الخزرجي مدير المركز الحسيني للدراسات في لندن.

---

(١) كاظم جهيد: هو حفيد گاطع الطائي، باحث واستاذ جامعي ومشرف على دراسات عليا، ولد في قضاء الحي بمحافظة الكوت سنة ١٩٥٥م، وفيها نشأ ودرس، ونال شهادة البكالوريوس من جامعة السليمانية عام ١٩٧٨م وكان السادس على دفعته فالتحق منذ ١٩٧٨/١١/٢٧م بهيئة التعليم التقني التابعة لوزارة التعليم العالي، وفي العام ١٩٨١م حصل على الماجستير من الجامعة نفسها، وواصل التدريس الجامعي، وفي العام ٢٠٠٦م حصل على دكتوراه فسلجة من كلية الزارعة بجامعة بغداد عن اطروحته المعنونة «دراسة التغيرات الدمية والفسلجية للأبقار الموجبة والسالبة لاختبار السلين وعلاقتها بالإنتاج»، واختصاصه العام: فسلجة حيوانية» واختصاصه الخاص «فسلجة الدم - هيماثولوجي»، واستمر في التدريس في كلية العلوم بجامعة واسط قسم علوم الحياة ولازال، وفي العام ٢٠١٠م حصل على درجة الاستاذية، شغل منصب مساعد رئيس جامعة واسط للشؤون الإدارية والقانونية في الفترة (٢٠٠٧/١١/٧ - ٢٠١٣/٣/١٧م)، رئيس تحرير مجلة واسط للعلوم والطب، له في مجال اختصاصه نحو عشرين بحثاً، يشرف على طلاب الدراسات العليا.

(٢) سلام حسين ابراهيم: الزرگوشي، ناشط سياسي ورياضي، ولد في الكوت في ١٢/٧/ ١٩٥٨م، نشأ ودرس في مسقط رأسه وواصل الدراسة الجامعية في جامعة بغداد وأنهى عام ١٩٨٤م بكالوريوس رياضيات، مارس التدريس لأربع سنوات، شارك في الحركة الشعبية المضادة لنظام صدام حسين عام ١٩٩١م وبعد ضربها هاجر الى إيران وسكن إيلام لأكثر من عام ثم استقر في أنديمشق، وعمل في صفوف المعارضة العراقية، وعاد الى العراق عام ٢٠٠٣م وتولى مديرية رياضة وشباب واسط حتى اليوم، من كتيباته: الانتفاضة الشعبانية الأسباب والنتائج، المعارضة العراقية بين الأمس واليوم دراسة مقارنة، منظمة بدر أمل العراق (مخطوط).

وفي تصريح لرئيس اتحاد الاذاعيين والتلفزيونيين فرع واسط علي فضيله الشمري قال: (نرحّب بوفد المركز الحسيني للدراسات في لندن كما نشكر نائب المحافظ المهندس عمار عيسى ناجي الكناني وعلي غرغان عضو مجلس محافظة واسط على جهودهم للتحضير وتذليل كافة الصعاب امام هذه الندوة المباركة، كما شكر كافة الحضور الذين لبوا دعوة الاتحاد وشاركوا في هذه الندوة الحوارية).

وقال علي فضيلة الشمري رئيس الاتحاد إن هذه الندوة مثلت فرصة كبيرة لتواجد مسؤولي المركز الحسيني للدراسات ودائرة المعارف الحسينية في محافظة واسط والغرض منها خلق روابط الصلة بين الاتحاد والمجتمع اضافة الى تسليط الضوء على جوانب مهمة من ملحمة الطف. وأضاف الشمري ان الندوة تضمنت كلمة للاتحاد وكذلك كلمة الشيخ داود الربيعي والقاء قصائد شعرية بينت الأهداف الانسانية للإمام الحسين ﷺ والغاية والغاية الاجتماعية العادلة من خروجه على الحكم الأموي آنذاك اضافة الى اجراء حوارات ونقاشات تولدت عنها افكار ومؤشرات سيأخذها الاتحاد والمركز بنظر الاعتبار ومحاولة تطبيقها خلال الفترة المقبلة.

وتابع الشمري: إنَّ اتحاد الاذاعيين والتلفزيونيين فرع واسط الذي انتخب بدورته الثانية قبل ساعات سيقوم بأنشطة خلال المدة القلية المقبلة خدمة للحركة الاعلامية، فيما اعتبر الزميل الاعلامي والصحفي علي عبد الحسين القريشي (١) رئيس منظمة المثقفين الانسانية انَّ الندوة مهمة خصوصاً

---

(١) علي عبد الحسين القريشي: هو حفيد علي، صحفي وإعلامي وناشط اجتماعي ومعد ومقدم برامج رياضية، ولد في مدينة الكوت في ١٨/٥/١٩٧٥م، نشأ ودرس في مسقط رأسه، ونال شهادة البكالوريوس من كلية التربية الرياضية بجامعة بغداد عام ٢٠٠٠م، رشّح لانتخابات مجلس المحافظة عن مدينة الكوت عام ٢٠٠٩م ولم يصل عتبة الفوز، رئيس منظمة المثقفين الإنسانية، كتب وحرّر في عدد من الصحف الورقية والالكترونية وخاصة في مجال الرياضة، مثل: صحيفة الرافدين، صحيفة واسط، جريدة النهرين، جريدة=

وانها تزامنت مع ذكرى ولادات الأئمة الأطهار واننا إذ نبارك للقائمين على هذه الندوة فإننا نطالب بزيادة مثل هكذا ندوات تثقيفية في المدن العراقية وفي جميع المجالات ومن الله التوفيق.

كما رافق الوفد في زيارة الصحابي سعيد بن جبير الاستاذ الدكتور مازن الحسني ورئيس اتحاد الاذاعيين والتلفزيونيين فرع واسط علي فضيلة الشمري واستقبلهم مسؤول العلاقات في ممثلية مزارات واسط جعفر حسين ساجت وانتقل بهم الى مرقد الامام العگار وشرح لهم بالتفصيل مراحل التطوير.

في نهاية المطاف عند مغادرتهم محافظة واسط كان في توديعهم نائب المحافظ المهندس عمار عيسى ناجي الكناني وبعد التوديع شكر رئيس الوفد الدكتور نضير الخزرجي نائب المحافظ باسم الوفد على حسن الضيافة والاستقبال من قبلهم، وقال الخزرجي : إنه لطيب الحفاوة من أهالي المحافظة وكرم الاستقبال أحسست معهما كأني بين أهلي، كما شكر جميع الاخوة وخاصة نائب المحافظ المهندس الكناني والسيد علي غرگان عضو مجلس محافظة واسط.

=   صدى واسط الاسبوعية وصحيفة الغراف الاسبوعية، جريدة الزمان اليومية، له عضوية في عدد من النقابات والاتحادات مثل : نقابة الصحفيين العراقيين، الاتحاد العراقي للصحافة الرياضية، الاتحاد العربي للصحافة الرياضية، الاتحاد العالمي للصحافة الرياضية، واتحاد الإعلاميين والإذاعيين المقر العام، وحاليا يواصل دراساته العليا في مصر.

ملحق (٣)
كرم الضيافة

تلقى وفد الموسوعة الحسينية ترحيباً طيباً من قبل السلطة المحلية في مدينة واسط (الكوت)، وقد بات الوفد ليلته في قصر الضيافة التابع للحكومة المحلية بضيافة كريمة رعاها نائب المحافظ المهندس عمار الكناني وعضو مجلس المحافظة الأستاذ علي الدلفي، وغادر المدينة صباح الأحد ٢٤/٦/ ٢٠١٢م في طريقه الى قضاء الحي على بعد ٤٠ كم من الكوت مركز المحافظة لزيارة عدد من المراقد المقدسة بصحبة الأستاذ علي فضيلة الشمري والدكتور مازن الحسني، ومنه العودة إلى كربلاء المقدسة لتلبية دعوة اللجنة المنظمة لمهرجان ربيع الشهادة الثقافي الدولي الثامن المنعقد في الفترة ٣-٧ شوال ١٤٣٣هـ (٢٤-٢٨/٦/٢٠١٢م).

وكانت لنا مع الدكتور حسين أبو سعود مشاركة في عدد من فعاليات مهرجان ربيع الشهادة منها الجلسة الأدبية في اليوم الرابع من المهرجان والتي عقدت في فندق الشرق الأوسط يوم الأربعاء ٢٠١٢/٦/٢٧م وأدارها الأديب علي الصفار[1] وخصصت للتعارف بين الأدباء العرب والمسلمين

---

(١) علي الصفار: هو ابن عبد الحسين بن محمد علي الفضلي الشهير بـ (علي الصفار)، ولد في مدينة كربلاء المقدسة في ٣ شعبان ١٣٨٨هـ (١٩٦٨م)، أديب وباحث وشاعر ينظم بالقريض والدارج، نشأ ودرس في مسقط رأسه وأنهى المعهد التقني ببغداد عام ١٩٩١م، واصل=

ضيوف المهرجان وأدباء مدينة كربلاء المقدسة وإطلاع بعضهم البعض الآخر على النتاجات الأدبية والفكرية لكل منهم. كما كانت لنا مشاركة في حفل تكريم المسرحي عدي المختار[1] الذي عقده موقع «كتابات في الميزان» الإلكتروني على هامش مهرجان ربيع الشهادة العالمي الثامن والذي عقد مساء ٢٠١٢/٦/٢٧م في فندق الرايات[2].

= الدراسة الحوزوية في النجف الأشرف في الفترة ١٩٩٧- ٢٠٠٣م، عمل في العتبة العباسية المشرفة وتولى عضوية مجلس إدارة العتبة العباسية في دورته الأولى، وحاليا معاون نائب الأمين العام للعتبة العباسية المشرفة والمتحدث الرسمي باسم الأمانة العامة، عضو فاعل في مهرجان ربيع الشهادة الدولي المقام سنويا في كربلاء المقدسة، اشتهر بقصيدته (نداء العقيدة) التي يرددها خدمة العتبة الحسينية كل يوم عند تبديل دوام العمل بين الوجبة الصباحية والمسائية، وكذلك قصيدة (لحن الإباء) التي يرددها خدمة العتبة العباسية كل يوم للغرض نفسه، وله قصيدة (إكسير الزمان) خاصة بمرقد سلمان المحمدي في المدائن، وقصيدة (مسجد الخليل) في مسجد النخيلة على الطريق بين كربلاء والنجف، ودواوينه: متحف الخليل (بحث)، الشاهد في تاريخ العتبات والمراقد (شعر تاريخ الجمل)، والإلهيات (ديوان).

(1) عدي المختار: هو ابن عبد الرضا بن حسين بن لفتة المطيري، وعدي المختار هو الإسم الصحفي، كاتب وأديب وإعلامي عراقي، ولد في مدينة البصرة عام ١٩٨٠م ويسكن العمارة (ميسان)، حاصل على الدبلوم في اللغة العربية، عضو المكتب الاعلامي للجنة الأولمبية الوطنية العراقية والناطق الاعلامي للاتحاد العراقي المركزي للرماية العراقية ومراسل قناة الديار الفضائية منذ عام ٢٠٠٥م، عضو نقابة الصحافيين العراقيين، وعضو اتحاد الصحافيين العراقيين، وعضو نقابة الفنانين العراقيين، كتب وحرر في عدد من الصحف والمجلات العراقية منها: جريدة البصرة، جريدة ميسان، جريدة العمارة، جريدة الاعلام الرياضي، جريدة الاهالي، من مؤلفاته: التشابيه الحسينية النشأة والظهور والتطور، مسرحية المحنة، وطائر القصب (قصص).

(2) جاء عنوان خبر التكريم كما أورده موقع كتابات في الميزان على النحو التالي: (على هامش مهرجان ربيع الشهادة العالمي الثامن.. كتابات في الميزان تكرم مبدعها المختار وعدد من كتاب الموقع)، وفي موضع الشاهد جاء النص التالي: (ومن ثم قدم الدكتور نضير الخزرجي باقة ورد للمختار وفي نهاية الحفل كرمت ادارة الموقع مجموعة من كتابها كان من بينهم: السيد وليد البعاج والدكتور حسين ابو سعود والدكتور نضير الخزرجي والشاعر علي حسين الخباز والدكتور علي مجيد البديري والاديب عدي المختار والاديب مسلم السعدي والكاتب حسين النعمة والكاتب سامي جواد كاظم والكاتب صفاء بديري والاستاذ السيد جمال الدين الشهرستاني والكاتب علي الجبوري والكاتب رضوان السلامي=

١٧٨

طلبت مني ادارة الحفل تقديم باقة ورد للمحتفى به، كما انتدب الحفل ضيف مهرجان ربيع الشهادة الأستاذ مهند البراك[1] لتقديم درع الإبداع لمؤلف دائرة المعارف الحسينية سماحة الفقيه الكرباسي، تسلمته بالنيابة، كما أهدي إليّ والدكتور حسين أبو سعود والأستاذ فراس الكرباسي مثله[2].

= والكاتب مجاهد منعثر منشد والكاتب صالح الطائي والكاتب رائد السوداني والدكتور خليل خلف والصحفي فراس الكرباسي وغيرهم).

(1) مهند البراك: هو ابن فاضل بن جواد، كاتب وتربوي وتعليمي، ولد في قضاء الهندية بكربلاء المقدسة عام ١٩٦٧م، نشأ ودرس في مسقط رأسه، ونال الشهادة الجامعية من كلية التربية ببغداد عام ١٩٨٩م، يواصل الآن دوره التعليمي في إعدادية الهندية.

(2) للمزيد، راجع تقرير موقع كتابات في الميزان المنشور في ٢٠١٢/٦/٢٨م على الرابط التالي: (http://kitabat.info/subject.php?id = 18786).

ملحق (٤)
مع الكرباسي من وحي ندوة الكوت

* إلتقى الإعلامي الأستاذ علي فضيلة الشمري بالشيخ محمد صادق الكرباسي في مقر إقامته في مدينة كربلاء يوم ٤/ ٧/ ٢٠١٢م[1]، ونقل له تصوراته عن زيارة وفد دائرة المعارف الحسينية وانطباعاته عن نتائج ندوة الموسوعة الحسينية في مدينة واسط، وأجرى لقاءً صحفياً مع سماحته نشر في وكالة نون الخبرية في ١٠/ ٧/ ٢٠١٢م، وهذا نصّه[2]:

اية الله الكرباسي يتحدث لوكالة نون:

أدعو أن يكون للطفل صوت انتخابي بالعراق من خلال ولي أمره لصالح من يحمي الطفولة.

---

(١) وكان الأستاذ علي فضيلة الشمري قد التقى بالعلامة الكرباسي قبل يوم من هذا اللقاء وذلك مساء ٣/ ٧/ ٢٠١٢م بحضور الإعلامي تيسير الأسدي والأديب حسين صادق الكربلائي.

(٢) نشر التقرير في التاريخ نفسه بعدد من الوكالات الخبرية والمواقع الإلكترونية، منها: الوكالة الشيعية للأنباء (www.ebaa.net) بتاريخ ١٢/ ٧/ ٢٠١٢م، وكالة السلطة الرابعة الشيعية للأنباء (www.4thpa.net) ونشر تحت عنوان: (آية الله الكرباسي في لقاء خاص لوكالة سرا: أوصي أبنائي وأخوتي بأن لا يفرقوا بين عراقي وآخر ويختاروا الأصلح والأفضل القادر على إيجاد تغيير جذري)، فيما نشر في موقع كتابات في الميزان (www.kitabat.info) بتاريخ ١٠/ ٧/ ٢٠١٢م بعنوان: (الشيخ الكرباسي يتحدث عن تفاؤله بمستقبل العراق المقبل في لقاء خاص).

١٨١

يعتبر الشيخ آية الله الدكتور محمد صادق محمد الكرباسي من مواليد ٢٠ تشرين الأول ١٩٤٧ الموافق ١٣٦٦هـ ينتهي نسبه إلى الصحابي والحواري مالك بن الحارث الاشتر النخعي (١) يعتبر من فقهاء ومفكري العراق المقيمين حاليا في بريطانيا وهو سليل أسرة علمية عريقة خرّجت الفقهاء ومراجع التقليد ولا زالت.

تخرج الكرباسي من الحواضر العلمية في كربلاء المقدسة(٢) والنجف الاشرف وطهران وقم المقدسة(٣) نال شهادات علمية من مراجع وأعلام عدة تتلمذ على يد والده الشيخ محمد الكرباسي (٤) والشيخ محمد الشاهرودي (٥)

---

(١) مالك الأشتر: هو ابن الحارث بن عبد يغوث النخعي الكوفي (٢٥ق.هـ- ٣٧هـ)، ولد في اليمن وسكن المدينة والكوفة واغتيل في الخانقاه خارج القاهرة، من الفرسان الشجعان شهد اليرموك وصفين، وكان رئيس قومه من الأجواد العلماء الفصحاء الصلحاء، وهو من حواريي الإمام علي ﷺ بكاه حين وصل نعي استشهاده وقال فيه: لقد كان لي مثل ما كنت لرسول الله ﷺ، ومرقده يُزار، جُمع شعره في ديوان.

(٢) خلال إقامة العلامة الكرباسي في استراحة مجمع السفير في كربلاء المقدسة، زاره وفد من الحوزة العلمية في كربلاء ضمّ عددا من أنجال وأحفاد المرجع الديني السيد محمد الشيرازي أحد أساتذة الكرباسي، إلى جانب عدد من أساتذة مدرسة ابن فهد الحلي، وذلك صباح ٢٠١٢/٧/٤م، ومن الحضور: السيد مهدي محمد الشيرازي، السيد مصطفى مهدي الشيرازي للفقيه الكرباسي مع وفد من اساتذة الحوزة العلمية مساء يوم ٢٠١٢/٨/٢٢م. مرتضى الشيرازي، الشيخ طالب الصالحي، الشيخ حسين الفدائي. كما تكررت زيارة السيد

(٣) درس الشيخ الكرباسي في حواضر العلم بدءاً بكربلاء المقدسة، ثم النجف الأشرف، وطهران، وقم المشرّفة، على أبرز مراجعها الآيات وعلمائها الربّانيين كالكرباسي والشيرازي والشاهرودي المحمدون، والاصفهاني محمد رضا والبيارجمندي يوسف في كربلاء، وتتلمذ على الخميني روح الله، والخوئي أبي القاسم في النجف، وعلى الخونساري أحمد، والرفيعي أبي الحسن، والآشتياني محمد باقر في طهران، وعلى الگلبايگاني محمد رضا، والشريعتمداري محمد كاظم، والشيرازي كاظم، والكرباسي محمد حسين، والآملي هاشم، والحائري مرتضى في قم.

(٤) محمد الكرباسي: هو ابن أبي تراب (علي) بن محمد جعفر الحائري (١٣٢٤ -١٣٩٩ه) من علماء الإمامية وأعلامها، ولد في النجف الأشرف وسكن كربلاء المقدسة، وهو من مشاهير أساتذة الحوزة العلمية في كربلاء ومعتمد مراجع التقليد، توفي في قم المشرفة وفيها دفن، من مؤلفاته: السعة والرزق، سلاطين الشيعة، الأطعمة والأشربة.

(٥) محمد الشاهرودي: هو ابن علي، المتوفى عام ١٤٠٩ه (١٩٨٩م) من فقهاء الإمامية وكبار=

والشيخ يوسف البيارجمندي (١) والسيد محمد الشيرازي (٢)، له عدة مؤلفات وتصنيفاته المطبوعة المائة مصنفة بدائرة المعارف الحسينية في أكثر من سبعمائة مجلد وله مؤلفات كثيرة ودواوين، وزوّد بأربع شهادات دكتوراه نظير انجازاته العلمية من دول سوريا ولبنان وفرنسا والولايات المتحدة الأميركية. كانت لوكالة نون الخبرية هذه الوقفة مع سماحة الشيخ الدكتور آية الله الكرباسي في مقره بفندق السفير في إحدى زيارته الدورية إلى كربلاء المقدسة لزيارة المراقد المقدسة وكانت نتيجة اللقاء الحوار الآتي :

٭ ما هي نظرتكم المستقبلية لواقع الديمقراطية والوضع السياسي العراقي؟!

الكرباسي : أنا متفائل لأنَّ التفاؤل مفروض إسلامياً على المتدينين ولأنَّ التشاؤم يسبب الإحباط يفقد العزيمة على الإصلاح ويدخل في خانة الخذلان، بالطبع أعتقد أن العراق من أكثر الدول الإسلامية التي يوجد فيها أضرحة مباركة للأئمة المعصومين يتقدمهم سيد البلغاء والمتكلمين في النجف الاشرف الإمام علي ﷺ وأبناؤه الحسين وأولاده وأبو الفضل

‏=‏ المدرسين في حوزة كربلاء العلمية في الفقه والأصول، تولى إمامة الجماعة في الصحن الحسيني الشريف لثلاثة عقود.

(١) يوسف البيارجمندي: هو ابن زين العابدين الشاهرودي الخراساني الحائري المتوفى عام ١٣٩٥هـ (١٩٧٥م)، من فقهاء الإمامية ومن كبار اساتذة الحوزة العلمية في كربلاء المقدسة، له رسالة عملية بعنوان «زبدة المسائل»، من مؤلفاته: مدارك العروة الوثقى، شرح الكفاية، والمسائل الفقهية.

(٢) محمد الشيرازي: هو ابن مهدي بن حبيب الله الحسيني، (١٣٤٧ - ١٤٢٢هـ) (١٩٢٨ - ٢٠٠١م)، من فقهاء الإمامية وأعلامها، ومن أعمدة الحوزة العلمية في كربلاء المقدسة والكويت وقم، ولد في النجف الأشرف وسكن كربلاء وهاجر الى الكويت وسكن قم المقدسة وفيها مات، اشتهر بإقامة المؤسسات الثقافية والاجتماعية والصحية والمراكز الاسلامية في انحاء العالم والتشجيع عليها، من مؤلفاته: موسوعة الفقه، السبيل الى انهاض المسلمين، والصياغة الجديدة لعالم الإيمان والحرية والرفاه والسلام.

١٨٣

العباس وإخوته في كربلاء المقدسة والإمامان الكاظمان في الكاظمية المقدسة والعسكريّان في سامراء عليهم سلام الله وبركاته، بالإضافة إلى بعض المراقد التابعة للأولياء والصالحين من العترة وبعض الشخصيات التي تقدسها المذاهب الإسلامية الأخرى.

والإصلاح الإسلامي بدأ من كربلاء لتصحيح مسار الدولة الإسلامية وأتوقع أن يستمر الإصلاح للعالم من خلال العراق، ولدينا شواهد إسلامية مثل الكوفة عاصمة للبلاد الاسلامية بعد المدينة المنورة التي أسسها أمير المؤمنين، فمن هذا الباب لابد لهذه الجهود العظيمة لأهل البيت ﷺ أن تنتج جهودهم أعمالاً تخدم البشرية لأنَّ ما يقدموه للبشرية هو في خدمة البشر والإنسانية ولكن على المجتهدين العمل بجد لتنفيذ هذه الخطوط العريضة، وأعتقد بأنَّ في النهاية ستنتج أمة عراقية متكاملة لأنَّ أهل البيت هم نقطة اللقاء بالنسبة للمؤمنين عامة ولمحبي أهل البيت خاصة.

❊ هل سيبقى الشيخ الكرباسي في البلد أم سيغادر لبلاد الغرب التي أقمت فيها ونقصد هنا لندن؟!

الكرباسي : سأعود لمكاني الطبيعي بعد أن تأقلمت هناك، وحضوري للبلد جاء لفترة معينة وعملي الحقيقي المنتج هناك في لندن أكثر وله تأثير أفضل بكثير لأن الجاليات الإسلامية بحاجة إلى حث ودعم اللذين غالباً ما يكونان مغيبين، بالإضافة إلى تفرغي التام للعلم والبحوث والدراسة، وبالنسبة لاتصالاتي في بلدي العراق مستمرة وحضوري لن ينقطع أبدا وأقدم المساعدة والإرشاد للطلبة وفق مواعيد ملتزمة بها الجالية، بينما في العراق لا يوجد وقت محدد ولا أستطيع ردهم مما يضيع الوقت الثمين، ومن واجبنا الشرعي اللقاء بالإخوة وان كان بغير موعد، بالتأكيد ستكون الخاتمة في العراق بجوار الإمام الحسين ﷺ الذي أحن إليه دائماً لسببين السبب الأول

مكان مقدس والثاني مكان مسقط رأسي ودمي ولحمي وعظمي من العراق أرض المقدسات، وسيبقى الهوى حسينياً والاتصالات حسينية.

※ ماذا تقول للناخب العراقي والبلاد متجهة لانتخابات مجالس المحافظات والمجالس البلدية بالإضافة إلى اختيار ممثلي الشعب في البرلمان بعد اقل من عام ونيف؟[1]

الكرباسي: لدينا شريعة الانتخابات من الوجهة الإسلامية وأحكام الانتخابات حسب فكر أهل البيت ﷺ، وأوصي أبنائي وإخوتي بان لا يفرقوا بين عراقي وآخر على أساس الانتماء القومي أو الديني بل يجب انتخاب الأصلح والأفضل القادر على إيجاد تغيير جذري يطور البلد نحو الأفضل، وأن يضع مصلحة الوطن فوق كل الميول والاتجاهات، والعمل بكتلة الأمة العراقية الواحدة إذا ما أردنا مصلحة الوطن بالدرجة الأساس حسب عدد النفوس لكل قضاء وناحية كي يكون التمثيل عادلاً بغض النظر عن الكتلة السياسية دون تهميش مكان أو منطقة ونرفض الاستثناءات وبرأيي المتواضع أطالب بأن يكون حتى للطفل صوت انتخابي من خلال ولي أمره الذي يجب أنْ يصوت لصالح الافضل ويحمي الطفولة.

※ كلمة أخيرة

الكرباسي: أشكر كل الإخوة الذين يقدمون خدمات جليلة لنشر الدعوات الحسينية في كل العالم وبالأخص الندوات الاخيرة التي نفذت في اغلب محافظات العراق ومنها في واسط نشكر جهودهم ونقدرها ونتمنى من الحسين ﷺ أن يقبل مسعاهم، ولكل الحضور التوفيق واشكركم على هذا اللقاء.

---

(1) جرت انتخابات مجلس النواب العراقي في ٢٠١٤/٤/٣٠م، وانتهت بفوز قائمة دولة القانون التي يرأسها رئيس الوزراء العراقي نوري كامل المالكي، ولم يتول استحقاقه الانتخابي لدورة ثالثة بسبب ظروف داخلية وخارجية، وتولى مسؤولية النائب الأول لرئيس الجمهورية.

١٨٥

(٤)

«الموسوعة الحسينية تخترق دائرة العقائد الأخرى»

الموسوعة الحسينية

في

مدينة النجف الأشرف

٢٠١٢/٦/٢٩م

(إتحاد الأدباء والكتاب في النجف الأشرف)

الأممية في مسيرة دائرة المعارف الحسينية

فقرات ندوة محافظة النجف الأشرف
إتحاد الأدباء والكتاب في النجف الأشرف

* كلمة الدكتور محمد باقر جعفر الكرباسي
* كلمة الدكتور حسن عيسى الحكيم
* قصيدة الشاعر مرتضى محمد الحمامي
* كلمة الدكتور نضير رشيد الخزرجي
* القاصة الصغيرة فاطمة قاسم العرداوي
* قصيدة الدكتور عبد العزيز مختار شبّين (د. حسين أبو سعود)
* لقاءات صحافية وتلفزيونية.

الأممية في مسيرة دائرة المعارف الحسينية

(٤)

محافظة النجف الأشرف [١]

أعلام النجف يدعون إلى :

وضع موسوعة علوية على غرار الموسوعة الحسينية [٢]

في مدينة العلم والعلماء وتحت شعار «الموسوعة الحسينية تخترق دائرة العقائد الأخرى» نظّم اتحاد الأدباء والكتاب في النجف الأشرف في العراق يوم الجمعة ٢٠١٢/٦/٢٩م [٣] وبالتنسيق مع المركز الحسيني للدراسات في

---

(١) النجف الأشرف: مدينة عراقية تقع في الفرات الأوسط الى الجنوب من العاصمة بغداد على بعد ١٧٩ كيلومتراً بالسيارة و١٤٤ كيلومتراً حسب الخارطة، وتضم مرقد الإمام علي بن أبي طالب؈ إلى جانب مراقد عدد من الأنبياء منهم آدم ونوح وصالح وهود؈.

(٢) وزع المركز الحسيني للدراسات التقرير على وسائل الإعلام المختلفة، ونشر في الكثير منها، على سبيل المثال: موقع النجف نيوز (www.najaf-news.com) بتاريخ ٢٠١٢/٧/٥م، وبالتاريخ نفسه في موقع مؤسسة النور الثقافية (www.alnoor.se)، ومجلة سطور الالكترونية (www.sutuur.com) تحت عنوان: (اعلام النجف والموسوعة العلوية).

(٣) مع انتهاء الاحتفالات بذكرى مواليد الإمام الحسين؈ وأخيه العباس؈ ونجله الإمام علي بن الحسين السجاد؈ وهي على التوالي: ٣ و٤ و٥ شعبان، بدأ وفد دائرة المعارف الحسينية المرحلة الثانية من جولته على المحافظات العراقية للتعريف بالموسوعة الحسينية، وقد بدأ بمحافظة النجف الأشرف.

لندن ندوة ثقافية في قاعة غرفة تجارة النجف الأشرف كشفت عن قراءة الآخر من غير المسلم في تعاطيه مع الإسلام بعامة والنهضة الحسينية بخاصة.

في البدء تحدث منظم الندوة ومديرها الدكتور محمد باقر جعفر الكرباسي [1] عن مكانة مدينة النجف الأشرف في قلوب المسلمين ودورها الحضاري وهي تحتضن ندوة عن دائرة المعارف الحسينية، فهي: (مدينة العلم والعلماء، مدينة السياسيين الكبار، مدينة التيارات والأحزاب، مدينة الرباني والفقيه والزاهد والأديب والشاعر والثائر والسياسي، فهي مدينة العطاء والإصلاح والتجديد والتنوير)، معرجاً على الموسوعة الحسينية ومؤلفها الفقيه الدكتور محمد صادق الكرباسي بوصفه رجلاً موسوعيا، مستشهداً بلقاء جمعه وأمين عام اتحاد أدباء العراق الشاعر ألفريد سمعان حنا المقدسي [2] أثنى فيه الأخير على الدور الذي ينهض به المحقق محمد صادق الكرباسي في حفظ تراث الإمام الحسين ﷺ.

---

(١) محمد باقر جعفر الكرباسي: هو حفيد محمد إبراهيم بن علي، ولد في مدينة النجف الأشرف عام ١٩٥٣م، أديب وتربوي وأستاذ جامعي، نشأ ودرس في مسقط رأسه، ومارس التربية والتعليم لمدة ربع قرن منذ عام ١٩٧٦م حتى عام ٢٠١٠م حيث انتقل للتدريس الجامعي، حصل عام ٢٠٠٢ على الشهادة العالية (الماجستير) من معهد التاريخ العربي والتراث العلمي للدراسات العليا ببغداد التابع لجامعة الدول العربية، ومن المعهد نفسه حصل عام ٢٠٠٥م على الشهادة العليا (الدكتوراه)، أستاذ قسم اللغة العربية في كلية التربية الأساسية بجامعة الكوفة، له عضوية في عدد من الاتحادات والمنظمات الأدبية والثقافية منها: اتحاد الأدباء والكتاب العرب، اتحاد الأدباء والكتاب العراقيين، عضو الهيئة الإدارية ثم الرئيس لاتحاد الأدباء والكتاب في النجف الأشرف، محرر في مجلة قراطيس، مرجع لغوي لأكثر من مجلة، من مخطوطاته: المرويات التاريخية في كتاب الكامل للمبرد، منهج كتابة التاريخ الإسلامي عند طه حسين، ومعجم الشعراء في كتاب الكامل.

(٢) ألفريد سمعان حنا المقدسي: أديب وشاعر وصحافي عراقي، ولد في مدينة الموصل عام ١٩٢٨م، سكن طفلا مع أسرته المسيحية الكاثوليكية التي كانت تتنقل في المدن بحكم مهنة والده كضابط جوازات في سلك الشرطة في المنذرية بخانقين، وانتقل الى البصرة صغيرا ونشأ فيها ودرس الابتدائية، كما أنهى الإعدادية عام ١٩٤٧م، وانتقل الى سوريا=

من جانبه عبر أستاذ التاريخ ورئيس جامعة الكوفة السابق الدكتور حسن عيسى الحكيم [1] عن: (دواعي الغبطة والسرور عندما يأتي المركز الحسيني للدراسات إلى مدينة النجف الأشرف ليقدم لنا صورة عن نتاجات الموسوعة الحسينية، ويخلق روابط مع المراكز العلمية في المدينة المقدسة)، واصفاً دائرة المعارف الحسينية بأنها: (عمل رائد في بابه وهي تملأ الفراغ في الثقافة الإسلامية لدرجة أن الباحث سيقف على دراسات متنوعة بأنواع المعرفة كافة وسيجد فيها الشيء الجديد)، وأضاف الدكتور الحكيم: (لقد اطلعت على بعض أجزاء الموسوعة الحسينية فوجدت أن الكرباسي رجل موسوعي وموسوعي في ثقافته) كما وجدت أنَّ (الموسوعة الحسينية أممية لم تتوقف على دين واحد أو مذهب معين، ومقدماتها تُكتب بأقلام أديان وجنسيات متعددة) وتمنى الدكتور الحكيم على المؤسسات العلمية في

= لدراسة القانون، ثم عاد الى بغداد ملتحقاً بكلية القانون ولم يكمل بسبب اعتقاله لنشاطه السياسي، فتوجه بعدها للتجارة العامة، بدأ مسيرته الأدبية بالكتابة والتحرير في عدد من الصحف والمجلات منذ عام ١٩٥٢م، له حضور ومشاركات في كثير من المؤتمرات والندوات الأدبية والثقافية، أطلقت وزارة الثقافة العراقية اسم دورة الشاعر «ألفريد سمعان» على فعاليات مهرجان المربد الشعري السنوي التاسع، أمين عام سابق لاتحاد الكتاب والأدباء في العراق، من مؤلفاته: دراسة اقتصادية في صناعة السكر في العراق، في طريق الحياة (ديوان)، ١٢ شروق- ليمونا (مسرحية شعرية).

(١) حسن عيسى الحكيم: هو حفيد علي الحكيم، ولد في النجف الأشرف سنة ١٩٤١م (١٣٦١ه)، أديب وشاعر ومؤرخ وتربوي وجامعي، نشأ ودرس في مسقط رأسه، وحصل على الشهادة الجامعية من كلية الآداب بجامعة بغداد قسم التاريخ، ومارس التدريس منذ عام ١٩٦٦م، وواصل دراسته ونال الشهادة العالية (الماجستير) من الجامعة نفسها عام ١٩٧٤م وفي العام ١٩٧٦م انتقل للتدريس الجامعي في السليمانية والمستنصرية والكوفة والقادسية، وحصل عام ١٩٨٢م على الشهادة العليا (الدكتوراه)، قام بالتدريس خارج العراق في اليمن، تقلب في المناصب التدريسية والإدارية وتولى عام ٢٠٠٣م رئاسة جامعة الكوفة حتى عام ٢٠٠٦م، وتم تكريمه في الجامعة نفسها عام ٢٠١٢م لبلوغه سن التقاعد، له موسوعة النجف الأشرف فضلا عن الكثير من المؤلفات، منها: المستشرقون ودراساتهم، مذاهب الإسلاميين في علوم الحديث، وشقائق الحكيم (ديوان)، وله تقدمة على كتاب «مشروعية الأحزاب في الإسلام في تنظير آية الله الكرباسي»

١٩٣

النجف الأشرف أن تنحو منحى دائرة المعارف الحسينية فتكون هناك الموسوعة العلوية بخاصة: (ونحن ننشد الحقيقة، وهذا يجعلنا في منتهى الحياد فيما نقرأ ونكتب، نحن كطلاب تاريخ وباحثين دأبنا أن نصل إلى الحقيقة. نحن نشد على يد الكرباسي ونتمنى له أن يكمل هذا المشروع ويبقى دور الريادة فيه محفوظ لديه).

وحيث تتنفس النجف الأشرف أدباً وشعراً فكانت الفقرة التالية قصيدة للشاعر مرتضى الحمّامي [1] بعنوان «مازلت أمشي» [2] في بيان حقيقة النهضة الحسينية، أعقبها حديث رئيس وفد المركز الحسيني للدراسات في لندن الدكتور نضير الخزرجي الذي تناول في كلمته جانباً من رسالة الإمام الحسين الأممية، مشيراً إلى طبيعة الصراع الأزلي بين معسكري الخير والشر على مستوى الفرد والمجتمع والبشرية، وهو ما يقتضي قيام جبهة الحق التي تريد إرجاع الأمور إلى نصابها الحقيقي بلحاظ أن غاية المرء أن يعيش بسلم ووئام مع النفس والآخر والمجتمع والطبيعة وبكل ما يحيط به، على أن رسالة السماء في الوقت الذي نهت الإنسان عن الظلم وأن يكون ظالماً دعته إلى رفض الظلم وأن لا يكون مظلوما ويتقبل الظلم وهو ساكت.

------

(1) مرتضى الحمّامي: هو ابن محمد بن عبد الرضا الحمّامي، ولد في مدينة النجف الأشرف في ١٩٨٥/١١/١١م، من شعراء النجف الأشرف الشباب، معد ومنفذ ومقدم برامج إذاعية، يعمل حالياً في قناة الغدير الفضائية، حاصل على الشهادة الجامعية باللغة العربية وآدابها من جامعة الكوفة عام ٢٠٠٨م، له عضوية في عدد من الاتحادات الثقافية والأدبية منها: الاتحاد العام للأدباء والكتاب العراقيين، عضو مؤسس لنادي الشعر الفرعي، رابطة الشعر العربي، له مشاركات في مسابقات شعرية، وحائز على جوائز منها الجائزة الأولى في مسابقة الطف الشعرية الثانية عام ٢٠٠٧م، ومثلها في مسابقة القصيدة الجامعية التي اقامتها جامعة الكوفة كلية الآداب في العام نفسه، صدرت أول مجموعة شعريه له بعنوان: «آمنت بالوردة».

(2) أعلمنا الشاعر مرتضى الحمّامي من خلال الاتصال به عبر شبكة التواصل الاجتماعي (الفيسبوك) وعبر الهاتف في ٢٠١٢/١٢/٢٤م، أن القصيدة تحمل عنوان: «الصلاة مع الكبار».

وفيما يتعلق بالنهضة الحسينية، يضيف الخزرجي: إن قراءتنا للمظلومية تختلف من فرد لآخر ومن مجتمع لآخر ومن أمة لأخرى، بيد أن الدمعة هي القاسم المشترك بين أفراد البشر كافة، وهي الدالة على الحزن والانتصار للمظلوم، داعياً إلى تقديم القضية الحسينية بما ينسجم مع معارف الناس وثقافاتهم التي تختلف من أمة إلى أخرى، وعلى هذا الطريق تأتي دائرة المعارف الحسينية للدكتور الفقيه الشيخ محمد صادق الكرباسي الذي استطاع في أجزاء دائرة المعارف الحسينية التي بلغت اليوم نحو ٧٧ مجلداً من نحو ٧٠٠ مجلد مخطوط أن يقدم الحسين ﷺ في ستين باباً من أبواب المعرفة بما يكون محل اندهاش الجميع من مسلمين وغير مسلمين. وقد استعرض الخزرجي نص عبارة الزعيم السياسي والديني للبوذ في التبت (دلاي لاما)[1] التي يقول فيها: (إذا كانت لدينا نحن البوذ شخصيات مثل الإمام علي والإمام الحسين، وإذا كان لنا كتاب كنهج البلاغة وواقعة مثل كربلاء فإنه لن يبقى في العالم أحد إلا ويعتنق العقيدة البوذية، نحن نفتخر ونعتز بهاتين الشخصيتين الإسلاميتين)[2]، وهو في معرض الاستشهاد بكيفية قراءة الآخر للنهضة الحسينية.

وتطرق الدكتور الخزرجي في القسم الثاني من حديثه الى البذرة الأولى لعمل الموسوعة الحسينية وتطورها منذ النشأة عام ١٩٨٧م وحتى منتصف عام ٢٠١٢م.

---

(١) دلاي لاما: هو تينزين غياتسو بن جوكيونغ تسيرينغ (Tenzin Gyatso Choekyong Tsering) ولد في قرية تينغستر (Tengster) غرب شنغهاي عام ١٩٣٥م، قيادي سياسي وروحي للبوذ في التبت، تسمى بالدلاي لاما الرابع عشر صغيراً عام ١٩٤٠م، وهاجر الى الهند عام ١٩٥٩م بعد سقوط مملكة التبت على يد الجيش الصيني وقيام حركة التبت المضادة للحكومة الصينية، ونزل مدينة تيزبور (Tezpur) في ولاية آسام ثم استقر في مدينة دارامسالا (Dharamsala) بولاية هايشال براديش (Himachal Pradesh) شمال الهند.

(٢) انظر: أجنحة المعرفة.. قراءة موضوعية في الموسوعة الحسينية: ٣٦١، نضير الخزرجي، بيت العلم للنابهين، بيروت، ط١، ١٤٣٥هـ (٢٠١٤م).

وقُدِّم في الندوة الثقافية، القاصّة فاطمة قاسم عبد الزهراء العرداوي [1] ذات الإثني عشر ربيعا كأصغر قاصة لأدب الأطفال لها أكثر من ١٥ قصة قصيرة وخاطرة، ثلاث منها في الإمام الحسين ﷺ والتي بدأت الكتابة من سن العاشرة. أما فقرة الختام فكانت قصيدة من نظم الشاعر الجزائري عبد العزيز مختار شَبِّين ألقاها الأديب حسين أبو سعود، من بحر المنسرح الثالث وهي بعنوان «**النجف مرقدُ الشرف**» استهلها بهذا البيت:

أَسْتَافُ بَيْنَ الْمَرَاقِدِ الشَّرَفَا   لَمْ أَنْسَ فَوْقَ اخْضِلالِها النَّجَفَا

وكان لوسائل الإعلام المرئية حضورها حيث أجرت وسائل الإعلام لقاءات صحفية مع أعضاء الوفد الزائر وأعضاء اللجنة الراعية للندوة، منها قناة النجف الأشرف والنعيم والعهد.

وعلى صعيد ذي صلة زار الوفد القادم من لندن يصاحبه المنسق الإعلامي الأستاذ فراس الكرباسي، الفقيه اللغوي العلامة الشيخ جعفر الكرباسي [2] للاطمئنان على صحته، كما التقى [3] الوفد بحضور الشيخ

---

(١) فاطمة قاسم العرداوي: الحسيني وترجع بنسبها إلى زيد الشهيد، ولدت في النجف الأشرف في ٢٨/٤/٢٠٠٠م، ووالدها سكن النجف سنة ١٩٧٠م وأصله من قضاء الشنافية بمدينة الديوانية المولود بها في ١٩٥٨/٧/١م وفيها درس الابتدائية وفي الثانية المتوسطة والإعدادية، وفي عام ٢٠١٢م دخلت مرحلة المتوسطة سنة أولى، بلغت قصصها القصيرة نحو العشرين، وترجمت للغات عدة منها الفرنسية والروسية والتركية، ونشرت في مجلات مختلفة، تم تكريمها من قبل نائب رئيس الوزراء الدكتور حسين الشهرستاني عام ٢٠١٢م، كما تم تكريمها من قبل إدارة مرور النجف الأشرف لكتابتها قصة هادفة عن المرور، كما تم تكريمها من قبل اتحاد الأدباء والكتاب في النجف الأشرف.

(٢) التقيت ثانية بالعلامة الشيخ جعفر الكرباسي ـ المتوفى في النجف الأشرف في ٢٠١٦/١/٢٠م ـ في مدينة كربلاء المقدسة يوم الأربعاء ٢٠١٢/٨/٢٩ في أحد المطاعم في شارع الشهداء مقابل فندق الواحة الذي نزلت فيه، وكان سماحة الفقيه الشيخ محمد صادق الكرباسي يومها في رحلة لمدينة سامراء وبلد والكاظمية، وعاد منها مع الوفد المرافق له يوم الجمعة ٢٠١٢/٨/٣١م.

(٣) التقيت مرة أخرى بالعلامة الدكتور محمد بحر العلوم ـ المتوفى في النجف الأشرف في ٢٠١٥/٤/٧م ـ في ديوانه خلال أمسية رمضانية عقدها خصيصا للتعريف بالموسوعة الحسينية بحضور سماحة الفقيه الدكتور محمد صادق الكرباسي والوفد المرافق له، وذلك مساء يوم الثلاثاء ٢٠١٢/٧/٢٤م.

جعفر الكرباسي [1] بالأديب والسياسي العلامة السيد محمد بحر العلوم [2]، وفي هذا اللقاء عبّر العلامة بحر العلوم عن سروره بوجود وفد دائرة المعارف الحسينية في النجف الأشرف للتعريف بالموسوعة الحسينية واصفاً المؤلف بأنه مجاهد حقيقي تمكن بمفرده من تنظيم وقته وتوظيفه لخدمة الإسلام عبر موسوعته الحسينية الكبيرة، متمنياً على أصحاب الشأن في النجف الأشرف بأن يشمروا عن ساعد الجد ويحذوا حذو المحقق محمد صادق الكرباسي ويقيموا صرح موسوعة كبيرة عن الإمام علي عليه السلام حتى ينهل المسلمون والعالم من علوم محمد وآل محمد.

كما التقى الوفد الزائر مساء ذلك اليوم بعدد من أعضاء اللجنة الشعبية للنجف عاصمة الثقافة الإسلامية ٢٠١٢م [3]، منهم خبير البيوتات النجفية

---

(١) قام مؤلف الموسوعة الحسينية الشيخ الكرباسي بزيارة خاصة للفقيه اللغوي الشيخ جعفر الكرباسي وذلك فجر يوم ٢٠١٢/٧/٩م، وحينها كنت في أربيل لإلقاء محاضرة عن الموسوعة الحسينية في ندوة ثقافية أدبية أدارها اتحاد أدباء الكرد في أربيل.

(٢) محمد بحر العلوم: هو ابن علي، ولد في النجف الأشرف سنة ١٣٤٦هـ (١٩٢٧م)، أديب وشاعر وكاتب وسياسي، نال الشهادة الجامعية (البكالوريوس) من كلية الفقه بالنجف الأشرف، وحصل من جامعة طهران قسم الإلهيات على الشهادة العالية (الماجستير) سنة ١٣٨٥هـ (١٩٦٥م)، ومن جامعة القاهرة نال الشهادة العليا (الدكتوراه) في الشريعة سنة ١٩٧٩م، مارس وظيفته الدينية والسياسية ضمن مرجعية السيد محسن الحكيم وتعرض للاعتقال فهاجر الى الكويت وسكنها سنة ١٩٧٠م وتولى فيها القضاء الجعفري في المحاكم الكويتية، هاجر الى لندن وتولى عام ١٤١٧هـ الأمانة العامة لمركز أهل البيت عليهم السلام حتى عام ٢٠٠٣م حيث عاد الى العراق بعد سقوط النظام وأصبح أول رئيس لمجلس الحكم في الفترة ١٣/٧ -١/٨/٢٠٠٣م، ثم ثانية في الفترة ١/٣-١/٤/٢٠٠٤م، وظل يمارس نشاطه الديني والسياسي من مسقط رأسه حتى وفاته صباح الثلاثاء ٧/٤/٢٠١٥م، من مؤلفاته: آفاق حضارية لنظرة الدولة في الإسلام، في رحاب أئمة أهل البيت، ونساء في أفق العقيدة.

(٣) كان وفد اللجنة الشعبية للنجف عاصمة الثقافة الإسلامية ٢٠١٢م، قد زار العلامة الكرباسي خلال وجوده في النجف الأشرف وذلك يوم ٢٠١٢/٧/٢٣م، ومن أعضاء الوفد الدكتور جواد الشايب، والأستاذ مهدي الصائغ والأستاذ حازم الكعبي، وحضرت اللقاء الى جانب الدكتور حسين ابو سعود والأستاذ علي التميمي، وكان للإعلامي فراس الكرباسي دور =

التراثية الحاج مهدي جاسم الصائغ(١) والدكتور جواد الشايب(٢) والأستاذ حسن الشمرتي(٣)، والأستاذ حازم الكعبي(٤)، وجرى الحديث، الذي نظمه

=   مشهود في تنظيم هذا اللقاء ولقاءات أخرى.

وممن التقى بالشيخ الكرباسي خلال وجود الوفد الشيخ الحاج عبد الحسن شنون أمين خاص مزار مسجد صافي صفا.

(١)   مهدي جاسم الصائغ: هو حفيد محمد بن سعيد الصائغ، ولد في النجف الأشرف في ١٣ محرم ١٣٦٥هـ (١٩٤٥م)، نشأ ودرس في مسقط رأسه وأنهى الإعدادية سنة ١٩٦٨م، وعمل سنة ١٩٧٤م في المصرف العقاري في النجف حتى عام ١٩٧٩م حيث استأنف العمل في مهنة الأسرة وهي الصياغة، وطور الكثير من فنونها مما أهّله للعمل في الفترة ١٩٩٢ - ١٩٩٧م في صيانة مرقد الإمام علي ﷺ الذي تعرض لقصف من مدفعية النظام أثناء الانتفاضة الشعبانية عام ١٩٩١م، منها الكتيبة القرآنية، كما تفنن وأشرف على تذهيب الأبواب وتزجيجها بالمينا لعدد من المراقد الشريفة منها مرقد مسلم بن عقيل وزيد بن علي والإمام علي الهادي ﷺ.

(٢)   جواد الشايب: هو ابن كاظم بن شايب الجنابي، نجفي الأصل ولد في بغداد في ٢٧/٤/ ١٩٦٣م، إعلامي وكاتب وأستاذ جامعي، تدريسي في جامعة القادسية كلية الآداب، مدير تحرير مجلة القادسية، رئيس تحرير مجلة الهدى، رئيس تحرير مجلة النجف الثقافية، رئيس تحرير مجلة الانفتاح، رئيس مركز الهدى الثقافي، مستشار رئيس مجلس محافظة النجف الأشرف، رئيس جمعية عاصمة الثقافة الأكاديمية، مؤسس كلية النجف الجامعة، مؤسس ثانوية عاصمة الثقافة للبنين وأخرى للبنات، عميد معهد الحسين ﷺ للدراسات العليا، رشّح نفسه لانتخابات مجلس النواب العراقي عام ٢٠١٤م عن تحالف النجف الديمقراطي (٢٤٥)، ولم يحصل على النصاب الانتخابي، من مؤلفاته: الكوفة في تاريخ ابن عساكر، التيارات الإسلامية المتطرفة، وأثر العراقيين في المؤسسة القضائية حتى نهاية العصر العباسي (قيد الطبع).

(٣)   حسن الشمرتي: هو ابن عبد العظيم بن هادي الشِّمَرْتي، ولد في النجف الأشرف في ١٨/ ١٩٧٦/١٢م، نشأ ودرس في مسقط رأسه ووصل مرحلة الإعدادية ثم سيق للخدمة العسكرية، تعرض للاعتقال عام ١٩٩٤م لنشاطه السياسي وأفرج عنه بعد ثمانية أشهر، تفرّغ لتوثيق المجالس الأدبية والثقافية النجفية عبر عدسة الكاميرا وعمل في عدد من الصحف والمجلات، عضو جمعية المصورين العراقيين، عضو اللجنة الشعبية للنجف عاصمة الثقافة، وعضو اتحاد الأدباء والكتاب في النجف الأشرف، له اليد الطولى في تغذية ألبوم الصور الخاص بالنجف الأشرف والمنشور في شبكة التواصل الاجتماعي (الفيسبوك) والذي يعد من أكبرها ويشرف عليه الأستاذ حازم الكعبي.

(٤)   حازم الكعبي: هو ابن عبد الأمير بن محمد بن شكر الكعبي، ولد في مدينة النجف الأشرف في ١٩٦٨/٨/٢٦م، إعلامي وكاتب انتقل مع أسرته صغيراً الى بغداد وفيها نشأ ودرس في=

المنسق الإعلامي فراس الكرباسي، عن إمكانية التعاون الثقافي بين اللجنة الشعبية[1] والمركز الحسيني للدراسات في لندن[2].

= مدارسها المراحل كلها ونال من كلية الإدارة والاقتصاد بجامعة بغداد الشهادة الجامعية (البكالوريوس) سنة ١٩٩١م، وهو إلى جانب الإعلام يمارس الأعمال الحرة حيث يدير شركة المدى للاتصالات في النجف الأشرف، ويتولى حالياً إدارة المركز الإعلامي للنجف عاصمة الثقافة الإسلامية (اللجنة الشعبية).

(١) التقيت بوفد اللجنة الشعبية للنجف عاصمة الثقافة الإسلامية ٢٠١٢م، مرة أخرى يوم الاثنين ٢٠١٢/٧/٢٣م، خلال زيارتهم للفقيه الشيخ محمد صادق الكرباسي أثناء وجود سماحته في مدينة النجف والوفد المرافق له للفترة ٢١-٢٥/٧/٢٠١٢م، وكان من الحضور الدكتور جواد الشايب والأستاذ مهدي جاسم الصائغ. كما أن المعلومات الشخصية لأعضاء اللجنة الشعبية استقيناها منهم مباشرة في اتصالات هاتفية من لندن في ٢٤/١٢/ ٢٠١٢م.

(٢) شاركنا الأستاذ فراس عباس الكرباسي والأستاذ حازم عبد الأمير الكعبي في توفير التراجم والسير الذاتية لعدد من الأسماء الواردة هنا، فجزاهما الله خيرا.

فقرات ندوة محافظة النجف الأشرف

إتحاد الأدباء والكتاب في النجف الأشرف

أقام إتحاد الأدباء والكتاب في النجف الأشرف عصر الجمعة ٢٩/٦/ ٢٠١٢م في قاعة غرفة تجارة النجف الأشرف ندوة ثقافية عامة تحت شعار «الموسوعة الحسينية تخترق دائرة العقائد الأخرى»، وتضمنت فقرات الندوة التالي :

(١)

٭ كلمة الدكتور محمد باقر جعفر الكرباسي : قدم فيها تعريفاً عاماً عن دائرة المعارف الحسينية وشخصية مؤلفها.

(٢)

٭ كلمة البروفيسور الدكتور حسن عيسى الحكيم : تناول فيها البعد الأممي في عمل الموسوعة الحسينية.

(٣)

«الصلاة مع الكبار».

٭ قصيدة الشاعر مرتضى محمد الحمامي وعنوانها : «الصلاة مع الكبار» من (بحر الكامل) :

٢٠١

ما زلتُ أمشي وهو يمشي فيَّ أين ألقى عراقاً لم يَعشْ قتلَ الحسينْ

ما زلتُ أعرف أنَّ نحرَ الحر وعـ ـدٌ وهو يعرفُ أن وعدَ الحر دينْ

لمّا رأيتُ الأرضَ صلَّتْ ركعتيـ ـن بعينِهِ صلَّتْ عيوني دمعتينْ

مذ صاح طفلُ الطفِ: إني لستُ شيعيَّ اللسانِ أنا عراقيُّ اليدينْ

ما زلتَ تُقتلُ ثم تَصرخُ ثم تُقـ ـتلُ ثم تعلنها أمام الجحفلينْ

كم هاجروا والدربُ اقصرُ بين ثغـ ـركَ واحتراقي من مسـافةِ قُبلتينْ

ما مرَّ يومُ قيـامةٍ الا وانـ ـت ظهيرهُ وقسيمُ نارِ الجنتينْ:

أولاهما في جانب يبكيكَ والـ ـأخرى وقوفك أنت تبكي الجانبينْ

فالليلُ من جملٍ وصبحُك مسرعٌ ولذا نمـوتك كـلَّ يـوم مرتينْ

أنا إن نسيتك يا عراقُ تذكّرت رئتي هواءَك واختـنقتُكَ شهقتينْ

أنا لم أُصلِّ الفجرَ خلفَ المرتضى لكنْ قضيتُك خلفَ مسلمَ ركعتينْ

لأظلَّ كـلَّ عشـيةٍ أضعُ الغطا ءَ عن العراقِ لكي أراهُ معسكرينْ

وأرى الحسـينَ جميعَهُ .. مِن كُلِّ زا وية ٍ يُقطَّعُ وهو يصرخ : يـا حسينْ

وأرى عبـاءةَ جـدتي فيلـفّنا ليلُ المسيرِ لكربلائك حـافيَـينْ

تمشـي وتسحـبني وأذكـر أننا طولَ احمرارِ النهرِ كنا ظـامئينْ

تمشي ويمتدُ الطريقُ بصمتِها خلفَ السنين وأنت تبعُدُ خطوتينْ

لنـزورَ صدرَك كـلَّ ليلةِ جمعةٍ ونموت يومياً ونبعث زائرَينْ

(٤)

*** كلمة الدكتور نضير رشيد الخزرجي**: ركّز على نظرة الآخر الى الإمام الحسين ﷺ والبعد الأممي في عمل الموسوعة، مشيراً إلى جوانب متعددة من طبائع المؤلف وحالاته في كتابة أجزاء الموسوعة الحسينية.

(٥)

❊ تقديم الفتاة **فاطمة قاسم عبد الزهراء العرداوي** وهي بعمر ١٢ عاماً كأصغر كاتبة في النجف الأشرف في فن الخاطرة والقصة القصيرة كالقصص المتعلقة بالنهضة الحسينية.

(٦)

«النجف مرقد الشرف»

❊ **قصيدة الأديب الدكتور عبد العزيز مختار شبّين**، ألقاها بالنيابة **الأديب الدكتور حسين أبو سعود**: وهي بعنوان «النجف مرقد الشرف» في ٣٣ بيتاً من بحر المنسرح الثالث، ونصها:

أَسْتَافُ(١) بَينَ المَراقِدِ الشَّرَفَا	لَمْ أَنْسَ فَوْقَ اخْضِلالِها النَّجَفَا
مَدينَتي فالغَرِيُّ كَوْثَرُهُ	كانَ لِظَمْأى القُلُوبِ مُغْتَرَفا
نَجَفْتِ رُوحَ الغَرِيبِ مِنْ وَلَهٍ	فَحُقَّ لِلْحُبِّ فيكِ أَنْ يَرَفا
أَبْحَرْتُ فيها كَمَنْ سَفينَتُهُ	أَزَّتْ شُموخَ الطُّوفانِ فانْخَطَفا
فَصالِحٌ(٢) قَدْ ثَوى بِرَوْضَتِها	صارَتْ بِهِ عِنْدَ هُودِها(٣) أُنُفا
عَلِيُّ والعاشِقونَ قَدْ وَرَدُوا	فازُو الهُيامَ الذي صَفا وَوَفى
بِآدَمٍ(٤) طابَ يُمْنُ مَضْجَعِهِ	وَنُوحِهِ(٥) في الهُدى قَدِ ائْتَلَفَا(٦)

---

(١) أستاف: أشمُّ، أتناول.

(٢) صالح: إشارة إلى النبي صالحﷺ حيث مرقده يقع في مقبرة وادي السلام على بعد بضعة مئات من الأمتار من مرقد الإمام عليﷺ.

(٣) هود: إشارة إلى النبي هودﷺ حيث مرقده بجنب مرقد النبي صالحﷺ في مقبرة وادي السلام في النجف الأشرف.

(٤) آدم: إشارة الى أبي البشر النبي آدمﷺ حيث مضجعه في قبره بجنب مضجع وقبر الإمام عليﷺ.

(٥) نوح: إشارة الى شيخ الأنبياء النبي نوحﷺ حيث مضجعه في قبره بجنب مضجع وقبر الإمام عليﷺ.

(٦) حيث جاء في زيارة الإمام عليﷺ ليوم الأحد: (السلام على الشجرة النبوية والدوحة =

لِلْمُرْتَضى (١) السَّمْحِ فيكِ بَيْنَهُما   مَنازِلُ النَّجْمِ ضاءَ ما انْخَسَفا

ثَراكِ ضَمَّ الوَصِيَّ في قُدْسٍ   فَكُلُّ جِرْمٍ مِنْ هَيْبَةٍ رَجَفا

فيكِ النُّجومُ ازْدَهَتْ مَطالِعُها   وَعَنْكِ فَجْرُ البَهاءِ ما انْكَسَفا

أراكِ بَيْنَ الرِّياضِ ناضِرَةً   وَلِلْعِطاشِ الكِثارِ مُرْتَشَفا

طُوسِيٌّ (٢) قِدْماً أقامَ حاضِرَةً   مِنَ الأَزاهيرِ لَوْنُها اخْتَلَفا

مَسَحْتِ دَمْعَ الغَريبِ فائْتَلَقَتْ   بِقَلْبِهِ السُّنْبُلاتُ فاقْتَطَفا

مَدينَةَ الأَنْبِياءِ حَفَّظَني   فيكِ الزَّمانُ الحَنينَ والشَّغَفا

رَوى عُلاكِ النُّعْمانُ (٣) قافِيَةً   لَمْ يَحْكِها بالقَصيدِ مَنْ عَزَفا

بِمُقْلَتَيْكِ اشْتَهَيْتُ طَيْفَهُما   وَجَدْتُ فَوْقَ الخَيالِ لي كَنَفا

شَمَمْتُ مِسْكَ الرُّقودِ نافِجَةً   لَمْ أَلْقَ مِنْها العَنا ولا الشَّظَفا

مُدّي إلى فِتْيَةٍ (٤) أَتَوا سُبْلاً   إلَيْكِ ساروا بِوَجْدِهِمْ لَهَفا

سَيّارَةٌ لِلْحُسَيْنِ قادِمَةٌ   شَطْرَكِ تَأْبى الجَفاءَ والجَنَفا

=   الهاشمية، المضيئة المثمرة بالنبوة، المونقة بالإمامة، وعلى ضجيعيك آدم ونوح ﷺ :
مفاتيح الجنان: ٧٢. ولآدم ونوح ﷺ زيارة مخصوصة لكل منهما يقرأهما الزائر لقبر الإمام
علي ﷺ، للمزيد، أنظر: مفاتيح الجنان: ٣٥١.

(١) المرتضى: من ألقاب الإمام علي ﷺ.

(٢) طوسي: إشارة إلى مؤسس الحوزة العلمية في النجف الأشرف الشيخ محمد بن الحسن بن
علي بن الحسن الطوسي (٣٨٥ - ٤٦٠هـ)، من كبار أعلام الإمامية وعلمائها ومراجعها،
ولد في طوس (خراسان) وسكن بغداد وكان له كرسي التدريس الذي تعرض للاعتداء
والحرق بسبب فتنة طائفية، ولوأد الفتنة هاجر إلى كربلاء المقدسة ثم استقر في النجف
الأشرف، وانشأ فيها جامعتها العلمية وذلك عام ٤٤٩ هـ، من مؤلفاته: التهذيب، التبيان،
والأمالي.

(٣) النعمان: إشارة إلى النعمان بن المنذر اللخمي المتوفى عام ٦٠٩ ق.م، وهو من مشاهير ملوك
المناذرة حيث كانت النجف تقع تحت حكومته، وهو من أب مسيحي وأم يهودية، ورث
الحكم عن أبيه عام ٥٨٢ ق.م، قتله كسرى في المدائن وقيل مات في خانقين وقيل غير
ذلك، خلفه في الحكم إياس بن قبيصة.

(٤) إشارة إلى وفد المركز الحسيني للدراسات القادم من المملكة المتحدة.

صَوْبَكِ قَدْ وَجَّهوا بَصائِرَهُمْ   لَمْ يَخُنِ القَلْبُ فيهِمُ الطَّرَفا

لِآلِ كَرْباسَ في أُرومِتِهِمْ   مِنَ العَبيرِ النَّسيمُ حَيْثُ هَفا

يا نَجَفًا لِلصُّمودِ عَلَّمَني   ـهِ الدَّهْرُ كِبْرًا فَزادَني زَلَفا

لِكَرْباسَ عِنْدَ الغَرِيِّ مِئْذَنةٌ   أَذَّنَ مِنْها الخُلودُ مُعْتَرِفا

يا نَغَمًا لِلْمَلائِكِ ارْتَشَفَتْ   مِنْهُ الشِّفاهُ العُتاقُ عِطْرَ شِفا

يا نَجَفًا جَفَّ نَيُّهُ عَطَشًا   مِثْلَ أَسًى في الحُسَيْنِ قَدْ نَشَفا

هُمْ صَفْوةٌ قَدْ نَادَوْكِ فانْبَجِسي   حَيًّا يُعيدُ المُحولَ والحَشَفا

يا مَوْكِبًا لِلشَّهيدِ تَقْدُمُهُ   بَشائِرٌ تَقْطِفُ العُلى سَعَفا

عَلى ثَراكِ الكَريمُ مَرَّ مُخْـ   ـضَبَ القَفاءِ اسْتَطالَ ما ارْتَجَفا

يَقْرَأُ شَدْوَ الشَّذاةِ فاتِحةً   رَقَّمَها مِنْ دَمٍ لَهُ صُحُفا

مَوْسوعةٌ لِلْحُسَيْنِ يَنْشُرُها الـ   ـتّاريخُ ذِكْرى هَوًى وَعَهْدَ وَفا

إِلَيْكِ يُزْجي الرَّيْحانُ أَحْرُفَها   فَأَطْرِبي زائِريكِ والشُّرَفا

دائِرَةٌ لِلْمَعارِفِ انْفَتَقَتْ   ذِكْرًا غَدَتْ آفاقٌ بِها هُتَفا

ذي شَذَراتُ السَّلامِ يُرْسِلُها   كَرْباسَ تَصْفو إِلَيْكُمْ تُحَفا

ملحق (١)
في ضيافة الشيخ اليعقوبي

من المفيد ذكره أن الشيخ الكرباسي خلال وجوده في العراق في الفترة (٢/٧ - ٢٠١٢/٩/١٠م) وتنقله في المدن المقدسة كربلاء المقدسة والنجف الأشرف والكاظمية المشرفة وسامراء المقدسة زارته وفود كثيرة تمثل ألوان الطيف العراقي، ومنها وفود من من مكاتب المرجع الديني الشيخ محمد اليعقوبي من عدد من المدن[1] العراقية[2]، وقام سماحته بزيارة المرجع اليعقوبي في مقر إقامته في مدينة النجف الأشرف ظهيرة الخميس ٦/٩/ ٢٠١٢م، وضم الوفد رئيس لجنة الشهداء والسجناء السياسيين في مجلس النواب العراقي فضيلة الشيخ محمد الهنداوي والعلامة الشيخ سلطان علي

---

(1) المفيد ذكره أن وفداً من مقلدي المرجع اليعقوبي كان قد زار المحقق الكرباسي في المركز الحسيني للدراسات بلندن يوم ٢٠١١/١١/٢١، وكنت ممن حضر اللقاء، وضم الوفد كلا من: الشيخ محمد الرفيعي، الدكتور رافد الأزيرجاوي، الشيخ حيدر الأمطوري، الحاج جلال العلوان، والأستاذ عبد الرحمن الجوراني. للمزيد، راجع: أجنحة المعرفة.. قراءة موضوعية في الموسوعة الحسينية: ٥٤٧، نضير الخزرجي.

(2) خلال وجود الشيخ الكرباسي في النجف الأشرف زاره وفد من حزب الفضيلة الذي يهتدي بأفكار ورؤى الشيخ اليعقوبي، وذلك يوم ٢٠١٢/٧/٢٣م، ومن أعضاء الوفد الأستاذ أبو علي الجبوري والأستاذ حيدر كريدي، وخلال هذه الفترة كنت قريباً من راعي الموسوعة في حله وترحاله وحضرت اللقاء. كما زاره وفد آخر من حزب الفضيلة الاسلامي يوم ٧/ ٢٠١٢/٩م خلال زيارة أخرى قام بها العلامة الكرباسي لمدينة النجف الأشرف، وكان من ضمن الوفد النائب كريم اليعقوبي.

الصابري والأستاذ علي التميمي والدكتور نضير الخزرجي، وقد أصدر مكتب المرجع اليعقوبي بياناً بهذه الزيارة نشر في وسائل إعلام مختلفة، جاء فيه:

المرجع اليعقوبي يبحث مع العلامة الشيخ صادق الكرباسي
أوضاع المسلمين في العالم والعراق خاصة[1]

بواسطة: صبري الناصري[2]

بحث المرجع الديني الشيخ محمد اليعقوبي مع العلامة الشيخ محمد صادق الكرباسي المشرف العام على موسوعة المعارف الحسينية في لندن أوضاع المسلمين في العراق والعالم.

ونقل بيان: (إن المرجع اليعقوبي استقبل في مكتبة في النجف الاشرف وفداً رفيع المستوى يمثل كلاً من عضو مجلس النواب العراقي الشيخ محمد الهنداوي والعلامة الشيخ محمد صادق الكرباسي المشرف العام على موسوعة المعارف الحسينية التي تصدر في لندن والأديب الشيخ سلطان علي الصابري والدكتور نضير الخزرجي[3] وعلي التميمي.

وناقش اليعقوبي والكرباسي الأوضاع الإسلامية في العراق والعالم وما

---

(1) نشر التقرير الخبري موقع شبكة أخبار الناصرية (www.nasiriyah.org). ونشره موقع الأمل نيوز (www.alamelnews.com) بتاريخ ٢٠١٢/٩/١٧م بالعنوان التالي: (المرجع الديني الشيخ محمد اليعقوبي يبحث مع العلامة الشيخ محمد صادق الكرباسي اوضاع المسلمين في العالم والعراق).

(2) لم أقف على شخصية كاتب التقرير رغم المراسلات مع بعض المقربين من مكتب الشيخ اليعقوبي.

(3) كنت قد زرت الشيخ اليعقوبي في المكان نفسه بالنجف الأشرف، في ٢٣ آذار مارس عام ٢٠٠٨ بعد انتهاء المؤتمر الثاني للقوى السياسية لدعم المصالحة الوطنية، الذي انعقد في بغداد في الفترة (١٨-١٩/٣/٢٠٠٨م) تحت شعار: «معاً لوحدة القوى الوطنية العراقية لتحقيق الأمن والاعمار واستكمال السيادة» الذي كنت قد دعيت إليه بدعوة رسمية من قبل وزير الحوار الوطني السابق الدكتور أكرم موسى الحكيم، وجاء خبر الزيارة الذي أصدره المكتب الإعلامي للمرجع اليعقوبي على النحو التالي:
=

ينبغي أن تقوم به المرجعية الدينية المعظمة من دور تجاه كافة القضايا التي تهم المسلمين في أنحاء العالم لاسيما أتباع أهل البيت ﷺ وثمن كل منهما جهود الآخر على الصعيد الفكري والفقهي والحوزوي والتبليغ الديني وتحصين الأمة ثقافياً وأخلاقياً.

من جانبه قال النائب الشيخ محمد الهنداوي مخاطباً سماحة العلامة الشيخ محمد صادق الكرباسي: إن هذا الجهد الذي نبذله نحن في إعلاء كلمة الله تعالى وخدمة الناس والتواصل مع رجالات الدين والإصلاح هو بدفع من سماحة المرجع اليعقوبي الذي نحس بقوة عندما نجلس معه أو تصلنا توجيهاته)[1].

= بيان صحفي
المكتب الإعلامي لسماحة المرجع الديني آية الله العظمى الشيخ محمد اليعقوبي (دام ظله).
العراق- النجف الاشرف
الاحد ١٥/ ربيع الاول /١٤٢٩هـ- ٢٣ آذار/٢٠٠٨م.
الكاتب والاعلامي المغترب نضير الخزرجي يزور المرجعية الرشيدة
زار الاعلامي والباحث العراقي المقيم في لندن الدكتور نضير الخزرجي المرجع الديني سماحة اية الله العظمى الشيخ محمد اليعقوبي (دام ظله) في مكتبه بالنجف الاشرف.
وتطرق الدكتور الخزرجي الى نتائج المؤتمر الثاني للقوى السياسية لدعم المصالحة الوطنية والذي كان احد المدعوين فيه، وأكد سماحة المرجع اليعقوبي ضرورة اخلاص النية في العمل من أجل تحقيق المصالحة وأن لا تقتصر على المؤتمرات بل تكون الارادة حقيقية وجادة في انقاذ البلاد مما هي عليه الان.
وأطلع د. الخزرجي سماحة المرجع اليعقوبي على أطروحته للدكتوراه الموسومة (العمل الحزبي في المنظور الاسلامي) حيث جرى الحديث حول أهمية العمل الحزبي في العراق، ومن الجدير بالذكر ان سماحة الشيخ اليعقوبي قد حدد للامة اهمية العمل السياسي بخطاب المرحلة «العمل السياسي من الواجبات الشرعية» فتأتي هذه الاطروحة متزامنة مع ما شخصته المرجعية الرشيدة.
وتساءل سماحته عن أحوال الجالية العراقية في بريطانيا، فنقل الخزرجي لسماحته بعض معالم النشاط الاسلامي هناك وبخاصة في المدارس والجامعات البريطانية.

(١) قام سماحة الشيخ اليعقوبي بتوديع سماحة الشيخ الكرباسي إلى خارج المكتب، وأثناء توديعي لسماحته أسرَّني في أذني قائلا: «الله الله في الشيخ الكرباسي، فلا تتركوه لوحده فهو شخصية نادرة في زماننا».

ملحق (٢)
بنو الكرباس فخرُ عشيرتي

قام الشيخ الكرباسي بزيارة ثالثة للنجف الأشرف يوم الجمعة ٧/٩/ ٢٠١٢م (١٩ـ شوال ١٤٣٣هـ)، وفيها شمل التأم أسرة آل الكرباسي من كل أنحاء العراق في مدينة أمير المؤمنين للمرة الثانية، حيث كانت الأولى في مدينة كربلاء المقدسة يوم ٢٠١٢/٨/١١م (٢٢ رمضان ١٤٣٣هـ).

وجرى في هذا اللقاء الأسري العام الذي ضمّهم مطعم سوباط في شارع مصطفى جمال الدين (قرب جسر الاسكان)، إلقاء عدد من الكلمات والقصائد[1]، وكان للشاعر الجزائري الدكتور عبد العزيز مختار شبّين حضور من خلال قصيدة بعنوان «بنو الكرباس فخر عشيرتي» وهو لسان حال الشيخ محمد صادق الكرباسي قرأها بالنيابة الدكتور محمد باقر جعفر الكرباسي، وهي من بحر الطويل في ٣٧ بيتاً، ونصها:

وَحَاذِرْهُ لَا تَبْسُطْ يَدَيْكَ لَهُ مَدًّا	هُوَ الدَّهْرُ خَوَّانٌ فَلَا تُعْطِهِ خَدًّا
فَلَا ذِمَّةً رَاعَيْنَ رَعْيًا وَلَا عَهْدَا	خَبِرْتُ بِهِ الأَيَّامَ يَمْضِينَ قُلَّبًا
وَطَوَّحَ بِي خَوْفًا وَخَيَّبَ لِي قَصْدَا	قَصَدْتُ بِهِ نَيْلَ الأَمَانِ فَخَانَنِي
وَلَمْ أَرَ أَصْفَى مِنْ مَوَارِدِهِ وِرْدَا	فَلَمْ أَرَ أَرْقَى مِنْ عُرَى الوَصْلِ زُلْفَةً

---

(١) من الذين تحدثوا في هذا اللقاء: الشيخ محمد صادق محمد الكرباسي، الشيخ الدكتور عباس كاشف الغطاء، الأستاذ علي محمد التميمي، والإعلامي فراس عباس الكرباسي، وغيرهم.

إِلَيْكُمْ بَنِي قَحْطَانَ أَرْسَلْتُ مُهْجَتِي   حَمَامًا شَدَا حُبًّا وَشَوْقًا زَكَا وُدَّا

وَأَنْتُمْ بَنِي الكَرْبَاسِ فَخْرُ عَشِيرَتِي   أَرَى فِي مَعَالِيهَا الكَرَامَةَ وَالمَجْدَا

صَبَاحًا تَجَلَّى مِنْ عُيُونِ شَبَابِهَا   وَمِنْ شِيبِهَا حِلْمًا يُعَلِّمُهَا رُشْدَا

وَأُفْقًا مِنَ الأَحْلَامِ تَزْدَانُ حِكْمَةً   أَضَاءَ سَنَاهَا فِي الدَّيَاجِيرِ وَامْتَدَّا

سِرَاجًا تُضِيئُونَ الزَّمَانَ بِوَهْجِهِ   فَلَا زِلْتُمْ بَيْنَ العِبَادِ لَهُ زَنْدَا

كِتَابًا مِنَ السِّحْرِ البَيَانِ شَرَحْتُمْ   وَبَيَّضْتُمْ مَا كَانَ بِالظَّنِّ مُسْوَدَّا

بَنِي نَخَعٍ (١) خِصْبُ الفُتُوحِ رَبِيعُكُمْ   فَتَحْتُمْ لَهُ بَابًا فَأَسْكَنَكُمْ خُلْدَا

بِمَا تَسَعُ الدُّنْيَا أَزُفُّ مَحَبَّتِي   لِأَفْئِدَةٍ بَيْضَا حَفِظْتُ لَهَا وَعْدَا

تُعَطِّرُنِي مِنْ أَشْتَرِيِّيْنَ دَوْحَةٌ   أُجَلِّلُهَا مَدْحًا وَتَنْفَحُنِي رَنْدَا

بَسَطْتُ بَنِي قَوْمِي إِلَيْكُمْ يَدَ الوَفَا   فَلَا تَقْبِضُوا بُخْلًا، وَلَا تَقْطَعُوا صَدَّا

أُؤَمِّلُ فِيكُمْ كُلَّ نَجْمٍ مُجَنَّحٍ   تَطِيرُ بِهِ نَحْوَ العُلَى الغَايَةُ الأَنْدَى

بِرُغْمِ الدُّجَى تَخْطُو خُطَاهَا كَوَاكِبٌ   إِلَيْهَا يَنَابِيعَ الصَّفَا ثَرَّةً تُهْدَى

وَتَبْلُغُهَا غُرَّ البِشَارَاتِ فِتْيَةٌ   كَمَا الرِّيحِ سَبَّاقُونَ لَمْ يُبْطِئُوا جَهْدَا

مَشَيْتُ وَبِي شَوْقٌ إِلَى عَرَصَاتِهِمْ   أُبَادِلُهَا بَوْحًا وَتَغْمُرُنِي وَجْدَا

تُعَرِّي أَفَانِينِي العَوَاصِفُ غُرْبَةً   عَلَى صَخْرَةِ المَنْفَى فَتُلْبِسُنِي بُرْدَا

نَثَرْتُ بَنِي قَوْمِي دُمُوعَ حَرَائِقِي   فَمَنْ مِنْكُمْ يُطْفِي لِمُسْتَعْبِرٍ وَقْدَا

أَعُدُّ بِأَنْفَاسِ الحُرُوفِ رَسَائِلِي   إِلَيْكُمْ وَلَمْ أَقْرَأْ مِنَ اللَّهْفَةِ الرَّدَّا

أُطَاوِلُ أَعْنَاقَ النُّجُومِ أَرَى بِهَا   لَكُمْ مَرْبَعًا خِصْبًا غَدَوْتُمْ بِهِ أُسْدَا

تَوَارَثْتُمْ مِنْ أَشْتَرٍ (٢) شِيمَةَ الإِبَا   وَعُلِّمْتُمْ مِنْ حَيْدَرٍ (٣) الطَّعْنَ وَالشَّدَّا

---

(١) بنو نخع: إشارة إلى مالك بن الحارث الأشتر النخعي المذحجي (٢٥ق.هـ - ٣٩هـ) المستشهد في مصر في منطقة الخانقاه في عهد الإمام علي ﷺ، الجد الأعلى للأسرة الكرباسية.

(٢) أشتر: هو مالك النخعي، وقيل الأشتر لشتر في عينه حيث أصيب جفنها الأسفل بالسيف في معركة اليرموك في الشام ضد الروم عام ١٣ للهجرة.

(٣) حيدر: من ألقاب الإمام علي ﷺ.

أَلَمْ يَكُ سَيْفُ الأَشْتَرِ الصَّلْدِ صَارِمًا   بِكَفِّ عَلِيٍّ فِي رَوَاحٍ وَفِي مَغْدَى

وَأَنْتُمْ سَلِيلُ الأَشْتَرِيِّينَ طِينَةً   فَأَنْعِمْ بِهَا مَهْدًا، وَأَكْرِمْ بِهَا لَحْدَا

تَمُرُّونَ مَرَّ الغَادِيَاتِ سَلَامَةً   تَفُكُّونَ عَنْ كَفَّيْ جَرِيحٍ العَرَا صَفْدَا

وَتُعْلُونَ هَامَاتِ الشُّمُوخِ مُرُوءَةً   بِهَا كُنْتُمْ بَيْنَ الوَرَى الفِتْيَةَ المُرْدَا

رَسُولِي إِلَيْكُمْ خَالِصُ الحُبِّ مُفْعَمٌ   فَلَا رَدَّ مَرْسُولاً، وَلَا سَائِلاً أَكْدَى

فَفِيكُمْ غَدًا وَعْيُ البَصِيرَةِ مُشْرِقًا   إِنَاثًا وَذُكْرَانًا أَرَى مِنْكُمُ الجِدَّا

بَنِي أَشْتَرَ المِيثَاقِ فِيكُمْ كَرَامَةٌ   وَسَيْفٌ وَلاَّ لَمْ يَعْرِفِ الفَلَّ وَالغِمْدَا

وَثَاقِي إِلَيْكُمْ حُبُّ آلِ مُحَمَّدٍ   فَلَا تَبْخَسُوا حَقًّا وَلَا تُنْقِضُوا عَقْدَا

أَرَاكُمْ لِسَانَ الحَقِّ فِي كُلِّ مَحْفِلٍ   بِهِ غُرَّدًا تَشْدُونَ لَا حَجَرًا صَلْدَا

حَنِينُ الهَوَى قَدْ سَاقَنِي نَحْوَ أُسْرَةٍ   فَرَشْتُ لَهُمْ قَلْبِي وَأَغْصَنَهُ المُلْدَا

أَتَيْتُهُمْ سَعْيًا أَرُمُّ مَا بَنَى الـ   أُلَى لَمْ أَكُنْ غِرًّا وَلَا رَجُلاً جَعْدَا

أُحَبِّذُ مَا فِي الأَشْتَرِيِّينَ مِنْ تُقًى   قُلُوبُهُمُ الإِيمَانُ لَا يَعْرِفُ الحِقْدَا

يَدِي فِي أَيَادِي الأَكْرَمِينَ كَرِيمَةٌ   أَشَدُّ عَلَى أَهْلِ العَطَاءِ بِهَا شَدَّا

يَظَلُّ أَذَانِي فِي الضَّمَائِرِ صَحْوَةً   يُجَلِّي سُبَاتَ اللَّيْلِ عَنْ أَعْيُنٍ رَمْدَا

(٥)

«موسوعة حسينية أَمْ ثورة معرفية»

الموسوعة الحسينية

في

كربلاء المقدسة

٢٠١٢/٦/٣٠م

(لجنة الشهداء والسجناء السياسيين في مجلس النواب العراقي)

البذور الأولى لنشأة دائرة المعارف الحسينية

فقرات مهرجان كربلاء المقدسة

لجنة الشهداء والسجناء السياسيين في مجلس النواب العراقي

⁕ القرآن الكريم : المقرئ الحاج كريم كاظم الهنداوي

⁕ مقطوعات شعرية : الأديب حسين صادق الكربلائي

⁕ كلمة الشيخ محمد كاظم الهنداوي

⁕ كلمة الدكتور نضير رشيد الخزرجي

⁕ قصيدة الأديب رضا كاظم الخفاجي

⁕ قصيدة الشاعر أحمد حمادي الطويرجاوي

⁕ قصيدة الشاعر كاظم جواد الحلفي

⁕ قصيدة أنشدها عباس فاضل العيساوي

⁕ قصيدة الدكتور عبد العزيز مختار شبّين (د. حسين أبو سعود)

⁕ كلمة الدكتور تحسين حميد الطائي

⁕ تقديم دروع الإبداع

⁕ سلسلة لقاءات وحوارات متلفزة

البذور الأولى لنشأة دائرة المعارف الحسينية

(٥)

محافظة كربلاء المقدسة[1]

مهرجان حاشد في كربلاء يؤكد على مؤازرة أوسع دائرة معرفية[2]

بحضور جمع كبير من المثقفين والأدباء والسياسيين والجامعيين[3]

---

(١) كربلاء المقدسة: مدينة عراقية تقع في الفرات الأوسط في جنوب غرب العاصمة بغداد على مسافة ٩٩ كيلومتراً بالسيارة و٨٣ كيلومتراً حسب الخارطة، وفيها مرقد الإمام الحسين بن علي ﷺ وأخيه العباس بن علي ﷺ.

(٢) قام المركز الحسيني للدراسات بتوزيع التقرير الخبري على وسائل الاعلام المختلفة، ونشر في الكثير منها، على سبيل المثال: موقع كتابات في الميزان (www.kitabat.info) بتاريخ ٥/٧/ ٢٠١٢م، موقع مؤسسة الرسول الأعظم في سيهات (www.rasooiest.nt)، وموقع مؤسسة فراديس العراق (www.iraqparadises.com) بتاريخ ٦/٧/٢٠١٢م.

(٣) خلال وجود المحقق الشيخ محمد صادق الكرباسي في كربلاء المقدسة زاره عدد من الأساتذة والجامعيين من داخل العراق وخارجه، منهم: الدكتور محمد رضا فخر روحاني صباح ٦/٧/ ٢٠١٢م وهو من الأساتذة الجامعيين في مدينة قم المشرفة بإيران. مدرس اللغة الانكليزية الأستاذ رضا الحفار صباح ٩/٧/٢٠١٢م. الدكتور عدنان طعمة، خبير الأدب الإسباني المقيم في اسبانيا، وذلك يوم ١٦/٧/٢٠١٢م. المهندس رحيم عجيل الامارة يوم ٢١/٨/ ٢٠١٢م. الدكتور مهدي نصر الله (أستاذ جامعي) وذلك عصر ٢٢/٨/٢٠١٢م مع شقيقه الطبيب الدكتور حسن نصر الله والاستاذ سمير عبد الأمير نصر الله. الأستاذ الجامعي الدكتور مصطفى الزيني الحسني صباح ٢٢/٨/٢٠١٢م وتكررت زيارته يوم ٢٦/٨/٢٠١٢م ويوم ١/٩/٢٠١٢م.

ورؤساء العشائر ومسؤولي الحكومة المحلية على رأسهم المحافظ[1] المهندس آمال الدين الشيخ مجيد الهر [2] ووسائل الإعلام المختلفة وعدد من ممثلي المرجعية الدينية[3] في كربلاء المقدسة والنجف الأشرف وأعضاء

---

(1) التقيت ثانية بالمهندس آمال الدين الهر في مقر إقامة سماحة الشيخ محمد صادق الكرباسي في جناح مجمع السفير الطبي في كربلاء المقدسة يوم ٢٠١٢/٩/٤م، وحينها كان محافظ كربلاء المقدسة على رأس وفد لزيارة الفقيه الكرباسي، وفي هذا اللقاء الحيوي دعا المهندس الهر سماحته والوفد المرافق له لجولة على مدينة كربلاء وضواحيها للاطلاع على آخر المشاريع الإعمارية، وقد تمت الجولة يوم الجمعة ٢٠١٢/٩/٧م، ولم أوفق لمصاحبتهم فقد كنت حينها في طريقي من بغداد الى كربلاء المقدسة بعد أن انهينا الندوة الفكرية التي عقدت عصر الخميس ٢٠١٢/٩/٦م في مكتبة الجوادين في العتبة الكاظمية المشرفة.

(2) آمال الدين مجيد الهر: هو حفيد حميد بن كاظم الأسدي الحائري، ولد في مدينة كربلاء المقدسة سنة ١٩٥٥م، نشأ ودرس في مسقط رأسه، وأكمل الدراسة الجامعية في كلية الزراعة بجامعة بغداد ونال شهادة (بكالوريوس) هندسة وقاية سنة ١٩٧٦م، ومارس الوظيفة في دائرة زراعة منطقة الحر بكربلاء سنة ١٩٧٩م إلى جانب النشاط السياسي ثم هاجر من العراق سنة ١٩٨١م واستقر في إيران، وفي المهجر ساهم في إنشاء المنتديات الثقافية إلى جانب العمل في إدارة المزارع، وعاد الى مسقط رأسه بعد سقوط النظام عام ٢٠٠٣م، انتخب لعضوية مجلس محافظة كربلاء سنة ٢٠٠٥م، تولى مديرية الزراعة سنة ٢٠٠٦م، وفي عام ٢٠٠٩م تم انتخابه لعضوية مجلس المحافظة ثانية وأصبح محافظاً لها حتى ٢٤/ ٢٠١٣/٦م (١٤ شعبان ١٤٣٤هـ) حيث خلفه في هذا اليوم الأستاذ عقيل عمران الطريحي.

(3) خلال وجود العلامة آية الله الشيخ محمد صادق الكرباسي في العراق قام عدد من ممثليات المرجعية الدينية بزيارته في مقر إقامته في كربلاء المقدسة، وقد قام العلامة الكرباسي بزيارة عدد من مراجع التقليد والبيوتات العلمية، منها زيارة للمرجع الديني الأعلى الإمام السيد علي الحسيني السيستاني في النجف الأشرف يوم ٢٠١٢/٧/٨م، وفي هذا اللقاء الذي رافقه فيه الشيخ سلطان علي الصابري، والشيخ محمد الكرباسي والأستاذ علي التميمي، أثنى المرجع السيستاني على جهود المحقق الكرباسي في موسوعة دائرة المعارف الحسينية متمنيا له مزيد التوفيق، كما فُتح باب الحديث عن الحياة في المجتمعات الغربية وعلاقة المسلمين بالمجتمع، كما تم التطرق في اللقاء الى مسائل فقهية لها علاقة بحياة المسلمين في الغرب، وتناول الشيخ الكرباسي من جانبه الحديث عن الفجر في لندن وما توصل اليه من انعدام الفجر الصادق من منتصف شهر أيار مايو الى منتصف شهر تموز يوليو حيث اعتمد في وضع مواقيت الصلاة على انتشار النور لعدم تحقق الفجر الصادق، وقد وافقه المرجع السيستاني الرأي بأن للفجر مصداقية فاذا انعدم صار الأمر الى ازدياد النور في تشخيص وقت صلاة الفجر.

مجلس النواب العراقي منهم النائب عن الديوانية الأستاذ إحسان العوادي^(١)، وعلى قاعة النور في مدينة كربلاء المقدسة رعى الشيخ محمد الهنداوي^(٢) رئيس لجنة الشهداء والسجناء السياسيين في مجلس النواب العراقي مهرجاناً جماهيرياً في ٢٠١٢/٦/٣٠م لتكريم دائرة المعارف الحسينية بوصفها أكبر وأضخم موسوعة عبر التاريخ والمتكونة من ٧٠٠ مجلد صدر منها ٧٧ جزءاً.

وتحت شعار (موسوعة حسينية أم ثورة معرفية) افتُتح الحفل بآي من القرآن الكريم تلاها المقرئ الحاج كريم الهنداوي^(٣)، ثم استُهل المهرجان بمقطوعة شعرية لمقدم الحفل الأديب حسين صادق مهدي الكربلائي^(٤)،

---

(١) إحسان العوادي: هو إبن ياسين بن شاكر بن حسين الموسوي، ولد في مدينة الديوانية (القادسية) في ١٩٧٦/٥/٢٥م، مهندس ونائب في مجلس النواب العراقي، نال الشهادة الجامعية (بكالوريوس هندسة) من جامعة بغداد عام ١٩٩٨م، تولى مناصب إدارية عدة في بلدية الديوانية منذ ٢٠٠١/٩/١١م وما زال، دخل في دورات عمل لتطوير المهارة في داخل العراق وخارجه، دخل مجلس النواب عام ٢٠١٠م عن تجمع كفاءات العراق المستقل، عضو لجنة الخدمات والإعمار النيابية، رشّح مرة أخرى للانتخابات ولم يحصل على العتبة الانتخابية في دورة ٢٠١٤/٤/٣٠م، وفي كانون الأول من عام ٢٠١٤م تم تعيينه مستشاراً في وزارة الخارجية العراقية.

(٢) وبعد أيام من المهرجان الكبير التقيت بالنائب الشيخ محمد الهنداوي في مكتبه في مدينة طويريج بمعية الأستاذ علي قاسم التميمي مدير مكتب دائرة المعارف الحسينية، والدكتور حسين أبو سعود والأستاذ هاشم مزهر الطرفي، كما التقيت به خلال زيارته للعلامة الكرباسي يوم ٢٠١٢/٨/٣١م.

(٣) كريم الهنداوي: هو ابن كاظم بن فيروز الهنداوي، ولد في قضاء الهندية (طويريج) عام ١٩٥٨م، تلقى علومه الدينية في مساجد مدينته منذ نعومة أظافره حتى أضحى حافظا للقرآن الكريم بعد العشرين من عمره، ملمّا بعلومه، شارك في مسابقات دولية وحقق نتائج جيدة، وهو الآن قارئ مرقد السيد أبي هاشم محمد بن الحمزة في مدينة طويريج، له: المختصر المفيد في أحكام التجويد.

(٤) حسين صادق الكربلائي: هو حفيد مهدي، ولد في مدينة كربلاء المقدسة في ١٩٥١/٧/١م وفيها مات في ٢٠١٦/٣/٢٢م، شاعر وأديب وتدريسي، نشأ ودرس في مسقط رأسه ونال الشهادة الجامعية في علوم الرياضيات من جامعة البصرة سنة ١٩٧٥م، مارس التدريس نحو ٢٠ عاماً وتولى إدارة إعدادية التجارة في كربلاء حتى عام ١٩٩٠م، تفرغ بعد عام=

وبعدها استقل منصة الخطابة الشيخ محمد الهنداوي، حيث وصف الموسوعة الحسينية بأنها ثورة معرفية تستحق التوقف عندها والتأمل فيها طويلا، ووجد الهنداوي : (ان دائرة المعارف الحسينية ليست كالأبحاث الحسينية العادية ففيها أبحاث متنوعة ذات صلة بالنهضة الحسينية، والثورة الحسينية تستوعب هذا الكم الضخم من المجلدات لأنها اختزلت الإسلام كما أنها أخذت جوهر القرآن والسنة المطهرة)، وأضاف المتحدث : (نحن أمام مشروع كبير يستحق الاحتفاء والتثمين والتقدير ويستحق من كربلاء المقدسة وبقية المحافظات العراقية أن تقف مع هذا الجهد حتى يرى النور إلى آخر جزء من مجلداته، وسيأسف الجميع إذا توقف هذا المشروع النهضوي والمعرفي العظيم، ولذلك أدعو الكل إلى المساهمة في رفد هذه الموسوعة كل من موقعه حتى نراها كاملة غير منقوصة)، وعبَّر عن عظيم تقديره واحترامه لراعي الموسوعة ومؤلفها الفقيه الدكتور محمد صادق الكرباسي الذي نذر حياته وما يملك لهذا العمل الحسيني الكبير (١).

من جانبه عبر رئيس وفد دائرة المعارف الحسينية إلى العراق الدكتور نضير الخزرجي عن سروره وفخره بالوقوف بين أهله وأحبائه يتصفح وجوههم الطيبة التي لفحتها شمس كربلاء وتساقطت على محياهم أشعتها وتناهت إلى أسماعهم نداءاتها «يا حسين يا حسين» فتلقفتها أفئدتهم آهات ودموعاً وترجمتها ألسنتهم لبيك لبيك داعي الله.

وعن تاريخ البذرة الأولى للموسوعة الحسينية التي بدأت بنحو ٣٥٠

= ٢٠٠٣م للعمل في العتبة الحسينية، معاون رئيس قسم الشؤون الفكرية في العتبة الحسينية، له مشاركات كثيرة في مهرجانات ثقافية وأدبية كثيرة في مسقط رأسه والمحافظات العراقية، له تحت الطبع ديوان: «ألق الشهادة وعبق الوفاء».

(١) سبق للشيخ محمد كاظم الهنداوي أن زار المؤلف الشيخ الكرباسي في مقر عمله في المركز الحسيني للدراسات بلندن في ٢٠١١/١٠/١٥م، وقد أطلعته في حينها على جوانب من نتاجات الموسوعة الحسينية ورأى بأم عينه مئات مجلدات الموسوعة المخطوطة بقلم المؤلف.

مجلداً ووصلت اليوم إلى ٧٠٠ مجلد، أضاف الخزرجي: (في ليلة الحادي عشر من محرم الحرام عام ١٩٨٧م وفي تلك الليلة حيث خمدت نيران الخيام المحترقة بعد مجزرة مروعة تساقطت فيها الأجساد وتطايرت الرؤوس وتجمع ركب الأسر الهاشمي يلوذون بسيدة كربلاء زينب الكبرى، لاذ الكرباسي بعباءته يجمع شتات الحسين ﷺ وتراثه ليعلن على الملأ إنطلاق أول وأكبر موسوعة معرفية عن النهضة الحسينية في ستين باباً من أبواب المعرفة، فصدر الجزء الأول عام ١٩٩٤م فيما صدر الجزء الأخير وليس الآخر رقم ٧٧ منتصف عام ٢٠١٢م).

ورأى المتحدث ان الشيخ محمد صادق الكرباسي كان للحسين ﷺ كما كان جده الأعلى مالك الأشتر للإمام علي ﷺ سنداً وعضداً، وهي مرتبة لا يلقاها إلا ذو حظ عظيم.

الأديب والشاعر العراقي رضا الخفاجي [1] كان له حضوره المتميز [2] في المهرجان التكريمي بقصيدة من (الكامل) ومطلعها:

---

(١) رضا الخفاجي: هو ابن كاظم بن جواد الخفاجي، ولد في مدينة كربلاء المقدسة عام ١٣٦٧هـ (١٩٤٨م) في أسرة ينظم ربانها الشعر، أديب وشاعر وكاتب مسرحي، نشأ ودرس في مسقط رأسه، ونال من الجامعة المستنصرية ببغداد الشهادة الجامعية (البكالوريوس) سنة ١٩٧٣م في علوم السياسة، عمل في مديرية الإعلام الداخلي ووكالة الأنباء العراقية حتى العام ١٩٨١م، وتفرغ لمهنة الوالد (الصياغة) فكان ينضد الكلمات شعراً وهو في العقد الثاني من عمره الى جانب فن الصياغة، من نتاجاته: فاتحة الكرنفال (شعر)، المواقد تنأى (شعر)، وصوت الرياحي (مسرحية).

(٢) قام الأديب رضا كاظم الخفاجي بزيارة مؤلف الموسوعة الحسينية الشيخ الكرباسي، وذلك عصر ٢٠١٢/٧/١٣م ضمن وفد من اتحاد الأدباء والكتاب في كربلاء رأسه الأديب عباس خلف الدعمي رئيس الاتحاد، وحضره عدد من الأدباء والإعلاميين والشعراء منهم: الإعلامي نبيل المسعودي، الإعلامي تيسير الأسدي، والشاعر عودة ضاحي التميمي. وحينها كنت في الطريق من محافظة صلاح الدين الى كربلاء المقدسة بعد أن انتهينا من مهرجان مرقد سيد محمد في قضاء بلد الذي انعقد صباح ذلك اليوم. وتكررت زيارات الأدباء والإعلاميين للعلامة الكرباسي، منها زيارة الإعلامي أزهر خميس يوم ٢٠١٢/٧/٣م، الكاتب عبد الهادي البابي مساء ٢٠١٢/٨/٣١م وقد حضرت هذا =

باسم الحسين نشيدنا يتواصلُ في كلِّ عصرٍ تُستفزُّ فصائلُ

ثم يواصل إنشاده حتى يقول:

واليـوم جئنـا نحـتفي بمسيرة قـادَ العـطاءَ بهـا تقيٌّ فاضلُ

موسـوعة باسم الحسـين تألَّقت ومسـيرة باسم الحسـينِ تناضلُ

كـي تـعرف الـدنيا حسـيناً آية قدسـيـة بـثرائهـا تتكـاملُ

وتوالت القصائد الحسينية والترحيبية لشعراء من الشعر الدارج والقريض، منهم الشاعر السيد أحمد حمادي الطويرجاوي (١)، والشاعر كاظم الحلفي (٢)، والشاعر عباس فاضل العيساوي (٣)، فضلا عن مقدم

= اللقاء. وزيارة الإعلامي الباكستاني السيد عباس الرضوي يوم ٢٠١٢/٧/٣م. والأديب محمد علي مجيد هدو مدير تحرير مجلة المصباح يوم ٢٠١٢/٩/٦م.

(١) أحمد حمادي الطويرجاوي: هو أحمد بن حمادي الموسوي الطويرجاوي من شعراء كربلاء المقدسة ولد في قضاء الهندية (طويريج) في ١٩٥٥/٧/١٠م، لم يكمل الدراسة الابتدائية وتوجه نحو الأعمال الحرة، ووهبه الله قريحة النظم، بدأ نظم الشعر الشعبي مطلع ثمانينيات القرن العشرين، ومع مطلع التسعينيات تفرغ الى الولاء في مدح أهل البيت ﷺ ورثائهم، قرأ له كبار الروادين والمنشدين منهم الحاج جاسم النويري الطويرجاوي والحاج حامد حمزة الطويرجاوي والمنشد خالد الكربلائي، له ديوانان مطبوعان، أحدهما بعنوان: «ما كسبته بحياتي».

(٢) كاظم الحلفي: هو ابن جواد بن صادق بن محمد الحلفي الربيعي، ولد سنة ١٩٣٦م في بغداد بمنطقة الصالحية، شاعر وإعلامي، مهندس زراعي استشاري، انتقل صغيراً الى كربلاء المقدسة عام ١٩٤١م، وفيها درس الابتدائية والثانوية، بدأ بنظم الشعر الشعبي عام ١٩٥٢م وفي عام ١٩٥٦م بدأ بنظم القصيدة العمودية، تخرج من الإعدادية عام ١٩٥٨م وعُين معلماً لشهور عدة ثم التحق بكلية الزراعة بجامعة بغداد سنة ١٩٥٩م وتخرج منها مهندسا زراعيا سنة ١٩٦٣م، مارس التدريس في اعدادية زراعة كربلاء المهنية (ابن البيطار) حتى تقاعده سنة ١٩٩٥م، وهو الآن محاضر خارجي بكلية الزراعة في جامعة كربلاء، نشر قصائده في الصحف والمجلات وله مشاركات كثيرة في المناسبات، له سبعة دواوين مخطوطة منها شآبيب الرحمة.

(٣) عباس فاضل العيساوي: هو حفيد مُنجي، منشد وشاعر، ولد في قضاء الهندية بمحافظة كربلاء المقدسة في ١٩٦٤/٦/٢٠م، نشأ ودرس في مسقط رأسه وأنهى اعدادية الصناعة عام ١٩٨٣م، وبسب انشاده الشعر الحسيني واحيائه للشعائر الحسينية تعرض للاعتقال أكثر من مرة في كربلاء المقدسة والنجف الأشرف والحلة، واظب منذ أن كان له من العمر ١٥ =

الحفل الشاعر حسين صادق الكربلائي الذي كان ينشد الشعر بين فقرة

وأخرى، فيما كانت القصيدة الأخيرة عن المركز الحسيني للدراسات في

لندن للشاعر الجزائري الدكتور عبد العزيز مختار شَبِّين وهي في إطراء مدينة

كربلاء المقدسة وأعلامها ومعالمها، ألقاها بالنيابة الأديب الدكتور حسين

أبو سعود، جاء في مستهلها :

وَتُـرَوِّي ظَـامِـئًـا فـيـهِ الـدُّمُـوعُ	بِـجِـراحِ الـطَّـفِّ يَـزْدَانُ الـرَّبِـيـعُ
وَبِـهَا ضَـوَّتْ دَيَـاجِيهَا الشُّـمُـوعُ	عَـتَـبَـاتٌ أَزْهَـرَتْ مِـنْـها الـثُّـرَيَّـا

وفيها يشير إلى واحدة من معالم كربلاء القديمة التي تعود إلى عام

١٣٢٤هـ وهي سقاية(١) الحاج علي عبد الحميد العطار البغدادي الخزرجي

= عاماً وحتى اليوم على زيارة المرقد الحسيني والعباسي كل ليلة جمعة منشداً الشعر الولائي داخل المرقد الحسيني والمرقد العباسي، اشتهر بإنشاد الشعر الحسيني في مجالس الخطيب الحسيني السيد محمد الصافي أينما حلّ، يعمل حاليا في مديرية ديوان الوقف الشيعي في كربلاء المقدسة.

(١) ورد ذكر سقاية الحاج علي شاه البغدادي في عدد من الكتب الصادرة عن مدينة كربلاء المقدسة، منها : كربلاء في الذاكرة: ١٨٤، سلمان هادي آل طعمة، مطبعة الصافي، بغداد، ١٩٨٨م. رواديد مدينة كربلاء: ٢٨٢، جاسم عثمان مَرعي، مؤسسة الوفاء، طهران، ١٤٣١هـ (٢٠١٠م). ومعجم المشاريع الحسينية: ٢٩/١ للمؤلف محمد صادق الكرباسي، وجاء فيه :

سقاية الحاج علي بن عبد الحميد البغدادي الخزرجي الشهير بالحاج علي شاه البغدادي المتوفى عام ١٣٢٧هـ (١٩٠٩م)، والمدفون في غرفة خاصة ضمن رواق العلماء على يسار الداخل إلى الحضرة الحسينية من باب الشهداء، حيث أوقفها للإمام الحسين(ﻉ)، وبناؤها قائم الى يومنا هذا في محلة باب النجف سوق الصفارين (عگد الدجاج) في مدينة كربلاء، رغم شبه الخراب الذي حلّ بالدار بخاصة خلال حوادث عام ١٩٩١م (الانتفاضة الشعبانية)، حيث أُنشئت عام ١٣٢٤هـ، ملحقة بدار واقفها، وقد أرَّخ تأسيسها فيما بعد الشاعر السيد مرتضى بن محمد الوهاب المتوفى سنة ١٣٩٣هـ (١٩٧٣م) بهذه الأبيات من بحر المنسرح التي نقشت على القاشاني المثبت على الجانبين الأيمن والأيسر من السقاية، والمتبقى منها هو بقايا من الجانب الأيمن :

سـقـايـة وردهـا مـن الـعـسـل	أنـشـأ عـلـي شـاه مـن مـآثـره
مـن مـنـهـل بـالـرحـيـق مـتـصـل	يـجـري بـهـا الـمـاء بـاردا عـذبـا
(يـفـيـض بـالـطـف سـلـسـبـيـل عـلـي)	بـاسـم الـحـسـيـن اسـتـهـل تـاريـخـا

٢٢٥

الشهير بالحاج علي شاه البغدادي [1] المتوفى عام ١٩٠٩م وهو الجد الأكبر لرئيس وفد الموسوعة الحسينية الدكتور نضير الخزرجي، حيث يُنشد:

إِنَّ لِلْـمَـاءِ بِـوَادِيكِ عُـيُـونـاً   عَـسَـلاً تَـجري وَصَـاديكِ صَـريعُ

بِـيَدَيْ سَـاقِـيكِ شَاءٍ أُتـرِعَ الغَـطِـ   شَى، وَأَرْواهُمْ مِنَ العَيْنِ الخُشُوعُ

وفي صاحب السقاية قال المؤرخ الأديب السيد سلمان هادي آل طعمة [2]: (ألا رحم الله الحاج علي شاه، لقد كان لهفة الحاضر، وزاد المسافر، داعياً للصلاح والخير العام، وعلى مثله فليعمل العاملون) [3].

---

(1) علي عبد الحميد البغدادي: هو حفيد عمران، ولد في بغداد سنة ١٨٥٧م ومات في ٢٦/٦/ ١٣٢٧هـ (١٥/٧/١٩٠٩م)، من وجهاء بغداد وكربلاء المقدسة وأعيانهما، سكن المدينتين، كانت له تجارة واسعة مع الهند وعدد من دول أوروبا، كما كان يملك عشرة في المائة من أسهم قطار التراموي بين الكاظمية والأعظمية (الگاري)، ترك موقوفات كثيرة تولى رعايتها نجله الأكبر جدي الحاج عبد الحميد بن علي شاه البغدادي الخزرجي ثم انتقلت الى نجله الآخر الحاج كاظم بن علي البغدادي الخزرجي، ومن بعده آلت إلى نجله الأصغر شقيق جدنا من الأم والأب الحاج عبد الرسول بن علي البغدادي الخزرجي، ثم تولاها حفيده عبد عون بن حسين بن علي البغدادي الخزرجي، ومنه إلى سليم بن عبد الرسول بن علي البغدادي الخزرجي، ثم آلت إلى شقيقه الطيار المتقاعد عبد الهادي بن عبد الرسول بن علي البغدادي الخزرجي لكنه لم يستلمها واقترح أن يتولاها بدلاً عنه ابن عمه الحاج عدنان بن عبد الحسن بن علي البغدادي الخزرجي حيث تقبلها بقبول حسن ولازالت الوصاية بيده.

(2) سلمان هادي آل طعمة: هو حفيد محمد مهدي بن سلمان الموسوي الحائري، ولد في كربلاء المقدسة سنة ١٣٥٣هـ، من أدباء كربلاء وشعرائها ومؤرخيها، نشأ ودرس في مسقط رأسه وأكمل دار المعلمين سنة ١٩٥٩م ومارس التربية والتعليم في كربلاء إلى جانب مواصلة الدراسة الجامعية فنال من كلية التربية بجامعة بغداد الشهادة الجامعية (البكالوريوس)، كما نال من بيروت الشهادة العالية (الماجستير) والعليا (الدكتوراه)، له مؤلفات كثيرة عن كربلاء وتراثها وتاريخها ورجالها وأدبائها، فضلا عن الدواوين، منها: عشائر كربلاء وأسرها، تراث كربلاء، ومشاهداتي في لندن.

(3) انظر: حكايات من كربلاء: ٣٢، فصل «الحاج علي شاه وكيفية ثرائه»، وقد ترك الحاج علي شاه البغدادي الخزرجي وصية توجد نسخة مصورة منها لدى دائرة المعارف الحسينية، على أن أصل الوصية هي اليوم لدى الوصي الحاج عدنان محمد حسن البغدادي الخزرجي وقد اطلعني عليها سنة ٢٠١١م في منزله بالكرادة من بغداد وأودعني نسخة مصورة منها، وكانت من قبل عند عم والدي الحاج حسين بن علي شاه البغدادي الخزرجي ومن بعده عند كريمته مريم وبعد وفاتها استلمها الحاج رضا بن سعيد بن حسين البغدادي الخزرجي الذي هو الآخر أطلعني=

٢٢٦

ثم يعرج الشاعر الجزائري في قصيدته على الموسوعة وراعيها فيقول:

حُرْمَةُ المَوْسُوعَةِ الخِصْبِ نَدِيٌّ   مُنْتَداها بِالتَّباشيـرِ مَريـعُ

وَسَـلامٌ مِـنْ هُـدَّى كَـرْباسْ يُهْدِيـ   ـهِ شَذًا يَسْتَافُهُ الـحِبُّ المُطيـعُ

وقبل الختام أثنى النائب السابق في مجلس النواب العراقي الدكتور تحسين الطائي[1] على الموسوعة الحسينية وراعيها مفصحاً عن سعادته لهذا الجهد المعرفي الذي ندر نظيره.

وفي نهاية الحفل، قدّم راعي المهرجان عدداً من دروع الإبداع[2] إلى

___

= على عدد من الوثائق المتعلقة بالأسرة الخزرجية خلال زيارتي لمنزله في بغداد في شهر رمضان عام ٢٠١٢م، ومن ثم تسلّمها ابن عم أبي الطيار المتقاعد عبد الهادي بن عبد الرسول بن علي البغدادي الخزرجي وهو بدوره أودعها أمانة عند الوصي الحالي. زودني بهذه المعلومات الأستاذ عبد الهادي البغدادي الخزرجي.

(١) تحسين الطائي: هو ابن حميد بن خليف بن عبد الرزاق اليساري الطائي، ولد في مدينة كربلاء المقدسة في ١٩٧٨/١/١٠م، ويسكن ناحية الحر، نشأ ودرس في مسقط رأسه، وواصل الدراسة في بغداد ونال من جامعتها بكالوريوس هندسة كيمياوية عام ٢٠٠٠م ومن الجامعة نفسها ماجستير هندسة كيمياوية (بتروكيماوية وبيئة) سنة ٢٠٠٤م، وكذلك دكتوراه هندسة كيمياوية (نفط) حصل عليها عام ٢٠٠٨م، عمل بشهادته مهندساً في وزارة الصناعة والمعادن للفترة ٢٠٠٣- ٢٠٠٦، ومن بعدها انتخب نائبا في مجلس النواب العراقي للفترة ٢٠٠٦- ٢٠١٠م عن الائتلاف العراقي الموحد، عضو لجنة النفط والغاز، مارس في العهدين البائد والحالي النشاط الثقافي، وساهم خلال وجوده في جامعة بغداد في تأسيس رابطة الطالب المسلم، وعمل على تأسيس عدد من منظمات المجتمع المدني منها مؤسسة أم البنين لرعاية الأيتام، ومؤسسة الرسالة للثقافة والتطوير الفكري، كما قام بإصدار جريدة الحر الثقافية، كما تولى لفترة رئاسة تحرير مجلة (الممهدون) الثقافية، وهو الآن نائب أمين عام حركة الرسالة الإسلامية.

(٢) أهدى الوجيه الحاج ناجي عباس جبر الربيعي درع التقدير والامتنان لراعي الحفل الشيخ محمد الهنداوي. والحاج ناجي الربيعي من الشخصيات العراقية الاجتماعية، ولد في كربلاء المقدسة بمحلة باب بغداد عام ١٩٤٧م، تفرغ للعمل في مجال صياغة الذهب منذ نعومة أظفاره حتى أصبح من ارباب هذه المهنة، صاحب يد بيضاء في خدمة المشاريع الحسينية وله مساهمات جليلة في العراق وخارجه من قبيل دولة الكويت، له الفضل في إقامة أول موكب سيار في كربلاء المقدسة نحو عام ١٩٧٥م للمواطنين الكويتيين في ذكرى أربعينية الإمام الحسين(ﷺ)، حيث تم استقبال الموكب الكويتيّ شعبياً من مطار بغداد الدولي.

عدد من أعلام كربلاء منهم رئيس وفد الموسوعة الحسينية الدكتور نضير الخزرجي، والأديب الشاعر حسين صادق مهدي الكربلائي، والأديب الشاعر رضا الخفاجي، والسيد حسن[1] اللولجي[2]، والأستاذ هاشم الطرفي، والأديب السيد عودة البطاط[3]، وغيرهم[4].

كما كان لأعضاء الوفد الزائر من المملكة المتحدة حضوره الفاعل في حوارات جانبية مع وسائل الإعلام التي غطت المهرجان للتعريف بدائرة المعارف الحسينية منها: قناة الأنوار ٢، قناة الإتجاه، قناة العالم، قناة برس تي في، قناة الفيحاء، قناة السلام، قناة الحرية، قناة العهد، قناة صلاح الدين، وقناة بغداد.

---

(١) حسن اللولجي: هو ابن هاشم بن عبود بن عبد الله الحسيني، الشهير باللُّوَلْجي نسبة الى امتهان بيع وتركيب أنابيب وحنفيات الماء، ولد في مدينة كربلاء المقدسة عام ١٩٣٨م، من رواديد ومداحي المنبر الحسيني، ولع بإنشاد الشعر منذ سن الثامنة من عمره حيث حرص على حضور مجالس التعزية والمواليد والمناسبات، أخذ فن الإنشاد وقراءة الشعر في الأفراح والأتراح على يد الرادود حمزة السماك الكبير والرادود حمزة الصغير والرادود عبد الرضا النجفي وغيرهم، كما أخذ عنه الرادود باسم أبو صخر والرادود علي يوسف والرادود علي داهي وغيرهم، كتب الشعر الشعبي في شبابه وتكون له ديوانان مخطوطان تعرضا للضياع في احداث عام ١٩٩١م ونهضة الشعب العراقي ضد نظام بغداد وفيها تعرض للاعتقال لنحو شهرين في سجن الرضوانية ببغداد، وكان من قبل قد تعرض للاعتقال عام ١٩٦٣م، قرأ خلال حياته المنبرية أكثر من ستة آلاف مقطوعة وقصيدة لشعراء العراق وغيرهم في كربلاء وغيرها من مدن العراق، ولازال يمارس الإنشاد حيث وهبه الله الصحة والعافية والصوت الشجي.

(٢) كان الملا السيد حسن الحسيني اللُّوَلْجي قد أنشد في الاحتفال مقطوعات شعرية عدة.

(٣) عودة البطاط: هو ابن زكي البطاط البصري، ولد في قضاء التنومة بمحافظة البصرة سنة ١٩٤٦م، مؤلف وأديب وشاعر وروائي، نشأ ودرس في البصرة وأنهى الدراسة الإعدادية من إعدادية العشار سنة ١٩٦٤م، ونال من كلية الفقه في النجف الأشرف سنة ١٩٧٠م الشهادة الجامعية (بكالوريوس) في اللغة العربية والعلوم الإسلامية، سكن كربلاء المقدسة، نظم الشعر مبكرا وظهرت أولى قصائده سنة ١٩٦١م، من نتاجاته: الهوى والجوى (ديوان)، البيت السعيد والحياة الجنسية في الإسلام، وعلي بن الحسين راهب آل محمد.

(٤) منهم الشاعر والرادود الملا باسم أبو صخر الكربلائي، الذي شارك في المهرجان بقصيدة حسينية، وهو من مواليد كربلاء المقدسة في ١٩٧٠/١/١٨م.

فقرات مهرجان كربلاء المقدسة

لجنة الشهداء والسجناء السياسيين في مجلس النواب العراقي

رعى الشيخ محمد كاظم الهنداوي رئيس لجنة الشهداء والسجناء السياسيين في مجلس النواب العراقي عصر السبت ٢٠١٢/٦/٣٠م في قاعة النور في كربلاء المقدسة مهرجانا جماهيريا تحت شعار «موسوعة حسينية أم ثورة معرفية»، وتضمنت فقرات المهرجان التالي:

(١)

٭ **آيات من الذكر الحكيم** تلاها المقرئ **الحاج كريم كاظم الهنداوي.**

(٢)

٭ **مقطوعات وقصائد لعريف الحفل الأديب حسين صادق مهدي الكربلائي**، كما قدّم الشاعر مقطوعة في تقريظ دائرة المعارف الحسينية، وهي من بحر مجزوء الكامل.

(أ)

دائرة بالمعارف زاخرة

بيـــن الـــدوائـــر دائـــرة	هـي بـالـمـعـارف زاخـرة
بـاسـم الـحـسـيـن تـألّـقـت	ومضـت تـبـث مـآثـره

٢٢٩

عُرفت بفيض عطائها … وإلى الـحـسـيـن مـنـاصـرة
كـشـفـت إلـى قـرائـهـا … صـور الـطـفـوف الـبـاهـرة
وزهـت بـطـيـب ولائـهـا … لـدم الـنـحـور الـطـاهـرة
طـوبـى لـمـن هـو أُسّـهـا … ولـكـل مَـن قـد آزره
نـرجـو الـحـسـيـن يَـمُـدهـم … بـشـفـاعـةٍ فـي الآخـرة

(ب)

«حبُّ الحسين»

قصيدة بعنوان «يا أبار الأحرار» أو «حبُّ الحسين» (بحر الكامل):

حُبُّ الحسين هويتي وشِعاري … ودمُ الحسينِ قضيَّتي وحِواري
ضحّى بأقمارٍ فسالَ نزيفُها … نوراً على درب العقيدةِ ساري
وبنى من الأشلاءِ صرحَ قَداسةٍ … هُو مُلتقى الرحمن بالأبرار
وعلى الحسين بكتْ ملائكةُ السَما … وعليهِ نبكي العمرَ دونَ قَرارِ
وإليكَ يا سبط الرسول توافدَت … هـذي الضيوفُ مواكبُ الأنصارِ
جاءتْ تجدِّدُ يا حسينُ ولاءَها … فاقبلْ ولاها يا أبا الأحرارِ (١)
جاءتْ وحبُّكَ يا حسينُ يشدُّها … مشياً على الأقدام عَبرَ صَحاري
جاءتْ تعيدُ إلى الزمان مصيبةً … فيها الحسينُ سما على الأقمارِ
جاءتْ بلائكَ يا حسينُ تضجُّها … في وجهِ إرهابٍ أتى لـدمارِ
لاءً على مرِّ العُصورِ تخطُّها … بدم الشهادةِ لا بـحبرِ جِدارِ
لاءً لمن ذَبحوا الأخُوَّة بيننا … مِنْ صُحبةٍ غَدروا بنا وجوارِ
لاءً لكلِّ الظالمينَ تقولُها … دوماً ولم تركعْ لغيرِ الباري
ولكلِّ لاء في الحياةِ شؤونُها … ومرامُ لائكَ يا حسينُ خِياري

---

(١) إلى هنا الأبيات التي قُرِئت في الحفل، والبقية زودنا بها ناظمها.

فهي التي هزَّتْ عُروشَ طُغاتِهم وغدَتْ تُزيحُ الظلمَ كالإعصارِ
وهي التي أرسَتْ قواعدَ عِزِّنا وبها هزمْنا طُغمة الأشرارِ
وهي التي كشفَتْ جواهرَ نهجِنا وبها انجلى للحقِّ خيرُ مَنارِ
حقاً فمثلُك لا يُبايعُ مثلَهُ بَرئَ التُّقى من فاسقٍ خمّارِ
شتّانَ بينَك يا حسينُ وبينَه أينَ اللآلئُ من حَصى الأطمارِ
سيظلُّ قبرُكَ يا حسينُ بكربلا رمـزَ الأبـاةِ وكعبـةَ الزوارِ
ولقـاتِلِك هنـاكَ قبرٌ ضمَّهُ خِزيُ الزمانِ وبؤرةُ الأقذارِ
فمنَ الحسين عرَفْتُ دربَ خلاصِنا مِنْ كـلِّ طاغٍ همُّه إنكاري
ومن الحسينِ فهِمْتُ روحَ جهادِنا لمّا سـألتُ منازلَ الأبرارِ
ومن الحسين عرفْتُ قيمةَ صبرِنا عنـدَ اتخـاذِ النـفسِ أيَّ قرارِ
وإلى الحسين يعودُ سِرُّ بقائِنا لولاهُ غابَ الدينُ خلفَ طِمارِ
يبقى الحسينُ بنهجِهِ وبأهلِهِ كالنورِ يَفضحُ ظُلمةَ الفُجّارِ

(ت)

«مآثر العباس»

قصيدة بعنوان «مآثر العباس ﷺ» (بحر الكامل):

قمرُ العشيرةِ في الوفا نبراسي واسى الحسين وكان خيرَ مواسي
قد هَبَّ كالإعصار يَعصفُ بالعِدى يومَ الطفوفِ بزمرةِ الأرجاسِ
أسدٌ تَفردَّ وسطَ ساحاتِ الوغى دكَّ العِدى دكّاً عظيمَ البـاسِ
وأتى الشريعةَ وهو يَحملُ جُودهُ وبقلبهِ ظمأى الحسين تُقاسي
وبعينهِ صورُ البلاءِ تلاطمَت أمواجها بفواجعٍ ومآسي(1)
واحمرَ وجهُ الأرضِ حتى غادرت ألوانها من نزفِ غصنِ الآسِ

---

(1) إلى هنا الأبيات التي قُرئت في الحفل، والبقية زودنا بها ناظمها.

٢٣١

وتصحَّرتْ في الطفِّ أفئدةُ العِدى   حتى تلاشتْ يقظةُ الإحساس

وتجلمدتْ(1) حتى تناستْ حينها   غَضبَ الإلهِ لأطهرِ الأقداس

كلُّ المواقفِ للوفاءِ قد انحنتْ   خَجِلَى أمامَ مواقفِ العباس

قد صاغَ من عبقِ الوفاءِ بعزمهِ   قِيماً بها ذُهِلَتْ عُقولُ الناس

بطلٌ تسامى في العطاءِ لدينهِ   نصَرَ الحسين لآخرِ الأنفاس

نِعمَ المُحامي حِينَ وُكِّل يومَها   بِحمَى الحسين ورهطِهِ الأقباس

(ث)

«ألق الشهادة»

قصيدة بعنوان: «ألق الشهادة» (بحر الكامل):

ألقُ الشهادةِ في الطفوفِ تكلَّما   والرايةُ الحمراءُ تقطُرُ بالدما

تحكي ظُلامةَ إبن بنتِ محمدٍ   إذْ ساومَ التاريخُ فيه فأجرَما

القائمُ المهديُّ خُصَّ بثأرِها   هو مَنْ سينصبُ للحقيقةِ مَعلَما

فلذا ترى ثأرَ الحسينِ مؤجلاً   حتى الظهورِ وذاكَ من شأنِ السما

يا سيِّدَ الشهداءِ ياعَلمَ التُّقى   يا خيرَ مَنْ بالرّوحِ جادَ فأنْعَما

تبقى مَناراً شَعَّ وَسْطَ قُلوبِنا   ولِكُلِّ جيلٍ قُدوةً ومُعلِّما

الطفُّ كانَ وما يزالُ رسالةً   بُعِثتْ لِمَنْ عَرَفَ الإلهَ فأسْلما(2)

واختصَّكَ الربُّ الجليلُ لِنَشرِها   فكتَبتَها بِدَم الوريدِ مُسلِما

دَمُكَ الطَّهورُ أضاءَ كلَّ حُروفِها   فتألَّقتْ وبِهِ استُضاءتْ أنجُما

وغدا يَسيلُ على المَدى بحرارةٍ   يا منْ جعلتَ المجدَ يُروى بالدَّما

---

(1) تجلمد: أصبح صلداً كالحجارة دلالة على انعدام الاحساس والمشاعر وغياب للفطرة الإنسانية.

(2) إلى هنا الأبيات التي قُرئت في الحفل، والبقية زودنا بها ناظمها.

٢٣٢

كُتِبَتْ لِتُنْقِذَ كُلَّ إنسانٍ على   وجهِ البسيطةِ قد تَغَشّاهُ العَمى

كُتِبَتْ لِتَكْسِرَ قَيْدَ كُلِّ مُكَبَّلٍ   وتُزيحَ ليلاً بالمَظالمِ أدهما

وَرَسَمْتَ للأحرارِ دَرْبَ خَلاصِهِمْ   فغدا بنَهجِكَ للمعالي سُلَّما

يا مُفزعاً قلبَ الطُّغاةِ بصرخةٍ   وبها تجرَّعَ شانئوكَ العَلْقَما

أخرسْتَ كلَّ الظالمينَ بموقفٍ   لا لنْ أُبايعَ لنْ أُبايعَ مُرغَما

ألجمتَهُمْ لمّا عَصفتَ بوجهِهِمْ   لا لنْ أُهادِنَ لن أساومَ مُجرما

فمَضَتْ جيوشُهُمُ تُلَمْلِمُ ثأرَها   زُمَراً على سِبْطِ النُّبوةِ حُوَّما

كي تَنفُثَ السُّمَّ الذي بصدورِها   وتعودَ مِنْ بعدِ البصيرةِ للعَمى

فبلائِكَ العظمى فضحْتَ مُرادُهُمْ   وبها نَسَفْتَ كِيانَهُم فَتهدّما

أنقذْتَ فيها الدّينَ من زيفٍ طغا   وأقمْتَ ما قد مال حتى قُوِّما

مُذْ قلْتَ للأعداءِ في سُوحِ الوغى   يا صارخاً كالرعدِ صوتُكَ دَمْدَما

هيهاتَ منّا أنْ نَعيشَ بذِلَّةٍ   يوماً إذا وَجهُ الزمانِ تجهَّما

لنْ نَستكينَ ونحنُ عِترةُ أحمدٍ   وبنا ابنُ آدمَ في الوجودِ تَكرَّما

فلْتَشْهَدِ الدّنيا بأنَّ فِداءَكُمْ   عِزٌّ وإيمانٌ عَلا فاسْتَحْكما

وهبٌ(١) يعودُ إلى الحسينِ مع الحِمى   ليَرُشَّ فوقَ النازفينَ البَلسَما

واليومَ عادتْ كربلاءُ تضُمُّهُ   وتضُمُّ مَنْ جعلَ الأخوةَ مَغنَما

هذا الحسينُ فما تَرى في صرحِهِ   إلا مسيحيّاً يُعانِقُ مُسلِما

فالـحُرُّ(٢) فازَ وكلُّ حُرٍّ فائزٌ   نَهَلَ الإباءَ مِنَ الحسينَ فأقدما

والحُرُّ مَنْ جاءَ الحسينَ مُلبِّياً   خاب الذي سَمِعَ النِّداءَ فأحْجما

يا جوهرَ الدينِ القويمِ وكُنْهَهُ   فيكَ التُّقى يسمُو ويعلُو الأنجُما

---

(١) وهب: يريد به وهب بن حباب الكلبي، النصراني الذي أسلم وشارك الحسين ﷺ واقعة الطف وفيها استشهد.

(٢) الحر: يريد به الحر بن يزيد الرياحي المستشهد عام ٦١هـ.

يا ضَيغَماً من فيضِ عزمِكَ عَزمُنا   إنّا بِدَرْبِكَ جَحْفَلٌ لَنْ يُهزَما

صِرْنا بنهجِكَ يا حُسينُ كَما ترى   جَبَلاً أشمَّ فلَنْ يُدَّكَ وَيُثلَما

(ج)

«علّمتنا كربلاء كيف نحيا سعداء»

مقطوعة بعنوان: «علّمتنا كربلاء كيف نحيا سعداء» (بحر مجزوء الرمل):

كيفَ نختارُ طريقاً   آمنّا نحوَ السماء

فيه عُمرُ الوردِ يومٌ   بينَ صُبحٍ ومساء

كيفَ يغدو الموتُ عُرساً   حينَ نمَضي شهداء

كيفَ يلوي النحرُ سيفاً   شهرتـهُ الأدعياء

كلُّ مَنْ والى حسيناً   فازَ بالحُسنى جزاء

والـذي عاداهُ ظُلماً   باتَ أشقى الأشقياء[1]

نَقهرُ الخوفَ بعزمٍ   كُلّما عَزَّ النداء

ونزقُّ القلبَ صبراً   يَرتَوي مِنَ غيرِ ماء

لطغاةِ العصرِ نهجٌ   وأُطيبٍ ونقاء

هُم يخافونَ رضيعاً   يَحمِلُ السهمَ لواء

سِرُّهُ من سِرِّ طـه   وعليٌّ في الفداء

لا أرى في الكونِ نبَعاً   حازَ هذا الإرتقاء

ندفعُ السوءَ بحُسنٍ   أهلُ عفوٍ رُحماء

نَغرسُ الحبَّ وروداً   في قُلوبِ الأوفياء

نحملُ السِلمَ شعاراً   فوقَ صدرِ الكبرياء

---

(١) إلى هنا الأبيات التي قُرئت في الحفل، والبقية زودنا بها ناظمها.

نـحـنُ والـنـاسُ جـمـيـعـاً   إخـوةٌ أو نُـظـراءُ

(٣)

*** كلمة الشيخ محمد كاظم فيروز الهنداوي:** تناول فيها جانب الإبداع

في العمل الموسوعي للبحاثة الكرباسي^(١).

(٤)

كربلاء مسؤولية وعطاء

*** كلمة الدكتور نضير رشيد الخزرجي،** وهذا نصّها:

بسم الله الرحمن الرحيم

أيها الحفل الكريم، إخواني الكرام أخواتي الفاضلات

السلام عليكم ورحمة الله وبركاته

إنه لمن دوافع فخرنا وسرورنا أن نقف اليوم بين أهلنا وأحبائنا، نتصفح

وجوههم الطيبة التي لفحتها شمس كربلاء وتساقطت على محياهم أشعتها

---

(١) كانت للشيخ الفاضل محمد الهنداوي زيارات عدة لمؤلف الموسوعة الحسينية خلال وجوده

في العراق، وفي إحداها نشر المكتب الإعلامي للشيخ الهنداوي الخبر التالي:

الكاتب: المكتب الإعلامي

قام النائب الشيخ محمد الهنداوي الخميس ٢٠١٢/٧/١٩م بزيارة إلى سماحة العلامة الشيخ

محمد صادق الكرباسي في مقر إقامته في كربلاء. العلامة الكرباسي هو المشرف العام على

موسوعة المعارف الحسينية التي تم الاحتفاء بها من قبل العلماء والسياسيين العراقيين

ومنهم النائب الشيخ محمد الهنداوي الذي أقام مهرجاناً كبيراً قبل أيام في محافظة كربلاء

حضره المئات من الشخصيات الكربلائية.

وتجاذب الشيخ الهنداوي والشيخ الكرباسي أطراف الحديث حول الأوضاع الفكرية والثقافية

في العراق والعالم كما راح سماحة الشيخ الكرباسي يستطلع الوضع السياسي العراقي من

النائب الهنداوي.

٢٣٥

وتناهت إلى أسماعهم نداءاتها (يا حسين يا حسين) فتلقفتها أفئدتهم آهات ودموعاً وترجمتها ألسنتهم (لبيك لبيك داعي الله).

إن الفرحة تغمرنا والسعادة لا تسعنا ونحن نحادثكم وجهاً لوجه ونتواصل معكم بالمباشرة دون واسطة أثيرية، ونحن القادمون من بلد يُقال له تجوزاً بلد الضباب، وأعني لندن، حيث لا ضباب يغطي سطحها ولا سماها، لكن سحاب الحنين إلى مهوى الفداء والإباء كربلاء المقدسة تقودها ريح العطاء فلا زمان لغدوها ولا فترة لرواحها، فحنين المحبين يتهافت على أعتاب كربلاء بلا استئذان وإن كان في طياته البلاء، فالبلاء في طريق الفداء دواء، والبلاء في طريق الحسين عزاء.

أيها الأحبة:

إن كربلاء تشرَّفت بجثمان الحسين ورأسه المدمّى على الرماح يدار من بلد لآخر، وانها تقدّست بالجسد الظامئ المضمخ بالدماء، وظلت المدينة تحمل هذا الوسام الإلهي ولازالت، وهي على هذا الطريق تدفع التضحيات تلو التضحيات ولا تبالي، وهو وسام لا يُلقّاه إلا ذو حظ عظيم، فكم من ظالم مرّ من كربلاء وعلى حد سيف أهلها نُحر، وكم من محتلٍ توقفت عجلاته عند أبوابها ففر.

لقد تخرج من مدارس كربلاء العلماء والأدباء والمثقفون والمناضلون والأحرار من ذكران وإناث، لا يلوون على شيء إلا طلب الحقيقة وقول الحق ولو كان على حز الرؤوس أو قطع الأرجل والأكف، وكلما أوغل الأعداء في دماء المحبين، أركز المناصرون أقدامهم على أرضها، فكان جهاد الآباء مفخرة للأبناء ونضال الأبناء أسوة للأجيال، وتسير عجلة الفداء حتى وإن ضاقت دائرة الظلم أو وصل نصل الأعداء إلى العظم.

أيها الحضور الكرام:

إن الحديث عن كربلاء هو حديث عن سيد شباب أهل الجنة، وهو حديث عن العراق كله، وإن الحديث عن العراق هو حديث عن العالم العربي كله، وإن الحديث عن العالم العربي هو حديث عن العالم الإسلامي كله، وإن الحديث عن الإسلام والعالم الإسلامي هو حديث عن البشرية برمته، وإن الحديث عن الإسلام والعالم الإسلامي هو حديث عن البشرية جمعاء، لا فرق بين عربي وأعجمي، أو أبيض وأسود، فحديث كربلاء هو حديث الإسلام، وحديث الحسين هو حديث محمد ﷺ، وحيث كان رسولنا الأكرم رحمة للعالمين كان الحسين رحمة للعالمين.

فالفخر كل الفخر في هذه المدينة المضحية، والفخر هذا ليس قلادة نخطها على جيدنا كما تخط المرأة قلادتها، إنما هي مسؤولية كبرى، والمسؤولية أبتها الجبال الصم الصياخيد وتقبلها الإنسان، ومن يتقبل وسام الفخر يتقبل المسؤولية، ففي العادة أن يُقدم الوسام لشخص تكريماً وتعظيماً لعمل ما أدّاه، فيه لله رضا وللناس صلاح، إلا وسام الحسين، فإن فيه التبعة والمسؤولية، ومنه تبدأ مرحلة العمل.

ولا أظن سهم الحقيقة يخطئ دائرة المعارف الحسينية التي يتولى كتابة أجزائها إبن كربلاء المقدسة والمولود في أرضها عام ١٩٤٧م الفقيه المحقق الدكتور الشيخ محمد صادق بن محمد الكرباسي الذي ارتضع حليب الولاء لأهل البيت وشب على ذلك الولاء يتنقل به بين العراق وإيران ولبنان وسوريا حتى استقر رحله في المملكة المتحدة مكرهاً، ولكن وعسى أن تكرهوا شيئاً وهو خيرٌ لكم، فكان الخير كل الخير في ليلة الحادي عشر من محرم الحرام عام ١٩٨٧م وفي تلك الليلة حيث خمدت نيران الخيام المحترقة بعد مجزرة مروعة تساقطت الأجساد وتطايرت الرؤوس وتجمع ركب الأسر الهاشمي يلوذون بسيدة كربلاء زينب الكبرى ﵍، لاذ الكرباسي بعباءته يجمع شتات الحسين ﵊ وتراثه ليعلن على الملأ انطلاق أول وأكبر موسوعة معرفية عن النهضة الحسينية في ستين بابا من أبواب

المعرفة، فصدر الجزء الأول من الموسوعة عام ١٩٩٤م[1] ثم توالت الأجزاء السنة بعد الأخرى حتى وصل المطبوع من الموسوعة ونحن في الثلاثين من شهر حزيران يونيو ٢٠١٢م ٧٧ مجلداً، وحيث كانت أعداد أجزاء الموسوعة، حين كان لي الشرف في أن اكتب أول كراس تعريف[2] للموسوعة الحسينية، هو ٣٥٠ مجلداً فإنها بلغت عام ٢٠٠٠م نحو ٥٠٠ مجلدٍ ثم ارتفع العدد إلى ٦٠٠ مجلدٍ وهي اليوم تربو على السبعمائة مجلد وكلها مجموعة في مخطوطات بالمئات تزين جدران خمس غرف من غرف المركز الحسيني للدراسات في لندن.

إننا حيث قدمنا عبر البحار والمحيطات موفدين عن دائرة المعارف الحسينية ونقف اليوم بينكم في أرض للعراق مفخرة ووسام، ويشاهدنا العالم من عدساته الفضية ويقرأنا الناس من بين أسطره ويسمعنا عبر أثيره، تتملكنا الرهبة أن لا نكون قد أدينا المسؤولية وتدفعنا الرغبة في قول المزيد لنرفع عن كاهلنا خيوط المسؤولية، وهي خيوط ألفناها صغاراً وخطنا منها رداءنا كباراً ونرجو أن نُساق بها يوم لا ينفع مال ولا بنون إلا من أتى الله بقلب سليم.

أيها الحفل الكريم :

---

(١) كان الجزء الأول من «ديوان القرن الأول» هو أول إصدارات الموسوعة الحسينية عام ١٩٩٤م.

(٢) صدر لي أول تعريف لدائرة المعارف الحسينية وذلك سنة ١٩٩٣م وباللغات : العربية والفرنسية والإنكليزية والفارسية والأردوية والألمانية، وفي عام ٢٠٠٠م صدر للأديب العراقي الأستاذ علاء بن جبار الزيدي تعريف آخر حمل عنوان «معالم دائرة المعارف الحسينية» باللغتين العربية والإنكليزية. وفي عام ٢٠٠٧م صدر لي تعريف آخر بعنوان «العمل الموسوعي في دائرة المعارف الحسينية»، وفي العراق صدر عام ٢٠١٢م للأستاذ علي التميمي «دائرة المعارف الحسينية في سطور»، كما صدر في الكويت في عام ٢٠١٤م عن جمعية المستقبل الثقافية تعريف مختصر لأبواب الموسوعة والمطبوع منها بعنوان «أضواء على دائرة المعارف الحسينية». كما صدر لي في عام ٢٠١٤م كتاب تعريفي موسع بعنوان «ربع قرن من الإبداع.. دائرة المعارف الحسينية ١٩٨٧- ٢٠١٤م».

أحمل إليكم دعوات المؤلف صاحب السماحة آية الله الشيخ محمد صادق الكرباسي بالخير والبركات، وقد قلّدنا هذه المسؤولية في بيان المشروع الحسيني الكبير المتمثل بأكبر موسوعة معرفية في النهضة الحسينية.

أيها الحفل الكريم:

لقد شاع في المأثور أن مالكاً الأشتر وهو الجد الأعلى للفقيه الكرباسي كان لعلي بن أبي طالب في القرب والعطاء والتضحية كما كان علي للنبي محمد، وأقول مكرراً: إنَّ الكرباسي للحسين كما هو مالك لعلي، وأرجو أن أكون وإخوتي الذي رافقوني في رحلة البيان والقلم ممن تناله رحمة الله وشفاعة الحسين يوم الورود.

أقول قولي هذا، والسلام عليكم ورحمة الله وبركاته.

(٥)

إلى سيدي الحسين الخالد

٭ قصيدة الأديب رضا كاظم الخفاجي، وهي من بحر الكامل في ٢٨ بيتاً بعنوان «إلى سيدي الحسين الخالد»:

في كلِّ عصرٍ تُستفزُّ فصائلُ	باسم الحسين نشيدنا يتواصلُ
موسومة بفدائها تتفاعلُ	العاشقون دماؤهم منذورة
وعطاؤهم قد رسَّخته دلائلُ	ينبوعهم -دمُك المنيرُ على المدى-
فتهبُّ آلاءٌ لهم وشمائلُ	يستلهمون بذاك -هل من ناصر-
بسناك لُذنا فهو نورٌ كاملُ	قدرٌ هدانا للنجاة وسيلة
وصمدتَ كالجبل الأشمِّ تقاتلُ	أخرجتنا بإباكَ من ظلماته
وتصونُهُ فالمكرماتُ فضائلُ	ثقل الإمامة كنتَ تُثري نهجَهُ
بـدمٍ زكيٍّ نبـئُهُ يـتـنـاسـلُ	أفحمتهم بالمستحيل صَنَعتَهُ

٢٣٩

حتى تسامى الصرحُ وهو مقدَّسٌ ** خسئ الطغاةُ فأنت نهجٌ عادلُ

أصحابُك السبعون(١) صاروا أمَّةً ** كـلُّ امرئٍ فيهـم عطاءٌ هائلُ

الحـق يدمغُ بـاطلاً مهـما بغى ** والمرجفون النـاكـثون أراذلُ

وعلى الطغاة تدورُ مهما حشَّدوا ** مكرُ الطغاة وإن تمادى زائلُ

أذنابهـم للآن تنفُثُ حقدها ** لكنَ عشـاق الحسيـن أصائلُ

شتَّان مـا بيـن الأصيـل وطارئٍ ** فالـزور مهـما جمَّلـوهُ آفلُ

بزغت رؤانا من عطائك تستقي ** نهجاً حسينياً سناهُ فاعلُ

سِرنا نؤسسُ بالجهاد ونرتقي ** صرحُ الحضارة خالدٌ متطاولُ

ولقد سَمَونا -في الصراع تألُّقا- ** حين ارتقى نهجٌ أصيلٌ شاملُ

كُشِفَ النقابُ لنا فأبصرَ دربُنا ** سُبَلُ السعادة من معينك تنهلُ

واليـوم جئنـا نحتفي بمسيرةٍ ** قاد العطاء بها تقيٌّ فاضلُ

موسوعةٌ باسم الحسين تألقت ** ومسيرةٌ باسم الحسين تُناضلُ

كي تـعرف الدنيا حسيناً آيةً ** قدسيـة بثرائها تتكاملُ

علـمٌ تـواصـل عن نبـيٍّ طاهرٍ ** ومحبَّةٌ بدمائنا تتفاعلُ

هذا الخـلـودُ وأنـت تاج عطائه ** أنت الحسين ومَن بغيرك نعدلُ

قدرُ عشـقنـاهُ بـبـذلٍ راسخٍ ** تترى قوافلُنا وأنت المشعلُ

للفكر فعلُ السيف في سوح الوغى ** منـذ انتبهنا فكرُنا يتطاولُ

يبقى الصراعُ مميَّزاً بثباته ** كـلٌّ يميـلُ إلى رؤاه وينهلُ

نحنُ الحسين إمامُنا وشفيعنا ** والحشرُ موعدُنا به نتفاضلُ

---

(١) سبق القول إن السبعين هو رقم رمزي، فأصحاب الحسين ﷺ هم بالمئات كما أثبت المحقق الكرباسي في باب «الإمام الحسين وأهل بيته وأصحابه»، و٧٢ منهم هم من أبناء أبي طالب استشهدوا في كربلاء.

(٦)

التحدي

* مقطوعة الشاعر أحمد حمادي الطويرجاوي في مدح الإمام

الحسين ﷺ.

وَصْفَكَ سيِّدي حَيَّرَ الكُتّـاب	وعِجَزْ حتّى الشِّعْرْ يا ضَيّ العيونْ[1]
بِـذِكْرَكْ يا حُسِـينْ تْيهِ الأفْكـار	يا سِرّ الإلـه الْبيكَ مكنونْ[2]
كَـبُـلْ آدم وحـوّه وكُـلِّ الأمْـلاك	خَصَّكْ بالكرامة خالِقِ الكُوْنْ[3]
بَعْـدْ يا شِعِرْ يوصَلْ وصْفَكِ اليَوْمْ	وأنت أهل العرش باسمك يِسَبْحُونْ
يا بـو الأحرار يا مشعل الثورات	يِظلّ هذا عُمُرْنا ويّاكَ مَرْهُونْ[4]
بَعَدْنَه بالمَهَدْ واسْمَكْ عِشَگْناه	أوْ واحِدنه صُبَحْ عابس ومجنونْ:[5]

---

(١) ضيّ: الضوء والنور.

(٢) البيك: الذي بك وفيك. مكنون: مستقر.

(٣) گَبُل: قبل. حوّه: حواء. الأملاك: اشارة الى السماوات والأرض وما فيهن وما بينهن. وفي الحديث النبوي الشريف عن معاذ بن جبل: «انّ الله خلقني وعلياً وفاطمة والحسن والحسين من قبل أنْ يخلق الدنيا بسبعة آلاف عام. قلت: فأين كنتم يا رسول الله؟ قال: قدام العرش نسبّح الله ونحمده ونقدّسه ونمجّده. قلت: على أيّ مثال؟ قال: أشباح نور، حتى إذا أراد الله عز وجل أنْ يخلق صورنا صيّرنا عمود نور، ثم قذفنا في صلب آدم، ثم أخرجنا إلى أصلاب الآباء وأرحام الأُمّهات، ولا يصيبنا نجس الشرك ولا سفاح الكفر، يسعد بنا قوم ويشقى بنا آخرون، فلمّا صيّرنا إلى صلب عبد المطلب أخرج ذلك النور فشقّه نصفين فجعل نصفه في عبد الله ونصفه في أبي طالب، ثم أخرج النصف الذي لي الى آمنة والنصف الى فاطمة بنت أسد، فأخرجتني آمنة، وأخرجت فاطمة علياً، ثم أعاد عز وجل العمود إليّ فخرجت مني فاطمة، ثم أعاد عز وجل العمود إلى علي فخرج منه الحسن والحسين -يعني من النصفين جميعاً- فما كان نور من علي فصار في ولد الحسن، وما كان من نوري صار في ولد الحسين، فهو ينتقل في الأئمة من ولده إلى يوم القيامة» بحار الأنوار: ١٥/ ٧.

(٤) بو الأحرار: أبو الأحرار ويريد به الإمام الحسين ﷺ. ويّاك: معك.

(٥) بعدنه: لازلنا. عشگناه: عشقناه. واحدنه: الواحد منّا. صبح: أصبح. عابس: يريد به عابس بن أبي شبيب الشاكري الذي أجنّه حب الحسين ﷺ واستشهد من أجله في عرصات كربلاء عام ٦١هـ.

مِلَكْتِ عُقُولْنَه وْيِرْدون ننساك   مِتْوَهْمَه الْخَلَگْ وشْما يِگُولُونْ(١)

وَحَقْ دَمَّكْ نِظَلْ نِفْدِيلَكْ أَرواح   مَيْهِمْنَه السَّقِيفَة شْما يِفَجْرونْ(٢)

(٧)

«درس وعبرة»

* قصيدة الشاعر كاظم جواد الحلفي (٣) وهي بعنوان «درس وعبرة»، (بحر الكامل):

قف بـالطـفـوف وأبّن الشـهـداءا   واذرف دمـوعـك لـوعـة وعـزاءا

واندب كراماً كالأضاحي جُزرت   ولـيوث حـربٍ هـزَّت الأرجـاءا

لَمْ أنسهم للموت حين تسابقوا   دون ابن فاطمـة البتـول فداءا

هـم صفوة القوم الكرام وأنجم   شعـت لـتهتك ليلة ليلاءا

هم عصبة الحق الذين استبسلوا   ولـقـد أراقـوا بـكـربلاء دمـاءا

صرخوا بوجه الظلم صرخة ثائر   قد هـدَّ صرحا للـخنا وبنـاءا

صالـوا الـيوثا لا يـهـابون الردى   ومضـوا إلى رب الورى شهداءا

فتناثروا مثل النجوم على الثرى   مـذ أصبـحوا في كربلا اشلاءا

من بعد ما قاموا على شرع الهدى   وأقامـوا للحق المضـاع لواءا

أبـت الحـمـية أن يـلـبـوا دعـوة   للظالمين فحكمـوا الدهاءا

قف بـالطفوف وخاطب الجهلاء   أين الـذي لابن النـبي أسـاءا

هـل مـن ضريح قد بـقى ليضمـه؟   او مـن مراقد قد حوت طلقاءا

وانظر الى قبر الحسين فقد سما   بالفخر حتى ناطح الجوزاءا

---

(١) عقولنه: عقولنا. ويردون: ويريدون. الخلگ: الخلق والناس. وشما: وكل ما يريدون قوله.

(٢) نفديلك: نفدي لك. ميهمنه: ما يهمنا.

(٣) خلال وجود مؤلف الموسوعة الحسينية في كربلاء المقدسة زاره صباح يوم ٢٠١٢/٧/٢٦م الشاعر كاظم جواد الحلفي.

٢٤٢

مـولاي يـا رمـز العـلا مـن هـاشـم ... ومـنـار عـدل طبـق الأرجـاءا

عـجز اليـراع بـأن يصور نهضـة ... جبـارة بـل وقفـة شمـاءا

ومصيبة قد حيرت أهل الحجا ... من هـولـها بل أخرست شعراءا

فـإليـك معـذرة إذا مـا خـانـني ... قـلـم تـوقـف فجـأة إعيـاءا

مـولاي يـا سبط الـرسـول محمـد ... نشكو إليك شـراذما حقـراءا

صالـوا على القدس الشريف بليلة ... كـانـت ستـار خيـانـة ورداءا

عصفوا بـأولى القبلـتين وبقعة ... أُسري إليها المصطفى اسراءا

وتـحكمـوا بـمصير شعـب آمنٍ ... وأقـامـوا فيـه جرائمـا نكـراءا

أحفاد من قد حاربوا خير الورى ... طـه وكـانـوا لـدينـه اعـداءا

اعني (قريظة)[1] و(النضير)[2] وما حوت ... من رُضَّعٍ قد أنجبت خبثـاءا

صالـوا وجـالـوا واستـزادوا نعـرة ... وطغوا وكانوا الخنع الجبنـاءا

مذ شاهدونا حائدين عن الهدى ... ولقد أطعنا في الدجى الأهواءا

أبـا الأئـمـة أنت فكـر نيـرٌ ... هتـك الدجى فأنـاره وأضـاءا

وأعـاد تنـظيـم الحـياة لأمـة ... وأزاح عنها الفتنة العميـاءا

هو ذا الحسين وواجب أن نقتدي ... فيـه ونسـلك دربـه الوضـاءا

إن كان لا . . . . فعلام نحن نرتجي ... منـه الشفاعة أو نقيم عزاءا

هـذي فلـسطين تنـادينـا وهـل؟ ... قمنا إليها كي نجيب نداءا

---

(١) إشارة إلى غزوة بني قريظة في عام ٥ للهجرة، حيث نكث يهود بني قريظة العهد مع الرسول ﷺ في وثيقة المدينة، وبخاصة في معركة الخندق حيث أغاروا على نساء المسلمين، فعاجلهم الرسول ﷺ بعد ذلك وأوقفهم عند حدّهم وعالج خيانتهم وانتصر عليهم.

(٢) إشارة الى غزوة بني النضير في عام ٤ للهجرة حيث نكث يهود بني النضير العهد مع الرسول ﷺ في وثيقة المدينة، وتعاونوا مع المشركين على قتل النبي ﷺ وسحق الرسالة الاسلامية بخاصة بعد هزيمة المسلمين في أحد في السنة الثالثة من الهجرة، فعاجلهم الرسول ﷺ وعالج أمرهم وانتصر عليهم.

يا قوم ... هيا نحو ساحات الفدا   وافنوا لئاما واسحقوا العملاءا

هُبُّوا كما هب الحسين بكربلا   للحق بل ثوروا له خلصاءا

فالحق لم يؤخذ بقولٍ عابر   أو نبتغيه تضرعا ودعاءا

أو نرسل الآهات وهي مساوئ   في الثائرين ونرتجي الأعداءا

الحق يؤخذ في حسام قاطع   من غاصب ونشنها شعواءا

(٨)

* مجموعة قصائد ومقطوعات وأبيات أنشدها **المنشد والشاعر عباس فاضل العيساوي**[1]، وهي من الدارج وكلها في العباس بن علي ﷺ في المديح والرثاء[2].

(أ)

العباس وتفاحة نيوتن[3]

شافْ تُفَّاحَه انْزِلَت مِنِّ الشِّجَر   هذا عِلْمِ الجَاذبية ومُفَسِّرَه[4]

---

(١) يُذكر أن المنشد والشاعر عباس العيساوي كان قد صحبه نجله الفتى أبو الحسن (علي) العيساوي المولود في قضاء الهندية في ٢٠/٦/١٩٩٩م، والذي أتحف مهرجان كربلاء المقدسة بقراءة ارتجالية لعدد من المقطوعات الشعرية.

(٢) ذكر الأديب عباس العيساوي (أبو علي) في حديث هاتفي جرى يوم ١/٩/٢٠١٤م أن المجموعة الشعرية سمعها من أحد الشعراء في محفل في بغداد نحو عام ٢٠٠٦م، وراح يقرأها في المحافل، ولا يتذكر اسم الناظم. منه

(٣) تفاحة نيوتن: إشارة الى الجاذبية التي قيل أن نيوتن اهتدى اليها بعد أن رأى تفاحة تسقط على الأرض، على أن القرآن وعلماء المسلمين سبقوه القول بالجاذبية التي تحكم نظام الأرض والكون.

نيوتن: هو اسحاق نيوتن بن اسحاق نيوتن (Isaac Newton) (١٦٤٢ - ١٧٢٧م)، عالم بريطاني، وُلد في مدينة وولسثورب شمال لندن ومات في مدينة كينغستون جنوب لندن، له باع طويل في علم الفيزياء والفلسفة الطبيعية والرياضيات والفلك وعلم اللاهوت، اشتهر بالميكانيكية الكلاسيكية والجاذبية والبصريات وحساب التفاضل والتكامل.

(٤) شافْ: رأى. انزلت: نزلت وسقطت وهوت إلى الأرض.

٢٤٤

وِصَلْ للكَوكَبِ بْعِلْمَه ومَقْدَرَه	بالتجارب أخَذْ كل عالِم قَرار
يِشُوف حالَه بالعِلْم مِتْعَسِّرَه	نريد كل عالِم يِمُرِّ بْكَرْبَلاء
وْلِيَشْ نَهَر العَلْگَمي جوّاه جِرَه (١)	يا ضَريح الْيِجْري مِنْ جوّاه نَهَر
قابِلْ تْحَوَّل ترابَكْ مَرْمَرَه (٢)	شْلون سِيَل الماي ما يِهدِمْ ضَريح
لُغُزْ لَوْ مُعْجِزَة هاي شَغْلَه مُحَيِّرَه (٣)	حتى لَوْ مَرْمَرْ تِهَدَّمْ بالضَريح
وعَلَه گَبْرَكْ ما مِشَه الكُلْ مَقبَرَه (٤)	شْعَجَب هَلنَهَر فات بْهَلطَريق
تْذَكَّرْ حُسِين وْعِيالَه وعبدالله الأَثَّرَه (٥)	يِمْكِن العباس مِنْ ما شُرَبْ ماي
وصار أحْسَنْ ماي واسْمَكْ عَطَّرَه (٦)	جابْلَه الراية وْجُرْبِتَه والْجِفُوف
بَسْ أبو السِّجاد شافَه وْيِعْذِرَه (٧)	وكُل نَهَر يِتْمَنَّه يِنْخاه الحسين

---

(١) ضريح: إشارة الى مرقد العباس بن علي ﷺ حيث استشهد على مقرب من نهر الفرات. الْيِجْري: الذي يجري. جوّاه: تحته. لِيَش: لماذا. العلگمي: العلقمي نسبة إلى ابن العلقمي الذي حفر النهر بالقرب من المرقد العباسي. جِرَه: جرى. يُذكر أن الماء كان يحور حول قبر العباس بن علي ﷺ، وقد تم تجفيفه الى القدر الممكن وتم بناء جدار من المرمر مع أرضية مرمرية للحفاظ على أصل القبر الشريف.

(٢) شلون: كيف؟. الماي: الماء. مرمره: من المرمر وهو صخر رخامي جيري متحول متكون من بلورات الكلسيت.

(٣) هاي: ذي أو هذه.

(٤) شعجب: لماذا، وَلِمَ، أوَليس من العجب؟ هلنهر: هذا النهر. فات: مرّ. بهلطريق: بهذا الطريق. عله: على. گبرك: قبرك. مشه: مشى. الكل: الى كل.

(٥) الأثَّره: الذي ترك فيه أثراً غائراً في النفس والروح، وعبد الله: إشارة الى رضيع الحسين ﷺ الذي قُتل بين يديه بالسهم. والبيت يشير الى امتناع العباس من شرب الماء عندما وصل الى المشرعة حيث تذكر عطش الحسين وأهل بيته وأصحابه فرمى الماء على الماء وأسرع بالقُربة المملوءة إلى معسكر الحسين ﷺ، ولكن الأعداء قطعوا عليه الطريق وقتلوه.

(٦) جابله: جاب له أي أتى له ومعه. جربته: قربة الماء. الجفوف: الكفوف حيث قُطعت كفا العباس ﷺ غدراً أثناء جلب الماء. بس: فقط. أبو

(٧) يتمنه: يتمنى. ينخاه: من النخوة: المروءة وطلب النصرة والدعم والمساعدة. بس: فقط. السجاد: يريد به الإمام الحسين ﷺ والنسبة الى ابنه السجاد علي بن الحسين ﷺ. شافه: رآه. ويعذره: يقبل عذره.

النهر ما ضاع حُكمَك يا رسول   البَشَر بيكُمْ سيِّدي باع وْشَرَه (١)

لَوَنْ تِرْجَع كربلاء وينخاه الحسين   وَحْنَه موجودين نُطلُب مَعذَرَه (٢)

كِسَر جُرْفَه المايْ مِنْ طاحِ الحسين   وما كِسَرْ كل بَشَر مِنكُمْ خاطِرَه (٣)

(ب)

حيرةُ العصور

يَبُو فاضَـل حَيَّـرتْ أهل الوفاء   وراح تِحْتارِ العصور القادِمَه (٤)

مِنْ وِصَلْتِ الماء وِذْكَرتِ الحسين   هايْ بالتاريخ صارت مَلْحَمَه

يا هُوْ مثلَك گِطَعَوا اليِسْرَة ويَمينه   وْحارَب الكفّار والسَّهِم بْجَبينه (٥)

(ج)

حزامُ الظهر

حَكَّه زِينَبْ لَوْ تِظِلْ تِبْچي وْتِنوح   وْحَكَّه بْجُفُوفَك تطالب فاطمه (٦)

وْحَكَّه ابو السَّجاد لَوْ گالِ انْتِهَيْت   راح مِنّي حْزام ظهري اللازمه (٧)

---

(١) بيكم: بكم. باع وشره: باع واشترى يريد أن الأمة لم تف ولم تعمل بوصية الرسول ﷺ في مودة أهل بيته.

(٢) لَوَن: لَوْ أنَّ. وحنه: ونحن.

(٣) الجرف: حافة النهر أو شاطئ البحر. طاح: سقط على الأرض من كثرة الجراح. خاطره: ما يطرأ على القلب والنفس والروح، أي أن النهر فتت جرفه ألماً وحرقة لسقوط الحسين ﷺ عطشاناً والقوم لم ينكسر ولم يرف لهم قلب أو يتحرك لهم ضمير لهذا المصاب الجلل.

(٤) يبو: يا أبو. أبو فاضل: كنية العباس بن علي ﷺ. وراح: وسوف تذهب في حيرتها.

(٥) گطعوا: قطعوا.

(٦) حكّه: حقّها. تبچي: تبكي.

(٧) گال: قال. حزام ظهري: إشارة الى العباس بن علي ﷺ الذي كان لأخيه الإمام الحسين ﷺ كحزام الظهر يسنده في الملمات، وقد أحسّ الإمام الحسين ﷺ بكسران الظهر حين استشهد العباس ﷺ صاحب رايته.

هـذا يـا صـدر الْيـدوسَنَّه الـخيولْ   فوق جِسْمَكْ بني امْيَّه الظالمه[1]

(د)

دقُّ القوافي

جرَّبِتْ أَكْتُبْ شِعِرْ عنِّ الحُسينْ وْهَلَه   لِگَيِتِ القَوافي تِدِگُّ عَلَرّاسِ ومْهَدِّلَه[2]

نارُ وطفوفُ وخِيَم وِبْوَرْقِتي المُعْضِلَه   ظِلَّيِتْ حايِرْ أنا شَكْتِبْ إذَنْ مُشْكِلَه[3]

(هـ)

وجه عباس

فَرَّيِتْ مِنِّ الشِّعِرْ وِالْعَطَشْ ما يِنْقاسْ   للمايْ رِحِتِ بْشَغَفْ ألْگَه وَجْهَ عبّاسْ[4]

لَوْحَه وْرِسَمَه الدَّهَرْ كلْ حَرُفْ بِيهِ احساسْ   ظِلَّيِتْ أنْشِدْ أنا وَسْأَل بَيِنِ النّاسْ

فَسِروا لي يا ناسِ الإسِمْ شِنُو إسِمْ عبّاس   وظِلَّيِتْ حايِر أنا وَمْشي بْلايَ احساسْ[5]

وِسْئَلِتْ عَنِّ الأَسَدْ گالوا لي البَطَلْ عبّاس   وِتْفَسِّر اسْمَكْ يا بَطَلْ وِبْچِلْمَةِ العبّاسْ[6]

(و)

إسم عبّاس

العين: يعني النَّظَر وْبِيهَ السَّهَمْ مِنْحاسْ[7]

---

(١) اليدوسَنَّه: الذي تدوسه الخيل.

(٢) وهله: وأهله. لگيت: لقيت ووجدت. تدگ: تدق. علراس: على الرأس. مهدله: من هدل: أرخى وأسبل وتدلى.

(٣) ظليت: من ظل وبقي. شكتب: ماذا أكتب؟

(٤) ألگه: ألقى وأجد.

(٥) شنو: ماذا. ومشي: وأمشي. بلاي: بلا وبدون.

(٦) وسئلت: وسألتُ. گالوا: قالوا. وبچلمة: وبكلمة.

(٧) بيه: بها. منحاس: دخل وانغرز.

٢٤٧

والبـاء : يعـني البَـدَنْ وتـالي البَـدَنْ يِنْـداسْ

والألف : يعني الشَّرَف وشِلْتَه عَلَه راسَكْ طاسْ (١)

والسين : إنْعُرَفْ ساعِدَكْ وشِلْعَتَه مِنِّ السّاسْ (٢)

وِجْتِـمْعَـنِ حْـرُوفَـكْ دِمَـه وِتْكَـوَّنَـتْ عبّاسْ

(ح)

الوفاء العباسي

مِنْ تِلْتِفِتْ للحرب عباسْ أشوفَكْ نَعَمْ   عبّاس إنتَ اشْكُثُر مُو واحد إنتَ اثنين (٣)

ومِنْ تِلْتِفِتْ للخيَم والكعبة إنتَ حْسِينْ   عَلْمايْ مِنْ دَنِّجِتْ بالمايْ شِفْتِ حْسِينْ (٤)

(ط)

صفحة الماء

المايْ يِعْكِسْ صُوَرْ لَوْ باوَعِتْ للمايْ   بَسْ ما عِكَسْ صُورتَكْ حَكِّي مِنْ أدُوخْ بْهايْ (٥)

(ي)

عبّاس حسين وعلي

ما دُوخْ أنا وْعَلي وما أگُولْ عَنَّكْ وِينْ   عبّاس انتَ علي وِلْهذه صِرِتِ حْسِينْ (٦)

---

(١) شِلته : من شال : رفع وحمل. طاسْ : ما يلبس في الرأس من غطاء نحاسي في القتال، والطاس : اصبح مضيئا وجميلاً كالقمر.

(٢) وشلعته : من شلع أي قطع واستأصل. الساس : الأساس.

(٣) شكثر : كم عددك. مو : لست.

(٤) والكعبة : يقسم بالكعبة بأنَّ العباس ﷺ في كل مواقفه كأنه الحسين ﷺ. دنجت : من دنا وانحنى. شفت : رأيت. علماي : على الماء.

(٥) باوعت : رأيت وتصفحت وجه الماء. حگي : من حقّي. أدوخ : من داخ أي أصابه الدوار. بهاي : بهذه.

(٦) وعلي : من باب القسم. وين : أين. ولهذه : ولهذا. يريد الشاعر أن العباس هو علي ﷺ والحسين ﷺ في مواقفهما.

عبّاس الشمس

عبّاس بِيكِ الوَكِتْ لازم أُكُو عبّاس   ما دُوخْ بالمَسْأَلَه وِيّايْ أَدَوِّخِ النّاسْ (١)

عبّاس أُكُولَنْ غَلَطْ أنْتَ اطْنَعِشْ   الخَيْلْ ما سِحْگَتَك مِتْوَهَّمَه هاي النّاسْ (٢)

تِلّاحْ هِيِ الشَّمِسْ حتّى اقْتَنِعْ تِنْداسْ   وما توجَدِ الخُوَّةِ الصِّدگ مِتْوَهَّمَه هاي النّاسْ (٣)

النّاس غَيَّرَهَ الوَكِتْ لا غِيرَه لا نوماسْ   ونِدِفْنَتِ الخُوَّة الصِّدگ وَيَّه البَطَلْ عبّاسْ (٤)

(٩)

«كربلاء موطن الشهادة»

* قصيدة الأديب الدكتور عبد العزيز مختار شبّين، ألقاها بالنيابة الأديب الدكتور حسين أبو سعود: وهي بعنوان «كربلاء موطن الشهادة» في ٣٥ بيتاً من بحر الرمل الأول، ونصها:

بِجِراحِ الطَّفِّ يَزْدانُ الرَّبيعُ   وَتُرَوّي ظامِئًا فيهِ الدُّموعُ

عَتَباتٌ أَزهَرَتْ مِنها الثُّرَيّا   وَبِها ضَوَّتْ دَياجيها الشُّموعُ

لأَسىً كُلِّ كَئيبٍ صَرَخاتٌ   أَوقَدَتها مِن لَظى الجَمرِ الضُّلوعُ

أُمْ فيكِ الحُزْنُ تاريخٌ غَريبٌ   بأَساهُ طَيرٌ مَنْفاهُ سَجوعُ

صاح يَصحُو القَلْبُ أنّى جَنَّحَ الشَّوْ   قُ طَليقًا وأَماسيهِ هُجوعُ

مُقَلٌ أَشرَبَها الرَّمْلُ سَرابًا   فيكِ واسوَدَّ بِها الحُلْمُ اللَّموعُ

---

(١) بيك: بك. الوكت: الوقت. أكو: يوجد. وياي: ومعي.

(٢) أكولن: أقول. اطنعش: اثنا عشر، إشارة الى الأئمة الإثني عشر. سحگتك: سحقتك.

(٣) تلّاح: من لاح ظهر وبان، ويريد هنا مسّها والإمساك بها. تنداس: من داس صدره. الخُوّه: الأخوة والنخوة. الصدگ: الصادقة.

(٤) غيّره: غيّرها. الوكت: الوقت والزمان والعصر. نوماس: مروءة ونخوة وحماسة. وندفنت: واندفنت. ويّه: مع.

كَرْبَلَا تَبْكِيكِ عَنْقَاءُ الْمَنَافِي — وَيَعِي رُعْبَ الْغِيَابَاتِ الْجَزُوعُ

لَوْنُهُ عَلَّمَنِي شَكْلَ الظَّمَا وَالْـ — خَطْوُ نَارٍ تَأْكُلُ الْأَرْضَ لَسُوعُ

كُلُّ نَايٍ عَزَفَ الْكَرْبَ أَنَاشِيـ — ـدَ الَّتِي رَدَّدَهَا الدَّهْرُ الْفَجُوعُ

أَلَمْ ذَكَّرَنِيهِ النَّزْحُ عَنْ كَوْ — ثَرِهِ وَالْقَوْمُ وُرَّادٌ شُرُوعُ

مَعْبَرُ الْقُدْسِ وَمِعْرَاجُ الْفِدَا تُرْ — بُكِ، رَيْحَانُ الدَّما مِنْكِ يَضُوعُ

بِكِ مَرَّ الْأَنْبِيَا أَحْمَدُ طَهَ — وَكَلِيمُ اللهِ مُوسَى وَيَسُوعُ

مِنْهُمْ فِيكِ تَنَامَتْ قَدَرًا عِنْـ — ـدَ تَجَلِّيهِمْ أُصُولٌ وَفُرُوعُ

بِبَسَاتِينِ الْحَيَا يُطْعِمُكِ السّـ — ـرُ وَكُلٌّ فِي مَغَانِيكِ طَمُوعُ

أَيُّ نَهْرٍ مِنْهُ لَمْ يُرْوَ شَهِيدٌ — كُلُّ حُرٍّ فِيكِ يَظْمَا وَيَجُوعُ

فِتْيَةٌ يَنْدُبُ ذِكْرَاهُمْ أُفُولُ — وَيُسَلِّي غَيْمَ مَحْيَاهُمْ طُلُوعُ

إِنَّ لِلْمَاءِ بِوَادِيكِ عُيُونًا — عَسَلاً تَجْرِي وَصَادِيكِ صَرِيعُ

بِيَدَيْ سَاقِيكِ شَاءٍ أَتْرَعَ الْعَطْـ — ـشَى، وَأَرْوَاهُمْ مِنَ الْعَيْنِ الْخُشُوعُ

بِضُحَى الْهِنْدِيَّةِ الْوَرْدُ يُسَاقِيـ — ـكِ عَبِيرًا أَسْكَرَتْ مِنْهُ الرُّبُوعُ

وَبِرَزَازَةَ تَمْتَدُّ ضِفَافَ الْـ — حُلُمٍ زُرْقًا وَصَحَارِيكِ نَجِيعُ

وِجْنَانْ لِقَرَابِينِ النِّدَاءِ الْـ — ـحُرُ قَدْ فَتَّقَهَا الْفَجْرُ الصَّدِيعُ

مَرْقَدُ الْمَجْدِ عَلَى رَمْلِكِ تَاجْ — بُسِطَتْ نَحْوَ لَآلِيهِ الذُّرُوعُ

مَحْشَرُ الْحُزْنِ وَمَرْمَى الْخَلْقِ طُرًّا — لَكِ ضِيقُ الرَّبْعِ بِالرُّوحِ وَسِيعُ

قِبْلَةَ الثُّوَّارِ مَهَّدَتْ دُرُوبًا — لِخُلُودٍ خَطُّهُ الصَّبْرُ الْمَنُوعُ

يَالَثَارَاتِ حُسَيْنٍ أَشْعِلِيهَا — تَشْتَعِلْ فَوْقَ مَطَايَاهَا الدُّرُوعُ

رَتِّلِيهَا بِصَلَاةِ الْفَجْرِ آيَا — يُسْتَجَبْ مِنْكِ سُجُودٌ وَرُكُوعُ

نِينَوَى يُنْبِيكِ عَنْ شَجْوِكِ سِبْطْ — قَدْ سَقَاهُ الْمَوْتَ صَمْصَامٌ قَطُوعُ

هُوَ بِالْوَصْلِ مِنَ النَّصْرِ قَرِيبْ — كَقُرُوبِ الصُّبْحِ يُبْدِيهِ السُّطُوعُ

مُقَدَّسُ السُّؤْدَدِ فِي الْأَوْطَانِ جَلَّا — ـكِ شُمُوخًا حَيْثُ شَامَتْهُ الْجُمُوعُ

بَيْنَنَا كَرْبٌ مَوَاثِيقُ وَفَاءٍ   لِحُسَيْنٍ وَذِمَامٌ لا تَضِيعُ

كُلُّ قَطْرٍ مِنْ دِمَا طُهْرِك فَيْضٌ   سَرْمَدِيٌّ مِنْهُ يُسْتَسْقَى البَقِيعُ

حُرْمَةُ المَوْسُوعَةِ الخِصْب نَدِيٌّ   مُنْتَداها بِالتَّباشِير مَرِيعُ

وَسَلامٌ مِنْ هُدَى كَرْباسُ يُهْدِيـ   ـهِ شَذًا يَسْتَافُهُ الحِبُّ المُطِيعُ

يَتَفَيّا مِنْ جَناها العاشِقُونَ الـ   كُثْرُ والظّامي بِسُقْياها وَلُوعُ

أَغْصُنُ الأَحْرُفِ فيها وارِفاتٌ   فَقُطُوفٌ مُتْرَعاتٌ وَجُذُوعُ

(١٠)

٭ كلمة الدكتور تحسين الطائي: وهي كلمة الختام في الثناء على الموسوعة الحسينية ومؤلفها والشكر من راعي المهرجان.

(١١)

٭ إهداء دروع الإبداع لوفد دائرة المعارف الحسينية وعدد من المشاركين في إحياء المهرجان الجماهيري الكبير.

ملحق (١)
برقيات وكتابات وبطاقات
مهرجان كربلاء

تلقى الحفل الجماهري في كربلاء المقدسة مجموعة من البرقيات والكتابات وبطاقات التهنئة، تليت بعضها[1]:

(١)

ألف تحية للدكتور الكرباسي

*** بطاقة نقابة الصحافيين العراقيين فرع كربلاء المقدسة[2]**

يسعدنا ويشرفنا أن نكون مع المحتفين بالموسوعة الحسينية التي تنعقد

---

[1] من الذين أبدوا اهتماماً بمهرجان الموسوعة الحسينية، التربوي الأديب السيد صالح ابراهيم الرفيعي الذي حضر مهرجان كربلاء، وكان من قبل قد قرظ كتاب: نزهة القلم، كما قام بزيارة العلامة الكرباسي خلال وجوده في كربلاء مساء ٢٠١٢/٩/٢م، وقد انتقل السيد الرفيعي الى الرفيق الأعلى في المستشفى الحسيني بكربلاء المقدسة يوم ٢٠١٢/١١/٣م. للمزيد، راجع: أشرعة البيان.. قراءة موضوعية في الموسوعة الحسينية: ٦٢٥، نضير الخزرجي.

[2] قام الأستاذ نعمة عبد الكريم الخفاجي خلال زيارة عمل للمملكة المتحدة بزيارة للمركز الحسيني للدراسات في لندن عصر الخميس ٢٠١٤/٩/٢٥م، والتقى مؤلف الموسوعة الحسينية الفقيه المحقق آية الله الشيخ محمد صادق الكرباسي، ونشر القسم الاعلامي والثقافي في المركز خبر اللقاء في وسائل الاعلام المختلفة، منها جريدة دنيا الوطن الصادرة في رام الله بفلسطين بالرابط التالي: (www.alwatanvoice.com)، وصحيفة

تزامناً مع بزوغ الأقمار الإنسانية لولادة الأئمة الأطهار عليهم السلام التي تشرفت كربلاء والإنسانية بهم.

وجاء التقرير الخبري على النحو التالي:

الخفاجي يلتقي الكرباسي وحديث عن مثلث الإعلام والسياسة والاقتصاد.

المركز الحسيني للدراسات- لندن

في إطار جولة يقوم بها على المؤسسات العلمية والمعرفية في العاصمة البريطانية لندن، زار نقيب الصحافيين العراقيين فرع كربلاء المقدسة الأستاذ نعمة عبد الكريم الخفاجي، المركز الحسيني للدراسات في لندن عصر ٢٠١٤/٩/٢٥م، والتقى بالفقيه آية الله الشيخ محمد صادق الكرباسي راعي ومؤلف دائرة المعارف الحسينية، ودار الحديث في موضوعات مختلفة لاسيما محور الإعلام وعلاقته بتطور مدارك الأمة وتثقيفها وتحصينها من الاعلام المغرض والدعوات الهدامة التي تسعى الى تقويض أركان الأمة وقيمها ومواطن قوتها.

وقال الفقيه الكرباسي في معرض حديثه عن الاعلام وتأثيراته المختلفة، ان الإعلام دخل في كل مناحي الحياة اليومية للإنسان والمجتمع والأمة، وصار شاخصاً في كل جزئية من جزئيات مسيرة الإنسان، فلم يعد الإعلام منعزلاً أو يسبح وحده في تيار الحياة، إذ دخل في النشاطات التجارية والاقتصادية وصار في مقدمة عجلة السياسة، فأصبح ثالوث الإعلام والاقتصاد والسياسة هو المهيمن على الحياة، ومن يستخدم هذه الثالوث له أن يسيطر على مساحات كبيرة من حياة الأمة أو الأمم.

وأضاف الفقيه الكرباسي: إن المسلمين بحاجة لأن يدركوا أهمية الإعلام في تحصين أنفسهم والتأثير على الآخر بصورة ايجابية، وهو ينفعهم في حياتهم الدنيا والآخرة، وعليهم أن يحسوا بأهمية الاعلام كحربة دفاعية في وجه مخططات الأعداء وإذا ما جمع الإعلام مع الاقتصاد والسياسة صارت عندهم القوة والمنعة ولا يعودوا طعمة للطامعين.

من جانبه تحدث نقيب الصحافيين العراقيين فرع كربلاء الأستاذ نعمة عبد الكريم الخفاجي عن الدور الذي تضطلع به نقابة الصحافيين في دعم الاعلاميين وأصحاب القلم لما فيه خيرهم وخير المدينة والبلد، كما تناول في حديثه الدور الذي تقوم به مجلة (السدرة) في بيان معالم كربلاء المقدسة والحفاظ على تاريخها وتراثها واظهار ما غاب على الاجيال الحديثة من معالم هذه المدينة، التي تضم رفات سيد شهداء أهل الجنة الإمام الحسين عليه السلام. كما قدّم الأستاذ الخفاجي رؤيته حول كيفية دعم الثقافة والمثقفين في كربلاء المقدسة، مثنيا على محافظ كربلاء المقدسة الأستاذ عقيل عمران الطريحي الذي يعتبر نصيراً لأصحاب القلم والفكر والرأي. وقد تمت ترجمة هذا الشعور بصورة عملية ورسمية عبر تشكيل مجلس الثقافة والاعلام والفنون الذي يعنى بكل النشاطات ذات الصلة على =

كـمـا يـأتـي هـذا الـحـدث الـثـقـافـي الـكـبـيـر فـي ظـل أفـراح الـعـراقـيـيـن بـعـيـد الصحافة العراقية التي عاهدت الله والإنسانية بأن تحمل رسالة الحق والعدل والتي انطلقت من أجلها ثورة الحسين المشرقة بعد أن أخذ المثقفون في العراق على عاتقهم تحرير الكلمة من سطوة الظلم والاستبداد، وحماية قيمتها.

وختاما نرفع أكفنا بالدعاء لجميع العقول التي ساهمت بترسيخ المفاهيم

 مستوى المحافظة، ويتولى الأستاذ نعمة عبد الكريم الخفاجي الأمانة العامة للمجلس وهو في الوقت نفسه المستشار الثقافي والاعلامي لمحافظة كربلاء.

وتعقيبا على ما عرضه الأستاذ الخفاجي، أكد الفقيه الكرباسي على دور الموسوعة الحسينية في الحفاظ على معالم المدينة المقدسة وحفظ تراثها وكل ما يتعلق بها، خاصة وإن باب (أضواء على مدينة الحسين) يضم ٤٠ جزءاً صدر منه حتى الآن جزء واحد من مجموع ٩٠ مجلداً مطبوعا من أجزاء دائرة المعارف الحسينية. كما أكد الفقيه الكرباسي في معرض الحديث عن مجلس الثقافة والاعلام والفنون على أهمية القافين (القلم والقرطاس) في رسم معالم كل أمة، وإيلاء الدعم لرواد القلم والقرطاس بما يعينهم على مواجهة صعوبات الحياة اليومية ويجعلهم أكثر انتاجاً، فيما أثنى الدكتور نضير الخزرجي على تأسيس مجلس الثقافة والإعلام والفنون باعتبار ان المسميات تعكس واقع كل مدينة وطبيعة العلاقة بين الحكومة المحلية والسكان، ومدى اهتمام السلطة بأصحاب القلم والفكر والريشة والفن، كما بارك له صدور مجلة «السِّدْرَة» التي تعنى بتراث كربلاء وحاضرها ومستقبلها، حيث يتولى الأستاذ الخفاجي رئاسة التحرير فيها، فيما يتولى ادارة التحرير السيد جمال الدين الشهرستاني ويرأس مجلس ادارتها الأستاذ محمد صادق محمد رضا الهر، ويشرف عليها الأستاذ عبد الرزاق عبد الكريم الخفاجي.

وفي نهاية اللقاء، الذي حضره البروفيسور محمد عيسى الخاقاني، والأستاذ علي التميمي مدير المركز الحسيني للدراسات والمهندس هاشم الصابري والأستاذ حسن صادق، قدّم الباحث في دائرة المعارف الحسينية الدكتور نضير الخزرجي شرحاً مختصراً عن آخر نتاجات الموسوعة الحسينية، كما أطلع الضيف على مرافق ومنشآت المركز الحسيني للدراسات، ووقف الأستاذ نعمة عبد الكريم الخفاجي على الأجزاء التسعمائة من دائرة المعارف الحسينية بخط يد مؤلفها والتي تنتظر الطباعة تباعاً.

والمفيد ذكره أنه سبق لمحافظ كربلاء المقدسة الأستاذ عقيل عمران الطريحي أن زار المركز الحسيني للدراسات بلندن يوم ٢٠١٤/٥/٢١م والتقى بمؤلف الموسوعة الحسينية الفقيه الدكتور محمد صادق الكرباسي، ودار الحديث في حينها عن الدور الذي ينبغي ان تضطلع به الحكومة المحلية لإعمار مدينة كربلاء بوصفها محجة للموالين والمحبين والزائرين.

الإنسانية، وألف تحية للدكتور الكرباسي الذي لم تحجبه سنون الغربة العجاف عن رسالة الحسين ﷺ، وفق الله الجميع لما فيه خير وصلاح هذه الأمة.

نعمة عبد الكريم الخفاجي (١)

نقيب الصحفيين العراقيين- فرع كربلاء

(٢)

إلى إخوان الصفا

❋ برقية شيخ عشيرة آل عياشي في كربلاء المقدسة

بسم الله الرحمن الرحيم

الحمد لله رب العالمين الذي هدانا سواء السبيل وجعلنا من الموالين للنبي وأهل بيته الكرام، وصلى الله وسلم على سيدنا ونبينا محمد الذي اصطفاه على خلقه وجعله خاتم الأنبياء وسيد المرسلين وعلى آله الهداة الذين جعلهم سفن النجاة وأبواب الرحمة ومصابيح الهدى وشفعاء يوم الجزاء. السلام على سيد الشهداء وخامس أصحاب الكساء وأبي الأئمة النجباء الذي اجتباه ربه واختاره أن يكون قربان آل محمد وجعل الشفاء في تربته واستجابة الدعاء تحت قبته وجعل أفئدة الناس تهوي إليه. السلام على ولي الله المنتظر المدخر لثأر جده الحسين ﷺ.

---

(١) نعمة عبد الكريم الخفاجي: هو حفيد عبد المحسن، ولد في مدينة كربلاء المقدسة سنة ١٩٥٩م، صحافي وإعلامي، نشأ ودرس في مسقط رأسه، يواصل دراسته الجامعية بقسم الإعلام في الجامعة العالمية للعلوم الإسلامية، مستشار إعلامي لنقيب الصحفيين العراقيين (المركز العام)، كما عمل مستشاراً إعلاميا لمجلس محافظة كربلاء، أمين عام مجلس الثقافة والإعلام والفنون، مستشار محافظ كربلاء لشؤون الثقافة والإعلام والفنون، له عضوية في عدد من الاتحادات والجمعيات الأدبية الصحافية، من قبيل: اتحاد الأدباء والكتاب العراقيين، اتحاد الصحافيين الدولي، وعضو جمعية أورنمو للفنون التقنية.

٢٥٥

إن الإمام الحسين رسم للعالمين منهجاً خالداً في الإصلاح، فمن اهتدى إليه واتخذه سبيلاً سعد وفاز في الدنيا والآخرة، وأن الراية التي نشرها سيد الشهداء لمناهضة الظلم والفساد، وإقامة العدل والسلام، ولا تزال منشورة على امتداد الآفاق وأنها راية منصورة باذن الله.

الإمام الحسين أعطى لكل واحد من البشر قيمة وكرامة ودوراً اصلاحياً حتى اضحى سلام الله عليه يقظة كل ضمير وحياة كل وجدان ونور كل قلب. تباً ثم تباً لثقافة الانطواء والتقاعس والأعذار التافهة، تباً ثم تباً لثقافة التفرقة والتمزق.

إن نهج السبط الشهيد كان ولازال السبيل للتراحم والتحابب بين المؤمنين والشدة ضد الأعداء.

أيها الإخوة..

الإسلام دين الله المتين بنيانه والعالية والمثمرة فروعه، إنه بنيان شامخ وهو دين شامل لا يتجزأ، إنه يأمرنا بالتحابب في الله والتعاون على البر والتقوى، الإسلام دين الآخرة والأولى، وهو دين الخُلق الفاضل والسلوك النزيه والطاهر عن الفساد بكل أشكاله، وان هذا الدين هو الذي خط من أجله سبط الرسول ﷺ.

تعالوا نصبح من هذه اللحظة إخوان الصفا[1] كما وصف الإمام

---

(١) اخوان الصفا: إشارة إلى قول الإمام الحسين ﷺ بعد أن استشهد اصحابه فخاطبهم وهم صرعى: «يا أبطال الصفا ويا فرسان الهيجاء، ما لي أناديكم فلا تجيبون، وأدعوكم فلا تسمعون، ألأنتم نيام أرجوكم تنتبهون، أم حالت مودّتكم عن إمامكم فلا تنصروه؟ هذه نساء الرسول لفقدكم قد علاهن النحول، فقوموا عن نومتكم أيها الكرام، وادفعوا عن حرم الرسول الطغاة اللئام، ولكن صرعكم والله ريب المنون، وغدر بكم الدهر الخؤون، وإلّا لما كنتم عن نصرتي تقصّرون فإنّا لله وإنّا إليه راجعون). ناسخ التواريخ: ٢/ ٣٧٧، محمد تقي سپهر، انتشارات كتابخانه اسلامية، طهران، ط٣، صيف ١٣٦٨ش.

أصحابه، تعالوا نتحابب في الله ونتسارع في اتباع نهج الحسين وندع جانباً العصبيات الجاهلية والتحول بإذن الله الى ذلك البنيان المرصوص الذي قال عنه ربنا سبحانه: ﴿إِنَّ ٱللَّهَ يُحِبُّ ٱلَّذِينَ يُقَٰتِلُونَ فِي سَبِيلِهِۦ صَفًّا كَأَنَّهُم بُنۡيَٰنٌ مَّرۡصُوصٌ﴾ [1].

والسلام عليكم ورحمة الله وبركاته

الشيخ حسين رحيم العياشي [2]
شيخ عشيرة آل عياشي في كربلاء

(٣)

الموسوعة الأضخم في العالم

٭ كلمة الباحث سعيد رشيد زميزم [3] الناشط في متحف الإمام الحسين (عليه السلام) في العتبة الحسينية المقدسة [4].

---

(١) سورة الصف: ٤.

(٢) حسين رحيم العياشي: هو حفيد بوهان بن محمد العياشي، ولد في كربلاء المقدسة في حي الحر في ١٩٧٨/٧/١م، نشأ ودرس في مسقط رأسه، تولى مشيخة عشيرة آل العياشي في كربلاء المقدسة في ٢٠١٠/٥/٢٥م بعد مقتل والده الشيخ رحيم العياشي مع أربعة من وجهاء مدينة كربلاء من قبل رتل من القوات الأمريكية وهو في طريقه لحل منازعة عشائرية في قضاء عين التمر مع آل المطيري، ووالده من قضاء الحمزة الشرقي في محافظة الديوانية فيها وُلد سنة ١٩٤٨م ونشأ في كربلاء، والمترجم له إلى جانب وظيفته الاجتماعية العشائرية يعمل موظفاً في المفتشية العامة ببغداد.

(٣) سعيد رشيد زميزم: هو حفيد محمد، ولد في كربلاء المقدسة سنة ١٩٥٢م (١٣٧١هـ)، نشأ ودرس فيها ثم تحول إلى الأعمال الحرّة، وبعدها تفرّغ للكتابة والتحقيق، ويقدم حاليا خبراته في متحف العتبة الحسينية المقدسة، واظب من بعد عام ٢٠٠٣م على إقامة معرض سنوي وسط المدينة لعرض الصور القديمة والحديثة عن العتبات المقدسة في كربلاء، من مؤلفاته: العراق والاحتلال البريطاني، كربلاء وثورة العشرين، ورجال حول الحسين (عليه السلام).

(٤) قام الأستاذ سعيد رشيد زميزم بمعية السيد علاء أحمد عبود ضياء الدين رئيس متحف الإمام الحسين (عليه السلام) والوفد المرافق له بزيارة المحقق الكرباسي في مقر إقامته في كربلاء المقدسة صباح ٢٠١٢/٨/٧م.

بسم الله الرحمن الرحيم

السلام عليكم ورحمة الله وبركاته

لكربلاء قصة مع الزمن فمنذ أن سالت الدماء الزكية لسيد الشهداء

= والمفيد ذكره أنه خلال سفر السيد علاء ضياء الدين للمملكة المتحدة زار الشيخ الكرباسي في المركز الحسيني للدراسات غروب يوم الثلاثاء ٢٠١٣/١١/٥م، وفي هذا اللقاء تم لأول مرة في تاريخ بريطانيا فتح راية الإمام الحسين ﷺ التي كانت منصوبة على قبته الشريفة، ووزع المركز الحسيني للدراسات خبر الزيارة على وسائل الإعلام المختلفة بالعنوان التالي: (ضياء الدين يثمن جهود الكرباسي في ترشيد عمل المتحف الحسيني)، ونصه:

عبّر مدير متحف الإمام الحسين ﷺ في العتبة الحسينية المقدسة بكربلاء المقدسة السيد علاء أحمد ضياء الدين عن كبير امتنانه للدعم المعنوي الذي تلقاه المتحف من لدن المحقق الفقيه الدكتور محمد صادق الكرباسي راعي ومؤسس دائرة المعارف الحسينية.

جاء ذلك في اللقاء الذي جمع السيد ضياء الدين بالفقيه الكرباسي في المركز الحسيني للدراسات بلندن يوم الثلاثاء ٢٠١٣/١١/٥م بحضور عدد من الشخصيات العلمية والعلمائية، حيث أكد السيد ضياء الدين أن الفقيه الكرباسي كان من المواكبين لإقامة هذا الصرح الكبير في العتبة الحسينية المباركة منذ بداياته الأولى واستفدنا كثيرا من توجيهاته القيّمة وخبرته الطويلة لاسيما وهو من المحققين في النهضة الحسينية ممن لا يشق له غبار وصاحب أكبر وأندر موسوعة في الإمام الحسين.

وأهدى السيد علاء ضياء الدين خلال اللقاء درع الإبداع الخاص بالمتحف الحسيني تعبيراً عن شكر وتقدير متحف العتبة الحسينية للجهود التي بذلها المحقق الكرباسي في البدايات الأولى لتأسيس المتحف والجهود المضنية التي يبذلها منذ عام ١٩٨٧م في تأليف الموسوعة الحسينية التي صدر منها حتى اليوم ٨٣ مجلداً من مجموع ٨٠٠ مجلد في ستين باباً من أبواب المعرفة.

وفي ختام اللقاء تم ولأول مرة في المركز الحسيني للدراسات بلندن فتح راية الإمام الحسين ﷺ الأصلية التي كانت مرفوعة على قبة الإمام الحسين ﷺ حيث تم جلبها خصيصا من كربلاء المقدسة لرفعها في المراكز والحسينيات المنتشرة في لندن تيمناً بحلول عاشوراء ذكرى استشهاد الإمام الحسين ﷺ.

والمفيد ذكره أن المحقق الكرباسي كان قد قام بزيارة متحف الإمام الحسين ﷺ يوم ١٠/٩/ ٢٠٠٩م في بدايات التأسيس قبل أن يتم افتتاحه بشكل رسمي يوم ٢٠١١/٧/٩م ضمن فعاليّات مهرجان ربيع الشهادة الثقافي العالمي الثامن المنعقد في العتبتين المقدستين الحسينية والعباسية في كربلاء المقدسة وسط العراق، ووقف الدكتور الكرباسي ميدانياً على سير الأعمال الجارية والتحضيرات لإعداد المتحف وملحقاته المشروع واطلع على للجمهور، مبدياً توجيهاته إلى القائمين عليه من وحي تجربته الشخصية.

نشر الخبر في وسائل إعلام كثيرة، منها صحيفة دنيا الوطن التي تبث موادها على الشبكة البينية من مدينة رام الله بفلسطين، وذلك بتاريخ ٢٠١٣/١١/٦م،: (www.alwatanvoice.com).

الإمام الحسين ﷺ ومن ثم استقرار الجسد الطاهر للإمام الحسين ﷺ في هذه الأرض المباركة نبتت شجرة فينانة استظل تحتها كل من يريد أن ينشد الحرية للمحرومين والمقهورين من قبل حكامهم الطغاة، وبهذا أصبح المرقد الطاهر للإمام الحسين ﷺ مركز اشعاع فكري وثوري لكل أحرار العالم حيث بدأت تتوافد على هذا الصرح الشامخ الملايين من المحبين والموالين لأهل بيت النبوة سلام الله عليهم مستلهمة من أفكار الإمام الحسين ﷺ العزم والتصميم والبلاغة والحكمة.

كان من هؤلاء الرجال الأفذاذ نخبة فاضلة ممن حملوا لواء العلم والمعرفة حيث قام هؤلاء الرجال الأجلاء بتأسيس العديد من المدارس الفكرية(١) في مدينة كربلاء المقدسة والتي أصبحت فيما بعد من أهم المدارس العلمية التي ساهمت في ايصال المبادئ السامية لديننا الحنيف حيث تخرج من هذه المدارس المتميزة المئات بل الآلاف من أصحاب الأقلام الصقيلة الذين أصبحوا من أشهر أعلام المسلمين الذين ساهموا مساهمة فعالة في نشر علوم الفكر الإسلامي.

كان من هؤلاء الرجال الكرام ابن مدينة كربلاء المقدسة سماحة الدكتور محمد صادق الكرباسي العلامة الجليل الذي اجتمعنا(٢) في هذا المكان المبارك لتكريمه والثناء عليه لما قدمه من جهد كبير في خدمة القضية الحسينية الخالدة من خلال تأليفه لأضخم موسوعة في العالم هي «دائرة المعارف الحسينية» التي تتحدث بالتفصيل عن الجوانب المشرقة

---

(١) للاطلاع على المدارس العلمية والفكرية والحوزوية في كربلاء المقدسة، راجع: أضواء على مدينة الحسين للكرباسي.

(٢) زار الأستاذ سعيد زميزم الفقيه الشيخ محمد صادق الكرباسي في كربلاء المقدسة خلال إقامته في جناح مجمع السفير الطبي التابع للعتبة الحسينية يوم ٢٠١٢/٨/٧م بحضور مدير المتحف الحسيني الأستاذ السيد علاء السيد أحمد ضياء الدين.

لثورة الإمام الحسين ﷺ وجهاده المرير ضد الطغاة الحكام المارقين الذين كمـموا أفـواه المـسـلـمـيـن وحكموهم بـالـحـديد والنار، إلا أن الإمام الحسين ﷺ وصحبه الأبرار تصدوا لهؤلاء الشرذمة المارقة حيث وقفوا تلك الوقفة المشرفة التي نالوا فيها الشهادة وهم يدافعون عن المثل العليا التي جاء بها الإمام الحسين ﷺ من أجل إحقاق الحق ورفع تلك الراية الخفاقة التي رفرفت فوق قمم المجد، وستبقى ترفرف إلى الأبد بإذن الله تعالى.

فهنيئًا لشيخنا الجليل الدكتور الكرباسي على هذا الجهد الكبير، ونتمنى له ولأحبائه العاملين معه طول العمر لخدمة تراث أهل البيت ﷺ والقضية الحسينية المباركة التي أصبحت مثار إعجاب وتقدير الآلاف من مفكري العالم ومن شتى الأديان والأفكار والملل والنحل، وكان للشيخ الكرباسي أثر بالغ في توعية الكثير من مفكري أوروبا من خلال ارساله للعديد من أجزاء موسوعته الرائدة إلى هؤلاء المفكرين.

والسلام عليكم ورحمة الله وبركاته.

(٤)

السِّفر القيِّم

* كلمة السيد محمد السيد وسام المحنّا(١)، التدريسي في جامعة كربلاء.

---

(١) قام الدكتور محمد المحنّا بزيارة الفقيه الشيخ محمد صادق الكرباسي في مقر إقامته بكربلاء المقدسة مرات عدة ضمن وفود مختلفة عشائرية وجامعية وأدبية وحكومية، منها زيارته الأيام: ٢٠١٢/٨/٩م، ٢٠١٢/٨/١٨م، ٢٠١٢/٨/١٩م، ٢٠١٢/٨/٢١م، ٢٠١٢/٨/٢٣م، وقد طلب من الفقيه الكرباسي إجازة الرواية عنه فأجازه.

٢٦٠

بسم الله الرحمن الرحيم

الحمد لله رب العالمين، وديّان الدين، ورازق المخلوقين، وعون المؤمنين، وقاصم الجبارين، ومبير الظالمين، ومدرك الهاربين، ونكال الظالمين، وصريخ المستصرخين، موضع حاجات الطالبين، معتمد المؤمنين، والصلاة والسلام على رسول رب العالمين وعلى أهل بيته الطيبين الطاهرين.

وبعد: فعند حضوري إلى مهرجان الموسوعة الحسينية الأول المقام على قاعة النور في كربلاء، ورأيت ما للموسوعة من أهمية بين طبقة المؤمنين والعارفين، فرأيت أنّ حبَّ سيد الشهداء يتألق وينمو في صدور هذه الثلة الخيرة، وتذكرت أنّ الإمام أمير المؤمنين ﷺ في إحدى معاركه قال له أحد أصحابه: وددت أن أخي فلانا كان هنا ليرى ما نصرك به على أعدائك، فقال له الإمام ﷺ: «أهَوَى أخيك معنا، قال: نعم، فقال ﷺ: لقد شَهِدنا، ولقد شَهِدنا في عسكرنا هذا أقوامٌ في أصلاب الرجال وأرحام النساء سيرعف بهم الزمان ويقوى بهم الإيمان»[1]، وكان ذلك في معركة الجمل.

ثم قال ﷺ في خطبة له: «فاستودعهم في أفضل مستودع وأقرّهم في خير مستقر تناسختهم كرائم الأصلاب إلى مطهرات الأرحام، كلما مضى منهم سلف قام منهم بدين الله خلف»[2]، فقضية الإمام الحسين ﷺ هي تحت رعاية إلهية لا يمكن أن تنتهي ولا لها أن تنقضي، فكلما قام عالم

---

(1) نهج البلاغة: ٥٥، ك ١٢، ضبط: د. صبحي الصالح، بيروت- لبنان، ط١، ١٣٨٧هـ - ١٩٦٧م.

(2) نهج البلاغة: ١٣٩، خ ٩٤.

٢٦١

بتأليف كتاب خرج آخر بتأليف موسوعة إلى أبد الدهر وآخر العمر، وفَّق الله شيخنا الكرباسي على هذا السِفر القيم وجعل يده بالكتابة كالسحاب للديم، إنه سميع الدعاء وهو أرحم الراحمين.

السيد محمد السيد وسام المحنا
تدريسي في جامعة كربلاء
٢٠١٢/٦/٣٠م

ملحق (٢)
إجازة الرواية

خلال وجود مؤلف دائرة المعارف الحسينية الفقيه المحقق آية الله الشيخ محمد صادق الكرباسي في العراق، طلب منه عدد من الضيوف من مشارب مختلفة «إجازة الرواية» بما يرويه عن اساتذته ومن المصادر المعتبرة، من أحاديث شريفة للرسول الأكرم محمد ﷺ وأهل بيته الكرام ﷺ[1]، وهذا نموذج لإجازة الرواية.

بسم الله الرحمن الرحيم

الحمد لله رب العالمين والصلاة على خاتم الأنبياء والمرسلين والسلام على آله الميامين الطاهرين

وبعد: فقد استجازني (. . . .) حفظه المولى جلَّ وعلا، للرواية عنّي ما رويته من أحاديث الرسول ﷺ وآله الأطهار ﷺ فاستجبت له ملبّياً، رغم أن دَور الرواية إجازةً قد تراجع بسبب نشر كتب الحديث، ومع ذلك فقد أجزْتُ

---

(١) زار الباحث الشيخ أحمد الحائري الأسدي عصر يوم ١٤/٧/٢٠١٢م العلامة الشيخ محمد صادق الكرباسي، وفي هذا اللقاء طلب الشيخ الحائري من الفقيه الكرباسي إجازة الرواية فأجازه، وهي تعني الإذن بالرواية عما يرويه الكرباسي عن أساتذته، وقد أجاز من قبل ومن بعد لعدد آخر من الأعلام والأعيان.

له أن يروي عنّي مما أرويه عن أساتذتي وشيوخي الأعلام والمراجع العظام الذين كانوا أوتاد البلاد في كل من كربلاء المقدسة والنجف الأشرف وطهران وقم المقدسة رضوان الله عليهم أجمعين، ما أجازوا لي روايته من السَّلف الصالح قدّسَ الله سرَّهم، موصياً إيّاه ونفسي على الدِقَّة في النَّقل والتـثبّت لدى الرواية ومراعاة نقل ما هو مقبول من حيث عِلْمَي الدِّراية والرِّجال بل وسائر العلوم المرتبطة بعلم الحديث، وأرجوه أن لا ينساني من صالح دعواته كما لا أنساه إن شاء الله تعالى، آملا أن يكون في ذلك رضا الله ورسوله والأئمة المعصومين الطاهرين عليهم أفضل الصلاة وأزكى السلام، داعياً له أن يُسدد الله خُطاه.

حُرر في يوم ولادة الإمام الحسن المجتبى ﷺ من سنة ١٤٣٣هـ بكربلاء المقدسة

خادم الشريعة

محمد صادق محمد الكرباسي

ملحق (٣)
بين الموسوعة الحسينية وجامعة كربلاء

قام وفد دائرة المعارف الحسينية بزيارة جامعة كربلاء ولقاء رئيسها الأستاذ الدكتور حسن عودة الغانمي [1] يوم الأربعاء ٢٠١٢/٦/٢٧م، وجاء خبر الزيارة على النحو التالي:

جامعة كربلاء تفتح آفاق التعاون العلمي مع دائرة المعارف الحسينية [2]

---

(١) حسن عودة الغانمي: هو حفيد زعال بن حبيب، أكاديمي عراقي، ولد في ناحية سدة الهندية بمحافظة بابل في ١٩٥٢/٩/٦م، نشأ ودرس في مسقط رأسه، وأكمل البكالوريوس في جامعة بغداد قسم القانون عام ١٩٧٩م، واكمل الماجستير في القانون العام من الجامعة نفسها عام ١٩٨٣م، وفيها واصل الدكتوراه في فلسفة القانون الجنائي ونالها عام ١٩٩٥م، تولى التدريس في الجامعات العراقية وحصل عام ١٩٨٦م على درجة مدرس مساعد، وأصبح عام ١٩٩٠م مدرسا عاما، ثم استاذاً مساعداً عام ١٩٩٣م، وفي العام ١٩٩٩م أصبح أستاذا عاماً، وفي العام ٢٠٠٢م أصبح الأستاذ الأول في كلية القانون، وفي العام ٢٠٠٥م أصبح الأستاذ الأول في جامعة بابل، وفي الفترة ١٩٨٧- ١٩٩٣م كان مقرر قسم القانون العام في كلية القانون بجامعة الموصل، وفي الفترة ٢٠٠١- ٢٠٠٣م رأس فرع القانون العام بكلية القانون في جامعة بابل، وفي الفترة ٢٠٠٣- ٢٠٠٥م تولى عمادة الكلية، ثم أصبح رئيساً لجامعة كربلاء للسنوات ٢٠٠٨- ٢٠١٣م، يتولى حاليا رئاسة جامعة المثنى (السماوة) منذ العام ٢٠١٣م، من مؤلفاته: التصرف غير المشروع في الأعضاء البشرية، علم العقاب، الأحكام العامة لقانون العقوبات دراسة مقارنة.

(٢) قام المركز الحسيني للدراسات بتوزيع التقرير الخبري على وسائل الإعلام المختلفة، ونشر في=

٢٦٥

في إطار التعاون العلمي بين دائرة المعارف الحسينية بلندن وجامعة كربلاء، التقى موفد الدائرة إلى العراق الدكتور نضير الخزرجي بالأستاذ الدكتور حسن عودة الغانمي رئيس جامعة كربلاء.

في بداية اللقاء الذي جرى في مكتب رئيس جامعة كربلاء يوم الأربعاء ٢٠١٢/٦/٢٧م، أشار الدكتور الخزرجي إلى مساعي الفقيه الدكتور الشيخ محمد صادق الكرباسي، في إظهار النتاج المعرفي وبيانه والمستنبط من تراث النهضة الحسينية والذي له القدح المعلى في خدمة الكثير من الحقول العلمية، حيث بلغت أعداد الموسوعة حتى يومنا هذا نحو ٧٠٠ مجلد صدر منها ٧٧ مجلداً في ستين باباً من أبواب المعرفة الإنسانية.

من جانبه أشار الأستاذ الدكتور حسن عودة الغانمي إلى تاريخ تأسيس جامعة كربلاء والتطور الذي حصل فيها من خلال فتح كليات مختلفة والسعي الى إنشاء مستشفى تعليمي واسع بمواصفات نموذجية على مستوى كربلاء المقدسة والعراق، وقد ثمّن وهو في معرض الحديث عن الموسوعة الحسينية الدور المعرفي الذي تضطلع به دائرة المعارف الحسينية والجهود التي يبذلها مؤلفها الدكتور الشيخ الكرباسي، مبدياً استعداد الجامعة لفتح أبواب التعاون العلمي والمعرفي مع دائرة المعارف الحسينية بما يخدم العلم والعلماء.

وحضر اللقاء الأستاذ قاسم الكركوشي [1] أمين مجلس جامعة كربلاء
=

<hr>

الكثير منها، على سبيل المثال: شبكة والفجر الثقافية (www.walfajr.net) بتاريخ ٢٧/٦/ ٢٠١٢م، وكالة فنار الاخبارية (www.fanarnews.com) بتاريخ ٢٠١٢/٦/٢٨م، جريدة المستشار العراقية (www.almustashar-iq.net) بتاريخ ٢٠١٤/٦/٣٠م وقد ذيل التقرير باسم مراسلهم الأستاذ زياد كاظم.

(١) قاسم الكركوشي: هو إبن حسن، من أهالي كربلاء المقدسة، أمين مجلس جامعة كربلاء.

والدكتور عمران الكركوشي [1] مسؤول الإعلام في جامعة كربلاء [2]، فيما حضره عن دائرة المعارف الحسينية عضو وفد الدائرة الدكتور حسين أبو سعود والأستاذ هاشم الطرفي، بالإضافة إلى التدريسي في كلية التربية في جامعة كربلاء السيد محمد المحنّا [3].

---

(١) عمران الكركوشي: هو إبن كاظم بن عطية، إعلامي عراقي وأستاذ جامعي، ولد في ناحية الجدول الغربي بمدينة كربلاء المقدسة سنة ١٣٨٧هـ (١٩٦٧م) أستاذ الإعلام الدولي والرأي العام في جامعة كربلاء، مدير قسم الإعلام والعلاقات العامة في الجامعة للفترة (٢٠٠٢- ٢٠٠٦م)، نشأ ودرس في مسقط رأسه ونال الشهادة الجامعية من جامعة بغداد (بكالوريوس صحافة) وتلاها بالعالية (ماجستير صحافة) وبالعليا (دكتوراه اعلام دولي)، مدير قسم الإعلام في مركز الفرات للتنمية والدراسات الاستراتيجية وأشرف على تأسيس مجلة الفرات، من مؤلفاته: الإرهاب والخطاب الإعلامي، المرأة في عصر المعلومات، والعمليات النفسية للإذاعة الدولية الموجهة للعراق.

(٢) كان أول لقاء تعارف مع الدكتور عمران الكركوشي قد حصل في كربلاء المقدسة عصر ١٤/ ٧/ ٢٠١٠م في متنزه الحسين الكبير، خلال مهرجان يوم كربلاء الذي أقامته الحكومة المحلية، ويومها استحسن كتابنا «نزهة القلم» الذي تولت الحكومة المحلية طبعه وتوزيعه تكريماً لنا كواحد من أبناء مدينة كربلاء المقدسة الذين رفدوا العلم والمعرفة.

(٣) خلال وجود مؤلف الموسوعة الحسينية الشيخ محمد صادق الكرباسي في العراق زاره عدد من الأكاديميين والجامعيين وتدارسوا في مجال التعاون العملي والمعرفي، على سبيل لقاء جمع الشيخ الكرباسي ورئيس جامعة الحكمة في مونتريال بكندا الدكتور زين العابدين الحسيني الشهرستاني وذلك في فندق قصر الضيافة في النجف الأشرف يوم ٢٤/ ٧/ ٢٠١٢م، وكنت حاضراً في هذا اللقاء، وفيما بعد التقيت بالدكتور الشهرستاني في لندن صباح الأحد ١٩/ ٥/ ٢٠١٢م حيث حضرت مع وفد الموسوعة الحسينية للقاء شقيقه العلامة السيد جواد الحسيني الشهرستاني الوكيل العام لمرجعية الإمام السيد علي الحسيني السيستاني، وكان حاضراً في اللقاء.

ملحق (٤)
خيرة الأحباب والجلّاس

إلتقى الشاعر كاظم جواد الحلفي، الذي شارك في مهرجان كربلاء، بالشيخ الكرباسي في كربلاء المقدسة في ٦ شهر رمضان ١٤٣٣هـ (٢٦/ ٧/ ٢٠١٢م)، وقال في محضره هذه المقطوعة وهي من بحر الرجز، مبتدئاً بقوله:

تحيةٌ لشيخنا الجليل محمد صادق الكرباسي المحترم .. بعد السلام

عليكم ورحمة الله وبركاته

أهلاً وسهْلاً شيخَنا الكرباسي	يا خيرةَ الأحبابِ والجُلّاسِ
قَدْ حَلَّ فينا الخيرُ مُذْ وافَيْتُمُ	وطيرُ سَعْدٍ طارَ في الأماسِ
يا قاصِداً للسِّبْطِ في ابْتِهالٍ	وترجو ربَّ الكَوْنِ بِالتِماسِ
يُعطيكَ ذو الجَلالِ ما تَرْجوهُ	كذاكَ تحت قُبَّةِ العَبّاسِ
بِحقِّ طه والوصي المُرتضى	وفاطمٍ خيرِ الورى والناسِ
مِنّي التَّحايا والسلام المُفتدى	بباقَةِ الوَرِدِ، كذا والياسِ
أرجو القبول أيها المُفتدى	من شاعرٍ، ومُرْهَفِ الإحساسِ (١)

---

(١) وبعد عودة المؤلف الكرباسي الى لندن بعث الشاعر الحلفي عبر البريد الكهربي بتاريخ ٣/ ١/ ١٤٣٤هـ (١٨/ ١١/ ٢٠١٢م) قصيدة من ١٣ بيتاً في تقريظ الموسوعة الحسينية، ومطلعها:

نـظَـمْـتُ الـشـعـرَ مـن عِـقْـدٍ فـريـدِ   بـحـقِّ المـصـطـفـى الـهـادي الرشيـدِ

راجع: الياسمين في تقريظ موسوعة الحسين (مخطوط).

ملحق (٥)
مداخلة أدبية

خلال وجودنا في مدينة كربلاء المقدسة، كان لنا حضور ومشاركة في أمسية أدبية عقدها الاتحاد العام للأدباء والكتاب العراقيين، تحدث عن الجانب الأدبي في عمل الموسوعة الحسينية، ونشر خبر الأمسية في وسائل إعلام مختلفة، منها الخبر التالي:

العلاقة الطردية بين الحواضر العلمية والنتاج الشعري في مداخلة أدبية[1]

قصي الكناني[2]: كربلاء المقدسة

---

(١) كما تم نشر التقرير الخبري بالعنوان نفسه في وسائل اعلام مختلفة، ونشر في الكثير منها، على سبيل المثال: مجلة ديوان العرب (www.diwanalarab.com) بتاريخ ٢٠١٢/٩/٤م، وبالتاريخ نفسه في موقع مؤسسة النور الثقافية (www.alnoor.se) وموقع كتابات في الميزان (www.kitabat.info). كما تولت وسائل إعلام متنوعة كانت حاضرة الندوة بإعداد تقارير متنوعة العناوين، فعلى سبيل المثال: جاء عنوان وكالة نون الخبرية (www.non14.net) بالنحو التالي: اتحاد أدباء كربلاء يحتفي بالأكاديمي والشاعر عبود جودي الحلي لصدور ديوان (في رحاب كربلاء). وجاء عنوان جريدة الاتحاد البغدادية (www.alitthad.com) على النحو التالي: اتحاد أدباء كربلاء يحتفي بديوان (في رحاب كربلاء).

(٢) قصي الكناني: هو ابن عبد السادة بن علي بن مرهون، من الإعلاميين العراقيين، ولد في النجف الأشرف في ١٩٧٧/١٢/١٢م، يتولى رئاسة تحرير وكالة ٧ أيام العراقية للأنباء التي تأسست عام ٢٠٠٤م والمعتمدة لدى نقابة الصحافيين العراقيين بالرقم (١٢١٨)، وربما استخدم اسما صحافيا هو (قصي الطائي).

عبّر موفد دائرة المعارف الحسينية في لندن الأديب العراقي الدكتور نضير الخزرجي عن قناعته بأهمية العلاقة الطردية بين الحواضر العلمية والنتاجات الأدبية وبخاصة في مجال النظم والشعر.

جاء ذلك في الأمسية الأدبية التي عقدها الاتحاد العام للأدباء والكتاب العراقيين فرع كربلاء المقدسة في الأول من أيلول سبتمبر ٢٠١٢م للاحتفاء بالأستاذ الدكتور عبود جودي الحلي ^(١) بمناسبة صدور ديوانه الجديد (في رحاب كربلاء).

وكانت الأمسية التي قدم لها وأدارها الأديب الشاعر سلام محمد البناي ^(٢) أمين شؤون العلاقات والإعلام قد شهدت تقديم عدد من

---

(١) عبود جودي الحلي: هو حفيد عبود بن علي الخفاجي الحلي، أديب وشاعر وأستاذ جامعي، ولد في كربلاء المقدسة بمنطقة باب السلامة في ١٩٥٤/٩/٥م، نشأ ودرس في مسقط رأسه، ونال الشهادة الجامعية (بكالوريوس آداب لغة عربية) من كلية التربية بجامعة بغداد سنة ١٩٨٥م، وفي العام ١٩٨٨م نال الشهادة العالية (ماجستير أدب عربي) من الكلية نفسها، ومن كلية الآداب بجامعة المستنصرية نال الشهادة العليا (دكتوراه في الأدب العربي) عام ١٩٩٥م، له عضوية في نقابة المعلمين، والاتحاد العام للأدباء والكتاب العرب، والاتحاد العام للأدباء والكتاب العراقيين، انتمى الى الأسرة التعليمية في ١٩٧٦/٣/١٦م، عمل في الإدارة الجامعية منذ تأسيس كلية التربية في كربلاء، رئيس قسم اللغة العربية فيها في الفترة (١٩٩٦- ٢٠٠٠م)، تولى عمادة كلية التربية بجامعة كربلاء في الفترة (٢٠٠٣- ٢٠٠٦م)، أوكلت له وزارة التعليم العالي والبحث العلمي رئاسة جامعة أهل البيت ﷺ منذ شهر آب أغسطس ٢٠٠٨م حتى ٢٠١٢/٨/٥م وخلفه وكالة الدكتور صادق عبد المطلب عزيز الموسوي، وفي ٢٠١٣/٢/١٧ عاد إلى جامعة كربلاء أستاذاً وعضواً في لجنة الترقيات العلمية، من مؤلفاته: الأدب العربي في كربلاء منذ إعلان الدستور العثماني إلى ثورة تموز ١٩٥٨م، في رحاب كربلاء (مجموعة شعرية)، وأوراق ضائعة من ديوان الشاعر محمد حسن أبي المحاسن الكربلائي.

(٢) سلام محمد البناي: هو حفيد عبد الحسن بن مهدي البناي الفتلاوي، ولد في مدينة الديوانية سنة ١٩٦٢م، انتقل مع أسرته للسكن في كربلاء المقدسة سنة ١٩٧٠م، وفيها درس وتخرج من إعدادية كربلاء سنة ١٩٨٠م، وفي عام ١٩٨٣م نال شهادة دبلوم فني من المعهد التقني في الناصرية، يواصل دراسته الجامعية في جامعة أهل البيت بكربلاء قسم الصحافة، شاعر وإعلامي، عمل وكتب في الصحافة العراقية ولازال من قبيل: مجلة المعرفة، جريدة الوطني، ومجلة مدارات تربوية، ويحرر حاليا في جريدة الصباح الكربلائية، عضو الاتحاد</sup>

الشهادات والمداخلات والأسئلة، بدأها الدكتور نضير الخزرجي الباحث الإسلامي في دائرة المعارف الحسينية في لندن الذي حلَّ ضيفا على الاتحاد لأول مرة منذ هجرته القسرية من مسقط رأسه مدينة كربلاء المقدسة عام ١٩٨٠م (١)، وقد تطرق في مداخلته إلى خصوصية مدينة كربلاء وأهميتها

= العام للأدباء والكتاب في العراق، عضو نقابة الصحافيين العراقيين، عضو منتدى الأدب التفاعلي الرقمي، وغيرها، نال عدداً من الجوائز والشهادات التقديرية، يتولى حالياً أمانة شؤون العلاقات والإعلام في اتحاد أدباء وكتاب كربلاء، من مؤلفاته: قراءة في ورد الصباح (شعر)، الفجر وما تلاه (شعر)، والقصيدة التفاعلية الرقمية.

(١) تركت العراق مرغماً نهاية آب أغسطس ١٩٨٠م إلى دمشق بعد شهر من المطاردة الأمنية من قبل جهاز الأمن العام التي بدأت يوم الجمعة ١٩٨٠/٧/١٨م حينما هجم على منزلنا في حي الأسرة التعليمية عدد من المسلحين بلباس مدني، ففررت منهم عبر تسلق جدران المنازل الخلفية إلى بيت أحد الأصدقاء، ومنها بدأت رحلة الهجرة الداخلية والخارجية حيث تنقلت خلال وجودي في العراق في أحد عشر منزلاً بين الكاظمية وبغداد وكربلاء، حتى استطعت الهجرة بواسطة باص نقل عام من مدينة المسيب حتى منطقة السيدة زينب ﷺ في ريف دمشق، دون أن يكون بحوزتي جواز سفر أو وثيقة سفر صالحة ودون أن أتخفى في بطن حافلة النقل (باص) ضمن اتفاق خاص مع السائق وجدها أفضل من الاختباء، ولم أملك من المال دينارا واحداً حتى ان وجبة الطعام دفع ثمنها سائق الباص، وكان الله في العون عشت على أعصابي نحو ١٨ ساعة خشية الاعتقال عند أية نقطة تفتيش. وخلال فترة التخفي في العراق حجز رجال الأمن ولأيام على الدار وعلى والدتي المرحومة الحاجة أميرة حسين زين العابدين (المتوفاة في ١٩٨٩/٤/١٣م)، كما اعتقلوا لأيام شقيقتي الحاجة هيفاء رشيد الخزرجي المولودة في كربلاء المقدسة عام ١٩٦٠م وشقيقي الحاج عبد الإله رشيد الخزرجي المولود في كربلاء المقدسة عام ١٩٥٣م والمتوفى بها عام ٢٠١٦، حيث أفرجوا عنهما بوساطة من أحد الأقرباء شريطة أن يقوم بتسليمي الى رجال الأمن، ولكنه بعد لقاء جمعني واياه في بغداد، وعرف ما عندي من نشاط سياسي سبقني بالهجرة الى سوريا وأشرف على هجرتي من العراق. وكان رجال الأمن من قبل قد اعتقلوني من داخل إعدادية القدس في حي العباس نهاية عام ١٩٧٩م مع الشهيد ياس خضر بن ذرب (١٩٦٢م) والشهيد طالب عباس محمد الأسدي (١٩٦٤م)، وأودعونا سجن مديرية أمن كربلاء ثم نقلونا بعدها إلى معتقل الرجيبية في ناحية (الجدول الغربي) ومنه خرجنا مطلع عام ١٩٨٠م بعد فترة عصيبة من التعذيب الجسدي والنفسي بتهمة توزيع منشورات معادية للسلطة وتشكيل خلية تنظيمية، عجزوا بفضل الله عن انتزاع الاعترافات ووقتها كنت عضوا في حركة سياسية (منظمة العمل الإسلامي) =

الفكرية والأدبية وبعدها العلمي وأشاد بالشعراء الذين كتبوا عن كربلاء ومنهم الدكتور الحلي (١)، وقال: إن كربلاء تعد حاضنة علمية وأدبية كبيرة عبر تاريخها الطويل، فالمراقد المقدسة من شأنها أن تنشئ حواضن علمية وحضارة علمية، وهي مرتع للأدب وللأدباء، ولذلك فليس من المستبعد أن تلد مدينة كربلاء المقدسة شعراء كثر يحملون الحس الوطني ويكتبون بوطنية عالية ترجمة للنص النبوي الشريف «حب الوطن من الإيمان»(٢)، ويتناولون قضية النهضة الحسينية بحب وإخلاص.

وأشار الدكتور الخزرجي في مداخلته الى الجانب الأدبي من الموسوعة الحسينية للفقيه المحقق الدكتور محمد صادق الكرباسي، وبخاصة الدواوين الشعرية الخاصة بالنهضة الحسينية التي أثبتت من خلال أسماء ناظمي القصائد الذين تنوعوا في المعتقد والمذهب والقومية واللغة ان القيم التي دافع من أجلها الإمام الحسين ﷺ سنة ٦١هـ هي قيم إنسانية عامة ينتصر لها المسلم وغير المسلم.

في بدء الأمسية الأدبية تطرق الشاعر الصحفي سلام محمد البناي (٣)

= وبقيت فيها حتى عام ١٩٩٢م، ومن الطريف أنهم كانوا يحاولون اثبات انتمائي لحزب الدعوة الإسلامية بشتى الطرق حتى يأخذونني بجريرة هذا الانتماء، حيث كانت هذه التهمة هي الوصفة الجاهزة لاعتقال أي انسان مستقيم في سلوكه، ومن الطريف أيضا أنه تم اعتقالنا على أساس اننا خلية تنظيمية واحدة، في حين لا علاقة لأحدنا بالآخر سوى الزمالة الدراسية فكان الشهيد ابن ذرب معي في مرحلة السادس الإعدادي العلمي في حين كان الشهيد الأسدي في مرحلة الرابع الثانوي.

(١) وفي اليوم التالي التقينا بالدكتور عبود جودي الحلي رئيس جامعة أهل البيت في مكتبه ضمن وفد رأسه الفقيه الشيخ محمد صادق الكرباسي للاطلاع على جامعة أهل البيت ﷺ الواقعة غرب كربلاء بدعوة رسمية من مؤسسها الدكتور محسن بن باقر القزويني، وكان ضمن الوفد الأديب الشيخ سلطان علي الصابري والأستاذ علي التميمي.

(٢) أمل الآمل: ١١/١، محمد بن الحسن الحر العاملي، مؤسسة الوفاء، بيروت.

(٣) مساء يوم ٢٠١٢/٩/٩م، وهو اليوم الذي رجعت فيه الى لندن، قام الأديب سلام محمد البناي الفتلاوي بزيارة العلامة الشيخ محمد صادق الكرباسي في مقر إقامته وأهدى له ديوانه «بالياقوت تدلّت عناقيدها».

إلى السيرة الذاتية والإبداعية للدكتور الحلي وقال: يعد الدكتور عبود جودي الحلي من الأسماء الرائدة في مختلف المجالات الثقافية والبحثية فهو إنسان ومفكر واعٍ ومثقف مجد وشاعر يتعامل مع اللغة بصفاء وبمثالية عالية جعلت منه يحتل مكانة متميزة في الوسط الأدبي الكربلائي والعراقي وأصبحت اللغة العربية الفصحى لدية هي لغته اليومية التي يتعامل بها .. مارس نظم الشعر كهواية عندما تثقل عليه الضغوط الحياتية إلا أنه أصبح رسالة والتزام .

وقال الدكتور الحلي في بداية الأمسية: إنَّ ديواني الشعري (في رحاب كربلاء) تضمن نوعين من القصائد الأول: قصائد نظمت ونشرت في عدد من الصحف المحلية أو ألقيت في المهرجانات الحسينية، والثاني يحتوي على قصائد منبرية منها الفصيح ومنها الملمع ومنها ما كتب باللهجة العامية الدارجة، وقد أنشدها عدد من خدام المنبر الحسيني في الحقبة الماضية، حقبة الدكتاتورية والطائفية. وأضاف الحلي: لقد عمدت إلى توثيق هذه القصائد بذكر تواريخ نظمها وأسماء (الرواديد) من خدام المنبر الحسيني الذين أنشدوها لتكون وثيقة من وثائق جهاد أتباع مدرسة أهل البيت ﷺ من العراقيين في زمن الخوف والتقية، ونحن لا ننظر الى كربلاء من ناحية كونها بقعة محدودة جغرافيا، وإنما نرى فيها امتدادا يشمل كل بقعة ترفض الظلم ويضحي أبناؤها من أجل الدين ومبادئه الإنسانية، لذا فكل ارض كربلاء وكل يوم عاشوراء.

وتضمنت الأمسية محاور عدة وضعها مقدم الأمسية منها محور الأدب العربي في كربلاء المقدسة ومحور الإمام علي بن أبي طالب ﷺ والشعر، ومحور الإدارة الجامعية والمحور الخاص ببعض مؤلفاته وكتبه البحثية ومنها

كتابه عن الشاعر أبي المحاسن[1] وكتابه الآخر الذي كان عن أبي عمر الشيباني[2]. ثم قرأ المحتفى به عدداً من قصائد الديوان التي تنوعت بين الشعر الملمع والشعر العمودي الفصيح وأيضا قرأ عدداً من القصائد المنبرية.

من جانبه قال القاص والروائي عباس خلف[3] في مداخلته: إن للحلي حضوراً متميزاً على الصعيد الأكاديمي والمعرفي داخل كربلاء وخارجها، وله بصمة واضحة في التاريخ الفكري للمدينة من خلال قصائده وبحوثه العلمية الرصينة.

فيما اعتبر الفنان المخرج المسرحي علي الشيباني[4] أن للدكتور الحلي

---

(1) أبو المحاسن: هو محمد حسن بن حمادي بن محسن بن سلطان آل قاطع الجناجي الحائري المالكي (١٢٩٣ - ١٣٤٤هـ) ولد في كربلاء وتوفي في الهندية (طويريج) القريبة من كربلاء، من فضلاء الشعراء البارعين في الأدب، والمجاهدين المشاركين في ثورة العشرين عام ١٩٢٠م، ومن رجال السياسة تولى وزارة المعارف بعد تأسيس الدولة العراقية، وهو جد السيد نوري كامل المالكي النائب الأول لرئيس الجمهورية العراقية، والذي أقسم اليمين الدستورية في ٢٠١٤/٩/٨م، جمع ديوانه الشيخ محمد علي اليعقوبي.

(2) أبو عمر الشيباني: هو إسحاق بن مِرّار الشيباني بالولاء (٩٤- ٢٠٦م) من علماء الكوفة وأدبائها، اشتهر بالنحو واللغة، سكن بغداد ومات فيها، من مصنفاته: كتاب اللغات، كتاب الخيل، وغريب الحديث.

(3) عباس خلف: هو حفيد علي الدعمي، ولد في كربلاء المقدسة في ١٩٥٥/٧/١م، أديب وقاص وناقد، نشأ ودرس في مسقط رأسه، وتخرج من معهد الفنون الجميلة ببغداد قسم السينما سنة ١٩٧٤م، عمل في الصحافة العراقية محرراً ثقافيا منها جريدة الراصد سنة ١٩٧٨م، عمل في القسم الوثائقي في تلفزيون بغداد وأخرج عدداً من الأفلام القصيرة، أستعيرت خدماته من وزارة الثقافة للتدريس في معهد الفنون الجميلة كمحاضر في الفترة (١٩٧٦- ١٩٩٩م)، يتولى حاليا رئاسة الاتحاد العام للأدباء والكتاب في كربلاء، له أبحاث ودراسات سينمائية وأدبية منشورة في الصحافة العراقية والعربية، نال جوائز عدة في الإبداع، من مؤلفاته: فرصة لإعادة النظر (مجموعة قصصية)، عدسة الرؤيا (رواية)، ومدينة الزعفران (سيرة مدينة).

(4) علي الشيباني: هو ابن عبد الحسين بن عبد بن جاسم، من أدباء كربلاء المقدسة ولد في ١٢/ ٧/١٩٥٨م، فنان ومخرج سينمائي وإعلامي وأستاذ جامعي، حصل على الشهادة الجامعية من=

مساهمات مثيرة في حقول عدة وخاصة في حقل الشعر وهو يعتمد على منهج علمي وأكاديمي، وأضاف: لقد وجدت أن قصائد الديوان ظهرت في فترة حرجة وهذا يحسب للشاعر.

وقال الشاعر الدكتور علي الفتال[1] في مداخلته ان الحلي لم يكن طارئا على الأدب فهو له حضور متميز في أدب كربلاء والأدب الحسيني بصورة خاصة[2].

<hr>

= أكاديمية الفنون الجميلة بجامعة بغداد قسم الفنون المسرحية (الإخراج) سنة ١٩٨٣م، ومن كلية الفنون الجميلة بجامعة بابل حصل على الشهادة العالية (ماجستير فنون مسرح) سنة ٢٠١٠م، له عضوية في عدد من الاتحادات والفرق والنقابات، منها: اتحاد الإذاعيين والتلفزيونيين العراقيين، نقابة الفنانين العراقيين، فرقة المسرح الفني الحديث، مؤسس فرقة تواصل المسرحية، أستاذ مادة العلاقات العامة والإعلام ومادة الإذاعة والتلفزيون والإخراج الفني في جامعة أهل البيت عليه السلام بكربلاء، له كتابات وأبحاث منشورة في الصحافة العراقية والعربية، حصل على جوائز في الإبداع في داخل العراق وخارجه، من أعماله الإخراجية في المسرح: البهلول هو المسؤول، سفير النور، وظل الحمار.

(١) علي الفتال: هو ابن كاظم بن حسن الفتال، ولد في كربلاء المقدسة في ١٩٣٥ /٥/٢م، أديب وشاعر ومؤرخ، نشأ ودرس في مسقط رأسه، انتقل الى الكاظمية وأكمل الدراسة الجامعية في كلية الآداب بجامعة بغداد ونال شهادة البكالوريوس في اللغة العربية سنة ١٩٧٦م، واصل الدراسة الى جانب العمل ونال الشهادة العالية (الماجستير) والعليا (الدكتوراه)، اشتهرت أسرته بالفتال لامتهانها حرفة فتل الحبال وبيعه، من مصنفاته: نهج البلاغة في التراث الشعبي الكربلائي، أعلام الفكر والأدب في كربلاء، والخير والشر في التراث الشعبي الكربلائي.

(٢) وكالة ٧ أيام العراقية ونشر يوم ٢٠١٢/٩/٥م.

(٦)

«موسوعة سيد الإباء تسطع في سماء نجف الولاء»

الموسوعة الحسينية

في

مدينة الكوفة

١/٧/٢٠١٢م

(لجنة العشائر في مجلس النواب العراقي)

أثر النهضة الحسينية في نشأة اللغات

فقرات ندوة جامعة الكوفة

لجنة العشائر في مجلس النواب العراقي

* مدير الندوة الأستاذ جواد هاشم الفحام

* كلمة الدكتور عبود وحيد العيساوي

* كلمة الدكتور نضير رشيد الخزرجي

* قصيدة المحامي حسن عزيز الكلابي

* قصيدة الدكتور عبد العزيز مختار شبين (د. حسين أبو سعود)

* كلمة شكر: هاشم مزهر الطرفي

* برقيات

* حوارات ولقاءات متلفزة

أثر النهضة الحسينية في نشأة اللغات

(٦)

مدينة الكوفة المعظّمة[1]

النهضة الحسينية وتأثيرها على اللغات في ندوة ثقافية في جامعة الكوفة[2] .

في بـادرة أولـى وفي الـذكـرى السـنـويـة لـثورة الـعـشـرين العـراقيـة التحررية[3] ، وبرعاية رئيس لجنة العشائر في مجلس النواب العراقي الدكتور

---

(١) الكوفة: من أقضية محافظة النجف الأشرف، يقع شرق المرقد العلوي على بعد ٩ كيلو مترات، وتبعد الكوفة عن العاصمة العراقية ١٧٧ كيلومتراً بالسيارة و١٤٤ كيلومتراً حسب الخارطة، وتضم مسجد الكوفة الشهير ومرقد الشهيد مسلم بن عقيل والشهيد ميثم التمار وغيرهما.

(٢) قام المركز الحسيني للدراسات بتوزيع التقرير الخبري على وسائل الإعلام المختلفة ونشر في الكثير منها، ومن ذلك: موقع وكالة وسا الاخبارية (samawhnews.com) بتاريخ ٧/ ٧/ ٢٠١٢م، وبـالـتـاريـخ نـفسـه في مـوقـع صحيـفـة الـمـرايـا الالـكـتـرونـيـة (www.almarayanews.com)، وموقع الانتفاضة الشعبانية المباركة (www.iraq1991.net).

(٣) إشارة إلى الثورة العراقية التي اندلعت في النصف من شعبان ١٣٣٨هـ (١٩٢٠م) ضد الاحتلال البريطاني للعراق ببيان الثورة من مرقد الإمام الحسين؏ ، وقادها رجال الدين وعلى رأسهم زعيم المرجعية الدينية في كربلاء المقدسة الشيخ محمد تقي بن محب علي الحائري الشيرازي المتوفى في الثالث من ذي الحجة من العام نفسه.
ومن المفارقات في هذا المجال أن مرقد الإمام الحسين؏ شهد يوم الجمعة ١٣/ ٦/ ٢٠١٤م (١٤ شعبان ١٤٣٥هـ) بعد مائة عام على فتوى ثورة العشرين، إعلان فتوى المرجعية الدينية العليا المتمثلة بالسيد علي الحسيني السيستاني الداعية الى النفير العام للعراقيين بالوجوب الكفائي لنصرة الجيش العراقي لمواجهة المجموعات المسلحة المنتمية الى الدولة الإسلامية في العراق والشام (داعش) وأقطاب النظام=

= السابق، بعد أربعة أيام من استسلام الجيش والشرطة المحلية في مدينة الموصل (9/ 6/ 2014م) وسقوطها، في خطوة وصفتها الحكومة المركزية بأنها مؤامرة داخلية اقليمية لإسقاط النظام السياسي الجديد الذي تشكل بعد عام 2003م، وزحف قوات البيشمركة الكردية في الوقت نفسه الى المناطق المتنازع عليها مع الحكومة المركزية والسيطرة عليها بما فيها مدينة كركوك وأجزاء من مدينة صلاح الدين والموصل وديالى.

وجاءت الفتوى على لسان معتمد المرجعية في العتبة الحسينية المقدسة الشيخ عبد المهدي الكربلائي في خطبة الجمعة في (14/ شعبان /1435هـ) الموافق (13/ 6/ 2014م)، ونشر موقع المرجع السيستاني على الرابط التالي: /http://www.sistani.org/arabic/archive) (24918/ نص الخطبة الفتوى على النحو التالي: (قال الشيخ الكربلائي في خطبة صلاة الجمعة الثانية من الصحن الحسيني الشريف ما يأتي: إن العراق وشعبه يواجه تحدياً كبيراً وخطراً عظيماً وإن الارهابيين لا يهدفون إلى السيطرة على بعض المحافظات كنينوى وصلاح الدين فقط بل صرحوا بأنهم يستهدفون جميع المحافظات ولاسيما بغداد وكربلاء المقدسة والنجف الأشرف، فهم يستهدفون كل العراقيين وفي جميع مناطقهم، ومن هنا فإن مسؤولية التصدي لهم ومقاتلتهم هي مسؤولية الجميع ولا يختص بطائفةٍ دون أخرى أو بطرفٍ دون آخر.

وأكد الكربلائي: إن التحدي وإن كان كبيراً إلّا أن الشعب العراقي الذي عرف عنه الشجاعة والإقدام وتحمّل المسؤولية الوطنية والشرعية في الظروف الصعبة أكبر من هذه التحديات والمخاطر.

وأضاف الكربلائي: إنه لا يجوز للمواطنين الذين عهدنا منهم الصبر والشجاعة والثبات في مثل هذه الظروف أن يدبَ الخوفُ والاحباطُ في نفسِ أيٍّ واحدٍ منهم، بل لا بد أن يكون ذلك حافزاً لنا للمزيد من العطاء في سبيل حفظ بلدنا ومقدساتنا. ودعا الكربلائي القيادات السياسية الى ترك الاختلاف والتناحر ولاسيما خلال هذه الفترة العصيبة وحثّهم على توحيد مواقفهم ودعمهم وإسنادهم للقوات المسلحة ليكون ذلك قوة إضافية لأبناء الجيش العراقي في الصمود والثبات، موضحا انهم -أي القيادات السياسية- أمام مسؤولية تاريخية وطنية وشرعية كبيرة. واضاف الكربلائي: إنَّ دفاع أبنائنا في القوات المسلحة وسائر الأجهزة الامنية هو دفاع مقدس، ويتأكد ذلك حينما يتضح أن منهج هؤلاء الارهابيين المعتدين هو منهج ظلامي بعيد عن روح الاسلام، يرفض التعايش مع الآخر بسلام ويعتمد العنف وسفك الدماء وإثارة الاحتراب الطائفي وسيلة لبسط نفوذه وهيمنته على مختلف المناطق في العراق والدول الأخرى.

وخاطب الكربلائي أبناء القوات المسلحة قائلاً: اجعلوا قصدكم ونيتكم ودافعكم هو الدفاع عن حرمات العراق ووحدته وحفظ الأمن للمواطنين وصيانة المقدسات من الهتك ودفع الشر عن هذا البلد المظلوم وشعبه الجريح. ثم قال الكربلائي: وفي الوقت الذي تؤكد فيه المرجعية =

يوم الأحد ٢٠١٢/٧/١م ندوة ثقافية عامة عن دائرة المعارف الحسينية في لندن، تحدث فيها موفد الدائرة إلى العراق الدكتور نضير الخزرجي عن تأثير النهضة الحسينية في نشأة اللغات الحيّة وبخاصة اللغة الأردوية وتحويلها من لغة منطوقة إلى مكتوبة.

في بداية الندوة التي رفعت شعار «موسوعة سيد الإباء تسطع في سماء نجف الولاء» وأدارها الأستاذ جواد الفحام[1]، أكد الدكتور عبود العيساوي

= الدينية العليا دعمها وإسنادها لكم فإنها تحثكم على التحلي بالشجاعة والبسالة والثبات والصبر وتؤكد على أن من يضحي بنفسه منكم في سبيل الدفاع عن بلده وأهله وأعراضهم فإنه يكون شهيداً إن شاء الله تعالى. وأضاف: المطلوب أن يحث الأبُّ ابنه والأمُّ ابنها والزوجة زوجها شهيداً دفاعاً عن حرمات هذا البلد ومواطنيه. وتابع قائلاً: إن طبيعة المخاطر على الصمود والثبات دفاعاً عن حرمات هذا البلد ومواطنيه. وتابع قائلاً: إن طبيعة المخاطر المحدقة بالعراق وشعبه في الوقت الحاضر تقتضي الدفاع عن هذا الوطن وأهله وأعراض مواطنيه وهذا الدفاع واجب على المواطنين بالوجوب الكفائي، بمعنى أنه إذا تصدى له من بهم الكفاية بحيث يتحقق الغرض وهو حفظ العراق وشعبه ومقدساته يسقط عن الباقين. ثم قال: ومن هنا فان المواطنين الذين يتمكنون من حمل السلاح ومقاتلة الارهابيين دفاعاً عن بلدهم وشعبهم ومقدساتهم عليهم التطوع للانخراط في القوات الأمنية. واختتم ممثل المرجع السيستاني كلامه بقوله: إن الكثير من الضباط والجنود قد أبلوا بلاءً حسناً في الدفاع والصمود وتقديم التضحيات فالمطلوب من الجهات المعنية تكريم هؤلاء تكريماً خاصاً لينالوا استحقاقهم من الثناء والشكر وليكون حافزاً لهم ولغيرهم على أداء الواجب الوطني الملقى على عاتقهم).
وجاءت الفتوى بعد أيام من بيان للمرجع السيستاني صدر عن مكتبه في النجف الأشرف في ١٤٣٥/٦/١٠هـ (٢٠١٤/٨/١١م) دعا القوات المسلحة العراقية الى الصبر والثبات في مواجهة المعتدين، ونصه: (بسم الله الرحمن الرحيم.. تابع المرجعية الدينية العليا بقلق بالغ التطورات الأمنية الأخيرة في محافظة نينوى والمناطق المجاورة لها، وهي إذ تشدد على الحكومة العراقية وسائر القيادات السياسية في البلد ضرورة توحيد كلمتها وتعزيز جهودها في سبيل الوقوف بوجه الإرهابيين وتوفير الحماية للمواطنين من شرورهم تؤكد على دعمها وإسنادها لأبنائها في القوات المسلحة وتحثهم على الصبر والثبات في مواجهة المعتدين.رحم الله شهداءهم الأبرار ومنّ على جرحاهم بالشفاء العاجل انه سميع مجيب).
(١) جواد الفحام: هو ابن هاشم، تربوي عراقي، ولد في مدينة الكوفة عام ١٩٤٢م، نشأ ودرس =
= في مسقط رأسه وأكمل الدراسة الجامعية في بغداد وتخرج من جامعة بغداد عام ١٩٦٣م ونال

أن رسالة الإمام الحسين ﷺ عبر الأجيال وفي كل الأزمان والأماكن كانت ومازالت رسالة تغيير وحركة إصلاح، مثنياً على دور الموسوعة الحسينية في خلق الجسور بين العالمين الإسلامي والغربي حيث تقاتل الموسوعة في بلاد الغرب بلغة القلم والحروف لا بلغة الدم والسيوف، داعيا إلى وقفة جريئة لإسناد الجهود الإصلاحية وتوسيعها والمطالبة الجادة بتهذيب كل ما يشوب أساليب التعبير والأداء، مما يسيء إلى الرسالة الإنسانية التي كتبها الإمام الحسين ﷺ بدمه وختمها باستشهاده، مؤكداً على استخدام لغة حديثة وحوار متجدد وانفتاح على الآخرين.

من جانبه تطرق الدكتور نضير الخزرجي إلى باب الأدب واللغة، من أبواب دائرة المعارف الحسينية الستين، وتأثير الأدب الحسيني في تحويل اللغة الأردوية التي تمثّل ثالث لغة في الثقافة الإسلامية بعد العربية والفارسية، إلى لغة منطوقة في القرن الثامن الهجري أو القرن التاسع الهجري، كما أن مفردات اللغة العربية تمثل ١٤ في المائة من مجموع اللغة الأردوية التي ينطق بها سكان شبه القارة الهندية بما فيها الباكستان والتي تمثل واحدة من ٢٢٥ لغة قائمة في هذه المنطقة(١).

ورأى الدكتور الخزرجي ان مؤلف الموسوعة الحسينية وراعيها الفقيه الدكتور محمد صادق الكرباسي استطاع أن يسبر غور اللغة الأردوية ويفصِّل القول فيها، وبالتالي يكون من أوائل الناطقين باللغة العربية الذين يضعون قواعد اللغة الأردوية ويكشفون صلة الربط بين الأدب الحسيني المنظوم

<hr>

= منها «بكالوريوس جغرافية»، مارس تدريس مادة الاجتماعيات في إعدادية الكوفة واستمر فيها لسنوات طويلة ثم أصبح معاون الإعدادية ثم مديرها حتى تقاعده عام ٢٠٠٦م، له مشاركات متنوعة في الندوات والمهرجانات، يعكف حاليا على كتابة سيرته الذاتية التعليمية والتربوية تحت عنوان «خواطر».

(١) للمزيد، راجع: المدخل إلى الشعر الأردوي: ٣٣-٥٠، محمد صادق الكرباسي، المركز الحسيني للدراسات، لندن، ط١، ١٤٣٠هـ (٢٠٠٩م).

باللغة الأردوية وتقعيد أساساتها، وكانت خلاصة قراءة الكرباسي إزاء اللغة الأردوية: (إنَّ اللغة الأردوية أُنشئت جراء اختلاط شعوب مختلفة في عصور متفاوتة عبر معسكرات متعددة للجيش الإسلامي على أرض الهند، وبجهود إسلامية بشكل عام ودعم أتباع مدرسة أهل البيت ﷺ بشكل خاص من علماء وأدباء وشعراء وسلاطين وأمراء وتجار، وكان السبب الأول في تنشيط هذه الحركة هو نهضة الإمام الحسين وقصته ومأساته ورثاؤه)[1]، وبالتالي يمكن القول أنه كما كان القرآن قد حفظ اللغة العربية من الهجنة والعجمة وربما الضياع، فإن الإسلام ساهم بشكل كبير في نشأة اللغة الأردوية، كما حفظت لها النهضة الحسينية شكلها وأعطتها قواعدها وآدابها، فكثرة النظم في الإمام الحسين ﷺ في الأدب الحسيني وخشية النسيان دفع أدباء الأردوية إلى إيجاد لغة مكتوبة لحفظ التراث الحسيني، وبالتالي تم عبر ذلك تقعيد اللغة الأردوية وحفظ كامل التراث الأردوي في المجالات الأخرى.

وتخلل الندوة الثقافية قصيدة للشاعر حسن الكلابي[2] في بيان أثر النهضة الحسينية على النفوس، وأخرى باسم المركز الحسيني للدراسات في لندن قرأها الأديب الدكتور حسين أبو سعود من نظم الشاعر الجزائري الدكتور عبد العزيز مختار شّبِّين، كما أبان الناشط في الموسوعة الحسينية

---

(1) المدخل إلى الشعر الأردوي: ٣٣.

(2) حسن الكلابي: هو ابن عزيز بن عبد زيد، مستشار قانوني وأديب واعلامي، ولد في مدينة النجف الأشرف في ١٩٨٣/٨/١٢م، نشأ ودرس في مسقط رأسه وأكمل كلية القانون في جامعة الكوفة عام ٢٠٠٩م ونال شهادة البكالوريوس وبها مارس مهنة المحاماة، اشتغل في الإعلام وكان يعد ويقدم برامج في إذاعة المعارف في النجف الأشرف في الفترة (٢٠٠٤- ٢٠٠٩م)، كما عمل لأشهر عدة عام ٢٠١٢م مديراً لإعلام مؤسسة الأنوار النجفية للثقافة والتنمية، عضو نقابة المحامين، عضو اتحاد الشعراء الشعبيين في العراق، ينظم القريض والدارج، له ديوان مخطوط.

الأستاذ هاشم الطرفي في كلمة قصيرة أهمية دائرة المعارف الحسينية وضرورة الالتفاف حولها لنقل رسالة الإسلام الإنسانية وتعريف العالم بها.

هذا وقامت وسائل إعلام مختلفة بتغطية تلفزيونية للندوة الثقافية، وأجرت لقاءات متنوعة مع أعضاء الوفد الزائر ومع راعي الندوة، منها قنوات: العراقية، آفاق، الوحدة، الموصلية، الفرقان، والسلام، كما كان للوفد زيارة لمضيف الشيخ وحيد عبود العيساوي [1] الذي ضم رؤساء عشائر من السنة والشيعة من محافظات عدة منها الناصرية وكربلاء والحلة والأنبار كانوا قد حضروا الندوة، كما كان للجامعات العراقية وجودها من قبيل وفد جامعة القادسية (الديوانية)، وفد جامعة كربلاء، ووفد جامعة بغداد، فضلا عن وفد نقابة الصحفيين العراقيين في بغداد، ورابطة صفوة الأنبياء الثقافية النسوية، ووفود من الهيئات والمواكب الحسينية وعدد غير قليل من منظمات المجتمع المدني [2].

---

(1) وحيد عبود العيساوي: هو حفيد عنيد، من كبار مشايخ العشائر في العراق ورئيس عشائر آل عيسى الطائية في الفرات الأوسط، ولد في ناحية التاجية من أطراف الكوفة عام ١٩٢٧م، اشتهر بمواقفه في حل المشكلات العشائرية والاجتماعية، تعرض لوعكة صحية نقل على أثرها الى المانيا، مات في العراق يوم الاثنين ٢٠١٣/٢/٤م ودفن في اليوم التالي.

(2) اصطحبنا الدكتور عبود العيساوي إلى ديوان والده الشيخ وحيد لتناول طعام الغذاء، ولا يخفى أنها المرة الأولى التي أدخل فيها ديواناً عشائريا منذ عقود طويلة، وكنت قبلها أسأل بعض العراقيين عن الأعراف العشائرية خلال مأدبة الطعام حتى لا أقع في الخطأ غير المقصود، وكان الديوان عامراً بالضيوف ناهيك عن السفرة الدالة على كرم الضيافة وطيبها، وحيث كان الشيخ النائب يعزّم الناس كان والده قد جلس أمامي يضيفني بوصفي رئيس الوفد الزائر، وقد وجدته من خلال حديثه قبل المأدبة وبعدها أنه صاحب ذكريات كثيرة عن تاريخ العراق السياسي في العهدين الملكي والجمهوري فضلا عن ذاكرته القوية ووضوح تحليله السياسي ونظرته الثاقبة للواقع السياسي الجديد ومتطلبات المرحلة، وقد بدا لي للوهلة الأولى أنه شقيق الدكتور العيساوي المولود عام ١٩٥٣م لولا ذكرياته الشخصية عن العهد الملكي، وربما صراحته في بيان الواقع السياسي الجديد هي التي تقلق أتراب نجله من النواب والسياسيين وتؤلِّب عليه الخصوم من القريب والبعيد.

فقرات ندوة جامعة الكوفة

لجنة العشائر في مجلس النواب العراقي

عقدت في كلية التربية بجامعة الكوفة ندوة فكرية صباح الأحد (١/ ٧/ ٢٠١٢م تحت شعار (موسوعة سيد الإباء في سماء نجف الولاء) ورعاها رئيس لجنة العشائر في مجلس النواب العراقي الدكتور عبود الشيخ وحيد عبود العيساوي، وأدارها السيد جواد الفحام، وتضمن جدول الندوة التالي :

(١)

قتال بلغة القلم والحروف

٭ كلمة الدكتور عبود وحيد العيساوي[١]، عضو مجلس النواب العراقي، ونصها :

---

[١] تعرّض الدكتور عبود العيساوي الى محاولة اغتيال فاشلة، جاء ذلك في بيان لمكتبه نشر يوم ٢٠/ ٧/ ٢٠١٢م، وجاء الخبر الذي نشرته وكالة الدولية نيوز (www.na-m.net) كالتالي :

نجاة النائب عبود العيساوي من محاولة اغتيال في النجف الاشرف

الدولية نيوز: حمودي العيساوي

نجا النائب عن ائتلاف دولة القانون عبود العيساوي من محاولة اغتيال في الكوفة. وقال مهدي مدلول مدير المكتب الاعلامي للنائب عبود العيساوي في تصريح خص به وكالة أنباء الدولية نيوز: إنَّ سيارتين مجهولتين كان يستقلهما مسلحون، إعترضتا موكب النائب في شارع المعامل=

٢٨٩

بسم الله الرحمن الرحيم

والصلاة والسلام على سيدنا محمد صلى الله عليه وعلى آله الطاهرين وصحبه المنتجبين.

السلام عليكم ورحمة الله وبركاته

في البدء أرحب وبنبرة الاعتذار بالسادة الحضور وحسب مقاماتكم الكريمة.

وأحيِّ وبنبرة المودة السادة في دائرة المعارف الحسينية مركز لندن لجهدهم وجهادهم، وأخص بالتحية سماحة العلامة الشيخ محمد صادق الكرباسي راعي هذه الجهود.

ها نحن أيها السادة على أعتاب باب مدينة العلم، وعلى هذه الرحاب الطاهرة إذ تتفتح أبواب وتتسع مدن.

نحن في دوحة سيد البلغاء والمتكلمين خليفة رسول الله ﷺ سيدنا الإمام علي بن أبي طالب ﷺ .. ما بين المسكن والمثوى .. ما بين الدولة والخلود.

السيدات والسادة..

بلغة بسيطة وفي دائرة أسئلة محددة: هل نحن بصدد قضية رجل أم قضية أمة؟ أي هل القضية (الحسين) ﷺ أم نحن القضية، أم ماذا؟ ما بين حدود هذا الوصف، أقول: إن المشكلة المستدعية عند العامة منا في فهم القضية، وفي أساليب مخاطبة الآخر، في التعبير أو الأداة. والقضية واحدة

= بالكوفة وأطلق المسلحون الرصاص على الموكب، ما أصاب سيارته التي كان متواجداً بغيرها. وأضاف أنَّ العيساوي لم يصب في الحادث، ولاذ المسلحون بالفرار، فيما طوَّقت الشرطة المكان وفُتح تحقيق بالحادث، ومن الجدير بالذكر أنها ليست المحاولة الأولى لاغتياله منذ دخوله الجمعية الوطنية.

.. روحها الحسين ﷺ ومادتها نحن. عبر الأجيال في كل الأزمان وعلى كل الأماكن، كانت ومازالت رسالة الحسين ﷺ رسالة تغيير وحركة إصلاح.

مَن منّا يبدع، يتجرأ، في كسب الآخر بلغة الحوار واحترام معتقداته، والركون إلى لغة المنطق والعقل. مَن منا يستغل ظروف تطور وسائل الاتصال الاجتماعي لمحاكاة الآخرين، وحوارهم وبلغاتهم.

أظن اننا وفي هذه الندوة ستتعرف على أرشيف الجهود والنتاج الفكري والثقافي لهذه المؤسسة، وهي تقاتل هناك في بلاد الغرب بلغة القلم والحروف لا بلغة الدم والسيوف. وأظن كذلك اننا بحاجة ماسّة الى وقفة جريئة لإسناد هذه الجهود وتوسيعها والمطالبة الجادّة بتهذيب كل ما يشوب أساليب التعبير والأداء، ومما يسيء إلى الرسالة الإنسانية التي كتبها الحسين ﷺ بدمه وختمها باستشهاده.

نريد أن نطابق ونقارن وعلى قاعدة مبادئ الحسين ﷺ كل المتغيرات الإيجابية في حركات الشعوب في العالم، في ثوراتها، اعتصاماتها، إصلاحاتها، في الإعلان العالمي لحقوق الإنسان، مبادئ الأمم المتحدة والمنظمات الدولية، في ثورات المظلومين والمستضعفين والجياع، هنا أو هناك، في حركات التحرر وجبهات الجهاد، كل الثورات إنْ كانت برتقالية أو بنفسجية وفي الربيع العربي. نريد أن نفهم هكذا، لا نكون بكّائين فقط، ولا نكون مقلدين ملقنين فقط، نريد أنْ نحاور، نريد أنْ نبدع ونجتهد في إقناع الآخر.

أظن أن القضية قضيتنا، والحسين ﷺ هو الحل، في رسالته، في استشهاده. نريد لغة حديثة، حوار متجدد، انفتاح على الآخرين. أظن ان المؤسسة وروادها سائرون على هذا النهج في جمع التراث الحسيني

وتسويقه الى أسواق الثقافة العالمية، أسواق حوارات الأديان والمذاهب والحضارات المختلفة. وأظن مرة أخيرة انكم معي فيما ذهبت إليه من الرغبات والمطالب، ولكن نحن بحاجة الى جهود وجهود في التحرك وكسر حاجز الصمت.

أحييكم مرة أخرى وأبارك لكم حضوركم ومشاركتكم في هذه الندوة التي ارتأينا أن تعقد في ذكرى ثورة العشرين الخالدة، يوم الجهاد والنصر الوطني، يوم تناخت العشائر العراقية ولبّت نداء المرجعية الدينية المباركة، وحيث ثورة الإمام الحسين ﷺ مصدر كل الثورات والحركات الإصلاحية في العالم.

وأذكر أن الثائر غاندي قال: (تعلمت من الحسين كيف أكون مظلوماً لكي أنتصر)[1]، فانتصر وانتصرنا، وكلنا على درب الحسين منتصرون. والسلام عليكم ورحمة الله وبركاته.

(٢)

※ كلمة الدكتور نضير رشيد حميد الخزرجي: أماط فيها اللثام عن دور النهضة الحسينية في نشأة اللغات الأخرى بما كشفه الشيخ الكرباسي في عدد من أجزاء الموسوعة الحسينية[2].

---

(1) وهو مما اشتهر على لسان الزعيم الهندي غاندي، ولم يعثر مؤلف دائرة المعارف الحسينية الشيخ الكرباسي على مصدر معتمد، وربما هو لسان حال من مجمل مقولات وكتابات لغاندي حول الأديان فيما يخص مفهوم التضحية والاستشهاد، أو ربما قالها بصورة شفاهية بخاصة وان عدداً من الزعامات المسلمة كانوا ضمن حزب المؤتمر، للمزيد، راجع: قالوا في الإمام الحسين: 21/1.

(2) خلال وجودي في العراق زرت الكوفة مرات عدة، ومنها زيارة خاصة لمسجد الكوفة المعظم ضمن وفد الموسوعة الحسينية الذي رأسه راعي الموسوعة العلامة الشيخ محمد صادق الكرباسي يوم 24/7/2012م.

(٣)

ترانيـم جروح الوطن

✴ قصيدة من الدارج للشاعر المحامي حسن عزيز الكلابي

إذا عينِ الْيِحِبْ ما تغمض الليلْ[1]	ترانيم الجروح اصيير نَجْمَةْ شوگ
قرآن الـنـخـيـل يِـرَتْـلَـه ترتيـلْ[2]	الـوطن سيّد عَمامَه منومِس الگاعْ
وَهـوَه قِـبِّـل الأحرار تقبيـلْ[3]	الوطن يوميَّه چَفَّه اتبُوسَه الأحرارْ
مْدَلِّلْنَه العراق بْحُضْنَه تدليلْ[4]	يِـرَضِّـعْنَه العراق بْصَدْرَه كُلْ يومْ
تاج الشَّرَف يعني بْلايَه تجميلْ[5]	الوطن يعني السيادة ورفعة الراسْ
الوطن يعني السياسة بدون تضليلْ[6]	الوطن يعني المجد والحِسْجَة والخير
ناس الْلِي تِحِلّ الضيف تحليلْ[7]	الوطن يعني المضايف ذيج الناسْ
واگُفْ ما وُگَّعْ والمنحر يسيلْ[8]	الوطن يعني الحسين بيوم عاشورْ
وأنت عَلَيَّه بَسّ المامِشْ چيلْ[9]	چلتها بـغير گُفَّه كبار وزغارْ

---

(١) شوگ: شوق. الْيِحِبْ: الذي يحب. الگاعْ: الأرض.

(٢) منومِس: من النوماس الشريف وصاحب النخوة والشهامة. الگاعْ: الأرض.

(٣) چَفَّه: كفّه. تبوسه: من البوس والتقبيل. وَهوَه: وهو.

(٤) يِرَضِّعْنَه: من الرضاعة. إبْصَدْرَه: بصدره ومن صدره. إمْدَلِّلْنَه: من الدلال وحسن الرعاية.
إبْحُضْنَه: بحضنه.

(٥) بْلايَه: بلا، من دون.

(٦) الحِسْجَة: بلاغة الكلام نثراً ونظماً.

(٧) المضايف: واحدها مضيف وفيه يتم استقبال الشخص المدعو وغير المدعو دلالة على الكرم
وحسن الضيافة. الْلِي: الذي. تحليل: أي ان صاحب الدار فيه من النباهة ما يستطع معرفة ما
يدور في ذهن الزائر والضيف من غير أن يسأل.

(٨) واگُفْ: واقف وصامد. وُگَّعْ: سقط وانهار.

(٩) چلتها: محرفة من كال يكيل ويوزن، وهي تعني كفة ميزان تُصنع من الخوص تشبه سلة النبات
والفواكه والتمور وهي تستعمل لوزن الشلب. زغار: تحريف صغار. عَلَيَّه: عليِّ. بَسّ: فقط.
المامِشْ: الذي ليس له، أو الفارغ من الشيء. چيل: الوزن: أي أننا نعطيه كل شيء من غير
حساب وكتاب في المقابل يوزن لنا الهواء.

٢٩٣

راسِ الــحـربه إحـنَـه وبـاب الأسـرار   تِـلْـعَـب بالخريطة إتْريدْنَه انْذيلْ(١)

أسـولِـفْ والسّـوالـف مـالْـحَـه البشـفاي   إذنك ماصخة يصير لها تبيدلْ(٢)

اتْـوَصَّـل الـطـب يـجـمّـل الـوجـوه   بَـس وجه الـگَـلُـب ميفيدَه تبديل(٣)

(٤)

«الكوفة»(٤)

* قصيدة الشاعر الدكتور عبد العزيز مختار شبين، ألقاها بالنيابة الأديب حسين أبو سعود، وهي بعنوان «الكوفة» في ٣٧ بيتاً من بحر الكامل الخامس، ومتنها :

كُـوفـانُ وَحْـيُ الـشّـعْـرِ يَـهْدينـي   أَنّـى قَـرَأْتُـك فـي الـدَّواويـن

يَـا أَنـهُـرًا لِـلْـحُـبِّ سَـائـغـةً   مِـنْـهَـا غَـرَفْـتُ نَدَى تَـلاحيـنـي

---

(١) إحْنَه: نحن. إتْريدْنَه: تريدنا. انْذيلْ: من الذيل في مقابل الرأس، أي تريدنا أن نصبح ذيلاً ونحن رأس الحربة

(٢) أسولِفْ: من السالفة ورواية القصة والحكاية. مالْهَ: ما لها. شْراي: المشتري. مالحة: من الملح. البشفاي: من شفّة الفم. ماصخة: من صخّ انتزع منه الشيء ويُراد انتزاع الملح من الطعام فيكون ماصخا بلا طعم، وقد يريد الشاعر اذنك لا تسمع.

(٣) بس: فقط. الگَلُب: القلب. ميفيده: ما يفيده.

(٤) خلال وجوده في النجف الأشرف قام العلامة الكرباسي بزيارة مدينة الكوفة واداء مراسيم الزيارة والدعاء في مسجد الكوفة المعظم، واستقبله أمينه العام الأستاذ السيد موسى تقي الخلخالي وذلك يوم ٢٠١٢/٧/٢٤م، وفيها أطلع الشيخ الكرباسي في جولة ميدانية على أهم الإنجازات في مجال الإعمار والبناء وإقامة المؤسسات العلمية والثقافية. يذكر أنه عند وصول العلامة الكرباسي الى مسجد الكوفة المعظم استقبله في الباب الرئيس السيد عادل الياسري مسؤول دار القرآن الكريم في مسجد الكوفة المعظم، كما قام الأستاذ نزار الكويتي مسؤول الإعلام في مسجد الكوفة المعظم بأخذ العلامة الكرباسي ووفد الموسوعة الحسينية بجولة في أروقة المسجد وزواياه وتقديم شرح ملخص عن البناء والإعمار، كما قدم السيد محمد الموسوي أمين مكتبة مسجد الكوفة المعظم شرحاً عن مراحل بناء المكتبة.

٢٩٤

نَاغَيْتُ فِيكِ فُرَاتَ(١) مُلْهِمَةٍ * لَا زَالَ يَرْوِيهَا فَتَرْوِينِي

حُزْنٌ يَسُوقُ خَوَاطِرِي أَسَفًا * نَحْوَ الرُّسُومِ عَلَى الأَفَانِينِ

إِنِّي ذَكَرْتُ بِهَا مَرَابِعَهَا * كُسِيَتْ بِأَثْوَابِ الْبَسَاتِينِ

وَعُيُونَهَا كَالصُّبْحِ نَاضِرَةً * مِنْ كُلِّ فَتَّانٍ وَمَفْتُونِ

وَسَمَاءَهَا حُورٌ حَمَائِمُهَا * حَرَّكْنَ مَا فِي الْمَاءِ وَالطِّينِ

وَحُرُوفَ حَيْدَرَةٍ مُرَتَّلَةً * تَهْدِي جَلَامِيدَ الْفَرَاعِينِ

وَطُيُوفَ رَكْبٍ لِلْحُسَيْنِ شَجَتْ * شَجْوَ الْغَلِيلِ بِقَلْبٍ مَحْزُونِ

وَنُيُوبَ دَاهِيَةٍ مَشَتْ سَفَهًا * فَوْقَ الإِبَا مَشْيَ السَّرَاحِينِ(٢)

وَنَخِيلَ كَوْكَبَةٍ لَهُ سَجَدَتْ * كُلُّ الْكَوَاكِبِ دُونَ تَخْمِينِ

وَمَسِيرَ فِتْيَةٍ أَنْجُمٍ طَلَعَتْ * لَمْ تَغْشَهَا سُدُفٌ(٣) الشَّيَاطِينِ

الظَّامِئِينَ وَأَلْفُ مَشْرَعَةٍ * تَجْرِي بِأَفْوَاهِ الثَّعَابِينِ

الزَّاحِفِينَ بِكُلِّ مَا حَمَلَتْ * أَرْضُ الْبَلَا مِنْ سُوءِ مَأْفُونِ

الْكُوفَةَ الْخَضْرَاءَ عَاطِرَةً * شَرَفًا بِأَنْفَاسِ الرَّيَاحِينِ

لَمْ أَنْسَ مَدْرَجَةً بِهَا لِعَقِي * ـلٍ(٤) شَهَادَةً نَحْوَ الْمَيَامِينِ

الْبَاذِلِينَ نُفُوسَهُمْ زَلَفًا * وَالْخَارِجِينَ عَلَى السَّلَاطِينِ

الْبَاسِطِينَ أَكُفَّهُمْ دِيمًا * بِمَشَارِبِ الزَّيْتُونِ وَالتِّينِ

الصَّبْرَ مُنْتَعِلًا سَلَاسِلَهُ * مِنْ كُلِّ حُرٍّ فِيكِ مَسْجُونِ

الْحُزْنَ فِيكِ يَشُلُّ قَافِيَتِي * وَأَمَامَ عَيْنِ النَّهْرِ يُظْمِينِي

---

(١) إشارة الى نهر الفرات الذي يمر من مدينة الكوفة.

(٢) السراحين: واحدها السرحان، وهو الذئب.

(٣) السُّدُف: واحدها السدفاء، وهي الظلمة وسواد الليل.

(٤) عقيل: إشارة الى مسلم بن عقيل بن أبي طالب الهاشمي، رسول الإمام الحسين عليه‌السلام إلى أهل الكوفة والمستشهد فيها عام ٦٠هـ وقبره يزار الى الجانب الشرقي من مسجد الكوفة.

وَالْحُرَّ هَانِي (١) لَا يَرُدُّ يَدَا   مُدَّتْ إِلَيْهِ مِنَ الْعَرَانِينِ (٢)

كُوفَانَ يَا أَنْوَارَ حَاضِرَةٍ   ظَلَّتْ مِنَ الظَّلْمَاءِ تَشْفِينِي

كُرْسِيَّ حَيْدَرَةٍ بِهَا ائْتَلَقَتْ   آيَاتُهُ فَوْقَ الْمَيَادِينِ

حَتَّى اسْتَوَتْ بِالْعَدْلِ أَحْرُفُهَا   ثُمَّ اسْتَقَامَتْ بِالْمَوَازِينِ

كُوفَانُ يَنْسَابُ الْفُرَاتُ بِهِ   عَذْبًا، لِمَنْ ظَمَأُ الشَّرَايِينِ؟

يَا جَنَّةً فِيهَا الْخَوَاطِرُ قَدْ   لَعِبَتْ، وَسِحْرُ الرَّوْضِ يُغْرِينِي

الْكُوفَةُ الْبَيْضَاءُ جَلَّلَهَا   بُرْدُ النَّهَارِ بِكُلِّ مَيْمُونِ

عَنْوَنْتُ فِيهَا الْعِزَّ فَاتِحَةً   قَدْ جَاوَزَتْ كُلَّ الْعَنَاوِينِ

ضَمَّنْتُهَا طُهْرًا وَمُفْتَخَرًا   فَاقَا جَلِيلَاتِ الْمَضَامِينِ

فَإِلَيْكِ شَوْقُ الْمَاءِ يَدْفَعُنِي   شَغَفًا كَمَا الصَّادِي يُنَادِينِي

وَأَمُدُّ كَفًّا نَحْوَ دَالِيَةٍ   تَسْقِي ظِمَاءَكِ ثُمَّ تَسْقِينِي

الْكُوفَةُ الْعَلْيَاءُ مَلْجَأُ مَنْ   فِيَّ كَأَطْيَارِ التَّشَارِينِ (٣)

يَا مَشْرِقَ الْأَنْوَارِ مِنْ مُقَلٍ   نَحْوَ الضُّحَى نَشْوَانَ تَحْدُونِي

كَالْأَنْبِيَا مَرَّ الْحُسَيْنُ بِهَا   مَرَّ النَّسِيمِ بِأَجْفُنِ الْعِينِ

أَبَتْ بِشَارَاتُ الْهُدَى دَعَةً   تَذْرُو الْحُبُورَ بِكُلِّ مَغْبُونِ

فَسَلَامُ صَادِقٍ نَحْوَهَا عَجِلٌ   يَطْوِي الْمَدَى طَيَّ الشَّوَاهِينِ

مِنْ مَرْكَزٍ تُحْيِي الْحُسَيْنَ بِهَا   صُحُفُ الْجَنَانِ كَمَا الْعَرَاجِينِ (٤)

---

(١) هاني: إشارة الى هاني بن عروة بن تمران بن عمر المذحجي المُرادي، من أشراف الكوفة وأعيانها، وُلِدَ نحو عام ٢٣ق. هـ. وقُتل في ٨ ذي الحجَّة عام ٦٠هـ على يد عبيد الله بن زياد لمبايعته مسلم بن عقيل، تزعَّمَ قبيلَةَ مُراد، شَهِدَ مع علي ﷺ صِفِّين والنهروان، وصاحب الحسن والحسين.

(٢) العرانين: سادة القوم وأشرافهم.

(٣) التشارين: جمع تشرين، إشارة الى الشهرين العاشر والحادي عشر من السنة الميلادية، وهما من أشهر الخريف، وهي كناية عن الغربة والنفي.

(٤) العراجين: جمع العرجون وهو العذق بما يحمل من التمر، والصورة تشبيهية.

ملحق (١)
موسوعة الوفاء

أهدى الأديب حسن الكلابي مقطوعة شعرية في تقريظ الموسوعة الحسينية، وهي من بحر المتقارب.

سراجُ الـولاء ونعـم الـولاءْ   يـظـل يـضيء لـدرب الـسـماءْ

وصوتُ الجراح سيبقى طريًّا   ليتلو علينا ضجيج الدماءْ

فهـذا يـراعٌ يـخطُّ النـجيعَ   وذاك يـراعٌ يـخطُّ الـوفـاءْ

فنهـجُ الحسـينِ سيبقى رَويًّا   لِيَرْوي النفوسَ بماء العطاءْ

وهـذا لسـانُ الـيـراع كتـابٌ   خطـيبٌ بِإِسم العُـلا كربـلاءْ

فـنـدعـو الإلـهَ بـروح الـدعـاءْ   جَزى القائمينَ بخير الجزاءْ

ملحق (٢)
برقيات وكتابات وبطاقات تهنئة ندوة جامعة الكوفة

وتلقت إدارة ندوة جامعة الكوفة مجموعة من البرقيات وبطاقات التهنئة والكتابات والمقالات، تليت بعضها.

(١)

الأحرف الروحانية في الموسوعة الحسينية

❈ كلمة الشيخ عبد العزيز الحاج سكر [1]، أمير إمارة آل فتلة.

---

[1] عبد العزيز الحاج سكر: هو ابن راهي بن عبد الواحد بن سكر بن فرعون بن ياقوت الفتلاوي، ولد سنة ١٩٤٤م في ناحية المشخاب بمنطقة راك الحصوة التابعة لمحافظة النجف الأشرف، أمير إمارة آل فتلة ومقره ناحية المشخاب، نشأ ودرس في مسقط رأسه وأنهى الدراسة الإعدادية وتفرغ لشؤون العشيرة، بخاصة وأن جده الحاج عبد الواحد آل سكر هو من الزعامات العراقية البارزة، وبعد اعتقال والده الشيخ راهي آل سكر واعدامه في ٢٤/ ١/ ١٩٧٠م بتهمة محاولة قلب نظام الحكم مع السيد محمد مهدي الحكيم، تعرض الشيخ عبد العزيز لاضطهاد السلطة التي اعتقلته ووضعته تحت الإقامة الجبرية وأبعدته عن قصر جده وصادرت الأموال والممتلكات، كما تعرض مضيف والده الى الاعتداء والحرق، ولكن المضيف عاد من جديد بعد عام ٢٠٠٣م يستقبل ضيوفه وزواره.

بسم الله الرحمن الرحيم

الحمد لله رب العالمين، والصلاة والسلام على أشرف الأنبياء والمرسلين محمد ﷺ وعلى آله أجمعين.

وبعد .. فإنني حضرت[1] اليوم ندوة لطيفة في جامعة الكوفة ذات التأريخ الأصيل والمجد الطويل، فرأيت موسوعة حسينية رائعة تتناول مواضيع الإمام الحسين ﷺ بصورة واقعية، كتبت التاريخ وصوّرت الأماكن وترجمت إلى لغات مختلفة، وأوضحت ما اشتبه واختلف وتشابك من تناقل الرواة، فهي موسوعة تحتوي من الحلل ذا اللب والعقل، فجاءت زاهية بعباراتها منمقة بألفاظها، رعى الله يد من سطرت هذه الأحرف النورانية ومن استخرجت هذه الكنوز العرفانية.

وفق الله شيخنا الكرباسي (دام عزه) على هذا العمل الشريف والفعل اللطيف، الذي يأخذ بيد صاحبه نحو الخلود، ويجعله يلتحق بركب أبي عبد الله ﷺ وهو من أفضل الجنود، وكذلك وفق الله ضيوفنا وحياهم ممن يمثلون ويوضحون أهداف ومقاصد موسوعتنا الجميلة ومزاياها الجليلة، وكذلك أشكر من صميم قلبي ولدنا البار السيد محمد المحنا المحترم كونه هو الذي دعانا الى ضيافة الإمام الحسين ﷺ، فلا عجب فهو سليل الدوحة الهاشمية والشجرة المحمدية، والسلام عليكم ورحمة الله وبركاته.

الأمير عبد العزيز راهي عبد الواحد الحاج سكر

أمير إمارة آل فتلة

٢٠١٢/٧/١ م

---

[1] خلال وجود العلامة الكرباسي في العراق، قام الشيخ عبد العزيز راهي الحاج سكر الفتلاوي بزيارته في مجمع السفير في كربلاء المقدسة مساء ٢٠١٢/٨/١٨ م، وحضر اللقاء الشيخ نجاح شاكر آل شبيب رئيس عشائر ألبو موسى الفتلاوية، والأستاذ محمد السيد وسام المحنّا.

(٢)

الموسوعة الحسينية ثورة فكرية

❈ كلمة الشيخ عزيز چفّات الطرفي، رئيس عشائر بني طرف.

بسم الله الرحمن الرحيم

الحمد لله سياج النعم، وفتاح الغمم، الكبير المتعال، بديع الأرض والجبال، والصلاة والسلام على رسوله وآله خير الآل.

وبعد: فقد حضرنا ندوة ثقافية في جامعة الكوفة عاصمة مولانا الإمام أمير المؤمنين ﷺ وتطلعنا الى ما سطرتم من مؤلف باهي وفكر سامي لشيخنا الكرباسي من خلال موسوعته الموسومة بـ (دائرة المعارف الحسينية) والتي تعتبر اليوم من الموسوعات التي تتبارى في القمم مع الموسوعات العالمية وتناضل بمجلداتها لكي تولد عند الباحثين ثورة فكرية.

ولئن أنعم الله على العبد بنعمة بعد نعمة الحياة فهي نعمة العلم، وقد حبى الله بها شيخنا وأدامه وخلّد ذكره وأزال عنه العدم لأن العالم يسهر الليل ويجهد بالنهار فتراه مرة ينظر بكتاب ومرة يحفظ رواية بأسانيدها وأخرى يتتبع قضية استدلالية في أصولها، فهم بعلمهم باقون ما بقي الدهر، لقد نقل لنا بالرواية أن الشيخ المفيد [1] (رحمه الله) كان لا ينام الليل الا

---

(1) الشيخ المفيد: هو محمد بن محمد بن النعمان العكبري (٣٣٦- ٤١٣هـ) ولد في عكبرا من ضواحي بغداد وتوفي في بغداد وشيعه ٨٠ ألف رجل، من أعلام الإمامية وفقهائها، تتلمذ على علي بن عيسى الرماني، ويروي عن الشيخ الصدوق وأحمد بن العباس النجاشي وأبي عبد الله الصيمري، وغيره، وعنه الشيخ الطوسي وسلار الديلمي وأبي فتح الكراجكي، وغيرهم، تجاوزت مؤلفاته المائتين، منها: الإرشاد، الأمالي، المقنعة.

٣٠١

هجعة فيقوم ما بين قارئ للقرآن أو دارس للكتب حتى وصل إلى مرحلة جاءت إليه كتب من الناحية المقدسة[1].

نأمل من الله أنْ يمد بالعطاء شيخنا ويجعله خير خلف لخير سلف كالأئمة المهتدين والعلماء الربانيين، وفقك الله لكل خير، ولا أنسى موقف ولدنا وإجهاد نفسه بهذه القضية وهي قضية سيد الشهداء ﷺ فجزى الله عن ولدنا هاشم الطرفي خيرا.

الشيخ عزيز چفات الطرفي

رئيس عشائر بني طرف

٢٠١٢/٧/١م

(٣)

الموسوعة الحسينية انتاج رائع وعمل صائغ

٭ كلمة الشيخ مالك كامل آل حبيب[2]، رئيس عشائر ألبو حسّون
الفتلاوية.

بسم الله الرحمن الرحيم

الحمد لله رافع السماوات، وكاشف البلوات، ودافع النقمات، ومجزل العطيات، والصلاة والسلام على رسوله ﷺ وآله خير الصلوات.

وبعد فإنَّه لمن الخير ما قامت به الموسوعة الحسينية في لندن بالتعريف عن برامجها في كافة أرجاء قطرنا الحبيب (العراق)، واليوم نراها شامخة

---

(1) الناحية المقدسة: إشارة إلى الإمام المهدي المنتظر محمد بن الحسن المولود عام ٢٥٥هـ في سامراء.

(2) مالك كامل آل حبيب: الحسن الفتلاوي، من وجهاء مدينة الهندية والساعين في الخير، رئيس عشائر ألبو حسّون الفتلاوية، ولد فيها سنة ١٩٥٢م.

وواقفة بعز في رحاب جامعة الكوفة تنشر فكرا وتنثر بلآلئها ومستمرة برفد زوارها من المؤلفات القيِّمة ولا تبخل عن الباحثين بالسحب الديّمة، فحيا الله العاملين فيها ووفقهم وألحقهم بركب أنصار الحسين ﷺ وعلى قمتهم ومقدمتهم شيخنا الكرباسي الذي واصل الليل بالنهار مع كادره المتميز ليصل ما وصل إليه من الإنتاج الرائع والعمل الصائغ، ولا أنسى دور ولدنا الإبن البار هاشم الطرفي على رعايته لهذه الأمور ووقفته مع عشائر الهندية في استضافتها للموسوعة الحسينية، ولقد تشرَّفت الهندية وشرف أصلها بخدمة الحسين ﷺ حتى عرفت الركضة المليونية في اليوم العاشر من المحرم من كل عام بركضة طويريج[1]، وفقنا الله وإياكم لنشر فكر محمد، والسلام.

الشيخ مالك كامل آل حبيب

رئيس عشائر ألبو حسون الفتلاوية

٢٠١٢/٧/١م

---

[1] ركضة طويريج: أو عزاء طويريج، نسبة إلى قضاء طويريج (الهندية) الذي يبعد عن كربلاء المقدسة نحو ٢٢ كم، حيث ينطلق الموكب الحسيني راكضا نحو مرقد المرقدين الشريفين الحسين والعباس ﷺ بعد أداء صلاة الظهر من يوم العاشر من المحرم من منطقة قنطرة السلام على الطريق الموصل بين القضاء والمركز على مسافة ٣ كم شرق الثانية، ويتكون نواة الموكب الراجل ومقدمته من مجموع المواكب القادمة من قضاء الهندية وأطرافها ويقوده رأس السادة القزوينية في طويريج ممتطياً جواده من قنطرة السلام ثم يدخل المدينة من شارع الجمهورية مروراً بشارع قبلة الحسين ثم يدخل مرقد الإمام الحسين ﷺ من باب القبلة ويخرج من باب الشهداء مروراً بشارع علي الأكبر (ما بين الحرمين) باتجاه مرقد العباس ﷺ من باب الإمام الحسن ﷺ حيث ينتهي بإقامة مجلس العزاء، والقسم الآخر منه يطوف في الصحن العباسي ثم يتوجه الى المخيم لحضور مشهد حرق الخيام مروراً من شارع قبلة العباس ثم يمينا في شارع الجمهورية باتجاه ساحة المخيم، وبمرور الزمن تحول الموكب الراجل من بعده القضائي الى المديني ثم القطري ثم العالمي المليوني، وفي العام ١٤٣٤هـ (٢٠١٢م) استغرقت الركضة حسب ملاحظاتنا نحو ٢٢٠ دقيقة شارك فيه نحو ثلاثة ملايين مسلم، وفي العام ١٤٣٥هـ (٢٠١٣م) بلغ عدد المشاركين من غير العراقيين القادمين عبر المنافذ الحدودية في الجنوب والفرات=

٣٠٣

(٤)

الموسوعة الحسينية حلّة بهية ودرّة سنيّة

﹡ كلمة السيد محمد السيد وسام المحنّا، التدريسي في جامعة كربلاء:

بسم الله الرحمن الرحيم

الحمد لله بديع السماوات والأرضين، الحمد لله أوسع المعطين، الحمد لله رازق المقلِّين، الحمد لله راحم المساكين، الحمد لله سابغ النعم ودافع النقم، والصلاة والسلام على سيد العرب والعجم رسول الله وآله ﷺ، الذي أمَّته خير الأمم، وعلى آل بيته مصابيح الظُلَم، الذين هم كباب حطة من دخله نجا ومن تخلف عنه غرق وهوى ^(١).

إن ما أتحف مسامعنا وأكحل عيوننا وعطَّر مشامَّنا ما رأيناه اليوم في جامعة الكوفة، الجامعة الواسعة العطاء، وذات اليد المعطاء، لقد اطلعنا على موسوعة حسينية أضحت اليوم في قمم الموسوعات العالمية، أي يد

= الأوسط ومطار النجف الأشرف فقط ٤٢ ألف زائر حسب أرقام وزارة الداخلية وبمجموع المنافذ بلغ العدد ١٥٠ ألف زائر شاركوا في ركضة طويريج التي قدرت بنحو ثلاثة ملايين مشارك.

وجرت العادة من بعد عام ٢٠٠٤م أن يتقدم الركضة الرجال ثم النساء ثم رجال الشرطة والجيش كتعبير عن التحام العسكر بالشعب بعدما كان يُستخدم في السابق في اتجاهات مغايرة. ويعود الفضل في تأسيس الركضة الى السيد صالح بن مهدي القزويني (١٢٥٧ - ١٣٠٤ه) حيث بدأ بها عام ١٣٠٠ه (١٨٨٢م) واستمرت الزعامة في عقبه وهي اليوم لدى السيد ثامر بن موسى القزويني. للمزيد راجع: موقع مؤسسة النبأ، ملف عاشوراء سنة ١٤٢٨ه. الموروثات والشعائر في كربلاء: ٨٣، سلمان هادي آل طعمة، دار المحجة البيضاء، ودار الرسول الأكرم، ط١، ٢٠٠٣م- ١٤٢٣ه.

(١) تضمين لقول الرسول الأكرم ﷺ: «إنَّمَا مَثَلُ أَهْلِ بَيْتِي فِيكُمْ كَمَثَلِ سَفِينَةِ نُوحٍ مَنْ رَكِبَهَا نَجَا وَمَنْ تَخَلَّفَ عَنْهَا غَرِقَ وَمَثَلِ بَابِ حِطَّةٍ مَنْ دَخَلَهُ نَجَا وَمَنْ لَمْ يَدْخُلْهُ هَلَكَ». بحار الأنوار: ٢٣/١٠٥.

٣٠٤

سطّرت عباراتها وأي يد نظمت كلماتها حتى خرجت اليوم كحلَّة بهية، وأضحت بكل مجلداتها كدرة سنية، فقد عطَّرت مشام الوجود بنسائم الرحمة والسعود، وأضحت كنهر جار يرتاده من يشكو العطش والظمى وكموجة نهر سريع تياره يزيل بجريانه الصخور والطمى، ميزت في الروايات بين الصحيح والضعيف، وبين الدقيق واللصيق، وأفضل ما رأيت فيها أنها لم تقتصر على واقعة الطف، بل شملت معارف أخرى هي بغاية اللطف، حتى تطرقت الى التشريع[1] والى السيرة[2] والصحيفة الحسينية[3] وإلى أضواء على مدينة الحسين، فسطرت هذه الأسطر القليلة على الرغم من قصر الباع وقلة الإطلاع، وغيابة الذهن وحداثة السن، لكي تكون خير مناصرة لشيخنا الكرباسي في ما دوَّنه في المقالات الحسينية، وقد نكون بذلك شاركنا في إحياء أمرهم ونشر فكرهم، فلله درهم وعليه أجرهم، والسلام عليكم.

السيد محمد السيد وسام المحنَّا

تدريسي في جامعة كربلاء المقدسة

١ / ٧ / ٢٠١٢م

---

(١) صدر من (الحسين والتشريع الإسلامي) حتى منتصف ٢٠١٦م أربعة أجزاء.

(٢) صدر من السيرة الحسينية حتى منتصف ٢٠١٦م جزءان وهو في أكثر من عشرة أجزاء.

(٣) صدر من الصحيفة الحسينية حتى نهاية ٢٠١٦م جزءان.

ملحق (٣)
اليوبيل الفضي

نص رسالة كنت قد حررتها ومذيلة باسم المركز الحسيني للدراسات في لندن في ٢٠١١/١٢/٢٤م، في ذكرى اليوبيل الفضي لإنشاء جامعة الكوفة.

جامعة الكوفة مفخرة الحواضر العلمية

بسم الله الرحمن الرحيم

الحضور الكريم أرباب العلم وأعضاء الإدارة وطلاب المعرفة

السلام عليكم ورحمة الله وبركاته

تفتخر كل أمّة حيّة بحواضرها العلمية بوصفها صروحا علمية شامخة تلامس عنان المعرفة من أبوابها السبعة، وهي وإن جابهت رياح التخريب ومعاول الهدم قامتها، فإن أقدامها الراسخة على أرضين المعرفة تفوَّت على أعداء النور الفرصة للنيل منها، والصروح العلمية بأبنائها وورادها وروادها القابضين على جمرة العلم بقلوب ثابتة لها أن تبقى راسخة حيّة، فللقوة الغاشمة جولة وللعلم وأهله صولات، ومهما تداعت جحافل الظلام إلى

كسر شوكة قوى النور ستنتكس على عقبيها تجر أذيال الخيبة والخسران والضلال المبين.

إن الاحتفال بذكرى مرور ربع قرن على تأسيس جامعة الكوفة، إنما هو احتفال لتأسيس الجامعة كقاعات درس ومراكز ومختبرات وأبنية صماء رأت النور عام ١٩٨٧م، وإلّا فجامعة الكوفة هي امتداد طبيعي لجامعة الكوفة التي وضع لبناتها الأولى الإمام علي بن أبي طالب ﷺ في النصف الأول من القرن الأول الهجري وعزز من وجودها الإمام جعفر بن محمد الصادق ﷺ في القرن الثاني الهجري، وتأصلت في القرن الخامس الهجري على يد الشيخ الطوسي وهي أول حاضرة علمية في التاريخ الإسلامي بعد حاضرة المدينة المنورة، وتعد مدرسة الكوفة الأولى في العراق، كما أن الكوفة أول عاصمة في العراق والثانية في الإسلام، فكانت حاضرة الكوفة العلوية ولازالت إمتداداً لحاضرة المدينة المحمدية وهي اليوم حلقة الوصل بحاضرة الكوفة المهدوية وعاصمتها المستقبلية.

إن العراق بجامعاته وكلياته في بغداد والموصل وأربيل والسليمانية والبصرة والموصل وديالى والرمادي وكربلاء والناصرية وغيرها من المدن العراقية العريقة يقف إجلالاً لجامعة الكوفة وحاضرتها العلمية المتماهية مع الحوزة العلمية في النجف الأشرف، فالحديث عن حاضرة الكوفة العلمية حديث عن حاضرة العراق العلمية التي ما انفكت ومنذ قرون متمادية تقدم العلماء تلو العلماء وترفد الأمة بالرجال الأكفاء في مشارب المعرفة المختلفة وبكل حقول الحياة.

إننا في المركز الحسيني للدراسات في لندن الذي تصدر عنه دائرة المعارف الحسينية لمؤلفها وراعيها سماحة الفقيه آية الله الدكتور الشيخ محمد صادق الكرباسي، في أكثر من ستمائة مجلد في ستين باباً والتي صدر

منها حتى اليوم ٧٦ مجلداً، نشعر بالفخر والاعتزاز بوجود جامعة الكوفة هذا الصرح العلمي المتسامق بين الصروح العلمية ليس في العراق فحسب، بخاصة ونحن نعيش بحبوحة الحرية والتعددية والرأي والرأي الآخر، وهي أجواء أكثر من صحية تتعالى فيها رايات المعرفة على طريق البناء.

يحق لجامعة الكوفة بجميع كلياتها وبطاقمها التدريسي والإداري وطلبتها أن يقصّوا شريط اليوبيل الفضي ويحتفلوا بهذه المناسبة الكبيرة، فهم ورثوا جامعة علمية عمرها من عمر الإسلام في العراق، ولهم أن يفتخروا ثانية بأن احتفالهم يأتي في زمن يسعى فيه كل إنسان إلى البناء والإعمار بعيداً عن عيون سلطات غاشمة لا ترى في الجامعة إلّا آلة في ماكنة السلطان الذي ينظر إلى العلماء من عَل، ولهم أن يفتخروا ثالثة لأنهم الأمناء على هذا الصرح العلمي الذي لابد أن يصل إلى الأجيال القادمة.

إن المركز الحسيني للدراسات إذ يبارك لجامعة الكوفة احتفالها الميمون، يدعوها إلى مد جسور التعارف المعرفي مع دائرة المعارف الحسينية التي وهب الله مؤلفها وراعيها الفقيه الدكتور الكرباسي المولود في مدينة كربلاء المقدسة عام ١٩٤٧م القدرة والموهبة على توظيف قلمه في خدمة النهضة الحسينية التي تمثل الامتداد الطبيعي للرسالة المحمدية، فضلا عن المئات من المؤلفات في أبواب الفقه والأدب والشعر والعروض والتفسير.

ندعو الله أن يبارك لكم احتفالكم ويوطّن هذا الصرح المعرفي على الخير فهو مفخرة من مفاخر الحواضر العلمية في العراق وفي غيره.

والسلام عليكم ورحمة الله وبركاته

المركز الحسيني للدراسات – لندن

٢٠١١/١٢/٢٤م

ملحق (٤)
في رحيل الشيخ وحيد عبود العيساوي
بسم الله الرحمن الرحيم

الشيخ الفاضل الدكتور عبود الشيخ وحيد بن عبود العيساوي الموقر.

السلام عليكم ورحمة الله وبركاته.

بقلوب مطمئنة بقضاء الله وقدره تلقينا نبأ رحيل الوالد الشيخ وحيد العبود العيساوي الذي كانت لنا معه ذكريات طيبة رغم قصر المساحة الزمنية في مضيفكم العامر يوم الأحد ٢٠١٢/٧/١م، وقد وجدته صلب الشكيمة قوي الذاكرة حاد البصيرة قلبه على العراق وأهله، ناهيك عن كرمه وحسن أخلاقه ومضيفه العامر، وعلى مثله فليعمل العاملون لخدمة العراق وأهله.

أبلغكم تعازي سماحة الفقيه آية الله الشيخ محمد صادق الكرباسي صاحب دائرة المعارف الحسينية.

لكم منا العزاء والدعاء للفقيد، ومن الله لكم الصبر والسلوان وللمرحوم الغفران

د. نضير الخزرجي

المملكة المتحدة- لندن المركز الحسيني للدراسات
٢٠١٣/٢/٦م

ملحق (٥)
في رحاب مسجد السهلة[1]

الشيخ الدكتور محمد صادق الكرباسي صاحب الموسوعة الحسينية الكبرى: في رحاب مسجد السهلة المعظم

تشرف بزيارة مسجد السهلة[2] المعظم يوم الثلاثاء المصادف ٤ من شهر رمضان ١٤٣٣هـ سماحة آية الله الشيخ الدكتور محمد صادق الكرباسي صاحب الموسوعة الحسينية الكبرى الذي يزور العراق حالياً. وكان في استقبال سماحته المهندس السيد مضر السيد علي خان المدني[3] أمين مسجد السهلة المعظم.

---

(١) نص تقرير الموقع الرسمي لأمانة مسجد السهلة المعظم مع خمس صور من الزيارة التي تمت يوم ٢٠١٢/٧/٢٤م، على الرابط التالي: .(http://www.alsahla.org/a.php?arti = 126)

(٢) مسجد السهلة: من مساجد مدينة الكوفة القديمة ويرجع البعض بناءه الى مطلع القرن الأول الهجري، ويُستفاد من النصوص والحوادث التاريخية أن المسجد كان بيت النبي إدريسﷺ ومقر ومحل تردده، ومقر وموضع عمله وبيت النبي إبراهيمﷺ ومقر انطلاقته، ومسكن الخضرﷺ ومحل ترددة، ومقر وموضع عمله وبيت النبي إبراهيمﷺ ومصدر توجهه، وأن الأنبياء والأوصياء مروا منه وصلّوا فيه. أنظر: فضل الكوفة ومساجدها: ٣٩، محمد بن جعفر المشهدي الحائري، تحقيق: محمد سعيد الطريحي، دار المرتضى، بيروت، ١٩٨٠م.

(٣) مضر علي خان المدني: هو مضر بن عبد الهادي بن محسن علي خان المدني، مهندس استشاري وأديب وشاعر، ولد في مدينة النجف الأشرف يوم ٢٥/٤/١٣٧٩هـ (٢٧/١٠/ ١٩٥٩م)، نشأ ودرس في مسقط رأسه ونال الهندسة المدنية من جامعة الموصل عام ١٩٨٢م، مال الى نظم الشعر وهو في مقتبل العمر كما كتب القصة، نشر قصائده وكتاباته =

٣١٣

وبعد أداء مراسم الزيارة استصحب السيد الأمين ضيفه الكريم والوفد المرافق[1] له في جولة في أرجاء المكان المقدس وأطلعه على مراحل العمل في المشروع الكبير الذي تقوم بتنفيذه أمانة مسجد السهلة المعظم بإعادة بناء وتوسعة المقامين الشريفين للإمامين السجاد والمهدي عليهما السلام.

وأبدى الشيخ الكرباسي إعجابه بمراحل الإعمار التي يشهدها المكان المقدس مثنياً على جهود العاملين وعلى رأسهم الأمين العام لمسجد السهلة المعظم السيد مضر السيد علي خان المدني. وتمنى سماحته أن يتم توثيق كل مرحلة بكل تفاصيلها كي تكون إرثاً تاريخياً للأجيال القادمة، وعبر سماحته عن اطمئنانه بأن ما رآه وما استمع له دلالة على اختيار الرجال الأكفاء في الأماكن المناسبة لاختيارهم. وزار سماحة المحقق الكبير بعد ذلك المكتبة العامة للمسجد المبارك واطلع على الجهود التي تبذل لإنجاح هذه المكتبة عبر افتتاح مقرها الجديد المؤمل انجازه في الاشهر القليلة القادمة.

<hr>

= الأدبية في الصحافة العراقية باسم «النجفي العراقي»، عمل في مجال اختصاصه في مدن بغداد والبصرة وصلاح الدين والنجف الأشرف، تعرض خلال حياته الدراسية والعملية لاعتقالات عدة بسبب نشاطه السياسي، أشرف على اعادة بناء مسجد السهلة المعظم ثم تولى الأمانة العامة له يوم الأحد ١٤٢٦/٩/١هـ ولازال، له أكثر من عشرة مصنفات، منها: مسجد السهلة تاريخه وأعماله، الصورة الشعرية في القرآن الكريم، وتأثير العقيدة في بناء شخصية الطفل.

(١) ضم الوفد كلاً من: آية الله الشيخ حسن رضا بن مزمل حسين الميثمي الغديري، الأستاذ علي بن قاسم التميمي، الدكتور نضير بن رشيد الخزرجي، الدكتور حسين بن حاجي أبو سعود الإعلامي فراس بن عباس الكرباسي، والسيد حسين بن محمد صادق الكرباسي.

٣١٤

(۷)

«دائرة المعارف الحسينية
تتألق في سماء الموسوعات العلمية»

الموسوعة الحسينية

في

قضاء طويريج (الهندية)

۲۰۱۲/۷/۱م

ديوان الشيخ مالك كامل حبيب الفتلاوي

زوايا مخفية في سيرة العلامة الكرباسي

فقرات ندوة قضاء طويريج (الهندية)
ديوان الشيخ مالك كامل الفتلاوي

٭ القرآن الكريم : المقرئ السيد حسين مهدي الصافي

٭ كلمة الشيخ مالك كامل حبيب ألبو حسون الفتلاوي

٭ كلمة الشيخ علي بشير حسين النجفي

٭ كلمة النائب محمد كاظم الهنداوي

٭ كلمة الدكتور نضير رشيد الخزرجي

٭ قصيدة الشاعر ميثم عبد الأمير الفتلاوي

٭ قصيدة الشاعر ثائر سلمان الفتلاوي

٭ قصيدة الدكتور عبد العزيز مختار شبّين (د. حسين أبو سعود)

٭ حوارات ومداخلات

٭ كلمة شكر : هاشم مزهر الطرفي

٭ إهداء درع الإبداع

زوايا مخفية في سيرة العلامة الكرباسي

(٧)

مدينة طويريج (الهندية)[1]

بحضور موفد المرجعية الدينية :

عشائر العراق تحتفي بدائرة المعارف الحسينية[2]

بحضور جمع غفير من زعماء العشائر العراقية في الفرات الأوسط وبغداد والرمادي ومباركة المرجعية الدينية في النجف الأشرف التي مثلها الشيخ علي بشير النجفي[3]، وتحت شعار (دائرة المعارف الحسينية تتألق في

---

(١) طويريج: أو الهندية من أقضية كربلاء المقدسة يقع جنوب شرق مركز المحافظة على بعد ٢٢ كيلومتراً بالسيارة و١٩ كيلومتراً حسب الخارطة، ويقع القضاء جنوب العاصمة بغداد على بعد ١٠٠ كيلومتر بالسيارة و٨٨ كيلومتراً حسب الخارطة، ويطلق على طويريج اسم الهندية لوقوع نهر الهندية في أراضيها، حيث شقه الوزير الهندي آصف الدولة المتوفى عام ١٨٩٥م، وذلك عام ١٨٩٣م ليصل ماء الفرات الى النجف الأشرف، وإليه نُسب.

(٢) وزع المركز الحسيني للدراسات التقرير الخبري على وسائل إعلام كثيرة، ونُشر في الكثير منها، على سبيل المثال: موقع كتابات في الميزان (www.kitabat.info) بتاريخ ١١/ ٧/ ٢٠١٢م، موقع جريدة شمس العراق (www.iraqsunnews.net)، ووكالة السماوة نيوز (وسا) (www.samawhnews.com) بالتاريخ نفسه.

(٣) علي بشير النجفي: هو إبن بشير حسين بن صادق علي بن محمد إبراهيم بن عبد الله اللاهوري النجفي، ولد في النجف الأشرف سنة ١٩٧٩م ويتولى الآن إدارة مكتب مرجعية والده الشيخ بشير حسين النجفي الذي استقر في النجف الأشرف منذ عام ١٩٦٥م، وإلى جانب ذلك يواصل الدراسة الحوزوية، له عدد من المؤلفات غير المطبوعة.

سماء الموسوعات العلمية)، استضاف ديوان الشيخ مالك كامل حبيب ألبو حسون الفتلاوي في قضاء الهندية (طويريج) في محافظة كربلاء المقدسة، وبالتنسيق مع المركز الحسيني للدراسات في لندن مهرجاناً وندوة ثقافية حوارية عامة في الأول من شهر تموز يوليو ٢٠١٢م، إطلع الحاضرون على جوانب من دائرة المعارف الحسينية ونتاجات راعيها الدكتور الشيخ محمد صادق الكرباسي في المجالات الأخرى.

بعد تلاوة آي من القرآن الكريم تلاها السيد حسين الصافي ^(١)، تطرق الشيخ مالك ألبو حسون الفتلاوي إلى معنى إحياء أمر الرسالة الإسلامية، مؤكداً على دور الموسوعة الحسينية^(٢) في البناء والصلاح والإرشاد بوصفها المصداق الأكبر لحديث الإمام جعفر الصادق ﷺ: (أحيوا أمرنا رحم الله من أحيا أمرنا)^(٣).

ممثل المرجعية الدينية الشيخ علي بشير النجفي ^(٤) من جانبه ركز في

---

(١) حسين الصافي: هو ابن مهدي، من قراء القرآن الكريم وخطباء المنبر الحسيني، ولد في قضاء الهندية التابع لكربلاء المقدسة في منطقة ام رواية عام ١٩٥٦م.

(٢) خلال وجود المؤلف في العراق، قام الشيخ مالك كامل حبيب الفتلاوي بزيارته في مجمع السفير في كربلاء المقدسة مساء ٢٠١٢/٨/٩م.

(٣) روى الشيخ الكليني بسنده عن ابن مسكان عن خيثمة قال: دخلت على ابي جعفر ﷺ أودِّعه فقال: "يا خيثمة أبلغ من ترى من موالينا السلام وأوصهم بتقوى الله العظيم وأن يعود غنيُّهم على فقيرهم وقويُّهم على ضعيفهم وأن يشهد حيُّهم جنازة ميّتهم وأن يتلاقوا في بيوتهم فإنَّ لقيا بعضهم بعضاً حياةٌ لأمرنا، رحم الله من أحيا أمرنا". الكافي: ٢ /١٧٥، محمد بن يعقوب الكليني، دار الأضواء، بيروت- لبنان.

(٤) أبدى ممثل المرجعية الدينية الشيخ علي بشير النجفي حرصه الكبير على حضور الندوات الفكرية والثقافية لدائرة المعارف الحسينية بخاصة تلك التي عقدت في كربلاء والكوفة وطويريج، واخبرني رغبته الشديدة للقاء سماحة الشيخ محمد صادق الكرباسي، ولم يكن المؤلف حينئذ قد وصل العراق، وعندما حط قدمه في مسقط رأسه كربلاء المقدسة زاره الشيخ علي بشير النجفي على رأس وفد علمائي مرجعي يوم ٢٠١٢/٧/٥م، وبعد فترة قام المؤلف بزيارة المرجع الديني آية الله العظمى الشيخ بشير النجفي في مدينة النجف الأشرف مساء يوم ٢٠١٢/٧/٨م، وممن حضر اللقاء الأديب الشيخ سلطان علي=

كلمته على الجانب العقيدي في النهضة الحسينية والعلاقة مع حركة الإمام المهدي المنتظر (١) الذي سيتولى الانتصار للنهضة الحسينية من خلال إحياء رسالة الإسلام وبث السلام في العالم وهداية البشرية، معتبرا في الوقت نفسه ان الجهود الكبيرة التي يبذلها الدكتور الشيخ محمد صادق الكرباسي في كتابة مجلدات الموسوعة الحسينية غير قابلة للتثمين فهي : (موسوعة مباركة بقلم العلامة الجليل الشيخ الكرباسي وهي أوسع ما كُتب في القضية الحسينية، وهي موسوعة تلقت التقريض (٢) والثناء والمديح من قبل مراجع التقليد وكبار العلماء، حيث قرَّضوا لها وكتبوا عنها وأشادوا بمؤلفها بما يرضي الله لأنَّ فيها حفظاً لنهضة الحسين ﷺ وما نتج عنها من تراث وعلوم)(٣).

= الصابري، الشيخ محمد الكرباسي، والأستاذ علي التميمي، ويومها كنت في الطريق من تلعفر الى كركوك. وفي هذا اللقاء أثنى المرجع النجفي على جهود العلامة الكرباسي في تأليف دائرة المعارف الحسينية، واستفسر من الكرباسي رأيه الفقهي بعدد من المسائل المتعلقة بالنهضة الحسينية وشعائرها، ومنها رأيه في تمثيل المعصوم واظهار شخصيته بالجسم والوجه، فرد الفقيه الكرباسي بأنه من الصعب جداً تمثيل شخصية المعصوم في المسرح أو الأفلام واظهار معالم وجهه لعدم توفر الممثل الذي هو على قدر عال من الخُلق، لأن ملامح الشخصية تنطبع في ذهن المشاهد، فإن كانت ليست بالمستوى خلقاً وخُلقاً أساء للمعصوم.

(١) المهدي المنتظر: هو أبو صالح محمد بن الحسن المهدي، الإمام الثاني عشر من أئمة المسلمين الذين بشّر بهم نبي الإسلام محمد ﷺ، وأمه نرجس بنت يشوعا الرومية (ن٢٤١- ن٣١٠هـ)، ولد في سامراء في ٢٥٥/٨/١٥هـ، وتولى مهام الإمامة مع رحيل والده الإمام الحسن بن علي العسكري في ٢٦٠/٥/٨، له غيبتان صغرى وكبرى، الأولى بدأت عام ٢٦٠هـ وله خلالها أربعة نواب وسفراء، والكبرى بدأت مع وفاة السفير الرابع علي بن محمد السمري في بغداد عام ٣٢٩هـ، وسيملأ الأرض عدلاً وقسطاً بعدما ملئت ظلما وجوراً.

(٢) سبق للمرجع الديني سماحة الشيخ بشير حسين النجفي أن قرّض دائرة المعارف الحسينية ضمن رسالة خاصة بعث بها الى المؤلف، نشرت منها فقرات في الصفحة ٨ من كتابنا (العمل الموسوعي في دائرة المعارف الحسينية) المطبوع عام ٢٠٠٧م. وكامل التقريض بعنوان «عمل جبار» تجده في: مجلة المرشد: ١٧٧ /١٢-١١، دمشق (١٩٩٩م- ١٤٢٠هـ).

(٣) من الذين قرّظوا الموسوعة الحسينية الأديب العراقي الأستاذ عبد الهادي البابي بمقالة نشرت =

في الإطار نفسه وجد رئيس لجنة الشهداء والسجناء السياسيين في مجلس النواب العراقي الشيخ محمد الهنداوي : (إنَّ الحسين ﷺ كله عطاء، والاتصال به هو اتصال بالإنسان والإنسانية، ولذا ينبغي التعرف على الحسين ﷺ حتى نعيشه إنسانياً، وهذا ما تفعله دائرة المعارف الحسينية التي تمثل قبساً من أشعة الحسين ﷺ ونوراً من أنواره ومعلماً من معالم النهضة الحسينية الشريفة ونتاجاً لها). مؤكدا : (إنَّ الموسوعة الحسينية تمثل بحق إنتاجاً لرجل فكَّر بعمق فأبدع، كما لا يمكننا أبداً أن ننسى فضل الفقيه العلامة الشيخ محمد صادق الكرباسي الذي أحيا القضية الحسينية حين تناولها بكل معانيها، كما انَّ دائرة المعارف الحسينية تمثل آخر ما توصل إليه العقل البشري في مجال التأليف).

أما موفد دائرة المعارف الحسينية إلى العراق الدكتور نضير الخزرجي فإنه تناول الحديث عن الموسوعة الحسينية من جوانب مختلفة، مسلطاً الضوء على بعض التفاصيل غير المعروفة في حياة الفقيه الكرباسي الذي لا ينام إلا أربع ساعات في اليوم، مشيراً إلى ان الموسوعة الحسينية التي بدأت منذ محرم عام ١٩٨٧م بدأت ببذرة وانتهت في عام ٢٠١٢م بنحو ٧٠٠ مجلد طبع الجزء الأول[1] منها عام ١٩٩٤م فيما طبع الجزء ٧٧ منتصف عام ٢٠١٢م، وهي موسوعة في ستين باباً من أبواب المعرفة الإنسانية، وستزداد أعدادها لأن الكثير من أبوابها مشرعة غير مغلقة.

وعرج الدكتور الخزرجي الناشط في المركز الحسيني للدراسات في

=   عام ٢٠١٢م تحت عنوان : (موسوعة المجد المتناثر على أخاديد الزمن الغابر)، ومن الوسائل الإعلامية التي نشرت المقالة جريدة صوت العراق بتاريخ ٢٠١٢/٥/١١م على الرابط التالي : (http://sotaliraq.com/mobile-item.php?id = 109335#axzz3E2Ql122k7)

[1]   أول ما طبع من الموسوعة الحسينية عام ١٤١٤هـ هو الجزء الأول من «ديوان القرن الأول» الخاص بالناظمين في الإمام الحسين ﷺ خلال المائة الأولى من الهجرة النبوية الشريفة.

لندن على النتاجات العلمية الأخرى خارج دائرة الموسوعة الحسينية، منها موسوعة (الشريعة) وهي في ألف عنوان صدر منها ٢٢ شريعة من مجموع أكثر من ٤٠٠ مخطوط[1]، وموسوعة (الإسلام في ...) وهي بعدد دول العالم صدر منها ٦ كتب[2]، والتفسير المسترسل، وثلاثة أجزاء في الأوزان والعروض والبحور[3] تمثل طفرة نوعية في مجال النظم، كما تطرق إلى أدب الطريق الذي تبناه الكرباسي في نظم أربعة عشر ديوان شعر[4] أنجزها خلال رحلته اليومية من الدار إلى المركز الحسيني للدراسات وبالعكس[5]، وغيرها من المؤلفات.

وانتهت الندوة الثقافية بكلمة شكر قدّمها الأستاذ هاشم الطرفي، كما تخللها قصائد من الشعر القريض والدارج للشاعر ميثم عبد الأمير الفتلاوي[6]، والشاعر الجزائري الدكتور عبد العزيز مختار شَبين قرأها

---

(1) بلغ الآن أكثر من ٦٠٠ مخطوط طبع منها ٥٧ كتيّباً.

(2) صدر منها: الإسلام في اثيوبيا، الإسلام في الأرجنتين، الإسلام في أرمينيا، الإسلام في آذربايجان، الإسلام في اسبانيا، الإسلام في بريطانيا، والإسلام في أريتريا.

(3) وهي: «هندسة العروض من جديد» في ٣٩١ صفحة من القطع الوزيري، «الأوزان الشعرية في العروض والقافية» في ٧١٩ صفحة، و«بحور العروض» في ١٥٧ صفحة، وكلها صادرة في العام ١٤٣٢هـ - ٢٠١١م، عن بيت العلم للنابهين (بيروت- لبنان) ومكتبة دار علوم القرآن (كربلاء- العراق).

(4) صدر منها «فالق الإصباح في الأفراح والأتراح» ضم ٦٤ قصيدة في ٢٠٠ صفحة من القطع الوزيري، صدر عن بيت العلم للنابهين سنة ١٤٣١هـ- ٢٠١٠م. وكذلك: «الإيناس بلآلي الجناس» ضمّ ٥٠ قصيدة ١٦٦ صفحة من القطع الوزيري، صدر عن بيت العلم للنابهين سنة ١٤٣٥هـ (٢٠١٤م)، مع تقديم وتعليق بقلم الدكتور عبد العزيز مختار شبّين.

(5) وهي تستغرق من المؤلف نحو ٤٠ دقيقة كل يوم ذهاباً وإياباً.

(6) ميثم عبد الأمير الفتلاوي: هو حفيد محمود حمزة الفتلاوي، من شعراء كربلاء المقدسة، ولد في طويريج بمحلة شيخ حمزة عام ١٩٦٧م، نشأ ودرس في مسقط رأسه وأنهى دراسة المتوسطة ثم دخل مركز التدريب المهني العسكري سنة ١٩٨٧م وتخرج منه سنة ١٩٩٠م ونال شهادة إعدادية الصناعة قسم الكهرباء ثم أكمل دورة خاصة في دراسة كهربائيات الأجهزة الطبية، ويعمل حاليا في مستشفى الهندية العام ضمن اختصاصه، بدأ بنظم الشعر الشعبي في مطلع التسعينيات من القرن العشرين، وبعد عام ٢٠٠٣م انطلق في نظم الشعر=

بالنيابة الأديب الدكتور حسين أبو سعود وهي قصيدة مخصوصة في الثناء على كل عامل في طريق تحقيق أهداف النهضة الحسينية، كما أهدى راعي الندوة درع الإبداع لرئيس وفد دائرة المعارف الحسينية[1].

<hr>

= مكثراً فيه، وتحرص عدد من المواكب الحسينية على قراءة شعره في المناسبات الخاصة مثل موكب طلبة تربية كربلاء وطلبة تربية الهندية ويقرأ شعره عدد من رواديد المنبر الحسيني مثل الحاج جاسم النويري الطويرجاوي وأحمد رحيم الطويرجاوي وأحمد مهدي الطويرجاوي وسمير الطويرجاوي، له تحت الطبع ديوان «خواطر شعرية» في جزأين.

(1) في الواقع لا يمكن نسيان كرم الدواوين العشائرية العربية التي تفتح قلوبها قبل أبوابها، وكانت سفرة العشاء التي مدّها الشيخ مالك كامل ألبو حبيب حسون الفتلاوي لضيوفه واحدة من معالم كرم العشائر، وهي امتداد لسفرة الإمام الحسين عليه السلام العامرة في كل آن وحين وزمان.

فقرات ندوة مدينة طويريج (الهندية)

ديوان الشيخ مالك كامل الفتلاوي

رعى الشيخ مالك كامل حبيب ألبو حسون الفتلاوي، في ديوانه العامر في مدينة الهندية (طويريج) ندوة ومهرجانا جماهيريا عصر الأحد ١ / ٧ / ٢٠١٢م تحت شعار «دائرة المعارف الحسينية تتألق في سماء الموسوعات العلمية»، وتضمن المهرجان الفقرات التالية[1] :

(١)

٭ آيات من الذكر الحكيم تلاها السيد حسين الصافي.

(٢)

بين أيدينا موسوعة عالمية

ثانيا : كلمة الشيخ مالك كامل حبيب الفتلاوي، رئيس عشائر ألبو حسون الفتلاوية، وهذه نصها :

---

(١) تكونت اللجنة التحضيرية بالإضافة الى رعاية الشيخ مالك كامل آل حبيب الفتلاوي، من السادة: المهندس جميل حنتاو عبد الحسين، المحامي حسين يحيى عباس، البايلوجي علي مالك كامل، الأستاذ عدنان موحان جيح، المحامي عامر عبيد جبر، المحامي ميثم عبد الأمير حنتاو، المحامي نظام جواد شباط، الاقتصادي مالك حميد عبيد، المحامي سامي جواد شباط، والسيد صبار عبيد جبر.

بسم الله الرحمن الرحيم

الحمد لله إقراراً بنعمته ولا إله إلا الله إخلاصاً لوحدانيته، والصلاة والسلام على رسول الله محمد ﷺ سيد بريته وعلى آله وعترته صلاة زاكية نامية باقية.

وبعد .. فقد قال مولانا الإمام الصادق ﷿ : «أحيوا أمرنا رحم الله من أحيا أمرنا»[1]، فمن منطلق كلام مولانا أقمنا اليوم هذه الندوة لكي نحيي بجزء بسيط من «أحيا أمرهم» ونشر فكرهم، وما وجدناه بين أيدينا هي موسوعة عالمية احتوت على جلِّ المعارف الإلهية وأكثر الاعتقادات عند الإمامية، جاء بها شيخنا الكرباسي (دام عزه) لكي ينقح لنا الروايات ويشذب العبارات لأن الراوي قد يكون أحياناً على جهل بما يحمل ورحم الله الشاعر عندما قال[2]:

إنَّ الــرواة عــلــى جــهــل بــمــا حمــلــوا   مثل الجمال عليها يُحمل الودعُ

لا الودعُ ينفعُه حمـل الجمـال لـهُ   ولا الجمال بحمل الودع تنتفعُ[3]

فجاء بـمـنـهـج تحقيق وتمحيص وسرد الروايات دون ذكر رواتها بتلخيص، لقد أتعب نفسه في هذا الفعل السامي وأجهد عينه في هذا النظر الرامي، فحيّاه الله وجعل الجنة مسعاه هو والكوكبة من أنصاره الذين حلّوا اليوم في ربوعنا ونزلوا في قلوبنا قبل دورنا، فأهلاً وسهلاً بكل من حلَّ

---

(1) الكافي: ١٧٥/٢، محمد بن يعقوب الكليني.

(2) من بحر البسيط.

(3) الجامع لأحكام القرآن (تفسير القرطبي): ٤٥٦/٢١، محمد بن أحمد القرطبي، تحقيق: د. عبد الله بن عبد المحسن التركي، مؤسسة الرسالة، بيروت- لبنان، ط١، ١٤٢٧هـ/ ٢٠٠٦م. وجاء في هامش المصدر التالي: جامع بيان العلم: ١٠٣٢/٢، ونسبهما لعمار الكلبي، وأوردهما اليوسي في زهر الأكم: ١٣٨/٢، ولم ينسبهما، إلا أنه ورد عنده صدر البيت الأول هكذا: إن الرواة بلا فهم لما حفظوا. قال اليوسي: والوَدَع: يُستخرج من البحر، الواحد: وَدَعة، والجمع: وَدَع- وتُسكَّن الدال أيضاً- وودعات.

بديارنا وبكل من قصد مكاننا لكي نحيي أمر آل محمدﷺ، فالذي يوافيكم ويجازيكم هو رسول الله ﷺ لأنكم أحييتم اليوم دعوة ولده الحسين ﷺ، والسلام عليكم ورحمة الله وبركاته.

الشيخ مالك كامل آل حبيب

رئيس عشائر ألبو حسون الفتلاوية

(٣)

❊ كلمة العلّامة الشيخ علي بشير النجفي، ممثل المرجعية الدينية في النجف الأشرف: وجد أن الموسوعة الحسينية هي محل احترام المراجع وكبار العلماء وتقديرهم، وهي منظورة بإذن الله ومحل مباركة الرسول ﷺ وأهل بيته ﷺ لأنها حفظت الثورة الحسينية.

(٤)

الموسوعة الحسينية نتاج مفكر مبدع

❊ كلمة الشيخ محمد كاظم الهنداوي، رئيس لجنة الشهداء والسجناء السياسيين في مجلس النواب العراقي، ونصها:

بسم الله الرحمن الرحيم

الصلاة والسلام على محمد وآل محمد الطيبين الطاهرين.

سيد الشهداء الإمام الحسين ﷺ هو مفجر أعظم ثورة في تاريخ الإنسان، وكان لهذه الثورة انجازات ونتائج طيبة في المجال الفكري والأخلاقي والسياسي والأمني والإنساني.

سُئلت بالأمس عندما كنا نحتفي بالموسوعة الحسينية[1]، عن علاقة

───────────────

(١) إشارة إلى المهرجان الجماهيري الخاص بدائرة المعارف الحسينية الذي رعاه الشيخ محمد الهنداوي في مدينة كربلاء يوم السبت ٢٠١٢/٦/٣٠م.

٣٢٧

الإنسـان بهـذه الموسـوعة وكيف يمكـن للإنسـان أن يستفيـد مـن هذه الموسوعة؟

قلت ببساطة : إنها موسوعة حسينية تحمل اسم الحسين ﷺ وقدمت تحقيقاً وشرحاً وافياً عن واقعة كربلاء، فكل ما يأتي من الحسين ﷺ هو عطاء وخير وبركة، فاذا ما اتصلنا بالحسين ﷺ كنا في وحدة مجتمعة ولا نجد التفرقة بين المؤمنين.

عندما نتعرف على الحسين ﷺ نلمس حقيقة الإنسانية ونعيش في دائرتها بوئام.

إن دائرة المعارف الحسينية تمثل قبساً من أشعة الحسين ﷺ ونورا من أنواره ومعلماً من معالم النهضة الحسينية الشريفة ونتاجاً لها.

إنَّ الموسوعة الحسينية تمثل بحق إنتاجاً لرجل فكّر بعمق فأبدع، كما لا يمكننا أبداً أن ننسى فضل الفقيه العلامة الشيخ محمد صادق الكرباسي الذي أحيا القضية الحسينية حين تناولها بكل معانيها، كما ان دائرة المعارف الحسينية تمثل آخر ما توصل إليه العقل البشري في مجال التأليف.

من الأعماق أشكر الشيخ مالك آل حبيب لهذه الدعوة وقيامه بهذا المهرجان الكبير الذي حمل عنوان كربلاء، بوركت هذه الجهود الطيبة، وجعلنا وإياكم من السائرين على خطى محمد وآل محمد.

والسلام عليكم ورحمة الله وبركاته.

(٥)

* **كلمة الدكتور نضير رشيد الخزرجي**، رئيس وفد دائرة المعارف الحسينية، وتحدث فيها عن جوانب من سيرة المؤلف المحقق الدكتور

٣٢٨

محمد صادق الكرباسي الشخصية والكتابية، والمؤلفات الأخرى غير الموسوعة الحسينية.

(٦)

«لو جار الزمان»

*** قطعة وقصيدة الشاعر ميثم عبد الأمير الفتلاوي، وهما من الشعر الشعبي الدارج.**

لَوْ جار بيك الوكت وتشوف ضاگ الفضه^(١)

ودولابه لو دولَبك والحيلْ مِنَّك گضــه^(٢)

ولو شفت حِملك ثِگل هالحمل مَن ينهضه^(٣)

ويسـد عليـك الزمـن بيبانه وتلاحـضه^(٤)

يا صاح مني إخِذْ هالجمله للموعضه^(٥)

كُل هَـم إلك ينجلي بـس انـدبِ المرتضه^(٦)

«خدمة الحسين»

كَتَبْنَه احْنَه الشِّعِر مُو لأجل جاه ومال   ولا شيَّدْنَه بيت ونحتمي إبظلّه^(٧)

---

(١) جار: مالَ وظلم. بيك: بكَ. الوكت: الوقت. وتشوف: وترى. ضاگ: ضاق. الفضه: الفضاء.

(٢) دولاب: آلة تدور لتدفع غيرها وهنا اشارة الى الدهر وحوادث الزمن. دولبك: قلب لك ظهر المجن. الحيل: القوة والطاقة البدنية والروحية والنفسية. گضه: مضى وانقضى.

(٣) ثگل: ثقل حمله. هالحمل: هذا الحمل. ينهضه: يرفعه وينهض به.

(٤) بيبانه: أبوابه. وتلاحضه: تحريف تلاحظه.

(٥) يا صاح: يا صاحبي. إخِذ: خُذ. هالجمله: هذه الجملة. الموعضه: تصحيف الموعظة.

(٦) هم: من الهم والغم. إلك: لك. بس: فقط. المرتضه: يريد به المرتضى علي بن أبي طالب ﷺ.

(٧) كتبنه: كتبنا. احنه: نحن. مو: ليس. شيدنه: شيّدنا. إبظله: تحت ظله.

٣٢٩

ولا بِعْنَه الضمير بساعة الشدّات   ولا بانت علينَه أبد كل خلّه (١)

مَشَيناه الطريق بكل صلابه وزودْ   رفضنه كل رذيله واسم كل ذلّه (٢)

ولا كبّرنه روس ولا حِنيَنَه الهـام   ضحّينه وصبرنه وهالمجد يعْلَه (٣)

صَفّينَه النوايا بحب أبو السجاد   وكل صعبه إبطريقه أصبحت سهلَه (٤)

واضح هالطريق ولا سؤال إيريد   اليحب حسين درب حسين يِنْدَلَّه (٥)

هَنياهُ الْمِشَه بـدربه يبو الأحرار   إبْثوبِ الـخِدامه أبعزه يتعلَّه (٦)

إلْبِيه اگلوب تُصْفَه وتترك الأحقاد   وكل جرح الدهانه أبحبك انْشِلَّه (٧)

باافكارك مضينه بكل وعي وإيمان   تتفجر أفكارك بـينه تتجلَّه (٨)

وباچر شخصك إيجازينه بالجنه   وأملاك الجنان الخادم اجِلَّه (٩)

---

(١) بعنه: بعنا من باع يبيع. بانت: بان وظهر. خلّه: خلل وضعف.

(٢) زود: العزيمة والشكيمة. رفضنه: رفضنا.

(٣) كبّرنه: أعظم وأعلى قدر الآخر وشأنه. روس: رؤوس إشارة الى رجال السلطة. حنينه: أحنى الرأس للآخر تعظيماً وتجليلاً أو خوفاً وطمعاً. الهام: الرأس. ضحّينه: ضحينا. صبرنه: صبرنا. هالمجد: هذا المجد. يعله: يعلو.

(٤) صفينه: صفى النية وأخلصها. إبطريقه: في طريقه.

(٥) هالطريق: هذا الطريق. إيريد: يُريد. اليحب: الذي يحب. يندله: من دلّ على الطريق يعرف الدرب.

(٦) هنياه: هنيئاً له. المشه: الذي مشى. يبو الأحرار: يا أبو الأحرار. إبثوب: بثوب. يتعله: يعلو مقامه ويكبر ويكون عزيزاً. الخدامة: الخدمة.

(٧) البيه: بها أي ببركة الإمام الحسين ﷺ. تصفه: إگلوب: قلوب. تصفه: تصفو. الدهانه: الذي دهانا من الداهية والمصيبة إذا نزلت بساحتنا وحلّت. إنشله: من الشلل أي نشلّه ونقف أمامه ونمتص أثره.

(٨) با افكارك: بهدى أفكارك. مضينه: مضينا وسرنا. بينه: بنا. تتجله: تتجلى وتظهر.

(٩) وباچر: وبكرا وغداً ويريد به يوم القيامة. شخصك: إشارة إلى الإمام الحسين ﷺ. أيجازينه أي يتشفع لنا عند الله لدخول الجنة بسبب موالاتنا له. أملاك الجنان خادمة له فهو سيد شباب أهل الجنة. أجله: تجلّه وتعظمه، وكل تجلّه وتعظمه.

(٧)

«منفيُّون في موسم الحُزن»

❋ قصيدة الدكتور عبد العزيز مختار شبين، قرأها بالنيابة الدكتور **حسين أبو سعود**، وهي في ٣٧ بيتا من بحر الكامل بعنوان: «منفيُّون في موسم الحُزن».

قُدَّاسُ طُهْرِكَ وَالْهَوَى سِيَّانِ   بِهِمَا حَبَرْتُ نَشِيدَةَ الْأَحْزَانِ

أَيُّ الْحُرُوفِ إِلَى الْحُسَيْنِ تَهُزُّنِي   شَغَفًا فَتَدْفُقُ بِالشَّذَا الشَّفَتَانِ

تَنْسَابُ أَلْحَانُ الْخُلُودِ مِنَ الذُّرَى   وَمِنَ انْتِشَا تَتَرَاقَصُ الْأُذَنَانِ

تَسْتَافُ أَلْفُ خَمِيلَةٍ أَنْفَاسَهُ   وَعَلَى رِدَا الزُّلْفَى تَشُدُّ يَدَانِ

تَتَزَاحَمُ الْأَشْوَاقُ في عَتَبَاتِهِ   ظَمْأَى الْقُلُوبِ كَسِيرَةَ الْأَفْنَانِ(١)

تَهْفُو عَلَى عَجَلٍ إِلَى عَرَصَاتِهِ   يَجْرِي بِهَا وَجْدٌ عَلَى النِّيرَانِ

هَذي كُؤُوسُكَ فَازُو عُشَّاقَ الْوَلَا   وَغُلُولَ مَسْجُونٍ بِلَا سَجَّانِ

تَصْفُو النَّسَائِمُ في هَوَاكَ خَضِيلَةً(٢)   وَيَرِقُّ مَبْسَمُهَا عَلَى الْأَغْصَانِ

يَا قِصَّةً حَزَنَى رَوَيْتُ فُصُولَهَا   لِهَزَارِهَا(٣) فَاغْتَمَّ بِالْأَشْجَانِ

خُدَّامُ سِفْرِكَ قَدْ مَشَى بِهِمُ الْمَدَى   مَثْنَى ثَلَاثَ بِأَحْرُفٍ وَمَعَانِي

الْكُلُّ أَسْرَابًا إِلَيْكَ تَطَايَرُوا   طَيَرَانَ مَفْتُونٍ إِلَى فَتَّانِ

خَفَقُوا بِحُبِّكَ هُتَّفَا بَيْنَ الْوَرَى   خَفَقَانَ ظَمْآنٍ إِلَى الْغُدْرَانِ

يَا أَعْيُنًا تَرْوِي عِطَاشَ مَوَاجِعِي   لَمْ تَتْرُكَ الْكَاسَاتُ رَيَّ أَمَانِي

يَحْدُو بِيَ الشَّوْقُ الْعَجُولُ إِلَيْكَ حَدْ   وَمَجَامِرٍ بِمَوَاكِبِ الْوِجْدَانِ

نَخْلًا عَلَى مَحْلِ الْعَرَا يَقِفُ الْحُسَيْـ   ـنُ مِنَ الْإِبَا يَحْمِي بَنِي عَدْنَانِ

---

(١) أفنان: غصن الشجرة.

(٢) خضيلة: الروضة الندية والمزهرة.

(٣) هزار: طائر العندليب الحسن الصوت.

ذُو الكِفْلِ (١) فِيكَ تَصَوَّرَتْ أَلطافُهُ   عَيْنَايَ وِرْدُ اللُّطْفِ تَأْتَمِلَانِ

بَرَقَتْ عُيُونُكَ يَا حُسَيْنُ مَشَاعِلاً   مِنْهَا أَضَاءَ الكَوْنُ بِالمَلَوَانِ (٢)

المُلْهَمُونَ الخُلَّصُ اسْتَبَقُوا إِلَيْـ   ـكَ يُذِيبُهُمْ أَسَفٌ عَلَى اللَّمَعَانِ

فِي الدَّرْبِ مَنْفِيِّينَ نَهْجَكَ قَدْ نَحَوْا   يَفْدُونَ رُوحَكَ فَوْقَ كُلِّ سِنَانِ

قَدْ رَفَّ مَوْسِمُ صُبْحِ مَجْدِكَ مُشْرِقًا   يَا مَنْ طَلَعْتَ كَمَا أَرَاكَ تَرَانِي

القَامَةُ الفَيْحَاءُ فِي أَبْرَاجِ سِـ   ـرِّ بَهَائِهَا تَتَسَمَّرُ العَيْنَانِ

مِنْ أَلْفِ نَبْعٍ كَوْثَرِيِّ الزَّيْتِ فَا   ـضَ عَلَى دُجَى الآفَاقِ تَأْتَلِقَانِ

هَذَا حُسَيْنُ الكِفْلُ عِنْدَ رُسُومِ مِسْـ   ـلِكَ اللَّوْحِ تَحْتَ الكَرْمِ يَلْتَقِيَانِ

كَالأَنْبِيَاءِ حُسَيْنُ زَرْعُكَ خُضِّبَتْ   فِيهِ السَّنَابِلُ مِنْ دَمِ هَتَّانِ

حزقيل (٣) جَنَّاتُ الكِرَامِ تَفَتَّحَتْ   أَبْوَابُهَا لِحُسَيْنَ بِالتِّيجَانِ

الفَيْضُ مِنْ كَفَّيْهِ يُغْرِقُ أَمْهُجَا   بَعْدَ الجَفَا وَالهِيمُ بِالفَيَضَانِ

يَا خَادِمًا لِبَقِيَّةِ اللَّوْحِ العُلَى   رَاعِي الوَفَا لَمْ يُبْلِهِ الحَدَثَانِ (٤)

يَا كَاتِبِينَ بِدَمْعِهِمْ صُحُفَ الفِدَى   وَدِمَائِهِمْ تُلِيَتْ عَلَى الأَزْمَانِ

فَاشْدُدْ وَثَاقَكَ بِالحُسَيْنِ قَدَاسَةً   تَظْفَرْ بِأَمْنَعِ مَلْجَأٍ وَسِدَانِ (٥)

كَرْبَاسُ دَوِّنْ مِنْ هَوَاكَ حُرُوفَهُ   وَاصْدَعْ فَهُنَّ مَصَارِعُ الطُّغْيَانِ

طَارَحْتُ خُدَّامَ الحُسَيْنِ نَشَائِدِي   فَإِذَا بِهَا تُحْيِي مَوَاتَ أَذَانِ

أَمَلُ الضَّمِيرِ مِنَ الصَّفَاءِ بُلُوغُهُ   وَالصَّفْوُ فِي حَرَمِ الحُسَيْنِ أَمَانِي

عُمْرُ الهَوَى مِنْ رَاحَتَيْهِ يَمُدُّنِي   مَدَّ الخُلُودِ بِلَحْظَتِي وَزَمَانِي

---

(١) ذو الكفل: إشارة الى النبي (ذو الكفل) وقبره في قضاء الكفل التابع لمحافظة بابل على الطريق الى الكوفة.

(٢) المَلَوان: طرفا النهار، أو الليل والنهار.

(٣) حزقيل: هو اسم النبي (ذو الكفل).

(٤) الحدثان: الليل والنهار.

(٥) سِدان: سِتر.

أَشْجَاكَ بِالطَّعْنِ القَدِيمِ شَجَانِي   الجرْحُ سِفْرُ الحُزْنِ يَرْسُمُهُ كَمَا

فَتَنَعَّمُوا بِمَلائِكٍ وَحِسَانِ   خُدَّامَ جَنَّتِهِ دَخَلْتُمْ سُوحَهَا

خَجِلٍ بِهِ مِنْ حَوْلِهِ مَلَكَانِ[2]   وَأَبُو عَلَاءَ[1] مِنَ السُّمُوِّ يَطُوفُ فِي

لَمْ يَحْيِيهَا إِلَّا ذَوُو الإِيمَانِ   فِي خِدْمَةِ السِّبْطِ الشَّهِيدِ كَرَامَةٌ

(٨)

٭ حوارات ومداخلات وأسئلة وأجوبة.

(٩)

٭ كلمة قصيرة **للأستاذ هاشم مزهر الطرفي**، عضو مكتب الموسوعة الحسينية في كربلاء المقدسة، شكر فيها القائمين على المهرجان وتكريمهم لدائرة المعارف الحسينية.

(١٠)

٭ إهداء درع الإبداع إلى رئيس وفد دائرة المعارف الحسينية.

ملحق (١)

برقيات وكتابات وبطاقات ندوة طويريج

(١)

الموسوعة الأهم حتى الآن

* مباركة الشيخ عبد العزيز راهي عبد الواحد الحاج سكر، أمير إمارة آل فتلة :

بسم الله الرحمن الرحيم

الحمد لله رب العالمين، والصلاة والسلام على أشرف الأنبياء والمرسلين محمد ﷺ وعلى آله أجمعين.

وبعد فقد كنت اليوم برفقة أعمامنا آل فتلة في مضيف رئيس عشائر ألبو حسون العام الشيخ مالك كامل آل حبيب، ورأيت إقامته ندوة لإحياء شعائر الإمام الحسين ﷺ من خلال تعريف الناس بأهم موسوعة صدرت اليوم تتناول الإمام الحسين كقائد وكثورة وكتشريع وكإصلاح، والحسين قائم في كافة الميادين والأصعدة، وثورته المباركة إلى اليوم وظاهرة في من كتب ومن نظم شعراً في مولانا الحسين ﷺ.

إن مثل هذا الجهد يحتاج الى عمل شاق وطويل، ويحتاج الى كادر في المعاونة معه ونبيل، ولقد رأيت كادره المتمثل بالدكتور نضير الخزرجي

والدكتور حسين أبو سعود وولدنا البار في كربلاء هاشم مزهر الطرفي الذي
لم ينس عشائر الهندية ورعايتها بخدمة زوار الإمام الحسين ﷺ حتى
استضاف بالكوكبة من أصحابه وضيفنا، فحياهم الله وبيّاهم ووفقهم لكل
خير وجعلهم في زمرة محمد وآل محمد ﷺ، وكذلك لا أنسى دور جناب
السيد محمد السيد وسام المحنّا الذي شحذ منا الهمم لحضور هكذا ندوات
مهمة على الرغم من تقدم السن ونزول المرض المزمن بنا، فوفقه الله لكل
خير ولخدمة قضية جده الإمام الحسين ﷺ، نسأل الله لهم التوفيق وأن
يأخذ بأيديهم إلى حسن الطريق.

الأمير عبد العزيز راهي عبد الواحد الحاج سكر

أمير إمارة آل فتلة

٢٠١٢/٧/١م

(٢)

شكرا لدائرة المعارف الحسينية

❊ كلمة المهندس جميل الفتلاوي[1]، عضو اللجنة التحضيرية

للمهرجان الجماهيري:

بسم الله الرحمن الرحيم

من الواجب أن نلبي النداء، نداء عنوانه سيد الشهداء، إذن من الحظ
الوافر أن تكون المنادى أنت.

---

(١) جميل الفتلاوي: هو إبن حنتاو بن عبد الحسين الفتلاوي، ولد في قضاء الهندية بمحافظة
كربلاء المقدسة في ١٩٥٧/١٢/١م، نشأ ودرس في مسقط رأسه ونال شهادة البكالوريوس
(هندسة كهربائية والكترونية) من كلية الهندسة العسكرية ببغداد عام ١٩٨٢م، عمل بشهادته
وتدرج في وظيفته ليصبح عميد مهندس في الدفاع الجوي ببغداد، ترك سلك الهندسة
وتوجه لدراسة القانون ونال من جامعة بابل «بكالوريوس قانون» عام ٢٠٠٤م وبها مارس
وظيفة المحاماة في كربلاء المقدسة التي سكنها عام ١٩٩٦م وحتى الآن.

إذن شكراً للمنادي، فشكراً لك دائرة المعارف الحسينية، شكراً لكل من سهَّل الطريق ويسَّر الدرب، إنه الدرب الحسيني، درب يتناقض مع التقاعس ويتوافق مع تضافر الجهود والعطاء والبذل من أجل تحقيق سلطان العدل والحق، سلطان الله وبناء مجتمع سليم ذاك الذي نادى به أبو عبد الله الحسين ﷺ.

كلا للفراقع اللفظية واللغو الذي لا يصح به دين ولا حياة ونعم لكل قطرة عرق جبين، ونعم لكل قرطاس وكل قطرة حبر وكل حرف انطلق في سبيل صلاح الأمة، نعم لكل خطوة وكل أثر في درب الحسين ﷺ، نعم لكل من سعى أن يكون لنا موقع في خارطة المستقبل المشرق، مستقبل حسيني مستقبل النهضة الحسينية.

المهندس جميل حنتاو الفتلاوي

٢٠١٢/٧/١م

(٨)

«الموسوعة الحسينية عطاء خالد في زمن التحديات»

الموسوعة الحسينية

في

كربلاء المقدسة

مديرية نهر السلام

١/٧/٢٠١٢م

(ديوان بني طُرف)

الإنتاج المعرفي الغزير .. همّة أُمّة في رجل

فقرات ندوة مديرية نهر السلام
(كربلاء المقدسة)
ديوان بني طُرف

* كلمة إدارة الندوة: السيد محمد وسام آل المحنّا

* كلمة الدكتور نضير رشيد الخزرجي

* قصيدة الشاعر حسين عبد الهادي الطرفي

* كلمة الشيخ عزيز چفات الطرفي

* قصيدة الدكتور عبد العزيز مختار شبّين (د. حسين أبو سعود)

* أسئلة وأجوبة

* إهداء درع الإبداع

الإنتاج المعرفي الغزير .. همّة أُمّة في رجل

(٨)

مديرية نهر السلام[1]

ندوة حوارية في كربلاء تتابع:
غزارة النتاج المعرفي للموسوعة الحسينية[2]

ناقشت ندوة ثقافية حوارية عقدت في كربلاء المقدسة تحت شعار «الموسوعة الحسينية عطاء خالد في زمن التحديات»، العوامل التي تقف وراء غزارة النتاج المعرفي لموسوعة دائرة المعارف الحسينية لمؤلفها المحقق الدكتور محمد صادق الكرباسي.

وأكد الدكتور نضير الخزرجي الباحث المشارك في دائرة المعارف الحسينية في الندوة الثقافية التي عقدت مساء الأول من تموز يوليو ٢٠١٢م

---

(١) نهر السلام: من قرى مدينة كربلاء تابعة لناحية الجدول الغربي، في الشرق من المركز على بعد ١٠ كيلومترات باتجاه قضاء طويريج.

(٢) وزّع المركز الحسيني للدراسات خبر الندوة رقم (٨) والندوة التي تليها رقم (٩) على وسائل إعلام مختلفة، ونشر في الكثير منها، على سبيل المثال: موقع مؤسسة النور الثقافية (www.alnoor.se) بتاريخ ٢٠١٢/٧/١٨م، موقع مركز آفاق للدراسات والبحوث (www.aafaqcenter.com) نُشر بتاريخ ٢٠١٢/٧/١٩م، وموقع وكالة شفقنا (www.ar.shafaqna.com).

في ديوان(١) الشيخ عزيز الطرفي في مدينة كربلاء المقدسة، ان الموسوعة الحسينية بأعدادها السبعمائة إنما هي دلالة على غزارة التراث الذي تركته النهضة الحسينية بحيث صار لها في كل علم حضور واضح إن كان في باب الأدب أو العمارة أو السيرة أو التاريخ أو التشريع أو علوم القرآن أو علوم السنة أو الاجتماع أو السياسة وغيرها من الأبواب الستين التي تنطوي عليها الموسوعة.

ووجد الخزرجي انَّ همّة وإبداع مؤلف الموسوعة الحسينية وراعيها الفقيه الشيخ محمد صادق الكرباسي هي المحرك الأساس لهذا الإنتاج المعرفي الذي يعتبر الأول في تاريخ الموسوعات الإسلامية والإنسانية، كما إنَّ استمرار الإنتاج المعرفي والمادي في أبواب متفرقة كباب التأليف والنظم والخطابة والإعمار وإقامة المشاريع التي لها صلة بالنهضة الحسينية وغيرها من الأبواب، كلها عوامل تساعد على استمرار تصاعد أعداد الموسوعة التي بدأت بذرتها الأول عام ١٩٨٧م بنحو ٣٥٠ مجلداً لتصل اليوم إلى ٧٠٠ مجلد وهي قابلة للزيادة.

من جانبه قال صاحب الديوان الأستاذ الشيخ عزيز جفات الطرفي إن نهضة الإمام الحسين عليه السلام تمثل صرخة حق ضد الباطل، وهي تشكل عاملاً مساعداً في ثبات قواعد الدين الإسلامي، وانها امتداد طبيعي للحرية حيث

بقيت نبراساً في طريق شعوب العالم للتحرر وحافزاً مهماً للنضال من أجل تحقيق العدالة الإنسانية التي دعا إليها الإسلام، وقد فتحت النهضة الحسينية الأبواب على مصاريعها للكثير من الثورات والنهضات عبر التاريخ ولازالت. وأثنى على الجهود التي يبذلها المؤلف للنهوض بهذه الموسوعة الكبرى داعيا إلى تحشيد الجهود وبذل الغالي والنفيس من أجل إكمال المسيرة التوثيقية لعمل الموسوعة الحسينية حتى يطلع العالم على حجم التضحية الحسينية وما تركته من تراث غني للبشرية.

وكانت الندوة التي أدارها التدريسي في جامعة كربلاء السيد محمد آل المحنَّا قد شهدت نقاشات حول عمل الموسوعة الحسينية أجاب عليها رئيس وفد دائرة المعارف الحسينية إلى العراق الدكتور الخزرجي، كما ألقيت في الندوة قصيدتان واحدة للشاعر العراقي الأديب حسين عبد الهادي الطرفي [1] وأخرى للشاعر الجزائري الدكتور عبد العزيز شبين ألقاها بالنيابة الدكتور حسين أبو سعود.

وفي نهاية الندوة أهدى المضيف الشيخ الطرفي درع الإبداع الى رئيس الوفد الزائر الدكتور الخزرجي.

---

[1] حسين عبد الهادي الطرفي: هو حفيد باره عليوي الطرفي، ولد في كربلاء المقدسة عام ١٩٥٩م، أديب وشاعر، اشتهر بنظم القصائد المنبرية، نشأ ودرس في مسقط رأسه حتى نهاية المرحلة المتوسطة، وبرزت عنده القريحة الشعرية منذ عام ١٩٧٢م، له ستة دواوين شعرية منبرية في مدح ورثاء أهل البيت عليهم السلام (مخطوطة)، قرأ له العديد من الرواديد والمداحين منهم: المرحوم حسين التريري وعلي يوسف الكربلائي والملا نصير الكربلائي، عضو هيئة الشعراء والرواديد الحسينيين، عضو الاتحاد العام للشعراء الشعبيين في العراق، شغل لدورتين منصب نائب رئيس الاتحاد العام للشعراء الشعبيين فرع كربلاء، وهو من مؤسسي جمعية المنظور ورابطة الشعراء الأحرار وهيئة الشعراء والرواديد في كربلاء.

فقرات ندوة مديرية نهر السلام
(كربلاء المقدسة)

ديوان بني طرف

رعى الشيخ عزيز الشيخ جفات الطرفي رئيس عشائر بني طرف الندوة الفكرية الثقافية الخاصة بدائرة المعارف الحسينية، مساء الأحد ١ / ٧ / ٢٠١٢م، وذلك في مضايف بني طرف في منطقة نهر السلام شرق مدينة كربلاء المقدسة، وأدارها السيد محمد المحنّا، وكانت تحت شعار: «الموسوعة الحسينية عطاء خالد في زمن التحديات».

(١)

✳ آيات من الذكر الحكيم تلاها المقرئ جاسم الطرفي [1] .

(٢)

المسيرة التوثيقية في دائرة المعارف الحسينية

✳ كلمة راعي الندوة الشيخ عزيز الشيخ جفّات الطرفي، رئيس عشائر بني طرف، ونصها:

---

(١) جاسم الطرفي: هو ابن حسين بن عبيد الطرفي، قارئ ومعلم قرآن، ولد في منطقة نهر السلام بكربلاء المقدسة في ١ / ١١ / ١٩٧٧م.

بسم الله الرحمن الرحيم

الحمد لله العالم بدقيق الأمر وجليله، المنعم بكثير الخير وقليله، والصلاة والسلام على الرسول الكريم محمد وآله الطيبين الطاهرين وصحابته المنتجبين.

السلام عليكم ..

الإخوة الأعزاء الحضور الكريم، أرحب بكم أجمل ترحيب وقولي لكم : حللتم أهلاً ونزلتم سهلاً ضيوفاً أعزاء، شاكراً تلبيتكم هذه الدعوة التي نستضيف من خلالها المركز الحسيني للدراسات في لندن لكي نطلع على آخر إنجازات دائرة المعارف الحسينية التي صدر منها (٧٧) مجلداً لحد الآن من أصل (٧٠٠) مجلد.

إخواني الأعزاء: إن ثورة الحسين ﷺ تمثل صرخة حق ضد الباطل، وأسست لنظام حر ضد عدوان الاستبداد وتسلط الدكتاتورية، وهي عامل أساس وركن مهم في ثبات الدين الإسلامي وامتداد طبيعي لقيم الحرية ومفاهيمها (بحر الوافر):

سبقت العالمين إلى المعالي   بحسن خليقة وعلو همّه

ولاح بحكمتي نور الهدى في   ليالٍ في الضلالة مدلهمّه

يريد الجاحدون ليطفئوه   ويأبى الله إلا أن يتمّه[1]

فقد بقيت هذه الثورة نبراساً في طريق شعوب العالم للتحرر وحافزاً مهماً للنضال من أجل تحقيق العدالة الإنسانية التي دعا لها الإسلام:

فيما الكلامُ لسابق في غاية   والناسُ بين مُقصِّرٍ ومُبَلِّدِ

---

(١) من الشعر المنسوب للإمام الحسين ﷺ، انظر: مناقب آل أبي طالب: ٤ / ٧٢، محمد بن علي بن شهرآشوب المازندراني، دار الأضواء، بيروت - لبنان، ط١، ١٤٠٥هـ/ ١٩٨٥م.

إنَّ الـذي يـجـري لِـيُـدْرِكَ شَأوُهُ   في غـايـةٍ تُـنـمـى لَـغَـيْرُ مُـسَـدَّدِ

بـلْ كيـف يُـدرِكُ نـورَ بـدرٍ سـاطـعٍ   خـيرِ الأنـام وفرعِ آلِ مـحـمـدِ (١)

فقد جاء في كتاب بحار الأنوار أن الله تعالى هنأ النبي محمداً ﷺ بحمل الحسين ﷺ وولادته وعزاه بمقتله.

يا حُـسـيـن بن فاطـم بن عـلي   أنـت سـبـط الـرسـول ذو الأنـسـاب

يـا إمـامـي ومـرشـدي وولـيـي   ومغيثي على الأمور الصعاب (٢)

كانت ثورة الإمام الحسين ﷺ ولازالت فاتحة للكثير من الثورات ضد الظلم أمثال ثورة الحسين بن علي الخير (٣) صاحب فخ وثورة زيد الشهيد (٤) وثورات السادة من أعقاب الإمام الحسن السبط ﷺ (٥) ضد التسلط الأموي والعباسي:

(١) الأبيات من البسيط في مدح الإمام الحسين ﷺ وهي لذكوان مولاه ﷺ المتوفى عام ١٠٦هـ قالها في مجلس معاوية بن أبي سفيان بدمشق. أنظر: ديوان القرن الثاني: ٧٥، محمد صادق الكرباسي، المركز الحسيني للدراسات، لندن- المملكة المتحدة، ط١، ١٤١٦هـ/١٩٩٦م. مناقب آل أبي طالب: ٤/ ٨٢.

(٢) البيتان من بحر الخفيف وهما للشريف ابن الرضا عيسى بن جعفر الرضوي وكان حيّاً سنة ٣٢٥هـ، انظر: مناقب آل أبي طالب: ٤/ ٨٣. ديوان القرن الرابع: ١/ ٨٥، محمد صادق الكرباسي، المركز الحسيني للدراسات، لندن، المملكة المتحدة، ط١، ١٤١٨هـ/١٩٩٧م.

(٣) الحسين بن علي الخير: هو حفيد الحسن المثلث ابن الحسن المثنى ابن الإمام الحسن المجتبى ابن علي بن أبي طالب، المقتول بفخ قرب مكة يوم ١٦٩/١٢/٨م، ثار في المدينة على عهد الهادي العباسي الذي شدد على أهل البيت ﷺ، فقتل وحز رأسه وحمل الى الحاكم العباسي مع المئات من رؤوس أهل البيت والأنصار.

(٤) زيد الشهيد: هو ابن علي بن أبي طالب الهاشمي (٦٦- ١٢١هـ) ولد في المدينة المنورة وقتل في الكوفة بعد ثورته على الحكم الأموي، من آثاره: مسند الإمام زيد، تفسير غريب القرآن، ومجموع رسائل الإمام زيد.

(٥) الحسن: هو ابن علي بن أبي طالب الهاشمي (٣- ٥٠هـ) الثاني من أئمة المسلمين الإثني عشر وخامس خلفاء الدولة الإسلامية، ولد في المدينة وفيها مات بالسم ودفن في البقيع، سكن الكوفة عام ٣٦هـ، تولى الإمامة والقيادة السياسية بعد استشهاد والده الإمام علي ﷺ في ٤٠/٩/١٢م، واضطر للصلح مع معاوية الأموي عام ٤١هـ.

أوالــيكــم يــا أهــل بـيــت مـحـمــد   فكـلكــم لـلـعـلـم والـدين فـرقـدُ

وأتـرك مـن نـاواكـم وهـو هـتـكـة   ينادى عليه مولد ليس يُحمدُ[1]

الحضور الكريم: شكري وتقديري لجنابكم على الحضور وباسمكم أرحب بالدكتور نضير الخزرجي رئيس وفد المركز الحسيني للدراسات في لندن، والإخوة العاملين معه في دائرة المعارف الحسينية. ومن هذا المكان وأمام الجمع المبارك أدعو لسماحة آية الله الشيخ الكرباسي بالتوفيق لإكمال مسيرته التوثيقية من خلال إنجاز الموسوعة الحسينية بشكل كامل كي يطلع العالم على حجم التضحية الحسينية.

والسلام عليكم ورحمة الله وبركاته.

(٣)

«جرح الحسين»

*** قصيدة الشاعر حسين عبد الهادي الطرفي**، وهي من الشعر الشعبي بعنوان «جرح الحسين».

ياحْسينْ جروحك بيوم الـطـفوف   عـالأرض آيـات نِـزْفَـنْ مـوِدِمَه[2]

والـثِقِـلْهِنْ ماجَنِ السَّـبْعَـه الشَّـداد   ودم نزل يَحْسِيَنْ مِن عين السَّمَه[3]

ونـزل جبرائـيـل والـكـوثـر مـعـاه   ورَوَّه چَبْدَكْ عُكُّبْ ما مسَّه الظِّمَه[4]

وحضـر جدك وبـدمـع عينه رثاك   وعـودك الـكـرار وأمـك فـاطـمَـه

---

(١) البيتان من بحر الطويل للوزير الصاحب إسماعيل بن عباد بن عباس الطالقاني (٣٢٦- ٣٨٥هـ) المولود في قزوين والمتوفى في إصفهان، انظر: مناقب آل أبي طالب: ٤/ ٨٣.

(٢) مودمة: دامية.

(٣) ماجن: من ماج: هاج واضطرب. السبع الشداد: السماوات السبع. السمه: السماء.

(٤) الكوثر: عين ماء في الجنة. روه: من روى العطش. چبدك: كبدك. عكُّب: عقب وبعد. الظمه: الظماء: العطش.

٣٤٨

عين تـنـظر بـيها وِتـعـايـن عليـك .... وعين تـنظر للخيـام الـمُـضْرِمَه(١)

الـگوم هاي الـظـلمتك يَبْنِ البـتول .... شـتـعـتذر مـولاي يوم الخاتمه(٢)

تضحياتك دَيْن ومطوَّقه الرقاب .... شِـيوفي دَيْنَك يَبْنْ حمّاي الحِـمَه(٣)

توفي دينك من طـرف رادت رجال .... والـوفاء بطرف حطّه الله سَمَه(٤)

هالـقبيله أنـجبـت للـعـلمـاء .... وبالعلم مِنْ عِدْها جَمْ عالم سِمَه(٥)

محمد الـطرفي(٦) يـعد عالم جليل .... نور بـعـلمه العـقول المظلمه

وأعْلَـه دربـك قـدمت لـلـشـهـداء .... وتوفي رادَتْ تضحياتك بالدِّمَه(٧)

ولأن هذا الصرح بإسمك يا حسـين .... قَـرَّرَتْ هاي الـقـبيلة إتْـكَـرُّمَه(٨)

---

(١) المضرمة: المشتعلة بالنار.

(٢) الـگوم: القوم. هاي: هذه ويريد هؤلاء. شتعتذر: على ماذا تعتذر.

(٣) شيوفي: كيف للتضحيات أن توفي الدَّيْن الذي بالرقاب. حماي الحمه: الحامي والمدافع.

(٤) سمه: من الإسم.

(٥) جم: كم. سمه: سما وعلا.

(٦) محمد الطرفي: هو ابن إبراهيم بن شلواخ بن شلال بن عبد الله الطرفي، من علماء كربلاء المقدسة وأعلامها وأدبائها، ولد في قرية أبو سفن من نواحي قضاء طويريج في كربلاء المقدسة سنة ١٩١٠م، درس في مسقط رأسه وفي حوزة كربلاء والنجف، درس على السيد محمد عبود المحنا الموسوي والشيخ محمد الخطيب وآغا مهدي القمي والسيد مهدي الشيرازي والسيد محسن الحكيم وغيرهم، عاد الى طويريج وتولى الشؤون الدينية وكيلا لعدد من مراجع التقليد كالحكيم والخوئي والسبزواري، ترك مكتبة غنية فيها نحو عشرة آلاف كتاب، تعرض لمضايقات من نظام صدام حسين بعد اعدام نجله عباس الطرفي عام ١٩٨١م، واعتقل عام ١٩٩١م في بغداد أثناء حوادث انتفاضة شعبان في المدن العراقية، انتقل الى جوار ربه في قضاء طويريج في ١٤٢٣/٤/٢١هـ (٢٠٠٢/٧/١م) وفيها دفن، من آثاره: غصن البان في معرفة تجويد القرآن، أنساب العين في حديث الثقلين، والتحف الطرفية في شرح الأجرومية.

(٧) وأعله: على. بالدمه: بالدماء.

(٨) الصرح: إشارة الى دائرة المعارف الحسينية. هاي: هذه.

(٤)

* **كلمة الدكتور نضير رشيد الخزرجي**، يتابع في محاضرته حجم تراث النهضة الحسينية من خلال غزارة الإنتاج العلمي لدائرة المعارف الحسينية.

(٥)

«بنو طُرف»

* **قصيدة الشاعر الجزائري الدكتور عبد العزيز مختار شَبين**، قرأها **بالنيابة الدكتور حسين أبو سعود**، وهي بعنوان «بنو طُرف» في (٣٦) بيتا من بحر الطويل الأول، ومتنها:

وَذُو الشَّأوِ مَعْسُولُ اللَّطَائِفِ وَالإِلْفِ	صَفِيُّ الوَفَا يَسْمُو عَلَى أَرْذَلِ الخَسْفِ
ضُحًى حَيْثُ شَاءَت خَطوَتَاهُ بِلا رَسْفِ	يَسِيرُ إِلَى السَّبْعِ الفِسَاحِ مُحَجَّلاً
عَلَى الرَّمْلِ مَصْفُودًا لَتَاقَ إِلَى الحَتْفِ	ذَكِيُّ الجَنَانِ الحُرُّ لَوْ سَامَهُ الدُّجَى
فَمِنْ رَشْفِ مَا يَذْكُو سَرَابًا إِلَى رَشْفِ	تَرَوْنَ بَنِي الدُّنْيَا يَهِيمُونَ شُرَّدًا
فَكَمْ قَدَّ ذَا قَلْباً وَرَقَّ عَلَى الجِلْفِ	خَبِرْتُ زَمَانِي لَا يَكُفُّ عَنِ الأَذَى
فَإِنْ تَسْهُ يُظْلِمْ مَائِرَ اللُّجِّ كَالعَصْفِ	هُوَ الدَّهْرُ لَا تَأْمَنْ سُكُونَ غُمُورِهِ
فَمِنْ خَلَفٍ يَبْنُونَ صَرْحًا إِلَى خَلْفِ	رَأَيْتُ بَنِيهِ في الرُّؤَى قَدْ تَفَرَّقُوا
تَلَالَت عَلَى غَبْرَا الوَرَى مِنْ بَنِي طُرْفِ	أَزَاهِرُ أَرْضِ الرَّافِدَيْنِ كَوَاكِبُ
عِظَامٌ أَقَامُوا المَجْدَ بِالحَرْفِ وَالسَّيْفِ	فَمِنْ كُلِّ دَوْحٍ في السَّمَاوَاتِ فِتْيَةٌ
سَمَتْ فَوْقَ هَذَا الأُفْقِ بِالهَامِ وَالأَنْفِ	تَرَى فِيهِمْ خُضْرَ[1] العَمَائِمِ عِزَّةً
وَمَا أَضْيَقَ الشَّوْطَ الفَسِيحَ لِذِي خَوْفِ	رَحِيبٌ بِهِمْ دَرْبُ الخُلُودِ إِلَى العُلَى

---

(١) خَضْر: جمع خضراء، والشائع في العراق وغيره أن السادة من أهل البيت ﷺ يعتمون بالعمامة السوداء أو الخضراء تمييزاً عن العمامة البيضاء وهي لغيرهم من المسلمين، والخضر هنا اشارة الى الخير والنضارة فعشيرة بني طُرف من الطائية القحطانية.

٣٥٠

بِرَاحَتِهِمْ يَزْهُو الْعِرَاقُ حَدَائِقَا   فَقَدْ عَجَزَتْ وُرْقُ الْخَيَالِ عَنِ الْوَصْفِ

حُمَاةٌ وَلَائِيُّونَ لَمْ يُثْنَ لَائِذُ   بِهِمْ عَنْ عُلَاهُ أَوْ يَخِبْ سَائِلُ الْعَطْفِ

لَقَدْ بَزَغُوا حُمْرًا يُضِيئُونَ أَعْصُرًا   مِنَ اللَّيْلِ وَالْأَنْفَاسُ ظَمْأَى إِلَى الْعَرْفِ

حَمَلْتُمْ بِشَارَاتِ الْحُسَيْنِ خَضِيلَةً   بِهَا الْأَنْجُمُ الزَّهْرَا طَلَعْنَ مِنَ السُّدْفِ

فَفَتَّحْنَ لِلْأَطْيَارِ كُلَّ خَمِيلَةٍ   مُعَتَّقَةِ النَّشْوَى مُوَرَّدَةِ الْقَطْفِ

يَفُوقُ هَوَاكُمْ فِي الْحُسَيْنِ دَلَائِلًا   وَيَنْأَى بِحَبَّاتِ الْقُلُوبِ عَنِ الْعَرْفِ

حَفِظْتُمْ دُرُوسَ الْحُبِّ مِنْهُ شَرِيعَةً   وَأَلْوَاحَ أَسْرَارٍ تَفِيضُ مِنَ الْكَشْفِ

بِوَادِي طُوًى لَاحَتْ بَرَاهِينُ طَفِّهِ   فَمَا أَصْدَقَ التِّبْيَانَ يَنْجَابُ بِالطَّفِّ

أَحَادِيثُ يَرْوِيهَا الْعَمَالِقَةُ الْأُلَى   بُطُولَاتِ صَبْرٍ وَانْتِصَارًا عَلَى الرَّجْفِ

وُقُوفًا عَلَى مَدِّ الْخَرَابِ سَنَابِلًا   شِدَادًا كَمَا يَهْوِي الشُّمُوخُ عَلَى الْعَسْفِ

أَرَى الْحِلْمَ يَمْشِي فِيكُمْ حَيْثُمَا نَحَتْ   خُطَاكُمْ فَلَا خَطْوٌ يَمِيلُ إِلَى الْعُنْفِ

أُبَاةَ عِرَاقِيِّينَ يَجْمَعُهُمْ دَمٌ   جَرَى عِنْدَ ثَارَاتِ الْحُسَيْنِ مِنَ النَّزْفِ

شَذًا مِنْ فُرَاتِيِّينَ طَهَّرَهُ الْإِبَا   فَأَظْهَرَهُ التَّوْشِيحُ أَجْلَى مِنَ الشَّفِّ

بَنِي طُرَفٍ وَالْأَلْوَاحُ يُكْتَبْنَ عَنْكُمْ   زَوَاهِرَ لَمْ يُطْمَسْنَ بِالرَّيْبِ وَالزَّيْفِ

يُصَدَّقْنَ لَمْ تَكْذِبْ لَهُنَّ سَرَائِرُ   وَلَمْ تُبْدِيُوا مَا فِي الْهَوَى عَكْسَ مَا تُخْفِي

بِذِكْرِ الْحُسَيْنِ الْأَرْضُ حَسْرَى عَلِيلَةٌ   أَلَا مِنْ فَمِ الرَّيْحَانِ كُلُّ دَوًا يُشْفِي

شُمُوسُ غَدٍ يُطْلِعْنَ أَلْفَ صَحِيفَةٍ   سَنَاهَا حُسَيْنِيٌّ هَدَى فِتْيَةَ الْكَهْفِ

فَتَبًّا لِعَادٍ فِي الطُّفُوفِ تَكَاثَرُوا   وَلَمْ يُجْدِ مَا سَاقُوا مِنَ الْكَرِّ وَالزَّحْفِ

فَرَاشَاتُ صُبْحٍ يَحْتَرِقْنَ عَلَى اللَّظَى   وَيُنْفَيْنَ طَرْدًا فِي الرَّبِيعِ عَنِ الزُّلْفِ

فَأَنْتُمْ لَهُنَّ النَّهْرُ تَرْوُونَ أَمْهُجَا   بِهِنَّ عَطَاشَى قَدْ هَمَتْ بِالدَّمِ الطَّلْفِ

تَذُودُونَ عَنْ زَهْرِ الْكِرَامِ جَوَارِحًا   أَبَابِيلَ قَدْ تَسْقِي الرَّدَى كُلَّ ذِي خَطْفِ

أَشِدَّاءَ مَا لَانَ الصَّمُودُ بِكَفِّهِمْ   فَكُلُّ يَدٍ شُدَّتْ يَمِينًا مِنَ الْحِلْفِ

وَهُمْ رُحَمَاءُ بَيْنَهُمْ أَغْصُنُ النَّدَى   تَمِيسُ عَلَيْهِمْ مِنْ تِلَادٍ وَمِنْ طَرْفِ

إِلَيْكَ شَهِيدَ الطَّفِّ تَهْفُو قُلُوبُهُمْ   عَلَى رُغْمِ صَمْتِ العَالَمِينَ قَصَائِدٌ

يَظِلُّ مِنَ المَشْتَى الحَنِينُ إِلَى الصَّيْفِ

يُفَتِّقُهَا البَوْحُ الخَصِيبُ مِنَ العَزْفِ

(٦)

* مداخلات ونقاشات وأسئلة أجاب عليها رئيس وفد الموسوعة الحسينية.

(٧)

* رئيس عشائر بني طرفة يقدم لرئيس وفد الموسوعة الحسينية درع الإبداع.

ملحق (١)
زهرة المعارف

**مقطوعة شعرية في تقريظ الموسوعة الحسينية
أهداها نور الحسين الطرفي [١]**

هتفَ الشِّعرُ بموسوعةٍ وَجْدي   ثورةً تنسابُ في آفاقٍ خُلْدي

قسماً في فكرها كَمْ تتجلّى   وتدلّى عِشقُها آمالَ عهدِ

كلُّ حرفٍ منها موسوعةُ فكرٍ   ورهينٌ غيرُ مُجدٍ كُلُّ بُعدِ

إنّها آفاقُ علمٍ تتلالا   للهُدى باعاً ونوراً أيُّ مجدِ

تهتدى فيه الوَرى في كُلِّ رَحْبٍ   وتهادى نورها في كلِّ قصدِ

إنّها موسوعةُ الأفكارِ تسمُو   في سماواتِ الهُدى تُنمى بِوَجدِ

---

[١] نور الحسين الطرفي: هو إبن إيهاب عز الدين الطرفي، شاعر ومهندس، ولد في بغداد في ١٩٦٣/٣/١٦م، نشأ ودرس في مسقط رأسه ونال بكالوريوس الهندسة المعمارية عام ١٩٨٥م، له: التشيع في القاهرة، السادة الحسينيون في شمال العراق، الهندسة المعمارية في تركيا.

(٩)

«الثورة الحسينية صوت الحق الإلهي
تتجلى صورها في الموسوعة الحسينية»

الموسوعة الحسينية

في

كربلاء المقدسة

حي اليرموك

٢٠١٢/٧/٣م

(ديوان السيد محمد آل المحنّا)

الكرباسي والنهضة الحسينية .. سيرة وتوثيق

فقرات ندوة الأحياء (كربلاء المقدسة)

ديوان السيد محمد السيد وسام آل المحنّا

* محاضرة الشيخ حسين داخل الشمري

* كلمة الدكتور نضير رشيد الخزرجي

* قصيدة الدكتور عبد العزيز مختار شبّين (د. حسين أبو سعود)

* مداخلات ومطارحات وحوارات

* إهداء درع الإبداع

الكرباسي والنهضة الحسينية .. سيرة وتوثيق

(٩)

كربلاء المقدسة (حي اليرموك)[1]

ندوة حوارية في كربلاء تتابع:

غزارة النتاج المعرفي للموسوعة الحسينية[2]

عقد وفد دائرة المعارف الحسينية ندوة ثقافية في الثالث من تموز يوليو ٢٠١٢م في ديوان السيد محمد السيد وسام آل المحنا في كربلاء المقدسة، تحت شعار «الثورة الحسينية صوت الحق الإلهي تتجلى صورها في الموسوعة الحسينية»، تحدث فيها الدكتور الخزرجي عن جوانب من عمل دائرة المعارف الحسينية والجهود التي يبذلها المؤلف في توثيق وتحقيق التراث الحسيني الذي يمثل تراث الإسلام وتراث الإنسانية للمعاني الكبرى التي استشهد من أجلها الإمام الحسين ﷺ، مؤكداً على أهمية تسجيل

---

(١) حي اليرموك: من الأحياء الواسعة في كربلاء المقدسة في الغرب على بعد نحو ٥ كم، تأسس في ثمانينيات القرن العشرين.

(٢) من المفيد ذكره أن خبر ندوة ناحية السلام رقم (٨) وندوة ديوان السادة آل المحنّا رقم (٩) نشر في تقرير خبري واحد بالعنوان أعلاه.

المعلومة وإن صغرت لما لها من علاقة في بيان صورة الحدث وسد الفراغات وتقديمها واضحة للقارئ والمتلقي.

وفي ختام الندوة الحوارية أجاب رئيس الوفد الزائر من المملكة المتحدة على عدد من أسئلة الحاضرين، كما ألقى الدكتور حسين أبو سعود قصيدة بالمناسبة من نظم الشاعر الجزائري الدكتور عبد العزيز شبين، وكانت الندوة قد سبقها مجلس حسيني للخطيب الشيخ حسين الشمري (١) تناول فيه جوانب من قيم النهضة الحسينية.

وفي نهاية الندوة الحوارية أهدي لوفد دائرة المعارف الحسينية درع الإبداع تقديراً للمساعي المبذولة للتعريف بهذه الموسوعة التي تمثل قمة الموسوعات الحسينية والإنسانية.

---

(١) حسين الشمري: هو ابن داخل بن عباس الرميثي الشمري، ولد في قرية ألبو صالح بقضاء الرميثة جنوب العراق بمحافظة المثنى سنة ١٩٧٤م، سكن كربلاء المقدسة صغيراً وفيها درس وأكمل الدراسة الإعدادية ونال بعدها الشهادة الجامعية (بكالوريوس علوم شريعة) وواصل الدراسة الحوزوية في النجف الأشرف، ثم عاد الى كربلاء مواصلاً الدراسة الحوزوية، وهو إلى جانب الخطابة والدراسة يمارس تدريس العلوم الإسلامية في مادتي الكفاية والمكاسب، من مؤلفاته: شرح كتاب خلاصة المنطق للفضلي، شرح التبصرة، شرح مبادئ الأصول.

فقرات ندوة ديوان السيد محمد آل المحنا في كربلاء المقدسة

استضاف السيد محمد السيد وسام المحنّا التدريسي في جامعة كربلاء، الندوة الفكرية الحوارية التي عقدت في ديوانه في مدينة كربلاء المقدسة مساء الثلاثاء ٢٠١٢/٧/٣م، وكانت تحت شعار «الثورة الحسينية صوت الحق الإلهي تتجلى صورها في الموسوعة الحسينية»، وتضمنت فقرات الندوة التالي:

(١)

٭ تلاوة آيات من الذكر الحكيم.

(٢)

٭ مجلس حسيني للخطيب الشيخ حسين داخل الشمري، تناول فيه جوانب من مفاهيم النهضة الحسينية وقيمها.

(٣)

٭ محاضرة الدكتور نضير رشيد الخزرجي، رئيس وفد المركز الحسيني للدراسات في لندن، تناول فيها جوانب من سيرة الدكتور محمد صادق الكرباسي وعمله في توثيق التراث الحسيني.

٣٦١

(٤)

«آل إمْحَنَّه»

※ قصيدة الدكتور عبد العزيز مختار شّبين، قرأها بالنيابة الدكتور حسين أبو سعود وهي من ٤٣ بيتاً من بحر الرمل بعنوان «آل إمْحَنَّه»، ونصها:

الـهَوَى سَكْبُ الحَيَا لَا الـحَجَرِ — وَالنَّدَى عِنْدَ خَصِيبِ الشَّجَرِ

كُلَّمَا لُحْتَ تَبَاشِيرَ كِتَا — بِ قَرَأْتُ الصُّبْحَ بَيْنَ السُّطَرِ

يَا عِرَاقًا في الرُّؤَى أَجْمَعُهْ — صُوَرًا فَاقَتْ جَمِيلَ الصُّوَرِ

جِئْتُ شَلَّالَ فُرَاتٍ ظَامِئًا — فَرَوَيْتُ الرُّوحَ رَيَّ العُمُرِ

فيكَ آنَسْتُ شَعَاليلَ(١) طُوَى — قَدَحَتْ نُورًا سَدِيمَ البَصَرِ

غَزَلَتْ أُغْنِيَةً مِنْ صَمْتِهِ — أَيُّ سِحْرٍ كَحَدِيثِ الوَتَرِ؟

وِرْدَ عَدْنَانَ زُلَالاً بِكُمُ الـ — نَهْرُ يَجْرِي سَائِغًا مِنْ مُضَرِ

حَيْثُ تَمْشُونَ مَشَى المَجْدُ وَهـ — ـذِي خُطَاكُمْ وُشِّحَتْ بِالظَّفَرِ

آلَ إمْحَنَّةَ آمَالُ غَدِ — مِنكُمْ تُشْرِقُ شَمْسُ القَدَرِ

أَلْفُ نَجْمٍ فيكُمْ تُطْلِعُهْ — فِتْيَةً كَالأَرَجِ المُنْتَشِـ

شَفَةُ الأَعْصُرِ تَشْدُو أَمْ هَزَا — رُّ(٢) تَغَنَّى بِالنُّجُومِ الدُّرَرِ؟

أَذْهَلَتْنِي أَعْيُنُ السِّحْرِ بِبَا — بِلْ لَمَّا انْفَتَحَتْ كَالزَّهَرِ

آلَ إمْحَنَّةَ لَمْ يَعْلُ بِكُمْ — غَيْرُ حُرٍّ بِالإِبَا مُفْتَخِرِ

مَاطِرَانِ انْسَكَبَا مِنْ ثَغْرِكُمْ: — عَارِضُ الشِّعْرِ وَوَحْيُ السُّوَرِ

قَبَسَانِ اشْتَعَلَا زَيْتُونَةً: — أُفْقُ العِزِّ وَفَجْرُ الغُرَرِ

جَنَّتَانِ احْتَفَتَا بِالطَّيْرِ مِنْ — دَوْحُكُمْ حُفَّتْ بِأَشْهَى الثَّمَرِ

---

(١) شعاليل: واحدها شعلول وهو لهيب النار.

(٢) هزار: العندليب، طائر صغير عذب الصوت.

ظَامِئُونَ اغْتَرَفُوا مِنْ عَيْنِهَا صَفْوُهَا اغْدَوْدَقَ لَمْ يَنْكَدِرِ

يَا بَنِي كَاظِمٍ(1) نَيْسَانُ البَهَا بِكُمُ اخْضَرَّ كَوَجْهِ السَّحَرِ

الفُرَاتَانِ لَكُمْ كَأْسُهُمَا أَتْرَعَا ظَمْأَى الأَسَى المُسْتَعِرِ

دَمُكُمْ يَسْقِي مَسَافَاتِ الصَّدَى لَمْ تَفِضْ أَنْهُرُهُ فِي الهَدَرِ

الوَلَائِيُّونَ لَمْ يَخْبُ شَهَا بِهُمْ حِينَ سَرَوا فِي الغُمَرِ

أَوْقَدُوا الغَابَةَ مِنْ جُرْحِ الحُسَيْـ نِ جَمَارًا سُعِّرَتْ بِالعُشَرِ

الفُرَاتِيُّونَ مَا غَاضَ لَهُمْ كَوْثَرٌ يَقْضِي عَزِيزَ الوَطَرِ

العَصَافِيرُ ضُحَاكُمْ تَرْتَجِي وَفِدَاءً هَازِئًا بِالخَوَرِ

آلَ إِمْحَنَّةَ هَذَا رَسْمُكُمْ بِشَذَاهُ سَرْمَدِيُّ الأَثَرِ

لَا يَزَالُ الدَّهْرُ يَرْوِي عَنْكُمْ لِلصَّبَاحَاتِ كِبَارُ العِبَرِ

بِأَبِي جَعْفَرَ وَالسَّمْحِ مُحَـ مَّدَ إِبْنٍ لِوِسَامٍ خَبِرِ

نَجْلُ نَهْرَيْ حَيْدَرٍ نَبْعُهُمَا قَدْ زَكَا مُنْبَجِسًا بِالخَفَرِ

لَكُمْ فِي سِبْطِ طَه مُهْجَةٌ أَوْرَقَتْ عَبَرَ جَدِيبِ العُصُرِ

وَدِمَاءٌ فَجَّرَتْهَا ذِمَمْ أَبَدًا يَا عَبَرَاتِي انْفَجِرِي

لَسْتُ أَنْسَى زَفَرَاتٍ صُعِّدَتْ وَزُهُورًا قَدْ ذَوَتْ بِالبَهَرِ

كَاظِمِيِّينَ تَبَاهَتْ بِهِمْ نَجَفٌ سَاخِرَةً بِالتَّتَرِ

يَا حُسَيْنَ الطَّفِّ هَذِي قِمَمْ بِكَ لَا تَعْبَأُ بِالمُنْحَدَرِ

وَرَدُوا حُبَّكَ مَا قَدُّوا يَدَا فَبُطُولٍ أُطْلِقَتْ لَا قِصَرِ

بِجَنَاحِ الشَّوْقِ طَارُوا غُرَّدَا وَالهَوَى لَوْلَا الفِدَى لَمْ يَطُرِ

آلَ إِمْحَنَّةَ مَاذَا كَتَبَتْ عَنْكُمُ الأَقْلَامُ بَيْنَ البَشَرِ

عَلَّمُوا الخَلْقَ حُرُوفًا خَضَّبَتْ هَا الدَّمَا مِثْلَ العَبِيرِ العَطِرِ

---

(1) بنو كاظم: إشارة إلى الإمام موسى بن جعفر الكاظم ﷿ (128 - 183ه) السابع من أئمة المسلمين، حيث يرجع اليه آل المحنّا بالنسب.

فِتْيَةٌ عَبُّوا شَذاهَا أَكْؤُسَا   بَعْدَ شَرْعٍ مَا انْتَهَوا بِالصَّدَرِ؟

صَادِقُ الْوَعْدِ أَتَتْكُمْ وُرْقُهُ   سَلَمًا يَنْسَابُ ثَرَّ الْمَطَرِ

بِحُسَيْنِ الْغَدِ يُحْيِي طَلَلاً   حُزْنُهُ يَفْتِقُ صَلْدَ الْحَجَرِ

فَأَجرِ جَرْيَ النَّهْرِ لَا تُوقِفُهُ   عَثَرَاتٌ في وُحُولِ الْغِيَرِ

آلَ إِمْحَنَّةَ يَخْتَالُ وَسَا   مُكِ نَشْوانَ عَظِيمَ الْخَطَرِ

يُعْرَفُ الصَّفْصَافُ في قَامَتِهِ   مِنْ بَنِي أَهْلِ الْحِجَى والسُّرَرِ

(٥)

* مداخلات ونقاشات وأسئلة أجاب عليها رئيس وفد المركز الحسيني للدراسات.

(٦)

* إهداء درع الإبداع الى رئيس الوفد الزائر.

٣٦٤

ملحق (١)
الموسوعة المتلألئة

مقطوعة شعرية قرّظ فيها البروفيسور عبود جودي الحلي [1] دائرة المعارف الحسينية، وهي من بحر السريع:

تـلألأت في الـكـون أنـوارُهـا	مـوسـوعـةُ الـطـفِّ وأسـرارُهـا
عنـها وقـد حَـوَتـهُ أسـفـارُها	واتَّـسَـعَـتْ لـكـلِّ مـا دوَّنـوا
تـشـكـرُهُ الـطـفُّ وعُـمّـارُهـا	بـوركَ كـربـلاسـيُّـنـا: صـادقٌ
بـأرضـهـا الـمِـسْكُ وأخـيـارُهـا	آل الـمُـحَـنَّـا وهُـمْ سـادةٌ
صـارَ بـهـا فـهـو إذن جـارُهـا	مـحـمـدٌ وسـامُـهُـمْ حَـيـدَرٌ
مـوسـوعـةً تـسطـعُ أخـبارُهـا	يـقـولُ يـا مـرحـى بـمَـنْ سـطَّـروا
ثـارَ بـهـا لـلـديـنِ أحـرارُهـا	كـالطـودْ صـارت كـربلاء منذُ أنْ

---

(١) عبود جودي الحلي: مضت ترجمته.

(٢) قال البروفيسور عبود جودي الحلي في مقدمة المقطوعة: بسم الله الرحمن الرحيم، الحمد لله رب العالمين وصلى الله على سيدنا محمد وآله الطاهرين، هذه أبيات متواضعة جادت بها القريحة الباردة تلبية لأمر صديقنا الأديب السيد محمد السيد وسام السيد حيدر المحنّا الموسوي الكربلائي- أدام الله توفيقه- والأبيات في حق سماحة العلامة الأديب المؤرخ آية الله الشيخ محمد صادق الكرباسي الحائري بمناسبة إقامة ندوه في ديوانه عن الموسوعة الحسينية، بارك الله مؤلفها وناشرها.

(١٠)

«دائرة المعارف الحسينية
منهجية رائعة تفتح آفاق الباحثين»

الموسوعة الحسينية

في

قضاءالخالص

(ديالى)

٢٠١٢/٧/٦م

(رابطة شعراء ورواديد المنبر الحسيني)

منهجية الكرباسي في التصنيف والتأليف

فقرات ندوة قضاء الخالص (ديالى)

رابطة شعراء وروايد المنبر الحسيني

* القرآن الكريم: المقرئ حسن محمد هادي السعدي

* عريف الحفل: الأديب قاسم أحمد البياتي

* كلمة السيد صادق جعفر الحسيني

* كلمة الأديب نعمان سلمان الربيعي

* قصيدة العميد عباس فاضل الطائي

* قصيدة الشاعر نعمان أحمد التميمي

* قصيدة الشاب سجاد قدوري

* قصيدة الشاعر باقر موسى الزبيدي

* كلمة الشيخ اياد محمد صالح الزرگوشي

* قصيدة الشاعر جاسم علوان الخفاجي

* قصيدة الدكتور عبد العزيز مختار شبّين (د. حسين أبو سعود)

* قصيدة الشاعر قاسم أحمد البياتي

* كلمة الدكتور نضير رشيد الخزرجي

* كلمة الختام: الدكتور عباس جعفر الإمامي

* أسئلة وأجوبة ومداخلات

منهجية الكرباسي في التصنيف والتأليف

(١٠)

قضاء الخالص (ديالى)[1]

المنهجية في دائرة المعارف الحسينية

محور ندوة ثقافية في ديالى[2]

تحت شعار «دائرة المعارف الحسينية منهجية رائعة تفتح آفاق الباحثين» عقدت رابطة شعراء ورواديد المنبر الحسيني[3] وبالتنسيق مع المركز الحسيني للدراسات في لندن في السادس من شهر تموز يوليو ٢٠١٢م ندوة ثقافية حوارية عامة في قاعة مديرية تربية الخالص في محافظة ديالى[4]،

---

(١) الخالص: من الأقضية الكبرى لمحافظة ديالى تقع شمال بعقوبة قاعدة ديالى على بعد ١٠ كيلو مترات، وتقع شمال العاصمة بغداد على بعد ٥٥ كيلومتراً بالسيارة و٤٨ حسب الخارطة.

(٢) وزّع المركز الحسيني للدراسات التقرير الخبري على وسائل الإعلام المختلفة، ونُشر في الكثير منها، من قبيل: وكالة فنار الاخبارية (www.fanarnews.com) بتاريخ ٢٨/ ٧/ ٢٠١٢م، وبالتاريخ نفسه في موقع مؤسسة النور الثقافية (www.alnoor.se)، وموقع مؤسسة الرسول الأعظم ﷺ في سيهات (www.rasoolest.com).

(٣) أدار الندوة الثقافية الأدبية باقتدار رئيس رابطة شعراء ورواديد المنبر الحسيني الأستاذ قاسم أحمد البياتي.

(٤) كان للتربوي الأستاذ صلاح الحسيني، مدير تربية قضاء الخالص في محافظة ديالى، دور كبير ومشهود في عقد الندوة في قضاء الخالص، وهو دليل اهتمامه بالثقافة والأدب والأدباء وحرصه الشديد على خدمة العلم والعلماء واعتزازه بحملة القلم.

تناول فيها موفد الموسوعة الحسينية إلى العراق الدكتور نضير الخزرجي المنهجية في دائرة المعارف الحسينية وركَّز على مفهوم الخلود المزدوج في النهضة الحسينية.

وقال الدكتور الخزرجي في كلمته: إنَّ الخلود في صورته الأولى هو ما يتعلق بشخص الإمام الحسين ﷺ، والثاني هو الخاص بالذي يعمل في الحقل الحسيني من باحث وكاتب وخطيب وشاعر ومؤلف وسادن وغيرهم، فالدماء التي أريقت على تربة كربلاء عام ٦١هـ هي التي انتصرت على السيف الذي حزَّ رأس الحسين ﷺ وإن كان مشهد المعركة يحكي عن الانتصار الآني للجيش الأموي، لكن قيم الإسلام التي حملها الإمام الحسين ﷺ ودافع عنها لصالح الأمة الإسلامية والبشرية جمعاء هي التي بسطت نفوذها، وكان لسان حال الواقعة قول الخطيب الشاعر الدكتور أحمد الوائلي (١) المتوفى عام ٢٠٠٣م، (الكامل):

ظنّوا بأن قتل الحسينَ يزيدُهم   لكنَّما قتل الحسينُ يزيدا(٢)

وصدق الشاعر الكربلائي علي محمد الحائري (٣) المتوفى عام ١٩٩٩م حيث قال من (الخفيف):

---

(١) أحمد الوائلي: هو ابن حسون بن سعيد بن حمود الليثي (١٣٤٧- ١٤٢٤هـ) ولد في النجف الأشرف وتوفي في بغداد ودفن في صحن كميل بن زياد الواقع بين الكوفة والنجف، من الخطباء الأدباء الشعراء وصاحب مدرسة خطابية يُشار لها بالبنان، جمع بين الدراستين الحوزوية والجامعية، نال الشهادة الجامعية (بكالوريوس لغة عربية وعلوم إسلامية) وتخرج من كلية الفقه في النجف الأشرف ونال من جامعة بغداد الشهادة العالية (ماجستير) في أحكام السجون في الشريعة والقانون، ومن كلية العلوم بجامعة القاهرة نال الشهادة العليا (دكتوراه) في استغلال الأجير وموقف الإسلام منه، وبسبب الظروف السياسية ترك العراق سنة ١٩٧٩م ونزل سوريا وغيرها وعاد إليه بعد عام ٢٠٠٣م، له عدد من المؤلفات منها: من فقه الجنس في قنواته المذهبية، تجاربي مع المنبر، وديوان شعره.

(٢) ديوان القرن الخامس عشر: للكرباسي (مخطوط).

(٣) علي محمد الحائري: هو حفيد محمد علي شمس الواعظين الحائري (١٣٥٢- ١٤٢٠هـ)، أديب وشاعر وتربوي، ولد في كربلاء المقدسة وفيها مات، نشأ على والده وأنهى الدراسة =

كـذب الـمـوت فـالـحسـين مـخـلـد كلـما مـرَّ الـزمـان ذكـره يتـجـدد(١)

ورأى رئيس وفد دائرة المعارف الحسينية أن لخلود ذكر الحسين ﷺ
وقيمه الإسلامية الإنسانية نوافذَ كثيرة، ومنها الاستنان بسنته ﷺ والعمل
بمقتضى حركته الرسالية، وللأدباء والشعراء(٢) والخطباء(٣) والمداحين

= الإعدادية الأدبية والتحق بجامعة المستنصرية ببغداد فرع الآداب عام ١٣٧٥هـ، ومارس التعليم
في مدارس كربلاء الابتدائية والثانوية، نظم الشعر مبكرا، وترجم رباعيات الخيام شعراً، نال
جوائز أدبية في مسابقات شعرية عديدة، من آثاره: أغنيات في سهر شهرزاد، والركب الضائع.

(١) ديـوان القـرن الخـامس عشـر: للكربـاسي (مخـطوط). منتـدى أحبـاب الحسـين
(www.ahbabhusain.net) بتاريخ ٢٠١٢/٧/٢٣م بعنوان (الشاعر علي محمد الحائري..
سيرة ذاتية).

(٢) خلال تواجد راعي الموسوعة الحسينية في كربلاء المقدسة زاره عدد غير قليل من الشعراء
والأدباء، منهم:
السيد نوفل الصافي صباح ٢٠١٢/٧/٤م.
السيد مرتضى محسن السندي صباح ٢٠١٢/٧/٤م.

(٣) خلال وجود الشيخ محمد صادق الكرباسي في كربلاء المقدسة زاره عدد من خطباء المنبر
الحسيني، منهم حسبما تسعفني الذاكرة:
الشيخ ضياء الشيخ حمزة الزبيدي مساء يوم ٢٠١٢/٧/١٥م، وحضر اللقاء الشيخ علي كاظم
الحائري الشمري القادم من كندا والإعلامي الدكتور صلاح العميدي، وحينها كنت
أبو لحمة لحضور ندوة مؤسسة الأمل الخيرية الثقافية، ولي ذكريات طيبة مع الشيخ
في مدينة السماوة حيث كنت ممن يأتم به في صلاة الجماعة في مسجد الإمام الصادق
في أيام الشباب قبل أن أترك العراق عام ١٩٨٠م وكنت جزءاً من فريق الشباب الذي يلتفون
في منطقة الفسحة حوله ويحضرون مجالسه الخطابية العامة ويأخذهم لمجالسه الاجتماعية الخاصة.
السيد محمد عبد الحسين الموسوي ظهر ٢٠١٢/٧/١٦م.
السيد داخل السيد حسن والخطيب الحسيني الكويتي الشيخ الدكتور محمد جمعة التقيا معاً
بالشيخ الكرباسي مساء يوم ٢٠١٢/٨/١٨م، وكنت من قبل قد التقيت بالسيد داخل في
لندن كما التقيت فيما بعد بالشيخ محمد جمعة في ديوانه في الكويت نهاية فبراير شباط
٢٠١٤م أثناء تواجدنا لحضور ندوة دائرة المعارف الحسينية التي انعقدت في فندق كراون
بلازا يوم ٢٠١٤/٣/٥م وقدمت له دعوة الحضور الى الندوة ولباها بكل اعتزاز وكان في
مقدمة الحاضرين.
في عصر اليوم التالي ٢٠١٢/٨/١٩م قام الشيخ الدكتور محمد جمعة بزيارة ثانية للقاء العلامة
الكرباسي.
الشيخ علاء الشيخ هادي الكربلائي الخفاجي مساء يوم ٢٠١٢/٨/٢٧م، وكنت ممن حضر اللقاء =

ونظرائهم الدور الكبير في نشر قيم الإسلام وتعاليمه التي استشهد من أجلها الإمام الحسين ﷺ، وهذا هو الجانب الأول من عملية الخلود، أمّا الجانب الثاني فهو تخليد الداعين إلى خلود ذكر الحسين ﷺ وأهدافه، وهو ما يغفل عنه عدد غير قليل من الكتاب والباحثين، لكن الدكتور محمد صادق الكرباسي في الموسوعة الحسينية، اهتم بهذا الجانب بشكل ملفت للنظر، فتعهد بأن يمدَّ سبل الحياة إلى الذين خدموا النهضة الحسينية، الأحياء منهم والأموات، من خلال إفراد تراجم وسير ذاتية للخطباء والشعراء والمؤلفين والمداحين والمشاريع الحسينية المتنوعة في أنحاء العالم، وغير ذلك، لاعتقاده الجازم انَّ الذين ينصرون النهضة الحسينية وينتصرون لقيم الإسلام وتعاليمه، ولو بشطر كلمة أو بصدر بيت أو عجزه، لهم المكانة الرفيعة ومن حقهم أن يُخلَّدوا على صفحات الكتب وخارجها، وهذا ما جاء عمليا في أبواب عدة من أبواب الموسوعة الحسينية الستين، من قبيل باب معجم خطباء المنبر الحسيني [1]، ومعجم الشعراء الناظمين في الحسين، ومعجم المشاريع الحسينية، وأمثالها.

الندوة الثقافية التي افتتحت بقراءة آي من القرآن الكريم تلاها المقرئ حسن السعدي [2]، تصدرتها كلمة نائب رئيس مجلس محافظة ديالى السيد

= السيد عز الدين محمد آل فائز وشقيقه الشاعر السيد حميد آل فائز مساء ٢٠١٢/٨/٢٧م.

(1) وكان الأستاذ مهدي هلال عبد الطفيلي، وهو من أدباء كربلاء المقدسة قد أعدّ كتابا عن مقدمة معجم خطباء المنبر الحسيني وصدر عام ٢٠١٤م تحت عنوان: «الإعلام الحسيني عبر التاريخ.. دراسة موضوعية من وحي معجم الخطباء للكرباسي»، ويذكر أن الأديب الطفيلي كان زار المؤلف الشيخ محمد صادق الكرباسي خلال وجوده في كربلاء صباح ٢٠١٢/٧/٣م. والمفيد ذكره أنه كان قد صدر عام ٢٠٠٥م كتاب عن الموضوع نفسه للعلامة الشيخ حميد المبارك بعنوان: «الخطابة في دراسة نوعية شاملة لآية الله الكرباسي».

(2) حسن محمد هادي السعدي: هو حفيد جاسم، من قراء القرآن الكريم في مدينة الخالص وخارجها، ولد فيها في ١٩٧٦/٦/١٠م، أنهى دراسة الابتدائية وتوجه الى العمل الحر =

صادق جعفر الحسيني (١) التي أثنى فيها على أدباء ديالى بعامة وأدباء الخالص على وجه الخصوص، ولاسيما الشعراء والرواديد والمداحين الذين لهم الدور الكبير في استنهاض الهمم من أجل التواصل مع النهضة الحسينية وقيمها الإنسانية الخالدة، من أمثال الشاعر الشهيد السيد جعفر الحسيني (٢)، والشاعر قيس عبد الكافي حسين (٣)، وغيرهما.

وأكد نائب رئيس مجلس محافظة ديالى، أنه ربما إذا تطرقنا إلى الموسوعة الحسينية سيقال إن حديثنا هو من باب المبالغة، ولكنها حقيقة قائمة حيث بلغت أعداد الموسوعة نحو ٧٠٠ مجلد مخطوط وطبع منها

= وقراءة القرآن في المحافل العامة والخاصة، ويتولى حاليا إقامة الأذان في مسجد وحسينية الإمام الحسين ﷺ في قرية السعدية بمحافظة ديالى.

(١) صادق جعفر الحسيني: هو حفيد عبد الله بن محمد الحسيني، ولد في قرية السندية في مدينة دلتاوه مركز قضاء الخالص بديالى سنة ١٩٧٦م، من الفضلاء الناشطين ودعاة الوحدة الإسلامية والمجتمعية، نائب رئيس مجلس محافظة ديالى منتخباً جماهيريا عن منظمة بدر.

(٢) جعفر الحسيني: هو ابن عبد الله بن محمد الحسيني (١٩٥١- ١٩٨١م)، من التربويين الشعراء، ولد في قضاء الخالص بديالى، درس المراحل الأولى في مسقط رأسه ونظم الشعر في مرحلة الخامس الابتدائي حيث نشأ في أسرة علمائية وكان والده من خطباء المنبر الحسيني، نال الشهادة الجامعية (بكالوريوس لغة عربية)، ومارس التدريس في محافظة كركوك، شارك في مسابقات شعرية ونال عام ١٩٧٣م الجائزة الثالثة في مسابقة عربية حول فلسطين، تعرض للاعتقال بسبب آرائه السياسية وممارسته للنشاط السياسي في الحركة الإسلامية، كما تعرضت اسرته للاعتقال وحكم عليه بالإعدام مع أفراد أسرته، ساهم في تأليف ديوان شعراء يتولى العرافة في المؤتمرات والندوات الثقافية والإسلامية، ساهم في تأليف ديوان شعراء ديالى.

(٣) قيس عبد الكافي حسين: الربيعي، من أدباء وشعراء مدينة ديالى، ولد في ناحية المنصورية بمحافظة ديالى سنة ١٩٥٠م وسكن الخالص، نشأ ودرس في مسقط رأسه وحصل على دبلوم تربية عام ١٩٦٨م كما درس القانون وحصل على شهادة البكالوريوس عام ١٩٧٤، عمل بشهادته حتى تقاعده، أصدر مجلة الينبوع المدرسية لأربعة أعداد، أصدر مجلة «صدى التربية» لمواسم عدة، أنتخب عام ٢٠١٤م عضواً في هيئة الرأي في مركز الخالص للثقافة والفنون، له كتاب: «أدب وأدباء الخالص في القرن العشرين»، المطبوع عام ١٩٧٣م، وله تحت الطبع كتاب «خليج الذاكرة».

٧٧ مجلداً، وهي بذلك فاقت الموسوعات الكبرى مثل موسوعة بحار الأنوار في ١١٠ أجزاء، وبهذا فإن دائرة المعارف الحسينية ستكون معجزة العصر ولاسيما وأنها تتحدث في أحد أبوابها عن فلسفة الحسين وفلسفة محمد وأهل بيته الطاهرين حيث وصل الحسين ﷺ بعدالته إلى إنسانية الإنسان.

الشاعر نعمان سلمان الربيعي [١] أوضح في كلمة له باسم رابطة شعراء ورواديد المنبر الحسيني المراحل الأولى للرابطة التي تأسست عام ٢٠٠٩م على يد الشاعر الحسيني المرحوم الأستاذ سعيد الجواري [٢] حيث رفعت شعار (قلم واحد صوت واحد على طريق الحسين)، منوهاً بدور الرابطة في رفد المدن والأقضية في ديالى بالرواديد والمادحين والقصائد الشعرية في المناسبات الدينية العامة والخاصة وبالذات في شهر محرم الحرام لإحياء تعاليم النهضة الحسينية.

من جانبه قال الشيخ أياد الزرگوشي [٣] منسق الحوزة العلمية في

---

(١) نعمان سلمان الربيعي: هو حفيد ياسين، ولد في قضاء الخالص بمحافظة ديالى في ٨/٨/ ١٩٦٢م، نشأ ودرس في مسقط رأسه وتخرج من إعدادية الشرطة عام ١٩٨٣م، ومارس وظيفته حتى عام ١٩٨٩م حيث قدّم استقالته، وهو الآن يمارس وظيفته في وزارة العدل معاون مدير في دائرة الاصلاح العراقية، ينظم في ولاء أهل البيت ﷺ باللغة العامية وأكثر شعره في الإمام الحسين ﷺ وله محاولات شعرية في القريض، كتب الكثير من القصائد المنبرية وقصائد للرواديد، شارك في مهرجان «بلدي ينبذ الارهاب» الشعري في مدينة كربلاء المقدسة، وهو الآن نائب رئيس رابطة شعراء ورواديد المنبر الحسيني في ديالى.

(٢) سعيد الجواري: هو ابن إسماعيل بن أحمد، ولد في قضاء الخالص بمحافظة ديالى في ١٣/ ١٩٦٦/٥م وتوفي فيها في ٢٠١١/٤/١٧م، أنهى في مسقط رأسه الابتدائية وتوجه للعمل كاسباً وكادّاً على اهل بيته، منحه الله موهبة إنشاء وانشاد الشعر، وأسس رابطة شعراء ورواديد المنبر الحسيني، كان من السباقين في خدمة أهل البيت ﷺ ويقيم المهرجانات في القضاء وقراه.

(٣) اياد الزرگوشي: هو إبن محمد صالح بن حسين، تربوي وحوزوي، ولد في ناحية السعدية بمحافظة ديالى في ١٩٧٤/١/٢٦م، نشأ ودرس في مسقط رأسه ونال من كلية التربية =

الخالص : إن هناك ارتباطاً بين حركة الإمام الحسين ﷺ وحركة المهدي المنتظر ﷺ الذي سيحقق الهدف الإسلامي المتكامل الذي نهض من أجله الإمام الحسين ﷺ ، داعياً إلى إصلاح النفس والمجتمع لنكون من المساهمين في حركة الحسين ﷺ والممهدين لقيام الإمام المهدي ﷺ وتحقيق دولته المنشودة القائمة على العدل والقسط.

كلمة الختام كانت لعضو الوفد الزائر من المملكة المتحدة الدكتور عباس الإمامي أشار فيها إلى بعض القواسم المشتركة بين النهضة الحسينية والحركة المهدوية، مؤكداً على أهمية الالتزام بالنهج الحسيني القادر على تحقيق الوحدة الإسلامية في العراق وغيره من البلدان، عبر الالتزام بالقيم التي جاهد من أجلها الإمام الحسين ﷺ ، مشدداً على دور الشباب في تحمل رسالة الحسين ﷺ على طريق نشر الفضيلة ورفض الظلم، داعياً إلى إقامة ندوات دورية من وحي النهضة الحسينية وأهدافها السامية لتهيئة جيل الشباب، فكريا وعقائديا، على تحمل المسؤولية لقيادة الأمة، مثنيا على مدينة الخالص التي أنجبت شخصيات لها وزنها العلمي والأكاديمي والاجتماعي والسياسي أمثال العلامة اللغوي الأستاذ مصطفى جواد البياتي (١) المتوفى عام ١٩٦٩م،

= بجامعة بغداد بكالوريوس لغة عربية سنة ١٩٩٧م، توجه الى الدراسة الحوزوية في بغداد عام ٢٠٠٤م ولبس العمّة عام ٢٠٠٦م، إمام صلاة الجمعة والجماعة في عدد من مدن محافظة ديالى، يمارس تدريس اللغة العربية في إعدادية بيت الحكمة ببغداد، ومعتمد مرجعية الشيخ اليعقوبي في ديالى، مدير جامعة الزهراء النسوية في ديالى.

(١) مصطفى جواد البياتي: هو حفيد مصطفى بن إبراهيم الدلتاوي البياتي، وشهرته مصطفى جواد (١٣٢٢- ١٣٨٩هـ) (١٩٠٤ ـ ١٩٦٩م)، ولد في بغداد وفيها مات، نشأ في مدينة دلتاوه في ديالى حيث أصل أسرته وعاد الى مسقط رأسه وأكمل دراسة الابتدائية وما بعدها، تخرج من دار المعلمين العالية ببغداد سنة ١٩٢٤م، مؤرخ وأديب وتربوي، مارس التدريس في مدارس العراق في البصرة والناصرية وديالى والكاظمية، درس في القاهرة اللغة الفرنسية والتحق بجامعة السوربون في الفترة (١٩٣٤- ١٩٣٩م) ولم يناقش الشهادة العليا (الدكتوراه) لنشوب الحرب العالمية الثانية فعاد الى بغداد، كان عضواً في مجامع علمية عدة، من آثاره: سيدات البلاط العباسي، المباحث اللغوية، دراسات في فلسفة النحو والصرف.

وأستاذ القانون الدولي الدكتور عبد الحسن هادي السعدي[1] المقيم حاليا في لندن[2].

وفي ختام الندوة أجاب رئيس وفد الموسوعة الحسينية على عدد من أسئلة الحاضرين مسلطاً الضوء على جوانب من دائرة المعارف الحسينية وعمل المؤلف الدكتور الكرباسي فيها، كما ألقيت في الندوة قصائد عدة من الفصحى والدارج، فكانت الأولى للعميد المتقاعد الشاعر عباس فاضل[3]،

---

(1) عبد الحسن هادي السعدي: هو حفيد صالح النعمة السعدي، ولد في قرية السندية بمدينة دلتاوه مركز قضاء الخالص في ١٩٣٨/٧/١م، درس الابتدائية في قرية جيزان الجول وواصل المتوسطة في دلتاوه وأكمل الإعدادية في بغداد ودرس القانون في كلية الحقوق بجامعة بغداد في الفترة (١٩٥٩- ١٩٦٢م)، وخلال الدراسة عمل في دائرة ضريبة الدخل للفترة (١٩٥٨- ١٩٧٦م)، وفي عام ١٩٧٦م انتقل الى مصر لمواصلة الدراسات العليا في جامعة القاهرة، ونال شهادة الدبلوم الأول والثاني، وفي عام ١٩٨٣م أنهى الدكتوراه في مجال (اقليمية ضريبة الدخل في القانون العراقي المقارن) وأشرف على رسالته رئيس الوزراء المصري السابق عاطف صدقي، وفي العام نفسه غادر القاهرة الى دمشق وفي العام ١٩٨٤م غادرها الى الجزائر ومارس التدريس في جامعة باتنا شرق الجزائر وفي العام ١٩٩١م انتقل الى الغرب الجزائري ومارس التدريس في جامعة بلعباس، وفي العام ١٩٩٢م غادر الجزائر واستقر في لندن ولازال حيث يمارس التدريس والإشراف الأكاديمي في مجال (مواد القانون العام) في الجامعة العالمية للعلوم الإسلامية، له أربعة مؤلفات مخطوطة: المالية العامة، القانون الدستوري، القانون الدولي الخاص، والإجراءات الجنائية.

كانت للدكتور عبد الحسن السعدي مساهمة طيبة في عقد ندوة الخالص، وهو خال مدير تربية الخالص الأستاذ السيد صلاح مهدي الحسيني.

(2) تمثل ندوة الخالص الأولى التي يشاركنا فيها الدكتور عباس الإمامي فيما كانت الأخيرة ندوة السماوة، ففي الأولى زار قبلها مرقد الإمام الحسين ﷺ في كربلاء المقدسة قادماً من كركوك وفي الثانية زار مرقد الإمام علي ﷺ في النجف الأشرف عائداً الى مسقط رأسه.

(3) عباس فاضل الطائي: هو حفيد حمَّد الطائي، ولد في دلتاوه مركز قضاء الخالص في ١/٧/ ١٩٥٥م، من العسكريين الأدباء الشعراء، نشأ ودرس في الخالص وتفوق في دراسته وأُدخل الكلية العسكرية الأولى في الفترة ١٩٧٤- ١٩٩٧م ضمن خمسين متفوقاً من عموم العراق، ونال الشهادة الجامعية (بكالوريوس علوم عسكرية)، تدرج في المراتب العسكرية حتى وصل درجة عميد، أحيل على التقاعد سنة ٢٠٠٣م، أكثر نظمه في العمودي القريض وينظم الدارج للمجالس الحسينية، له ديوان «كوكب الفلك المحمدي» وأكثره في الإمام =

والأخيرة للشاعر الجزائري الدكتور عبد العزيز شبِّين ألقاها بالنيابة الدكتور حسين أبو سعود، وبينهما قصائد للشاعر نعمان التميمي[1]، والشاعر قاسم البياتي[2]، وسجاد قدوري[3] وهو من الشعراء الموهوبين الذي حاز على الجائزة الأولى للمسابقات الشعرية على مستوى مدارس العراق، والشاعر باقر الباقر[4]، وجاسم الخفاجي[5].

وكان نائب رئيس مجلس محافظة ديالى السيد صادق جعفر الحسيني

= الحسين ﷺ وعموم أهل البيت ﷺ، له أكثر من ١٢ ألف بيت من القريض في أغراض مختلفة سياسية واجتماعية وإخوانيات وما شابه.

(١) نعمان التميمي: هو ابن أحمد بن علي وكنيته أبو زينب، ولد في قضاء الخالص بمحافظة ديالى في ١٩٦٢/٤/١م، فيها نشأ ودرس وأنهى الاعدادية وفيها عمل في دوائر الدولة حتى تقاعده، له مشاركات ومساهمات شعرية في المجالس والمواكب الحسينية والمهرجانات، منها مهرجان «بلدي ينبذ الإرهاب» الذي جرى في كربلاء المقدسة.

(٢) قاسم البياتي: هو ابن أحمد بن عبد، شاعر وأديب وتربوي عراقي، ينظم القريض والشعبي، ولد في قضاء الخالص بمحافظة ديالى في ١٩٧٠/٤/٨م، نشأ ودرس في مسقط رأسه وأكمل الدراسة الجامعية في جامعة الموصل ونال شهادة بكالوريوس لغة عربية من كلية التربية سنة ١٩٩٢م، مارس التدريس وما زال حيث هو استاذ لغة عربية في اعدادية الرواد للبنين في قضاء الخالص، يتولى حاليا رئاسة رابطة شعراء ورواديد المنبر الحسيني في الخالص كما هو مسؤول القسم الأدبي في مركز الخالص للثقافة والفنون، له كتابات نثرية في مجال الأدب والثقافة والموضوعات الإسلامية، له ديوان مخطوط.

(٣) سجاد قدوري: من الشباب اليافعين ولد في الخالص نحو عام ١٩٩٦م.

(٤) باقر الباقر: هو باقر بن موسى بن جعفر الزبيدي، وشهرته الشعرية باقر الباقر، ولد في قضاء الخالص بمحافظة ديالى سنة ١٩٧١م، وفيها نشأ وانهى الاعدادية، وعمل بشهادته في دوائر الدولة ثم تقاعد، له حضور فاعل ومشاركات في مهرجانات شعرية عدة منها مهرجان السلام العالمي ومؤتمر الأدباء العرب، وحصل على جوائز أدبية عدة، منها درع مهرجان الينبوع الثقافي في ديالى، يتولى حاليا مسؤولية قسم الأدب الشعبي في رابطة خالص للثقافة والفنون.

(٥) جاسم الخفاجي: هو ابن علوان بن خلف بن ياسين الخفاجي المشتهر بأبي علي الخفاجي، ولد في قضاء الخالص بمحافظة ديالى في ١٩٥١/٥/١م، وفيها نشأ ودرس وواصل الدراسة الجامعية وأنهى بكالوريوس علوم عسكرية، وهو الآن متقاعد، له مشاركات شعرية في المحافل والمجالس الحسينية والمهرجانات المحلية منها مهرجان «بلدي ينبذ الارهاب» الذي جرى في كربلاء المقدسة.

وبحضور مدير تربية الخالص السيد صلاح الحسيني (١) قد استقبل في مكتبه، الدكتور نضير الخزرجي والوفد المرافق له، وجرى في اللقاء البحث في السبل الكفيلة لشد لُحمة الشعب العراقي وبخاصة في محافظة ديالى ذات التكوين الجماهيري المتعدد، كما استمع الوفد إلى الجهود التي يبذلها النائب في توحيد صفوف سكان المحافظة ونزع فتيل الاحتراب الطائفي القادم من خارج الحدود، وتأليف القلوب على حب الوطن والدفاع عنه بما فيه رضا الله وصلاح الناس كما هي رسالة الإمام الحسين ﷺ المتصلة برسالة النبي محمد ﷺ هادي الأمة ومنقذ البشرية(٢).

____

(١) صلاح الحسيني: هو ابن مهدي بن عبد الله بن محمد الحسيني، تربوي وتدريسي ووجه اجتماعي، ولد في دلتاوه مركز قضاء الخالص في ١/٧/١٩٥٦م، نشأ ودرس في مسقط رأسه ونال الشهادة الجامعية (بكالوريوس رياضيات) من كلية التربية ببغداد سنة ١٩٧٩م، تعرض للاعتقال في سجن نقرة السلمان في الفترة ١٩٨٠-١٩٨١م بسبب أحداث قرية السندية في الخالص، مارس التدريس في مدينته ثم أصبح معاون مدير إعدادية ثم مدير إعدادية وتم تعيينه مديراً لتربية قضاء الخالص في ٢٠١٠/١/٢١ حيث يتابع إدارياً وفنياً ٣٢٠ مدرسة.

(٢) ساهم الأستاذ صلاح الحسيني والشاعر نعمان الربيعي وبشكل كبير في توفير معظم التراجم والسير الذاتية للمشاركين في مهرجان قضاء الخالص، جزاهما الله خيرا وكل من ساعدنا بشكل مباشر وغير مباشر في تنظيم تراجم الأدباء والشعراء وكل من ورد اسمه في الكتاب.

فقرات ندوة الخالص (ديالى)

رابطة شعراء ورواديد المنبر الحسيني

رعت رابطة شعراء ورواديد المنبر الحسيني الندوة الفكرية الحوارية الخاصة بدائرة المعارف الحسينية والتي انعقدت في قاعة مديرية تربية قضاء الخالص في محافظة ديالى، عصر الجمعة ٦/ ٧/ ٢٠١٢م تحت شعار «دائرة المعارف الحسينية منهجية رائعة تفتح آفاق الباحثين»، وتضمنت الندوة الفقرات التالية:

(١)

٭ آيات من القرآن الحكيم تلاها المقرئ حسن محمد هادي السعدي.

(٢)

٭ كلمات قصار ومقطوعات شعرية لعريف الحفل الأديب قاسم أحمد البياتي.

(٣)

٭ كلمة السيد صادق جعفر الحسيني، نائب رئيس مجلس محافظة ديالى: تناول في كلمة قصيرة آفاق المؤلف اللامحدودة في كتابة الموسوعة الحسينية، واصفاً إياها بأنها معجزة العصر.

(٤)

«الشعر الحسيني في الخالص»

* كلمة رابطة شعراء ورواديد المنبر الحسيني ألقاها الشاعر نعمان سلمان الربيعي، ومتنها:

بسم الله الرحمن الرحيم

والصلاة والسلام على سيد المرسلين محمد ﷺ.

أحر الأماني وأسعد وأبرك التهاني نقدمها الى مقام رسولنا الأعظم محمد ﷺ وإلى مولانا أمير البشر علي المرتضى ﷺ، ولسيدتنا ومولاتنا البتول الزهراء ﷺ، وإلى الأئمة الأطهار ﷺ في ذكرى ولادة منقذ البشر الإمام المهدي المنتظر عجل الله فرجه الشريف (١).

نقدم تهانينا إلى المؤمنين كافة في كل بقاع الأرض بهذه المناسبة العطرة على قلوب المؤمنين وإلى مراجعنا العظام وعلمائنا الكرام، ونقدم التهاني إلى الحضور الكرام، وأرحب بالزائرين الأعزاء وأخصهم بالتحية والاحترام، وأسأل الله أن يحفظ الجميع ويجعلهم من الثابتين القدم على ولاية محمد وآله الأطهار ﷺ.

حللتم ضيوفاً كراماً على رابطة شعراء رواديد المنبر الحسيني في قضاء الخالص.

أود في هذه المناسبة العطرة أن أذكر لحضراتكم وللحضور الكرام بأنَّ هذه الرابطة هي رابطة حسينية فتية تأسست عام ٢٠٠٩م والذي قام ببناء أول لبنة لها الشاعر الحسيني المرحوم الأستاذ سعيد الجواري أبو علي رحمه الله

---

(١) صادف عقد الندوة مع احتفالات المسلمين بالذكرى السنوية لولادة الإمام المهدي المنتظر في منتصف شهر شعبان من كل عام، فقد وصلنا الخالص يوم ١٦ شعبان ١٤٣٣هـ.

تعالى حيث سعى واجتهد في سبيل جعل هذه الرابطة أن تصل إلى الهدف المنشود وهو إعلاء الشعائر الحسينية، وكان شعار الرابطة هو (قلم واحد صوت واحد على طريق الحسين)، لكن قضاء الله وقدره حال دون استمراره بهذا الهدف النبيل حيث انتقل الى جوار ربه وهو على حب الرسول ﷺ وآله الأطهار ﷺ فهنيئا له وتغمده الله فسيح جناته، إلا انَّ الإصرار من قبل أعضاء الرابطة على المسير على ما سار عليه الأستاذ سعيد الجواري رحمه الله وإكمال ما بناه والوصول الى مرضاة الله عن طريق الاستمرار في رفع الشعائر الحسينية متواصل ومستمر من بعد وفاته لحد هذا اليوم.

وباختصار فالرابطة هي رابطة مستقلة وليس لها دعم من أية جهة حيث تستمد العون في بعض الأحيان من الخيرين الموالين بالشيء اليسير جزاهم الله خير الجزاء، وكذلك لا يوجد للرابطة مكان في بادئ الأمر حيث قامت مؤسسة الإمام علي ﷺ باستضافتنا لفترة ليست بالقليلة وبعدها قمنا باستئجار مكان للرابطة وعلى نفقة أعضاء الرابطة عن طريق جمع اشتراكات شهرية لسد إيجار المكان.

أما نشاطات الرابطة في إحياء عاشوراء الحسين ﷺ فقد كان ملحوظاً في مركز قضاء الخالص والنواحي والقرى التابعة للقضاء حيث تم توزيع الرواديد على حسينيات ومجالس العزاء الحسيني وكذلك رفد جميع المجالس الحسينية بالرواديد في أي مكان في المحافظة أيضا وعلى مدار أيام السنة.

إنَّ النشاط الملحوظ للرابطة له أثر في نفوس المؤمنين من خلال الجهود التي بذلت من قبل أعضاء الرابطة، حيث تم تشكيل فريق عمل من قبل رئيس الرابطة ونائبه بالمتابعة اليومية لجميع المآتم خلال فترة عاشوراء وزيارتهم يوميا لمعرفة وتوثيق أعمالهم ومتابعة نشاطهم.

في الختام أشكر حضوركم وأشكر سعة صدوركم وحسن استماعكم وجزاكم الله خير جزاء المحسنين، وكذلك أقدم الشكر الجزيل لحضور وفد دائرة المعارف الحسينية وجزاهم الله خيراً متمنيا للجميع الخير والسداد في جميع الأعمال وخصوصاً خدمة الإمام الحسين ﷺ.

والله ولي التوفيق وآخر دعوانا أنِ الحمد لله رب العالمين والصلاة والسلام على أشرف الخلق والمرسلين محمد ﷺ. والسلام عليكم ورحمة الله وبركاته.

(٥)

«عطاء الشهادة»

* قصيدة الدكتور عباس فاضل الطائي، وهو عميد متقاعد في الجيش العراقي، وهي من القريض بعنوان «عطاء الشهادة» في ٢٢ بيتاً من بحر الكامل، ونصها:

شـاء الإلـهُ بـأن يـراكَ شـهيـدا	ليقُـرَّ مـنكَ شـريـعـةً ووجـودا
كـادَ الزمـان بـلا دمـائك يـنتهي	فمنحتَ في دمك الزمانَ خلودا
جفَّت نواميسُ الحياة فجئتها	سيـلاً يـفيـضُ مبـادئـاً ووقـودا
هبطَت مقاييسُ الرجال فشِلْتَها	وصعدتَ فيها للسماء صعودا
فذُبحت مختاراً .. لتصبح خالداً	طولَ الزمان .. محمداً محمودا
إذ مات خصمُك يومَ قتلك ميتةً	أبتِ المـزابلُ أنْ تكون لُحودا
وقفلت أفواه العصور .. فلَمْ تقل	حرفاً لغيرك .. واشتهتك نشيدا
شيَّدتَ مدرسة الدماء على الثرى	صرحاً يمد الثائرين صمودا
يا موقظ الدنيا ومبدعَ صحوِها	ومقضَّ مَن عشقَ الهوى والعودا
يا عنفوان الأنبياء وثورةً	خطَّ الإله خطوطها لتسودا

لـولا دمـاك ارتـدَّ كـلُّ مـوحِّـدِ   واخـتـار كـلُّ مُضَـلَّلٍ مـعبودا

يا بن البـتول ونجلَ حيدر لي فمُّ   لـولاك أصبـح مُقفَلاً مـوصودا

مَنْ لَم يعش حبَّ الحسين يَمُت ولو   طالـت به سنواته .. مفؤودا (١)

خـدَمٌ لـك الأيـامُ كيف أمـرتها   وتصيـر أزمنةُ القرون عبيدا

مُـذ قال جدُّك: أنت منّي (٢) إنـما   أصبحت فيها الشاهد المشهودا

ألغيتَ معنى الخوفِ فارتجفَ الردى   ووضعتَ درساً للكفاح جديدا

قل: يا حسين.. وصلِّ عند ضريحه   والـعـنْ أمـيَّـةَ كـلـها ويزيدا

اسم الحسين شفاعةٌ ورأيتُ في   ذراتِ تُربته الشفاء أكيدا (٣)

آمنت بـالسبط الحسين فجدُّه   أعـطاه رايـةَ دينـه ليـذودا

ذاد الحـسـين وتلك ثورة كربلا   كتبت بأوردة الرجال قصيدا

قررتَ بالسبعين (٤) فرداً أن ترى   السبعين ألفاً للطغاة قرودا

فأتاك يلـتـمـسُ الـوجودُ وجوده   إبّـان لـم يـرَ في سواك وجودا

---

(١) مفؤود: مأخوذة من الفؤاد أو القلب وتعني مريض الفؤاد.

(٢) إشارة الى حديث النبي محمدﷺ: «حسين منّي وأنا من حسين»، انظر: ترجمة الامام الحسين لابن عساكر: ١١٤.

(٣) عن محمد بن مسلم قال: سمعت أبا جعفرؑ وجعفر بن محمدؑ يقولان: «إن الله عوّض الحسينؑ -من قتله- أن الامامة من ذريته والشفاء في تربته وإجابة الدعاء عند قبره، ولا تُعد أيام زائريه جائياً وراجعاً من عمره». وسائل الشيعة: ١٤/٤٢٣، ح١٩٥٠٩، محمد بن الحسن الحر العاملي.

(٤) السبعون: تعبير مجازي جرى على ألسنة الخطباء، وإلا فإن أصحاب الحسينؑ هم أكثر من ثلاثمائة شهيد، نعم يصح ذلك إذا تم تخصيص الرقم بالشهداء في كربلاء من أهل البيتﷺ فهم ٧٢ شهيداً، راجع في ذلك الأجزاء الثلاثة من: معجم أنصار الحسين.. الهاشميون، للكرباسي.

(٦)

«مهدي الأمّة» (١)

* قصيدة الشاعر نعمان أحمد التميمي، وهي من الشعر الدارج يستنجد بالحجة المنتظر للخلاص من الظلم ومنتقداً لنواب الشعب الذين ينسون وعودهم لناخبيهم.

أَلِفْ أهلاً وسهلاً بِيكْ مولاي   يَبِنْ حيدر علي وسَيِّد النبيِّين

يا عطر البتول وروح جبريـل   يَلْبِيكِ انْخِتَمْ كُل الوصيِّين

نَوَّرتِ البريَّة وشَعْشَعِ الكَوْن   إِلَكْ فرحانه كل الناس هَلْيومْ

گَلِبْهَا إيرِفْ عَليكِ إسْنين واعْوام   يَبو القاسم محمد مهدي الأمَّه (٢)

يَلْتَحْمِل صِفاتَه وكُنيته واسمَه (٣)   يا آخـر إمام وخاتـم العِصْمَه (٤)

بالإثني عشر بِيةَ اكْتِمَل رَقْمَه (٥)   يا نـور الهـداية ومنبـع الرَّحْمَه

جازت مِنْ دَمعَه وحطّتِ البَسْمَه (٦)   رادتْ عِطْرَ أبوكِ وْجَدَّكِ إشْمَّه (٧)

---

(١) أنشد الشاعر القصيدة في الإمام المهدي عجل الله فرجه الشريف متعرضاً للوضع السياسي في العراق، وقد وقع تاريخ ندوة الخالص مع ذكرى ولادة الحجة المنتظر في شهر شعبان.

(٢) بِيكْ: بكَ. يبو: يا أبو.

(٣) يبن: يا إبن. يلتحمل: يا هذا الذي تحمل. وهنا إشارة إلى الحديث النبوي الشريف: عن جابر بن عبد الله الانصاري قال: قال رسول الله ﷺ: «المهدي من ولدي، اسمه اسمي، وكنيته كنيتي، أشبه الناس بي خَلقا وخُلقا، تكون به غيبة وحيرة تضل فيها الأمم، ثم يقبل كالشهاب الثاقب يملأها عدلا وقسطا كما مُلئت جورا وظلما». كمال الدين وتمام النعمة: ٢٨٧، باب ٢٥، الصدوق محمد بن علي.

(٤) البتول: يريد بها فاطمة الزهراء عليها‌السلام.

(٥) يلبيك: يا الذي بكَ. ولاشك أن الإمام المهدي المنتظر هو الإمام الثاني عشر من أئمة المسلمين الذي وصّى بهم نبي الإسلام محمد ﷺ.

(٦) إلك: إليك. فرحانه: مؤنث فرحان، ويريد هنا جميع الناس فرحة وسعيدة. هليوم: هذا اليوم. جازت: تركت وتخلت. دمعه: دمعها. حطّت: وضعت البسمة على وجهها.

(٧) گَلِبْهَا: قلبها. إيرف: يرف يهتز ويتحرك. رادت: أرادت.

٣٨٦

خَل يُفْرُشِ إجْناحَهَ الكَلُبِ ويْضُمَّه (١)	مُشْتاقَه إعْلَه شوفَك وِنْتَ هَالجِيت
مَيْلِمَّه الصدر هيهات مَيْلِمَّه (٢)	ويطيرِ إبْفَضاءِ العِشِگ ويهيم
خَلَّه الكَلُبْ طير ويمتطي النَّسَمَه (٣)	مَحْلاهُ العِشِگ لو صافي لله
ونهني الحسن وحسين أبو اليَمَّه (٤)	جِينَه إنبارِكِ إبْميلادَكِ اليوم
ومْحِقِّقْ أَمَلْ كُلْ مُسلِمٍ وحِلْمَه (٥)	نِذريك إنتَ مُنْقِذ هَالملايين
مِسْتَعْجِلْ وَلَوْ ما ندري بالحِكْمَه (٦)	ما طالَ المِقام إوْيانَه مولاي
غِبِتْ عنّه يَوَجْهِ الخير والنَّعْمَه (٧)	تَوَّك مِنْوِلَدْ ما صارْلَكَ يومْ
شَرْعَ الله ورسوله وَمِنَّكِ الكَلْمَه (٨)	والنُّوّاب بِسْمَكَ ظَلَّتِ إدّير
وعلي إبن محمد وكُلْمَنْ حسب فَهْمَه (٩)	عِثمان وابن عثمان وحسين

---

(١) مشتاقه: مشتاقة. إعله: على. شوفك: رؤيتك. ونت: أنت. هالجيت: ها أنت جئت وأتيت.
خل: دع.

(٢) العِشِگ: العشق. ميلمّه: لمّ وجمع ما يلمّه ويجمع شمله.

(٣) محلاه: ما أحلاه. خله: جعل وأحال.

(٤) جينه: جئنا وأتينا. إنبارك: نبارك. أبو اليمة: أبو الأئمة ويريد به الإمام الحسين ﷺ فالأئمة التسعة من صلبه.

(٥) نذريك: ندري أنك. هالملايين: هذه الملايين.

(٦) إويانه: معنا.

(٧) توّك: للتو أنت. منولد: وُلدتَ. صارلك: صارَ لكَ. عنّه: عنّا. يوجه: يا وجه.

(٨) النواب: يريد بهم نواب الإمام المهدي الأربعة الذين كانوا حلقة الوصل بين المعصوم والأمة في غيبته الصغرى في الفترة ٢٦٠ - ٣٢٩هـ. بسمك: بإسمك. إدير: تدير وتدبر. منّك: مِنْكَ.

(٩) عثمان: هو ابن سعيد الأسدي العمري، وهو من أصحاب الإمام الحسن العسكري والإمام محمد بن الحسن المهدي العسكري، وهو أول نواب الحجة المنتظر وسفرائه، مات ببغداد سنة ٢٦٥هـ وقبره يُزار في سوق الميدان.
ابن عثمان: هو محمد بن عثمان بن سعيد الأسدي العمري، النائب الثاني للإمام الحجة المنتظر توفي سنة ٣٠٥هـ وقبره في بغداد يُزار ويُعرف بالشيخ الخلاني.
حسين: هو ابن روح النوبختي، النائب الثالث للإمام الحجة المنتظر في غيبته الصغرى، توفى ببغداد سنة ٣٢٦هـ، وقبره يُزار في شارع الجمهورية قرب سوق الشورجة.
علي بن محمد: السمّري، النائب الرابع والأخير للإمام الحجة المنتظر في غيبته الصغرى، توفي ببغداد سنة ٣٢٩هـ وقبره يُزار في سوق الهرج.
كُلْمَن: كُلُّ مَن.

سَبْعِ إعْقُودْ طالَت غيبتك هايْ   والناس إبْصَبَّر أيوب مِتْحَزِمَه (١)

عاوَدَتِ الظُّهور وغِبتْ مَولاي   ما شِفْنَه بَعْدْ طولَكْ ولا رَسْمَه (٢)

واحكام الشَّرع ناخذها والدين   من فقه المراجع مُبري للذِّمَّه (٣)

بَسِّ النَّاس شَخْصَكْ سيدي إتريد   يوميَّه تُطِّيح إبْمُشْكِلَه وأزْمَه (٤)

محتاجين إلَكْ يا بو الشَّرع گُومْ   رُدَّنَه الأمن والخير واللَّمَّه (٥)

تِطَشَّرْنَه إبْلادِ الغُرُبْ مَولاي   والگَلُبْ إلْچَم ألف مليون لَچْمَه (٦)

مَلِّينَه العُمُر مِنَّ الطواغيت   كل إسلام أُبوك إمْجَرَّح إمْدَمَّه (٧)

تِنيناكْ إبْصَبُر يوسُفْ ويَعْگُوب   گلَّنَه الفرج يا يَومْ بَشِّرْنَه (٨)

إبْيَضَّتِ العَينْ وما بُقَه إدْمُوع   نِتْرَجّاك يَبْن الحَسَنِ تِحْضُرْنَه (٩)

ما نِحْتِمْل هَمّ وألَم وعْتاب   واتْرَجّاكْ لَوْ گِلناها تِعَذِرْنَه (١٠)

---

(١) سبع عقود: هي فترة الغيبة الصغرى (٢٦٠- ٣٢٩هـ). هاي: هذه. إبصبر أيوب: بصبر أيوب، حيث صار صبر النبي أيوب مثلاً. متحزمة: لبست الحزام إشارة إلى الاستعداد لقدوم الإمام واستقباله

(٢) عاودت: أعدت الظهور مرة أخرى. ما شفنه: ما رأينا. طولك: قيافتك وهيئتك.

(٣) فقه المراجع: يريد مراجع التقليد الذين هم وكلاء الإمام المهدي في غيبته الكبرى التي بدأت منذ عام ٣٢٩هـ وحتى اليوم.

(٤) بس: فقط. إتريد: تريد. تطيح: طاح وسقط ووقع. إبمشكلة: في مشكلة.

(٥) إلك: لكَ. يا بو: يا أبو. گوم: قُم. ردّنه: أردد إلينا وأعد. اللَّمَّة: لمّ الشمل ووحدة الجماعة.

(٦) تطشرنه: أصابنا التفرق والتشرذم وأصبحنا أيدي سبأ. إبلاد: في بلاد. الغُرُب: الغربة والبعد. الگلب: القلب. إلْچَم: أصابته اللكمات والضربات والأوجاع. لچمة: ضربة ولكمة ومصيبة.

(٧) ملينه: أصابنا الملل. أبوك: بغى وأراد. إمجرح: أصابه الجرح. إمدمه: مدمى وموشح بالدماء.

(٨) تنيناك: انتظرناك. إبصبر: مثل صبر النبي يعقوب ﷺ على فراق ابنه النبي يوسف ﷺ. قل لنا. يا يوم: في أي يوم. بشرنه: بشرنا. گلنه:

(٩) ابيضت العين: دلالة على فقدان البصر من شدة البكاء والانتظار، كما في قوله تعالى في قصة يوسف ويعقوب ﷺ: ﴿وَتَوَلَّى عَنْهُمْ وَقَالَ يَا أَسَفَى عَلَى يُوسُفَ وَابْيَضَّتْ عَيْنَاهُ مِنَ الْحُزْنِ فَهُوَ كَظِيمٌ﴾ سورة يوسف: ٨٤. بقه: بقي. نترجاك: نرجوك. يبن الحسن ويريد به الإمام الحجة المنتظر(عج) نجل الإمام الحسن بن علي العسكري ﷺ، تحضرنه: تحضر إلينا لتنقذنا مما نحن فيه.

(١٠) واترجاك: وأرجوك. گلناها: قلناها. تعذرنه: تعذرنا.

تَعَّبْنَه الصَّبُر عَلْگَّم بِلـحُلُوگ   تعالِ وشُوفْ يا بو الغِيرَة مَنْظُرْنَه (١)

إلْتَمَّتِ عْلِيَنَه أنْصَابْ وأحْزاب   ما تعرف بَعَدْ يا هُو الْيِفَجِّرْنَه (٢)

راح ابنِ الـعِراقِ إبْرُخْص الـتُّراب   صِرْنَه إبْلا ثمن مَحَّدْ يِسَعِّرْنَه (٣)

ولا مِنْ صَوتْ صاحٍ وْگـالْ اللـه   كِلّهَا إسْكوتْ ما واحدْ يِعَبُّرْنَه (٤)

نِعْتِبْ عـالأخَذْ صوت الـملايين   ما شِفْنَه بَعَدْ طوله الـحُلُو وْسَرْنَه (٥)

نِسانه وهاجَر المنطقة الخضراء   ولا عَالبالْ ما ناوي ايِتْذَكَّرْنَه (٦)

هـي أربع سنين وتَخْـلَـصِ إبْساغْ   وبذاك الوكِتْ يُذْكُرْ يِجي إيمُرْنَه (٧)

ويِحَبِّبْ گُصَصْ ويِقَبِّلِ الإيدْ   ويِدَوُّرْ عُـذُرْ ياخُذِ إبْخاطِرْنَه (٨)

---

(١) تعَّبْنَه: أتعبنا وأجهدنا. علگَّم: علقم. بلحلوگ: بالحلوق مفرد الحلق وهو جزء من القناة الهضمية الواصل بين الفم والمريء. وشوف: وانظر. يا بو: يا أبا. منظرنه: منظرنا وهيئتنا.

(٢) إلتمت: إلتم واجتمع عليه. علينه: علينا. أنصاب: مفرد نصب وهو العلم إشارة الى كثرة المجموعات السياسية التي انتشرت في العراق بعد سقوط حكم صدام حسين عام ٢٠٠٣م. يا هو: أي مَن مِن هؤلاء الذي يفجر بيننا المتفجرات والمفخخات وينشر الموت والخراب في مدننا.

(٣) راح: ذهب. إبرخص: أرخص من التراب. صرنه: صرنا وأصبحنا. إبلا: بلا. مَحّد: لا يوجد أحد. يسعرنه: يثمننا ويقيمنا بسعرنا الحقيقي.

(٤) گال: قال. إسكوت: من السكوت والصمت. يعبرنه: يعير لنا اهتماماً.

(٥) عالأخذ: الذي أخذ. صوت الملايين: إشارة إلى الساسة العراقيين الذي تولوا المهام الحكومية والنيابية بعد جولات الانتخابات التي جرت منذ عام ٢٠٠٣م وحتى اليوم. ما شفنه: ما رأينا. طوله: هيئته وقيافته. وسرنه: وسرّنا وأفرحنا بتنجيز ما وعدنا أثناء حملته الانتخابية.

(٦) نسانه: نسينا. المنطقة الخضراء: إشارة الى المنطقة التي تقع فيها دوائر الحكومة العراقية في بغداد التنفيذية والتشريعية. عالبال: على البال. ما ناوي: لا ينوي أن يتذكرنا ويفي بوعوده لنا.

(٧) أربع سنين: إشارة الى دورة انتخابية واحدة في مجلس النواب العراقي. تخلص: تنتهي. إبساع: بسرعة. الوكت: الوقت. يذكر: يتذكر. يجي: يأتي. ايمرنه: يمر علينا.

(٨) يحبب: يبوس ويقبّل. گصص: واحدها گُصَه أي جبهة الرأس. الإيد: الأيادي. يدوّر: يبحث عن. ياخذ: يأخذ. ابخاطرنه: خاطرنا أي يتودد ويتقرب الينا ثانية لنرضى عنه ونغفر له عدم الوفاء بوعوده.

عَلَه عَهْدَه بُقَه ولا ما تِنَكَّرْنَه (١)	يِحْلِفْلَكْ إبْكُلِّ الْقِيَم والدِّين
عَالراتب وحُصَّةْ نفط بالگُرْنَه (٢)	بَسْ ما بِيدَه شِي بَسِّ التَّواقِيع
شارع مدرسة وتعيين تأمُرْنَه (٣)	عَالْدَوْرَه الجَديدة إتْبَشَّرْ وگُول
مُرَيَدَكْ بعد لا تجي إدَّوّرْنَه (٤)	شِبَعْنَه إمْنِ السَّوالِف والتصاريح
وَحْنَه ابْهَا لْجَحِيم النار تِصْهَرْنَه (٥)	رُوح إبَّخْتَك وَرْتَع بِالأنهار
ولو يِلِّلِدِغْ حتى الكون حَيَّرْنَه (٦)	ما يُلْدَغ المؤمن مِنْ لَدْغَتَيْنْ
فَرَجْ ربك قريب وبي تُصَبَّرْنَه (٧)	نَصْبُر والصَّبْر مِن خير الأعمال
هو اللي عَلَه الظُّلّام يُنْصُرْنَه (٨)	يحضر قائم المختار وحسين

(٧)

*** قصيدة من إنشاد الشاب سجاد قدُّوري، وهي من الشعر الدارج للشاعر نائل المظفر (٩)** بعنوان: «إسالوني قبل أن يا بو الحسن»، وفيها يقول في موضع الشاهد:

---

(١) يحلفلك: يحلّف لك بالأيمان المغلّظة. إبكل: بكل. عله: على. بقه: بقي. ما تنكرنه: ما تنكّر لنا.

(٢) بس: لكن. ما بيده شي: ما بيده حيلة. بس: فقط. عالراتب: على الراتب والمعاش الذي يأخذه من الحكومة نظير عمله. الگُرنة: القرنة، من مدن محافظة البصرة جنوب العراق حيث يكثر فيها آبار النفط.

(٣) عالدورة: على الدورة الانتخابية الجديدة. اتبشر: أبشر خيراً. وگول: وقُل. تأمرنه: تأمرنا.

(٤) شبعنه: شبعنا. السوالف: القصص. التصاريح: التصريحات. مريدك: ارجوك. تجي: تأتي. ادورنه: تبحث عنّا.

(٥) روح: اذهب ودعنا لوحدنا. ابختك: بما تنوي عليه وشأنك. ورتع: العيش برخاء وهناء. وحنه: ونحن. ابها لجحيم: بهذا الجحيم. تصهرنه: تصهرنا وتحرقنا.

(٦) يللدغ: يُلدغ. حيرنه: حار بنا وحرنا به.

(٧) وبي: وبه. تصبرنه: تذكُّر الفرج الرباني هو صبر وسلوة لنا.

(٨) قائم المختار: إشارة الى الإمام الحجة المنتظر(عج). اللي: الذي. ينصرنه: ينصرنا.

(٩) نائل المظفر: هو إبن عباس بن أحمد، شاعر وإعلامي عراقي، ولد في البصرة في ٦/١٠/ ١٣٩٤هـ (٢٣/١٠/ ١٩٧٤م)، عضو جمعية الشعراء الشعبيين منذ سنة ١٤١٦هـ (١٩٩٦م)، =

٣٩٠

وأعْتَذِرْ مَولاي گالوا مَهْزَلَه(١) — ناقَشوني إعْلَه الْبَچي وماي السَّبيل

حتى أراويهُمْ دَمعِتي إمْسَبَّلَه(٢) — راح أضُمْ وَجْهي وعْليكْ أبْچي إبْإناءْ

بَسْ عَليكُمْ تَعْني قِمَّة مَرْجَلَه(٣) — تَعني قِلَّة مَرْجَلَة إدْموعِ الرِّجالْ

(٨)

(أ)

«هذا حسينٌ»

٭ مقطوعة وقصيدة الشاعر باقر موسى الزبيدي، الشهير في الأوساط الأدبية في قضاء الخالص بـ (باقر الباقر)، وهي من (بحر الكامل):

يأبى الحياة أنْ يعيش مضاما(٤) — هذا حسينٌ إنْ جَهِلتَ فِعالَهُ

وأحالَ عروش الظالمين حطاما — كلُّ الطغاة أمامَ ثورته انحنت

مازلت للأحرار نوراً واماما — يا وراث العلياء شبل حيدر

صبراً ورفعة ومقاما — يا ملهم الثوار في كل عصر

= معظم شعره باللغة الدراجة نبغ فيه وهو صغير، له مشاركات كثيرة في مهرجانات شعرية داخل العراق وخارجه، منها مهرجان «شاعر الحياة» ومهرجان «بصراوي» و«مهرجان الشعبي» وغيرها، له عدد كبير من القصائد المشهورة منها القصائد الدينية والوطنية والوجدانية، له عدد كبير من الاناشيد المنبرية المعروفة باصوات عدد كبير من المنشدين، من المناصب التي شغلها ويشغلها: رئيس جمعية الشعراء الشعبيين في البصرة، رئيس رابطة نجوم الشعر في البصرة، مدير تحرير مجلة المنهج، مدير تحرير جريدة الصراط، المدير التنفيذي لقناة العهد الفضائية فرع البصرة، من دواوينه: نور الحسين، العراق عبر التاريخ، والمعنى في قلب الصفحة (مجموعة دواوين).

(١) إعله: على. البچي: البكاء. گالوا: قالوا.

(٢) راح: من راح وذهب أي سوف. أضم: أخفي. أبچي: أبكي. إبإناء: في إناء. أراويهم: أريهم. إمسبله: سائلة.

(٣) مرجلة: من الرجولة والشهامة والمفخرة. بس: لكن.

(٤) مضام: ذليل ومقهور.

قد كنت للتاريخ خير مجسِّدٍ   معلــماً وثـائـراً ونظـامـا

(ب)

«للحسين ينحني التاريخ»

❊ **قصيدة للشاعر نفسه، من الشعر الدارج بعنوان: «للحسين ينحني التأريخ».**

لِحْسَيْنْ يِنْحَني التَّأْريخ	لأنْ بَيَّض صَفِحْتَه وُصِنَع ثُوّارَه (١)
مَدرسةِ الأسلام وخَرَّج الأحرار	للباري انتفض مستودع أسرارَه
جبل أنت ودرع للدين ما تِنْقاس	وظُلْم الطاغي حارَبْتَه إبعُقُر دارَه (٢)
شَوَصْفَك بالكرامة وجَدَّكِ المُختار	نال أعلى المراتب بالسِّمَه أنوارَه (٣)
وشَوَصْفَك بالشِّعِر والدك داحي الباب	ميزان العدالة وحامي الجارَه (٤)
طُغيان العُصُور الْيومَكِ إيهابُوه	لأنْ عَرْش الْيِضِدَّك تِرْخَص أسعارَه (٥)
تِمَسَّك بِيك حتى الْمُو على الإسلام	غانْدي وبولص وجيفارا (٦)

---

(١) لحسين: للحسين. بيض: جعل صفحة التاريخ بيضاء لجهاده واستشهاده.

(٢) تنقاس: تُقاس. ابعقر: في عقر داره أي وسطه.

(٣) شوصفك: كيف أصفك. بالسمه: بالسماء.

(٤) داحي الباب: قالع الباب ويريد به باب خيبر حيث قلعه الإمام علي ﷺ بعد أن عجز الرجال عن فتحه.

(٥) طغيان: يريد بهم الطغاة والظلمة. اليومك: إلى يومك هذا. إيهابوه: يهابونه ويخافونه. اليضدك: الذي يضدك ويقف في وجهك.

(٦) بيك: بك والتف حولك. المو: الذي ليس على دين الإسلام.

غاندي: هو موهانداس كرمشاند غاندي (١٢٨٦ - ١٣٦٧هـ) عرف بالمهاتما أي النفس السامية، فيلسوف هندي ولد في پوربند، دعا إلى تحرير الهند بالطرق السلمية والمقاومة السلبية بعيداً عن العنف وقد تسلح بالإضراب عن الطعام، درس في لندن وعمل مستشاراً قانونياً في جنوب أفريقيا ودافع عن مواطنية الهنود طيلة عشرين عاماً تجاه معاملة الانكليز السيئة وعاد إلى بلاده عام ١٩١٤م وتزعم حركة المقاومة داعياً إلى تحرير الهند من الأجانب، تزعم حزب المؤتمر الهندي وساهم في المفاوضات التي أدت إلى استقلال الهند عام ١٩٤٧م، ثم اغتيل.

قُرِيشٍ ادْڭُول لازِمْ نُحْكِمِ الإِسْلامِ   ونْخَمِّدْ ثَوْرِتَه ونْشَتِّتْ أنصارَه (١)

وبَعَدْ تِفْرِض جِزْيَة إِبْكُلِ وَكِتْ وأموال   على كل مَن يزور إحسين وِلْيِلْهَج بأخْبارَه (٢)

وَيْنَه اللِي يِڭُولِ احسين كُنْتِ وْياكْ   ڭام يِساوِمْ أعْلَى الدِّرْهِمِ وْيِخْتِلِسْ دينارَه (٣)

وَيْنَه اللِي يِڭُولِ احسين أبو الأيتام   وشعب هذا الوطن أيتامَهْ جرَّارَه (٤)

لَتْحارُبْ نَهَرْ وتِعاشِرِ النّاعور   وناعورُ العطاشى إمْنِ النّهرِ كارَه (٥)

ولَتْشَيِّدْ قَصُرْ وتِترُكْ وطن مذبوح   مثل الْيِزْرَعْ شوك ويْمَوِّتْ أزهارَه (٦)

تَسَلَّحْ بالنزاهة وعَمُّرِ الأوطانْ   ولا تِبْخَسْ شعب وتْهَمِّش أفكارَه

=   بولص: هو بولس بن يوسف سلامة (١٩٠٢ - ١٩٧٩م)، أديب وشاعر وقاضي لبناني، ولد في قرية جزين، درس في مدرستي الفرير والحكمة ونال شهادة الحقوق من الجامعة اليسوعية ببيروت عام ١٩٢٦م، عمل في سلك القضاء، من مؤلفاته: الغدير، في ذلك الزمان، وفلسطين وأخواتها.

جيفارا: هو إرنستو تشي جيفارا بن إرنستو جيفارا لينش (١٩٢٨ - ١٩٦٧م)، طبيب وناشط سياسي وعسكري ماركسي ماوي، درس الطب في جامعة بوينس آيرس وتخرج منها عام ١٩٥٣م، ساند الحركات المسلحة في اميركا اللاتينية وسكن هافانا في كوبا، وتنقل في البلدان، انتقل الى بوليفيا محرضا على الجيش واعتقل في قرية لاهيغويرا وفيها أُعدم.

للوقوف على الشخصيات العالمية التي تأثرت بالنهضة الحسينية ورائدها الإمام الحسين ﷺ، راجع الجزء الأول من كتاب «قالوا في الحسين» للمحقق محمد صادق الكرباسي الصادر عن المركز الحسيني للدراسات بلندن عام ١٤٣٥هـ (٢٠١٤م) في ٦٤٦ صفحة من القطع الوزيري.

(١) إدڭُول: تقول. لازم: يجب. نحكم: نسيطر عليه ونخنق أنفاسه.

(٢) إبكل: في كل. وكت: وقت. إحسين: حسين. وليلهج: والذي يلهج باسم الحسين ﷺ ويولع بذكره ويواليه.

(٣) وينه: أين هو. اللي: الذي. يڭول: يقول. وياك: معك. ڭام: قام. أعلى: على. يختلس: يسلب ويسرق ويأخذ بغتة.

(٤) جرارة: كثيرة. النّاعور: دولاب لتحارب: لا تحارب. وتعاشر: من العشرة والمصاحبة والمشاركة في العيش.

(٥) لتحارب: لا تحارب. وتعاشر: من العشرة والمصاحبة والمشاركة في العيش. الناعور: دولاب للسقي يدور بدفع الماء او عبر الحيوان فيجلب الماء من النهر أو البئر لأجل السقي أو الشرب. إمن: من. كاره: عمله وشغله. وهو من الأمثال يدل على أهمية التمسك بالشيء كله لا بعضه، لا بطريقة: ﴿أَفَتُؤْمِنُونَ بِبَعْضِ ٱلْكِتَٰبِ وَتَكْفُرُونَ بِبَعْضٍۚ﴾ سورة البقرة: ٨٥.

(٦) ولتشيد: ولا تشيد. اليزرع: الذي يزرع. ويموت: ويميت. وهذا من الأمثال الشعبية يدعو الى الاهتمام باللب والأصل وعدم التفريط.

أبو السَّجّاد شجرة أُوْفَيَّتْ إغْلَى الدِّين

وسِير إبْدَرْبَه إشْما تِشْتِعِلْ نارَه (١)

(٩)

«ثلاثية الظهور»

❊ كلمة الشيخ اياد محمد صالح الزركوشي، منسق الحوزة العلمية في قضاء الخالص، تناول العلاقة بين حركة الإمام الحسين ﷺ الإصلاحية وحركة الإمام المهدي المنتظر النهضوية، ونصها:

أعوذ بالله من الشيطان الرجيم، بسم الله الرحمن الرحيم، والحمد لله رب العالمين، وصلى الله على البشير النذير والسراج المنير آمين رب العالمين وعلى آله الطيبين الطاهرين.

هناك ربط وارتباط بين الإمام الحجة (عج) وبين الإمام الحسين ﷺ، باعتبار أن الإمام الحسين ﷺ خرج يطلب الإصلاح في أمة جده محمد ﷺ، وهذا الهدف كما تعلمون لم يحققه الحسين ﷺ آنذاك، فالحسين ﷺ استشهد، وهذا الهدف المنشود لحد الآن لم يتحقق، فالإصلاح لم يتحقق، والذي سيحققه هو الإمام الحجة ﷺ، وبما ان الهدف لم يُنجز، إذن علينا أن نعمل مثابرين ومجاهدين لأجل إصلاح ذواتنا أولاً، لأن المجتمع عبارة عن أفراد، فإذا صلح الأفراد صلح المجتمع.

فإذا صلحنا وأصلحنا كنا من السالكين درب الحسين وهدفه، والمساهمين في تحقيق رسالته، وكذلك كنا من المساهمين في تعجيل ظهور المنتظر ﷺ وقيام دولة الإمام الحجة، دولة العدل الإلهية.

---

(١) أبو السجاد: إشارة الى الإمام الحسين ﷺ نسبة الى ولده السجاد علي بن الحسين ﷺ.
أوفيّت: من الفي أي الظل أي أصبحت كالشجرة تظلل على إبدربه والبشرية. إغلى: على.
إبدربه: بدربه. إشما: مهما.

٣٩٤

ولا شك أن هناك علامات لظهور الحجة (عج) وهناك أمور تمهد لظهور وقيام دولة الإمام الحجة ﷺ ، لأن العلامات تحدد الظهور، ولكن المهم توفير الشرائط لأجل التمهيد لظهور الإمام الحجة، وهنا نشير الى ثلاث نقاط تمهد للظهور.

أولا : الاستعداد العالمي : والمراد أن العالم يتوق الى أن يتحقق الصلاح بين البشر، ويقر العالم بأن الإصلاح لا يتم إلا بظهور المخلص وبإعجاز الهي، أي بأن العالم سيصل الى قناعة بأن العدالة يمكن أن تتحقق في أي لحظة من اللحظات وتتحقق معها السعادة، وان هذه السعادة لا يمكن أن تتحقق بالقوانين الوضعية التي وضعها البشر، وانما السعادة تتحقق عبر قانون الهي عادل، وهذا سيكون على يد الإمام الحجة ﷺ.

ثانيا : تكامل العقول : إن دولة الإمام المهدي لا تتحقق بالحروب وإنما برغبة الناس اليها، وتأييدهم لها، فدعوته (عج) تنتشر عن طريق الحوار، وذلك لتكامل عقول المجتمع، وأن ما يُعرف بين المجتمع بأن الإمام سيخرج ويقتل ربما هو غير صحيح تماماً، لأن الإمام فقط سيقف أمام معارضي الإصلاح وهم قلة في زمن ظهوره ان شاء الله، والدعوة تتجه أكثر وتنتشر عبر الحوار والطريقة السلمية.

ثالثا : تكامل الصناعات : من العلامات على الظهور قول الإمام جعفر بن محمد الصادق ﷺ : «إن المؤمن في زمان القائم وهو بالمشرق ليرى أخاه الذي في المغرب. وكذا الذي في المغرب يرى أخاه الذي في المشرق»[1].

هذه الثلاثية تدفع بنا من جانب آخر الى الإيمان بالعلم والتعلم، وأن

---

(١) بحار الأنوار: ٥٢/٣٩١.

نقف على عقائدنا ونتفهمها بشكل علمي حتى لا تلتبس علينا الأمور وتضيّعنا الدعوات المهدوية الكاذبة من هنا وهناك.

من جهة اخرى وبما يفيد المقام، لابد من الإشادة بالشعر والشعراء والرواديد والمداحين الحسينيين، فلهم دورهم البارز في توجيه السهام في نحور المعادين للإصلاح وصدورهم، والشعراء مسددون ومؤيدون بإذن الله ما داموا في درب رسالة الإصلاح، كما قال النبي محمد ﷺ للشاعر حسان بن ثابت[1]: «لا تزال يا حسان مؤيداً بروح القدس ما نصرتنا بلسانك»[2]، وكذلك قال الإمام علي بن موسى الرضا للشاعر دعبل الخزاعي[3] عندما أنشده قصيدته التائية[4]: «يا خزاعي نطق روح القدس على لسانك بهذين البيتين»[5].

إذن الشاعر يؤدي رسالة والشاعر يوجه سهماً في صدور الأعداء، ولكن بالطبع عبر الشعر الملتزم لا الشعر الخارج عن السياقات الأدبية والأخلاقية والعقائدية.

---

(١) حسّان بن ثابت: هو حفيد المنذر الخزرجي الأنصاري، (٦٦ق.هـ - ٥٤هـ) ولد في المدينة المنورة وفيها مات، من شعراء الدعوة الإسلامية، والمخضرمين الذين أدركوا الجاهلية والإسلام، لم يشهد مع الرسول أيّ غزوة، من آثاره: ديوان شعره

(٢) بحار الأنوار: ٢١/٣٨٨.

(٣) دعبل الخزاعي: هو أبو علي دِعْبِل بنُ عليٍّ بن رزين الخزاعي (١٤٨ - ٢٤٦هـ) من شعراء الإمامية البارزين، وُلد في الكوفة وفيها نشأ وأقام ببغداد، كان صديق البحتري وأبي تمام، هجا أمراء بني العبّاس كالرشيد والمأمون والمعتصم والواثق وما دونهم، وطال عمره، وقتل بين واسط وخوزستان ببلدة تدعى الطيب قرب الشوش، من آثاره، ديوان شعره، الواحدة في مناقب العرب ومثالبها، وطبقات الشعراء.

(٤) مطلع القصيدة التائية لدعبل الخزاعي (بحر الطويل):

مـدارس آيـات خـلـت مـن تـلاوة   ومـنـزل وحي مقفـر الـعـرصـات

(٥) عيون أخبار الرضا: ٢٩٧/١، الشيخ الصدوق.
والبيتان هما:

خـروج إمـام لا مـحـالـة خـارج   يقوم على اسم الله والبركات
يـمـيـز فيـنـا كـل حـق وباطل   ويجزي على النعماء والنقمات

وبالنسبة الى الرواديد الحسينين والمداحين والراثين فعليهم أن لا يحولوا النغمة الحسينية الى نغمة غنائية موسيقية تتناسب مع مجالس اللهو والطرب، فهذا مسيء للرسالة الحسينية، فالشاعر والرادود هما من أدوات توجيه الأمة نحو الخير والصلاح.

أسأله سبحانه وتعالى الخير للجميع وصلى الله على محمد وآله الطيبين الطاهرين.

(١٠)

«جئنا نحتفل»

٭ قصيدة الشاعر جاسم علوان الخفاجي، الشهير في الأوساط الأدبية في قضاء الخالص بـ (أبو علي الخفاجي)، وهي من الشعر الدارج، بعنوان «جئنا نحتفل».

إبْـمِيـلادِ الأئـمَّـة وبـي سِـعَـيْـنَـه(١)	إجِيَنَهْ نِحْتِفِل ونْهَنِّي الأحْبابْ
إتِّبـاشَـرْ خَـيْـرْ مَسْرورِين بِـيَنَه(٢)	وِبْـدِيرَةْ أَهْـلْـنَه أُوْ كُلِّ الأصْـحابْ
فِطْرَتْـنَه أُوْ مَحَبَّتْـنَه إلْـوَلِـينَه(٣)	وِبْهـاذي الرابطة صار إلْـنَه عِنوانْ
نِضَحِّي ارْكَابْنَهْ أُوْ لَجْلَهْ اعْتِنَيْنَه(٤)	يَـبُـو الـيِمَّه نِـضَـحِّيـلَكْ قَـرابِـينْ
أُوْ وَعْدِ الحُر وَفِي ومَسْدُودْ دَيْنَه(٥)	إبْـمِيـلادَكْ يَـبُـو الأحْـرارْ أحْـرارُ

---

(١) اجينه: جئنا وأتينا. إبميلاد: بميلاد. وبي: به ولأجله: سعينه: سعينا.

(٢) اتباشر: تستبشر خيرا. بينه: بنا.

(٣) وبهاذي: بهذه. الرابطة: إشارة الى رابطة شعراء ورواديد المنبر الحسيني في ديالى. إلنه: عندنا. إلولينه: إلى وليّنا ويريد به الإمام الحسين بن علي ﷺ.

(٤) يبو اليمه: يا أبو الأئمة ويريد به الإمام الحسين ﷺ. نضحيلك: نضحي لك ومن أجلك. قرابين: فدائيون وشهداء. اركابنه: رقابنا. لجله: لأجله. اعتنينه: من تعنّى توجه إليه وقصده.

(٥) إبميلادك: في ذكرى ميلادك. يبو: يا أبو.

٣٩٧

سَفينَه انْتَه أُوْ نَجاةِ النّاسِ بيهَه   أوْ مُصباحِ الهُدى ابْنُورَه اهْتِدَيْنَه(١)

أوْ حُبُّكَ مِنْ إلَهِ الْكَوْنِ واجِبْ   إبْحُبِّ حُسَيْنَ وَصانَهْ نبينَه(٢)

أوْ مِنْ أصْلِ الرَّسُولِ أُوْ انْتَ سِرَّه   أُوْ نِذْري احسَيْنَ مِنّه امكَوِّنينَه(٣)

يَبُوْ السَّجّادِ نِتْمَنّى الشَّفاعَة   إبْهَذا الجَمْعِ تَرعانَهْ أُوْ تِجينَه(٤)

لَجلْ عِزِّ الدِّيانَهْ أُوْ عِزِّ الإسْلامْ   قاوَمْتِ الشِّرِكُ وارْفَعِتْ دِينَه(٥)

تَحَمَّلْتِ المَصاعِبْ كُلِّ الأهْوالْ   ولا هابُوا رسولَ اللهِ أُوْ نَبينَه(٦)

ولا حَيْدَرْ علي راعي الشريعة   ولا مِن فاطِمَهْ البِضْعَةِ الحَزينَه

ولا حُبَّكِ الگالُوْ بِي عِبادَه   ولا مِنِ العَقيلَة احمَرْ جَبينَه(٧)

---

(١) انته: أنت. بيه: بها. ابنوره: بنوره. اهتدينه: اهتدينا. والبيت مستوحى مما روي عن الرسولﷺ في الإمام الحسينﷻ: «إن الحسين مصباح هدى وسفينة نجاة وإمام خير ويُمن وعز وفخر وعلم وذخر». عيون أخبار الرضا: ٦٢/١، محمد بن علي القمي الصدوق، مؤسسة الأعلمي، بيروت.

(٢) إبحب: بحب. وصّانه: أوصانا. نبينه: نبيُّنا. وهو تضمين للحديث النبوي الشريف: «حسين مني وأنا من حسين، حسين سبط من الأسباط أحب الله من أحب حسينا». ترجمة الإمام الحسين: ١١٤، لإبن عساكر.

(٣) امكونينه: متكون منه. والبيت تضمين للحديث السابق الذكر.

(٤) يبو: يا أبو. ابهذا: بهذا. ترعانه: ترعانا وتشملنا بعطفك وشفاعتك وكرامتك عند الله. تجينه: تأتي إلينا.

(٥) لجل: لأجل. وارفعت: ورفعت.

(٦) نبينه: نبيُّنا.

(٧) الگالو: الذي قالوا فيه. العقيلة: يريد بها زينب بنت علي بن أبي طالبﷻ. والشاعر هنا يشير الى الحديث الشريف الذي نقله الخطيب البغدادي في تاريخه عن الإمام جعفر بن محمد صادقﷻ: «حب علي عبادة». تاريخ بغداد: ٣٥١/١٢، الخطيب البغدادي أحمد بن علي، دار الكتب العلمية، بيروت- لبنان. وفي الحديث النبوي الشريف عن الصحابي سعد بن عبادة قال: «قال رسول اللهﷺ: لمّا عرج بي الى السماء فكنتُ من رَبِّي كقاب قوسين أو أدنى إذ سمعت النداء من قبل الله تعالى يقول: يا محمّد مَن تحبّ أنْ يكون مَعَك في الأرض؟ فقلتُ: أحبّ من يحب عليّاً فإنّي أُحبّه وأُحبّ مَن يُحبّه، فسمعت النداء من قبل الله تعالى يقول: يا محمّد أحبّ عليّاً فإنّي أُحبّه وأُحبّ مَن يُحبّه، قال فبكى جبرئيلﷻ حتى علا نحيبه وقال: بعثَك بالحقّ نبيّاً لو أنّ أهلَ الأرضِ يحبُّون عليّاً كما تحبّه أهل السماء ما خلقَ الله =

ولا خُوَّة أبو فاضِلِ الْعَـبَّاس   ولا رَحْـمَـة ولا قُـرْبَـه الْـنَبِـيـنَـه[1]

مِثِلْ خُوَّة أبو فاضِلٍ والْـحُـسِـيـنْ   أوْ زِينَبْ بالْخَلَگْ لا مالِگَـينَـه[2]

يا صاحِبِ الثَّارِ الثَّارْ مَرْيُـودْ   تْشُوفِ احْسِينْ نِحْرَوه مِنْ وَتينَه[3]

أوْ عُگُبْ ذاك النَّحِرْ رِفْعَوه عَلرْماحْ   أوْ داسَوْ عَلْصَدِرْ ما راحْمِينَـه[4]

او فَوگِ الْعَلْگِمِي العَبَّاس مَطْرُوحْ   أوْ رايَه أوْ جُود والْيِسْرَه أوْ يَمِينَه[5]

او زينب بِـيَـنْ كافِـلْـهَه والْحِسِيـنْ   تِـجي وتْرُوح وِتْهَدَّي الظَّعِينَـه[6]

= النّار يعذّب بها أحداً مِنْ عباده والسلام». إحقاق الحق وإزهاق الباطل: ١٥٢/٧، ب ١٩١،
نور الله الحسيني المرعشي التُستري، تعليق: شهاب الدين الحسيني المرعشي النجفي، قم
المشرفة- إيران.

(١) خوة: الأخوة. ابو فاضل: كنية العباس بن علي بن أبي طالب عليه السلام. النبينه: لِنَبِيّنا حيث ان اهل
البيت عليهم السلام هم وصية جدهم محمد ﷺ في أمته، وفي ذلك جاء في القرآن الكريم: ﴿قُل لَّا
أَسْـَٔلُكُمْ عَلَيْهِ أَجْرًا إِلَّا ٱلْمَوَدَّةَ فِى ٱلْقُرْبَىٰ﴾ سورة الشورى: ٢٣.

(٢) الخلگ: الخلق والبشر. لگينه: لقينا ووجدنا.

(٣) صاحب الثار: يريد به الإمام الحجة محمد بن الحسن العسكري عليه السلام الذي سيخرج في آخر
الزمان ليملأ الأرض قسطاً وعدلاً. تشوف: ترى وتنظر. نحروه: ذبحوه
مريود: مطلوب. نحروه: ذبحوه
من وتينه وفصلوا رأسه عن جسده، والوتين هو الشريان الرئيس الخارج من القلب والذي
يغذي الجسم بالدم النقي.

(٤) عگب: عقب وبعد. رفعوه: رفعوا الرأس الشريف. علرماح: على الرماح. داسو: داسوا
الصدور بحوافر الخيل. علصدر: على الصدر. ما راحمينه: لم يرحموه.

(٥) فوگ: فوق. العلگمي: العلقمي وهو اسم لرافد من نهر الفرات بالقرب من مرقد العباس بن
علي عليه السلام سمّي باسم الوزير العباسي ابن العلقمي، ولا وجود ظاهر له في الوقت الحاضر.
راية: علم، ويطلق على العباس عليه السلام صاحب الراية والجود حيث كان يحمل راية الإمام
الحسين عليه السلام في كربلاء. اليسره: يسار العباس حيث قطعت غيلة وكذلك يمينه.

(٦) كافلهه: كافلها وتكفّل برعايتها، ويريد به العباس بن علي عليه السلام الذي تولى رعاية الحرم
الحسيني منذ الخروج من مكة حتى كربلاء، والسيدة زينب عليها السلام على رأس الحرم الحسيني
تهدي: من التهدئة وتطييب الخاطر للنساء والأطفال لما أصابهم من مصاب جلل،
الظعينة: المرأة في الهودج، ويُراد هنا بقافلة النساء والأطفال التي تولت زينب عليها السلام قيادتها
بعد استشهاد الإمام الحسين عليه السلام في طريق الأسر إلى الكوفة والشام.

شهيدِ ابْصَفْ شهيد امْفَجِّرِينَهْ(١)	فَرْحَنَهْ بِالْحِزِنْ يا راعيَ الثَّار
ولا نُفْرَحْ ولا نَلْطُمْ بِدِينَهْ(٢)	لا زُوار تِمْشِي أُو لا نَصِلْهُمْ
عَبْوات أُو ذَبِحْ فَتوات بِينَهْ(٣)	يَبُو صالح دِشُوفِ اشْعِمْلَوا اليَوْمْ
رَوافِض خَل يِسَمُّونَه ارْتِضِينَهْ(٤)	عِزَّتْنَهْ التَّلاحُمْ ضِدَّ الإرهابْ
انْتِظَرْنَهْ أُو لِلْفَرَج مِتأَمِّلِينَهْ(٥)	على كُلْ ناصبي ظالِمْ ثَورْتَك
نِلُوذ إبْإسْمَكْ اتْفَرِّجْ عَلِينَهْ(٦)	فَرِّجْ يا إلهي الفَرَجْ مَوْلاي
إبْمِيلادِ الأَئِمَّة أُو تُگُرْ عِينَهْ(٧)	أُو إرْحَمْ يا إلهي الجايْ عَنّايْ

─────────────

(١) ابصف: بصف وبجانب. امفجرينه: من تفجير السيارات المخففة والعبوات الناسفة وضرب الهاونات التي انتشرت في العراق بعد عام ٢٠٠٣م في الأسواق والأزقة والمدارس والمستشفيات وبخاصة في المدن التي يقطنها شيعة العراق الذي يشكلون غالبية سكان العراق في حملة ابادة بشرية بشعة وقفت وراءها جهات داخلية واقليمية ودولية.

(٢) زوار: اشارة الى الزائرين لمراقد أئمة اهل البيت ﷺ من المدن الأخرى وخاصة الى مرقد الإمام الحسين ﷺ في كربلاء حيث تعجز وسائل النقل عن استيعاب الزائرين فيستعيض الزائر بالمشي على الأقدام لأيام، فيقوم الناس في الطرقات بين المدن بتقديم العون. نصلهم: نصل الى الزائرين بخدمتهم. نفرح: اشارة الى الاحتفال بمواليد المعصومين وعلى رأسهم نبي الإسلام محمد ﷺ. ونلطم بدينه: نلطم بأيدينا على الصدور إشارة الى مناسبات الحزن باستشهاد المعصومين ووفياتهم وبخاصة في ذكرى استشهاد الإمام الحسين ﷺ.

(٣) يبو صالح: أبو صالح من كنى الإمام المهدي المنتظر محمد بن الحسن ﷺ. دشوف: تعال وشوف وانظر. اشعملوا: ماذا عملوا وفعلوا بنا. فتوات: فتاوى التكفير والقتل والذبح والحرق التي صدرت من بعض المشايخ ضد شيعة أهل البيت ﷺ بخاصة بعد سقوط نظام صدام حسين عام ٢٠٠٣م. بينه: بنا وضدنا.

(٤) عزتنه: عزتنا في التلاحم والوحدة. خل: دعهم يطلقون علينا وصف الروافض لتبرير قتلنا وذبحنا. يسمّونه: يسمُّوننا ويوصفوننا. ارتضينه: رضينا بذلك من أجل وحدة العراق وسلامة أهله.

(٥) ناصبي: الذي ينصب العداء لأئمة أهل بيت النبوة ﷺ. متأملينه: نأمل الفرج بظهور الحجة المنتظر (عج) والانتصار للمظلوم.

(٦) الفرج: يريد به الخلاص بظهور الحجة. اتفرّج: بظهورك ترفع الغم والهم عن الموالين وتقمع الظالمين وتنشر راية العدل. علينه: علينا.

(٧) الجاي: القادم والآتي. عناي: القاصد. تگر: تقر عينه.

وَتْمَنَّهْ إِبْدُعائِي إِلْكُلْ مُوالِي   يعيش ابْخيرْ وبِنعْمَة حَصينَهْ(١)

وِلْيِحِبّ الشّعائِرْ وِالْخِدَمْهَهْ   نِخْدَمَه أُوْ نِعْتِنينَه انْحِبْ جَبينَهْ(٢)

تَحِيَّة رابْطَة أُوْ لَبَّتِ الدَّعْوَه   وِلْكِلْمَنْ دَعاهُمْ حاضِرينَهْ(٣)

بِيهُمْ شاعِرْ أُوْ بِيهُمْ رَواديد   يِبَيْضُونِ الْوَجِهْ لَوْ حَدَوْا بِينَهْ(٤)

تَحِيَّه إلْسادتي إِبْميلادْ جَدْهُمْ   نِهَنَّيهُمْ بالأفْراحِ الْحَزينَهْ(٥)

وِشْيُوخ الكِرامْ إلْحِضَرَوْ الْيَوْمْ   وِرِجالِ الدّينْ يَرْعاهُمْ وَلِينَهْ(٦)

تَعَلَّمْنَه المَحَبَّه أُوْ نِدْعِي لِلْخَيْرْ   وَصِيَّه إِمَنْ أَبُو الْيَمَّه إلْوَصّه بِينَه(٧)

تَهاني لِلْعَوائِل وَالْلِي ما جِايْ   أُوْ لَوْ يِرْضَه أَمِدْ إيدِي أُوْ أَعِينَهْ(٨)

هَذا مَقْصَدِي وَاتْمَنَّهْ مِنْكُمْ   تِخِدْمُونِ الْوِسامِ الْحامِلينَهْ(٩)

وِسامِ احْسِينْ هَذا أَكْبَرْ هَوِيَّه   عَلَى صَدْرِ الْمُوالِي امْعَلَّگينَهْ(١٠)

---

(١) وتمنه: وأتمنى. ابدعائي: في دعائي. الكل: لكل. ابخير: بخير.

(٢) وليحب: والذي يحب. الشعائر: يريد الشعائر الحسينية. والخدمه: والذي خدمها أي خدمة الشعائر الحسينية. نعتنينه: نتعنى اليه ونقصده لنحبه ونقبله في جبينه.

(٣) رابطة: يريد بها رابطة شعراء ورواديد المنبر الحسيني في الخالص. ولكلمن: ولكل من. حاضرينه: حضروا إليه أو له وقاموا بخدمته.

(٤) رواديد: مفرد رادود وهو المداح الذي يردد شعراً وينشده في مناسبات المسرات والملمات. حدوا: من حدا وساق وقاد. بينه: بنا.

(٥) إلسادتي: الى سادتي ويريد بهم ذرية علي بن أبي طالب ﷺ الذين يُطلق عليهم (سادة) في قبال عامة الناس من غير النسب العلوي الشريف. جدهم يريد بهم الإمام الحسين ﷺ حيث ذكرى ميلاده في شهر شعبان. بالأفراح الحزينة: يريد الشاعر أن النواصب أشاعوه من خراب ودمار في مدن العراق جعلوا أفراح اهل العراق في هذه المناسبات السعيدة أحزاناً.

(٦) ولينه: ولياً ويريد به الإمام الحجة المنتظر ﷺ.

(٧) تعلمنه: تعلمنا. ندعي: ندعو إلى. إمن: مِن. أبو اليمّة: أبو الأئمة ويريد به الإمام الحسين ﷺ. إلوصة: الذي وصى. بينه: بنا وألقى علينا وصاياه.

(٨) واللي: والذي. ما جاي: لم يأت. يرضه: يرضى ويقبل. إيدي: يدي.

(٩) واتمنّه: وأتمنى منكم وعليكم. الحاملينه: الذي تحملونه.

(١٠) امعلگينه: علقتموه على صدوركم.

الخالصُ الولاءُ

* قصيدة الدكتور عبد العزيز مختار شبين، ألقاها بالنيابة الدكتور **حسين أبو سعود**، وهي من بحر الرجز الثالث في ٣٨ بيتاً بعنوان «الخالصُ الولاءُ»، ونصها:

لِلْخَالِصِ الْعَهْدُ الْوَلَا	كَانَ هَوَاكِ أَحْبُلَا
يَا دُرَّةَ الْعِرَاقِ قَدْ أَضَأُ	تِ سَهْلَهُ وَالْجَبَلَا
وَوُصْلَةً قَدْ جَمَعَتْ	أَوْسَطَهُ وَالشَّمْأَلَا
بِقَامَةِ النَّخِيلِ رُمْ	ـتُ في ضُحَاكِ مَنْزِلَا
أَرَاكِ مَوْرِدًا لِظَ	ـمِيٍّ الأَسَى وَمَوْئِلَا
لَهُ غَدَوْتِ كَوْثَرًا	وَصَيِّبَاتٍ(١) هُطَّلَا
مَا أَسْحَرَ الْخَالِصَ وَجْ	ـهًا مُصْبِحًا وَأَجْمَلَا
فِيكِ يَظَلُّ آيِسٌ	مِنْ حُلْمِهِ مُؤَمَّلَا
يَا كِبَرَ مَنْ يَهْوَى الإِبَا	لَا مُدْبِرًا بَلْ مُقْبِلَا
هَذَا مُحَيَّاكِ زَكَا	فَوْقَ الْعُطُورِ صَنْدَلَا(٢)
وَفَوْقَ كُلِّ هَامَةٍ	طُورًا سَمَا وَيَذْبُلَا
مِنْكِ الْخُلُوصُ عِطْرُهُ	عَلَيْكِ فَاضَ سَلْسَلَا
يَرَى الْجَمَالُ فِيكِ سِحْ	ـرَ ظِلِّهِ سِجِنْجَلَا(٣)
يَا دَوْحَةً مِنَ اللُّغَى(٤)	وَلَوْحَهَا الْمُرَتَّلَا

---

(١) صيّبات: واحدة صيب وهو السحاب الممطر ذو الصوب.

(٢) صندل: شجر خشبه طيب الرائحة.

(٣) سجنجل: المرأة الجميلة، والزعفران، وسبائك الفضة والذهب.

(٤) لغى: جمع لغة.

وَنَايَهَا مُنْغَـمًّا
 وَصَوْتَهَا مُجَلْجَلَا

صَبَاحَهَا مُنْتَشِرًا
 وَصَحْوَهَا مُخْضَوْضَلَا (١)

وَعِزَّهَا مُكَرَّمًا
 بِمَا بَنَى مُبَجَّلَا

عُمْرُ الْفَتَى فِيكِ اسْتَطَا
 لَ هِمَّةً وَكَلْكَلَا (٢)

حُقَّ لَهُ مِنَ الشُّمُو
 خ وَالْبَهَا أَنْ يَذْهَلَا

شَعْبُكِ أَرْسَى مَجْدَهُ
 أَكْرَمَهُ وَالْأَنْبَلَا

أَشْمَخَهُ مَرْهَصَةً
 أَقْدَسَهُ وَالْأَفْضَلَا

الْجُودُ مِنْكِ قَدْ رَوَى
 عُرُوقَ ظَمْأَى فِي الْفَلَا

الْخَالِصُ الَّتِي عُيُو
 نُهَا تَلَالَتْ فِي الْعُلَى

أَمْحُو بِعَيْنَيْكِ غِشَا
 وَاتٍ وَلَيْلًا أَلْيَلَا

أَمَلْتُ مِنْ يَدَيْكِ كُـ
 لَّ عَارِضٍ أَنْ يَبْذُلَا

فِيكِ دِيَالَى نَهْرُكِ الـ
 عَظِيمُ عَنْبَرًا حَلَا

سُقِيتُ مِنْهُ مَا جَرَى
 وَكَأْسُهُ الْمُعَسَّلَا

قَدِ انْتَخَيْتُ شَاهِدًا
 نِضَالَهَا مُسْتَقْبِلَا

مُسْتَمْتِعًا بِعُودِهَا
 وَشِعْرَهَا مُسْتَرْسِلَا

فَكَمْ عَمَرْتِ بَلْقَعًا
 وَكَمْ فَتَحْتِ مُقْفَلَا

يَا قَلْعَةَ الشَّهَادَةِ الـ
 مُثْلَى فَلَقْتِ الْجَنْدَلَا

وَظَلَّةَ الدُّهُورِ تَبْـ
 قَى لِلْغَرِيبِ جَدْوَلَا

إِلَى خُلُوصِهَا الْحُسَيْـ
 نُ قَدْ رَأَى أَنْ يَرْحَلَا

دَاعِيَةً إِلَى السَّلَا
 م مُلْهِمًّا مُهَلَّلَا

حُرُوفُهُ مَوْسُوعَةٌ
 تَشْرَحُ وَحْيًا مُرْسَلَا

---

(١) مخضوضل: مبتل.

(٢) كلكل: الصدر الواسع.

تَـمْـتَـدُّ جِيـلاً بَعْـدَه

جِيـلٌ كِـتَـابَـهُ تَـلَا   تَـمْـتَـدُّ جِيـلاً بَعْـدَه

جِيـهَـا شَـذًا مُـسَـلْـسَـلَا   تَـحِـيَّـةَ كَـرْبَـاسَ يُـزْ

كِـتَـابَـهُ الْـمُـفَـصَّـلَا   يَـاخَـالِـصُ اسْـمَـعِـي مَـعِـي

(١٢)

* **كلمة الدكتور نضير رشيد الخزرجي**، تناول فيها جوانب من المنهجية في عمل مؤلف دائرة المعارف الحسينية.

(١٣)

«نشيد النهر»

* **قصيدة الشاعر قاسم أحمد البياتي**، بعنوان «نشيد النهر» في ٢٥ بيتاً من بحر الوافر في رثاء العباس بن علي ﷺ، ونصها:

وبالكفينِ يَبتدئُ الحِسابُ   وتحت العرشِ يكتملُ النِصابُ

ليشرقَ في أشعتها العِتابُ   فشمسٌ بينَ كفيها أكفٌ

سلي ما شئتِ فالشكوى تُجابُ   وصوتُ الربِ ناداها جلياً

ولا من ضلعِها لمّا يُعابُ   فلا تشكو لحرقِ الدارِ كلّا

وكلُّ الخَلْقِ أدهشها الخِضابُ   ولكن قدّمتْ كفيهِ تشكو

لأمَّكَ حينما حلَّ المصابُ   فذا عهدٌ من الزهراء يبقى

بعاشوراء يسرُقُها الغيابُ   فأقمارٌ لها بالطفِ غابتْ

ويومَ الطفِ تخشاهُ الحِرابُ   أبا الفضلِ الذي ربَّتهُ أمْ

بحب السبط .. يملأهُ الصوابُ   وغذّته الوفاءَ .. وصار ينمو

وفي صَمْصامِه(١) يعلو الخطابُ   ليغترف الشجاعةَ من عليٍّ

---

(١) صمصام: سيفٌ قاطع.

ويقتحمُ الفراتَ على أنوفٍ ... بيومٍ فيهِ يشتـدُّ الضِّراب

فيضربُ في فقارٍ .. ليس يُثنى ... فتى من بأسهِ فرُّوا وغابوا

كما في خندقٍ لبّى عليٌّ ... فإنَّ الشِّبْلَ في الطفِّ الجواب

توضّأَ في هُدىً كفّيكَ ماءً ... نشيدُ النهرِ .. ردَّدَه الشباب

حملْتَ الجودَ كي تسقي العطاشى ... ويشربُ من مكارمهِ السحاب

وما نالت شِفاكَ الماء كلّا ... ليبقى بين كفَّيكَ الثواب

ولا سيفٌ نهاكَ وأنتَ تسري ... كليثٍ بين عينيه العِقاب

كفلْتَ الكونَ لا تخشى جيوشاً ... ومنكَ الجيشُ مرتهبٌ يهاب

أخا السبطين يا غوث الحيارى ... أغثْ عطشى يُرويها السَّراب

حفاةٌ بالعراءِ ولا مُغيثٌ ... فضاق بهم من الأرضِ الرحاب

بناتُ محمدٍ أضحَتْ يتامى ... يُروعهُنَّ مِنْ شِمرٍ سُباب

هي الأحقادُ من بدرٍ فتغلي ... وعند الطفِّ سالَ لهم لُعاب

بنو سفيانَ قد سلّوا جراباً ... وفي أحقادِها حُزَّتْ رقاب

يعانقها النبيُّ أسىً وحزناً ... فهُمْ قُربى .. ويذكرها الكتاب

فيا لهفي على مَنْ طاحَ منهم ... وقلبي اليومَ من هَمٍّ مُذاب

(١٤)

*** كلمة الختام ألقاها الشيخ الدكتور عباس جعفر الإمامي**، عضو وفد دائرة المعارف الحسينية، شدَّد فيها على النهج الحسيني في توحيد الأمة وتحقيق الوحدة الإسلامية في العراق وغيره من البلدان.

(١٥)

* أسئلة وأجوبة ومداخلات

(١٦)

* مجموعة من مؤلفات المركز الحسيني للدراسات، قام مدير تربية قضاء الخالص الأستاذ **صلاح مهدي الحسيني** بتقديمها الى عدد من الأدباء والأكاديميين والمثقفين في القضاء بإسم دائرة المعارف الحسينية.

ملحق (١)
قصائد وتقاريظ من وحي ندوة الخالص

لمّا كانت الندوة الفكرية الحوارية في قضاء الخالص استضافتها رابطة شعراء ورواديد المنبر الحسيني، فإن البرقيات والكتابات التي قدمت لإدارة الندوة جاءت من سنخ المستضيف وهي عبارة عن قصائد، وكان من المفترض أن تُقرأ في الندوة ولكن الوقت لم يسمح بذلك، منها:

(١)

موسوعة فكر يتسامى

مقطوعة شعرية في تقريظ لدائرة المعارف الحسينية قدّمها التربوي رياض الشمري[1]، من خلال نظرته لباب معجم الشعراء الناظمين في الإمام الحسين ﷺ، وهي من بحر الرمل.

مـعـجـمٌ لـلأدبـاء الـعـاشـقـيـنْ	فـي هُـدى الأبـرار يا صوتَ الحسينْ
ذاكـراً فـيـها سَجـايـا الـثـائـريـنْ	هـو فـي أسـمـى مـقـالات الـهَـدَايـا

---

(١) رياض الشمري: هو إبن حسين بن عبد العزيز بن شوكت الشمري، ولد في بغداد عام ١٩٧٠م، معلم وتربوي تخرج من معهد اعداد المعلمين، له مساهمات ومشاركات في مهرجانات شعرية داخل العراق، له ديوانا شعر مخطوطان بعنوان «أغنيات الى العراق» و«على نهر الحسين».

هو موسوعةُ فكرٍ يَتـسـامى   في الكراماتِ عُلا المجدِ حُسَيْن

حجةٌ هـذي مقـالاتُ الـهُـدى   فلـها وجدٌ بتقوى المؤمنين

وصـلاةٌ تـرتـمي مِن طُهـرِ نورٍ   بُوركت في روح أسمى الخالدين

هو نِعْمَ الخُـلدِ آياتُ الـهُدى   ابنُ بنتِ المصطفى نورٌ مبين

(٢)

«مُرتمى القلل»

❋ قصيدة الشاعر قاسم أحمد البياتي بعنوان «مُرتمى القلل» في ٢٧ بيتاً من بحر البسيط، وهي في العباس بن علي عليه‌السلام، ونصها:

يا نفسُ قومي لِترْبِ الطفِّ واغتسلي   وبالإمامين زكِّ النفسَ مِنْ عِلَلِ

واستنشقي مِنْ عبيرِ الطفِّ قافيتي   وصوبَ نهرِ الفراتِ العذبِ فارتحلي

واستحضري وَجعَ الأيامِ مُذرفةً   دَمعَ الحنين على الكفينِ مِنْ مُقَلِ

كفّانِ خطّتْ بأرضِ الطفِّ ملحمةً   أمستْ نشيدَ العُلى تُروى إلى الأزَلِ

وبـاليقينِ ومـا شَكٌّ يُـراودُني   مُنذُ الصبا خُصّت الكفّانِ بالقُبَلِ

أخا الحسينِ بما في الشعرِ مِنْ دُرَرٍ   تأتيكَ زحفاً على الأوراقِ في خَجَلِ

فقيرةَ الوصفِ لا زالتْ قرائحُنا   وأنتَ يُنبوعُها في الشعرِ لم تَزَلِ

أطلقتها صرخةً أجفَلتَ سامِعَها   يا نفسُ هوني أنا ابنُ الضيغم البطل

أنا ابنُ مَنْ تعرفُ الأعرابُ صولتهُ   ذاكَ المُكنى أميرَ المؤمنينَ علي

أضرمتها حيدريَّ البأسِ مُنتفِضاً   تَلوي الرجالَ بـلا فـرٍّ ولا كَلَلِ

صارَ الرجالُ هشيماً أنتَ تَطحنهُم   إذ الشريعةُ(١) صارتْ مُرتمى القلل

جاؤوا الشريعةَ آلافاً مُجَندةً   كي تمنعَ الجودَ حتى قطرةَ البَلَلِ

تجري الجيوشُ كجري السيلِ مُنحدراً   ومِنْ حُسامِكَ صارَ الجيشُ في خَبَلِ

<hr>

(١) الشريعة: إشارة إلى نهر الفرات الذي استشهد عنده العباس بن علي عليه‌السلام.

وأنتَ تسري على أنفٍ مُمرغةٍ   قدْ داسها السبطُ وطء التُربِ بالنَعلِ

أحَلْتَ مِنْ تحتهم أرضَ الطفوفِ لظى   فاستنشقوا الموتَ مِنْ يُمناكَ في عَجَلِ

إذ رايةُ الحقِّ في علياكَ مُشرعةً   غرزتها فارساً في قمةِ الجَبَلِ

وأنتَ تسطعُ مِنْ عليائها قمَراً   فيا أبا الفضلِ عُذراً قِلَّةَ الجُمَلِ

رَكَزْتَ بالعلقميِّ(١) الجودَ مُقتدراً   وصارَ مِنْ بأسِكَ الأوغادُ في وَجَلِ

فالجودُ أنتَ الجودُ تَرفعُهُ   صَيَّرتهُ مِثلَ ماءِ المزنةِ الهَطِلِ

يفيضُ مِنْ كوثرِ الرحمنِ مُنهمِراً   وللعطاشى يَدرُّ الماءَ في رَفَلِ

ذكرى البطولةِ بالعباسِ مُنتصِراً   ذكرى الأميرِ لفي صفينَ والجَمَلِ

لِله مِنْ ثائرٍ للشعرِ حَيَّرَهُ   كيفَ الرُقيُّ إلى العباسِ بالمَثَلِ

أم الحُسينِ وكلٌّ للورى شُهبُ   قَدْ أيقظتْ مِللاً مِنْ رقدةِ الكَسَلِ

وجدتُ بالقربِ منكم سِرَّ مُعتقدي   يا سادةَ الناسِ بالأنسابِ والنَسَلِ

قَبَّلتُ أعتابَكَ البيضاءَ في شغفٍ   وبالقريضِ هَتفتُ القصدَ في أمَلِ

باب الحيارى لقد جئناكَ في وَلَعٍ   كي نستقي الجودَ أشعاراً إلى الطَلَلِ

خُويدمٌ يطرقُ الأبوابَ مُلتهفاً   وفي الضريحين(٢) أرخى عُقْدةَ العِلَلِ

---

(١) العلقمي: اسم لأحد أفرع نهر الفرات الذي كان يمر بأرض كربلاء المقدسة واندرس عام ٦٩٧هـ، والنسبة الى رجل من بني علقمة بن زرارة بن عدس فتحه في القرن الثاني الهجري، وقيل ان النسبة الى علقمة جد الوزير العباسي مؤيد الدين ابن العلقمي محمد بن أحمد الأسدي البغدادي على عهد آخر خلفاء العباسيين المستعصم العباسي المقتول ببغداد عام ٦٥٦هـ (١٢٥٨م).

(٢) الضريحان: إشارة إلى مرقدي الإمام الحسين بن علي وأخيه العباس بن علي عليه السلام.

(٣)

«النزيف الخالد»

* **قصيدة الشاعر أنمار الجراح**(١)، وهي من ٢٧ بيتاً من بحر الكامل بعنوان «النزيف الخالد» في رثاء الإمام الحسين عليه السلام، ونصها:

وقفي بـوادي كربـلاءَ وسلِّـمي	يا عينُ لا تصغي للـومِ اللُّـوَّمِ
تُطفي بيوم الحشرِ نارَ جهنّم	صُبّي الدموعَ على الحسينِ فإنها
سالَتْ دموعاً فوق خدِّ المُسلم	صُبّي الـدموعَ دَماً فإن دماءَهُ
ذبحَ السيوفَ وحامليها بالدَم	هيهات ما ذبحوا الحسينَ، نزيفُهُ
يومَ الفجيعةِ ما استعغتُ تيمُّمي	لَوْلَمْ يُعفَّرْ بالتُرابِ جبينُهُ
سَمعوا بها ووعى الذي لم يفهَم	انا مِن حُسينٍ وهوَ منّي (٢) كُلُّهُم
جسدُ الحسينِ لروح أحمدَ ينتمي	وتحشَّدوا متجبّرينَ يقينُهُم
كُلُّ بـعاشِقهِ المتيَّم يَحتمي	روحُ النبيِّ تعشَّقَتـهُ كأنّما
غداً الحسابُ ولاتَ ساعةَ مندَم	أفأزهقوها عارفينَ بفضلِها؟

---

(١) أنمار الجراح: هو إبن عبد الصاحب الجراح الخزرجي، أديب وباحث ومؤرخ وشاعر عراقي، ولد في دلتاوه مركز قضاء الخالص في ١٩٥٢/١١/١٣م، نشأ ودرس في مسقط رأسه وتأثر بوالده كثيرا مولعاً بالعلم والعلماء، نبغ شاعراً في سن السابعة عشرة واحترف صنعة الكتابة صغيراً، تعرض للاعتقال بسبب نشاطه السياسي، له عضوية في عدد من الاتحادات، منها: الاتحاد العام للأدباء والكتاب العرب، الاتحاد العام للأدباء والكتاب في العراق، عضو مؤسس في المؤسسة العلمية لتوثيق الأنساب العربية، رئيس مجلس تحرير مجلة السندان، تولى رئاسة مركز الخالص للثقافة والفنون في انتخابات جرت يوم ٢٠١٤/١/٤م، من مؤلفاته: جسد في مرآة الشيطان، قبيلة بني حميدة العربية في الأردن، شجى النشيج من أعماق الخليج.

(٢) إشارة لقول النبي محمد ﷺ في سيد الشهداء عليه السلام: «حسين منّي وأنا من حسين، أحبّ الله من أحبّ حسيناً»، راجع: الجامع الصحيح (سنن الترمذي): ٣٣٥/٥، باب مناقب الحسن والحسين، ح ٣٧٧٥، محمد بن عيسى الترمذي، تحقيق: أحمد محمد شاكر، دار الكتب العلمية، بيروت- لبنان.

مَـنْ جـدُّهُ؟ مَـنْ ذا أبـوهُ وأمُّـهُ؟   واخوهُ مَنْ؟ وبنوهُ مَنْ هُمْ؟ فاعلَمِ

هُمْ صفوةُ الرحمنِ ما افترقوا مع الـ   ـقـرآنِ عُـروَتُهُ التـي لـم تُفصَمِ

النجمُ يَهدي التائهينَ وحَسبُهُمْ   تُهدى بـهـمْ لَيلاً أعالي الأنـجُمِ

نوحٌ من الخَشبِ ابتناها مُنقذاً   في الارضِ حيثُ جبالُها لم تَعصِمِ

واللهُ قد جَعلَ الحسينَ سفينةً   تُنجيك من هولِ السماءِ المُبرَمِ

خَفْ مِن هَلاكٍ لا يزولُ على المدى   واركبْ سفينـتـهُ مُحباً تسلَمِ

إيهٍ يَزيدُ حَكمتَ أم لَمْ تحكُمِ   غـادَرتَ عرشَك نحوَ قبرٍ مُظلِمِ

الحقِدُ مُذ رَفَضَتْكَ زوجاً وارتضَتْ -   بـأبن النبيِّ - أُرينبُ - لم يُكظَمِ

أم لَيتَ أشياخي ببَدرٍ شاهَدوا؟   أم انّهُ المُلْكُ العقيمُ تكلَّمَ

أفصَحتَ إذْ انشَدتَ شِعركَ شامِتاً   والسُّمُّ يُفصِحُ عَنهُ شِدقُ الأرقَمِ

لا عُـذرَ لا لـو قامَ ربُكَ قاضياً   وعليكَ قامَتْ حُجَّةُ المُتظلِّمِ

واحَسرتـاه عـلـى أئمَّـةِ دينِنا   ما بينَ مَذبوحٍ مَضَوا ومُسَـمَّمِ

تُشرى الحياةُ بألفِ كَنزٍ مُتعةً   وتُباعُ آخِرَةُ السَّماءِ بـدرهَمِ

لو قبلَ ألفٍ في مَحَرَّم أجرموا   كـلُ الزمانِ اليومَ شهرُ مُحَرَّمِ

او ذُمَّ مِـن ألفٍ يَـزيـدٌ واحدٌ   كـم مِن يَـزيدٍ صارَ غيرَ مُذَمَّمِ

لاءُ الحسينِ مَعَ الدهورِ تحشَّدَتْ   زَحفاً كجيشٍ لا يُصدُّ عَرمرمِ (١)

يا سيدَ الشهداءِ والجنّاتِ يا   رَيحانةَ المُختارِ أنتَ مُعلَّمي

قَتَلَتْ جِراحُكَ قاتليكَ تحوَّلَتْ -   تدعو لثأرِ اللهِ فيكَ - إلى فمِ

---

(١) عرمرم: الكثير العدد الشديد.

(٤)

«هوادج البكاء»

* قصيدة الشاعر خالد حسين الداحي [1]، وهي بعنوان «هوادج البكاء» في ٣٦ بيتاً من بحر البسيط، وهي في العباس بن علي عليه السلام [2]، ونصها:

كَتبتُ إِسمي .. على شبّاكِهِ بقُبَلْ   لكنْ محاهُ مَسيلُ الدمع حينَ هَطَلْ

فِدىً لِكفَّيهِ عُمرٌ كم ضَنَنتُ بهِ   حتّى على النفسِ حينَ المَوتُ جاء وحَلْ

يَبحثنَ .. مثلَ القطا [3] .. في الصَّحو عن مِزَنٍ   يحيا .. ويُحيي عِطاشاً خطبُهنَّ جلَلْ

تألَّقَ الـجـودُ في أعـلـى مـنـازلِهِ   تهمي على الرّملِ كالسّلوى نديً وبَلَلْ

يابنَ الذي عَلَّمَ الدّنيا شَريعتَها   في راحتيهِ .. فأضحى للكِرام مَثَلْ

لو جاءهُ سائلٌ في يوم مسغبةٍ   وأثبتَ الحقَّ .. في ميزانِهِ فعدَلْ

جمّعتُ كلَّ قوافي الشِّعر فأنفرطتْ   تقولُ عيناهُ .. قبلَ الرّاحتينِ أجَلْ!

من أينَ للشِّعرْ أنْ يأتي بَقافيةٍ   أمـام بـابِـكَ إجـلالاً لـها وَوَجَلْ

وكانَ شِعريَ زُلفى مِنكَ ترفعُ من   ترقى لفضلِكَ حتى وهْيَ دونَ عِلَلْ؟

ذِكري .. وأُبدِلُ فيها حَيرتي بأمَلْ

***

---

(1) خالد الداحي: هو ابن حسين بن علي، شاعر وفنان تشكيلي عراقي، ولد في الخالص في ٢٠/١١/١٩٤٤م، عضو مركز الخالص للثقافة والفنون، أنتخب نائباً للرئيس في انتخابات ٢٠١٤/١/٤م، نشأ ودرس في مسقط رأسه وأكمل في بغداد، ومارس التربية والتعليم في مدارس الخالص حتى تقاعده من ثانوية الخالص.

(2) نالت القصيدة المرتبة الثالثة في مسابقة الجود العالمية الثانية التي نظمتها إدارة العتبة العباسية المقدسة في كربلاء المقدسة للفترة ١٦-١٧-١٨ أيار مايو ٢٠١١م، وفي ختام الحفل الشعري الذي أداره الأديب علي الصفار تم منح الشاعر درع الفوز بعد أن ألقى القصيدة على مسامع ضيوف المهرجان في صحن العتبة العباسية المقدسة.

(3) القطا: واحدها القطاة وهو نوع من الحمام.

هَذا الهَوى مِنْ دَيالى سارَ موكِبُهُ   وعِندَ طفِّك القِرى رَحلَهُ ونَزَلْ!

يحدو هَوادجَ ركبٍ عُبِّئَتْ وَجَعاً   قوافلاً ضُلَّعاً تسري بدونِ كَلَلْ

تشكو إليكَ عذاباً .. جائراً ولظىً   يُثيرُ جمرتَهُ سيفٌ هوى فقَتلْ

وأوغدَ الصّدرَ حتّى أصبحَتْ حسكاً   أضلاعُهُ .. وغَدتْ ثاراتُهُ .. كجَبلْ

أَمسى الصّراطُ اعوجاجاً والحلالُ غدا   بينَ الأنام حراماً والمُحرَّمُ حلْ!

لكنْ صَبرُنا على البلوى وإنْ عَصَفتْ   بِنا .. وَصبرُ العراقيّينَ صبرُ جَمَلْ

❋ ❋ ❋

أشكو إليكَ عليلاً .. طولَ عِلَّتِهِ!!   يأتيكَ يطلُبُ غوثاً مِنْ يدَيكَ وحَلْ

قلباً على آخرِ الأضلاعِ مُتَّكِئاً   للهِ هذا المعنّى كمْ رَمى وحَمَلْ!

وَكَمْ أغارَ الضّنا والعادياتُ على   جنبيهِ .. حتى تَداعى واستكانَ وكَلْ؟

فقلتُ أدعو أخا السِّبطينِ يَنصُرني   على هواهُ .. إذا زاعَتْ رُؤاهُ .. وزَلْ!

❋ ❋ ❋

يا صاحِبَ الرايةِ الشمّاءِ تَرفعُها   حتى يراها الذي في الغيِّ تاهَ وضَلْ

تجثو أمامَك خيلُ البغيِ مُقرَنةً   لكنْ حُسامُكَ أفرى صَفَّها وفصَلْ

دارَتْ!! وداروا على خوفٍ وأنتَ بها   قُطبُ الرحى وعَديدُ القوم زادَ وقلْ

زادوا .. فقد أصبحَتْ أجسادُهُم قِطعاً   شتّى!! وقلّوا نفوساً .. لم تَمُتْ لِتُذلْ

وجالتِ الخيلُ تحتَ النقعِ في فزعٍ   كأَنَ مسّاً بها مِن رَوعِها .. وخَبَلْ!

❋ ❋ ❋

هابوكَ!! فاستعرضوا في الصبح هيبتَهُم   وفي الظّهيرةِ صارتْ خيبةً وفَشَلْ!

خافوكَ! حتّى بَدَتْ أحداقُهُمْ حُفَراً   كأَنّهنَّ كَوىً مَحفورةٌ بقُلَلْ!

وأصبحَ الصُّبحُ ليلاً .. والنّجومُ بِهِ   ليستْ نجوماً .. ولكنْ أعينٌ ومُقَلْ

نبكي دماً .. فوقَ أرضِ الطّفِ حيثُ غَدتْ   حمراءُ محفوفةٌ أطرافُها بشُعَلْ!

❋ ❋ ❋

الرِّيحُ مرَّتْ .. على الشُّطآنِ باكيةً   تُحدِّثُ الناسَ .. عَنْ ما قدْ جرى وحَصلْ
كفٌّ تفتِّشُ عن أخرى .. لِتسألَها!   هَلْ صاحبُ الجود حقّاً للإمام وصَلْ؟
فما أجابتْ!! ولكنْ مِنْ أصابِعِها   دمٌ تحدَّرَ مِنْ كُثر البُكا وَشَلْ!
وسالَ .. في الأرض يَسقيها على عَطشٍ   فليسَ للبَذْلِ حتى في المَماتِ بَدَلْ
إنّي لأُقسِمُ والتاريخُ يذكرُها   لولا يدُ الغَدْرِ .. لم تُقطَعْ يدٌ وتُطَلْ!
الليةَ البدرُ لم يَطلَعْ بِهالتِهِ!!   ولا تنفَّسَ ليلٌ .. بَلْ سَجى .. وسَدَلْ
تَبَّاً لعينيَّ تبَّاً!! ما جَرى لهُمَا؟   لم تَعْميا بعَدَ راعي الجودِ حين رَحَلْ

(٥)

(أ)

«لم يُخلق العباس إلّا هكذا»

* قصيدة الشاعر عباس فاضل الطائي في شهامة العباس بن علي عليه‌السلام وجوده وهي من بحر الكامل بعنوان: «لم يُخلق البعاس إلّا هكذا».

إنّي مُدانٌ والـجـريـمـةُ واضـحـةٌ   والحُكمُ يعقبُ نقطتين وشارحة
حتى الدفاع عليَّ يُشهر سيفهُ   والإدعاء الـعـام قـدَّم لائحـة
ويطالبُ الجمهورُ: قصَّرَ فاعدموا   وقرائح الشعراء ترقص صادحةٌ(١)
يا أيها الزملاءُ: لا تتسرَّعوا   بالحُكمِ .. أحرُفُنا خيولٌ جامحةٌ(٢)
حاولتُ أنْ .. ففشلتُ إذ .. لابدَّ مِنْ   حظٍ يقودُ المفردات الجانحةٌ(٣)
والذنبُ: أني قلتُ: لم يصف الكفـ   ـيل(٤) الشعرُ (فالعبّاس) يُرهبُ مادحةٌ

---

(١) صادحة: فاعل صدح الطير إذا غرّد ورفع صوته، والمغني إذا غنى وأطرب.

(٢) جامحة: مندفعة ومسرعة.

(٣) الجانحة: المائلة أو الخارجة عن الطريق الصائب.

(٤) الكفيل: من الألقاب التي وُصف بها العباس بن علي عليه‌السلام في واقعة كربلاء عام ٦١هـ نسبة الى كفالته لحماية النساء والأطفال وبخاصة كفالة وحماية أخته من أبيه زينب بنت علي عليه‌السلام.

٤١٤

قدَّرتُ يخسرُ مَنْ يُغامرُ فيه والـ   شعراءُ قالوا: صَهْ[1]، نراها رابحةْ

أنْ يوصف (العباس) تلكَ قضيّةٌ   لا فرصة للخوض فيها سانحةْ[2]

لم أكتب (العباس) في حبرٍ على   ورقٍ، وأصبَحَتِ الكتابةُ جارحةْ

هذا الكفيل الأرضُ تنطقُ باسمِه   وتـذيعُ نخوته السماء المادحةْ

ما صافحَ الرُسُلَ الإلهُ جميعهمْ   لكنما (العباس) ربُّكَ صافحةْ[3]

فرأى عيون الجودِ في كفٍّ وفي الـ   أخرى ينابيع الشهامة طافحةْ

فأراد ربُّكَ أنْ يكونا في السـما   لم يَسقُطا في الطف -قطُّ- البارحةْ

بهما يجازي الله مَن يدعوهُ إذ   كفـاكَ أصبحتا سماءً مـانحةْ

أصبحتَ بابَ الله يا بن المرتضى   وكفيل زينب في الخطوب الفادحةْ[4]

لم تشهدِ الأرضينُ مثلكَ فارساً   أو شاهَدَتْك العادياتُ الضابحةْ[5]

أدخلتَ ماء الكون جودَكَ كُلَّهُ   وجميع ما تجري بأمركَ ناضحةْ[6]

أسرجتَ ظهر الأرض ثم ركبتَهُ   وَمَخَرْتَ تمحقُ بالوجوه الكالحةْ[7]

صال الفتى المذخور قد وقعَ القضا   فانصُبْ على الدنيا مجالس فاتحةْ

وزّعتَ أصنافَ الحتوف على العدا   وبـكـلِّ بيتٍ رِحْتَ تـزرعُ نائحةْ

---

(1) صَهْ: اسكت واصمت.

(2) سانحة: متاحة ومؤاتية.

(3) صافحه: تعبير مجازي عن عقد البيعة بين العباس ورب العالمين من أجل الدفاع والاستشهاد دون سيد شباب أهل الجنة الإمام الحسين ﷺ والبقاء في الساحة حتى الشهادة للدفاع عن حُرم الإسلام ونساء النبوة، مثل قول الله سبحانه وتعالى: ﴿إِنَّ ٱلَّذِينَ يُبَايِعُونَكَ إِنَّمَا يُبَايِعُونَ ٱللَّهَ يَدُ ٱللَّهِ فَوْقَ أَيْدِيهِمْ فَمَن نَّكَثَ فَإِنَّمَا يَنكُثُ عَلَىٰ نَفْسِهِ وَمَنْ أَوْفَىٰ بِمَا عَاهَدَ عَلَيْهُ ٱللَّهَ فَسَيُؤْتِيهِ أَجْرًا عَظِيمًا﴾ [الفَتْح: ١٠].

(4) الفادحة: المصيبة النازلة.

(5) العاديات الضابحة: تضمين لقوله تعالى: ﴿وَٱلْعَٰدِيَٰتِ ضَبْحًا﴾ [العاديات: ١]، وهي الخيل العادية المسرعة، والضبح الصوت الخارج من جوفها، وقيل هي الجمال إذا مدّت أعناقها.

(6) ناضحة: سائلة.

(7) الكالحة: العبوسة والواجمة.

فأرْحْتَ (عزرائيل) يوم حَصَدْتَهُمْ

يا سيد الإيثار: شكٌّ هدَّني

هل تستطيع الأرضُ حملَك غاضباً

يا صيحةَ الملكوتِ في مَلَكوته

كفّان .. ذي تروي الشفاه الصالحة

وفمٌ كلامُ الله كلُّ نشيده

لم يُخلَقِ (العباسُ) إلّا هكذا

يا مستشارَ أخيكَ .. حاملَ بَنْدِهِ(٣)

أحرجتَ كل فتىً تبخْتَرَ بالـ (أنا)

عذراً وريث أبيكَ .. لستُ مؤهَّلاً

يا مُتعبَ الشعراءِ مهما حاولوا

قُلنا وقالوا فيك قبل فلمْ يقُلْ

أعيَيْتَ منقبةَ الوفاءِ فطأطأتْ

أسَّسْتَ للإيثار مدرسةً بها

ممَّا لديكَ الجودُ يُجبلُ ذاتُه

وجنود جيش الموت خلفك سائحةْ

وعلامةُ التَّسْآلِ تبرزُ فاضحةْ

وخطاكَ تعصفُ بالجبال الناطحةْ

أتُرى ليوم الجمع هذي الصائحةْ؟(١)

وتطيح هذي بالرؤوس الطالحةْ(٢)

ورؤىً (لثأر الله) قامت ناصحةْ

كفٌّ تفيضُ نديً .. وكفٌّ ذابحةْ

وعميدَ فرقتِهِ، وتلك الفالحةْ

يوماً فقال: (أنا) بغيرك مازحةْ

للمدح .. لكنَّ القريحةَ طافحةْ

خنقَتْ قصائدنا البحورُ المالحةْ

أحدٌ لحدٍّ الآن فيكَ المادحةْ

وسيول جودك لا تُطاوَلُ كاسحةْ

كلُّ المراحلِ بامتيازٍ ناجحةْ

طعماً ولوناً - لو سمحتَ - ورائحةْ

(ب)

«العروة الوثقى»(٤)

✻ قصيدة أخرى للشاعر عباس فاضل الطائي في مديح ورثاء الإمام

---

(١) الصائحة: صوت العزاء والمناحة.

(٢) الطالحة: الفاسدة والشريرة.

(٣) البند: العلم الكبير.

(٤) أنشأها الشاعر في رؤيا مباركة للرسول محمد ﷺ.

الحسين ﷺ وأخيه العباس ﷺ، من بحر الكامل بعنوان: «العروة الوثقى».

مَن ذا بتوأمـه يُحـارُ ويُبتلى   بُلِيَتْ بيومكَ أم بُلِيتَ بكربلا

إنْ فيك قد بُليَتْ فقد فازَت وإنْ   فيها بُليتَ فما أعزَّكَ مُبتلى

لَو لَمْ تكن هي كربلاءُ لَغَاصَ مِن   عِظَمِ الشهادة من ثراها ما عَلا

أوَلَمْ تكن أنتَ الحسين فلم تكن   هي كعبةُ الرفض الوحيدةَ للملا

يا أيها الرأس الذي عن جسمـه   فصلوهُ وهو على الأسنَّة رتَّلا

«لا تحسبنَّ»(١) وفي السماء ملائكُ   تبكي وظهرُ الأرض خارَ وزلزلا

جَمَدَ الزمانُ .. الأرضُ عن دورانها   مُذْ غابَ رأسُك عنك حتى أقبلا

* * *

ما قاتلوكَ لأجل كرسيٍّ كما   قال الذي جافى ومالَ وعلَّلا

لكـنْ لأنَّ محمـداً قد قالها   أنا من حسين وَهْوَ منّي أوَّلا(٢)

ما قاتلوك وإنما هم قاتلوا   اللهَ .. الرسولَ .. وجبرئيل المُنْزَلا

يا رافضَ الدنيا وحافظَ دينهِ   لتحوزَ في دمِك المآثرَ والعُلا

مِن حكمةٍ للهِ تُذبَحُ خالداً   ويموتُ ذبّاحوك ساعتها ولا

---

(١) لا تحسبنَّ: إشارة إلى قوله تعالى: ﴿وَلَا تَحْسَبَنَّ ٱلَّذِينَ قُتِلُوا۟ فِى سَبِيلِ ٱللَّهِ أَمْوَٰتًۢا بَلْ أَحْيَآءٌ عِندَ رَبِّهِمْ يُرْزَقُونَ﴾ سورة آل عمران: ١٦٩. ربما أراد الشاعر ترتيل رأس الإمام الحسين ﷺ للقرآن الكريم في أكثر من موضع، حيث جاء في الإرشاد: (وبلغ من غلواء ابن زياد وتيهه في الضلال أن أمر بالرأس الشريف فطيف به في شوارع الكوفة وسككها. يقول زيد بن أرقم: «كنت في غرفة لي، فمروا بالرأس على رمح، فسمعته يقرأ: ﴿أَمْ حَسِبْتَ أَنَّ أَصْحَٰبَ ٱلْكَهْفِ وَٱلرَّقِيمِ كَانُوا۟ مِنْ ءَايَٰتِنَا عَجَبًا﴾ سورة الكهف: ٩، فوقف شعري، وقلت: رأسك أعجب وأعجب). الإرشاد في معرفة حجج الله على العباد: ١١٧/٢، الشيخ المفيد محمد بن محمد بن النعمان العكبري البغدادي، مؤسسة آل البيت، قم-إيران، ط١، ١٤١٣هـ.

(٢) إشارة لقول الرسول محمد ﷺ: (حسينٌ منّي وأنا من حسين)، أنظر: ترجمة الامام الحسين لابن عساكر: ١١٤.

يبقى لـهـم ذكـرٌ سوى مِن لـعـنةٍ   في كـل ثغرٍ هـامٍ يـعـشـقُ كربلا

يا مُبدع الألم اللذيذ على الثرى   لـمـا لـعـيـن الله يـصـبـحُ مُرسلا

علّمت خلق الله كيف بـلـحظةٍ   حِزت الجنانّ إزاء نـزفك مَنزلا

ومسكتَ عرشَ الله باليمنى وبالـ   يسرى مسكتَ الجدَّ تصرخُ بالملا :

أنا حبل هذا الدين أوصِل باعثاً   برسوله المبعوث حيَّ على الصلا

مَنْ لَمْ يُبايعنا أضاع صلاته   وصيامَهُ حالاً .. وحجَّ وما انجلى

ذنبٌ وأيم اللـه حتى لـو غـدا   قـوّامَ ليلتِهِ وسبَّحَ .. رتَّلا

فبغير ثأر الله .. سِبْطِ محمدٍ   لا فرضٌ يُقبلُ لا شفاعةُ لا .. ولا

عبَرَ الصراط وقد هوى مِن قبلما   يخطو وسيقَ الى الجحيم مُكبَّلا

* * *

العروة الوثقى الحسينُ وجدُّهُ   وأبوهُ والحسنُ الزكيُّ وما تلا

فالتسع (1) من صلب الحسين وفيهمُ   سمت الإمامةُ والزعامةُ والعُلا

آل النبيِّ وسِرُّ ربكَ .. والتُّقى   مِن بعضِ دَيْدَنهم (2) .. فصلٍّ وزِدْ على-

أحباب طه ما حَييتَ .. أأشرقت   شمسٌ وإنْ جَنَّت لياليها .. صلا

---

(1) التسعة: إشارة إلى الأئمة التسعة من صلب الإمام الحسين عليه السلام، وفي الحديث الشريف: عن عمار قال: لما حضرت رسول الله صلى الله عليه وآله الوفاة دعا بعلي عليه السلام، فسارَّهُ طويلاً ثم قال: "يا علي أنت وصيي ووارثي قد أعطاك الله علمي وفهمي، فإذا متُّ ظهرت لك ضغائن في صدور قوم وغصبٌ على حقد. فبكت فاطمة عليها السلام وبكى الحسن والحسين، فقال لفاطمة: يا سيدة النسوان مم بكاؤك؟ قالت: يا أبة أخشى الضيعة بعدك. قال: أبشري يا فاطمة فإنك أول من يلحقني من أهل بيتي، ولا تبكي ولا تحزني فإنك سيدة نساء أهل الجنة، وأباك سيد الأنبياء، وابن عمك خير الأوصياء، وابناك سيدا شباب أهل الجنة، ومن صلب الحسين يخرج الله الأئمة التسعة مطهرون معصومون، ومنا مهدي هذه الأمة". كفاية الأثر في النص على الأئمة الإثني عشر: ١٢٤، علي بن محمد الخزاز الرازي، انتشارات بيدار، إيران، ط١/ ١٤٠١هـ.

(2) ديدن: الدأب والعادة.

فُديَ الحسينُ بكل نسلِك يا ملا	فَهَلْ نبيُّ الله في كبشٍ(١)
ودماءُ كبشٍ عند مكةَ مِن .. إلى	هـذي دماءُ السبطِ نبضُ محمدٍ
ـراج الدماء إلى السماء .. لنسألا	ما بين معراجِ الرسولِ وبين معـ
قبر الحسين .. أمكةٌ أم كربلا؟	أنَحجُّ بيتَ الله أم سَنَحجُّ في
سبعون حجاً نِلتَ فيه تَقَبُّلا(٢)	لا .. زُر حسيناً إنما لو زرتَه

۞ ۞ ۞

يا سرَّ دين الله يخلُدُ ما انجلى	يا كعبة الشهداء يا قُطبَ الفدا
نجسٍ من الطلقاء عاث وحوّلا	يا مُنقِذَ السمحاء مِن عِلْجٍ(٣) ومِن
دارت عليه المعجزاتُ فسَجَّلا:	يا سيد السبط الحسين ويا ثرى
دون العـراقِ قيـامةٌ إلّا عـلـى-	إنَّ القيامةَ بالعراق ولم تَقُمْ
عن جَدِّه للثأر جرَّدَ فيصلا(٤)	أرضٍ بها ذُبِحَ الحسينُ وقائمٍ

---

(١) إشارة إلى النبي إبراهيم عليه السلام وابنه اسماعيل عليه السلام ورؤيا الذبح والفداء بالكبش، كما في قوله تعالى: ﴿فَلَمَّا بَلَغَ مَعَهُ السَّعْيَ قَالَ يَا بُنَيَّ إِنِّي أَرَى فِي الْمَنَامِ أَنِّي أَذْبَحُكَ فَانظُرْ مَاذَا تَرَى قَالَ يَا أَبَتِ افْعَلْ مَا تُؤْمَرُ سَتَجِدُنِي إِن شَاءَ اللَّهُ مِنَ الصَّابِرِينَ فَلَمَّا أَسْلَمَا وَتَلَّهُ لِلْجَبِينِ وَنَادَيْنَاهُ أَن يَا إِبْرَاهِيمُ قَدْ صَدَّقْتَ الرُّؤْيَا إِنَّا كَذَٰلِكَ نَجْزِي الْمُحْسِنِينَ إِنَّ هَٰذَا لَهُوَ الْبَلَاءُ الْمُبِينُ وَفَدَيْنَاهُ بِذِبْحٍ عَظِيمٍ﴾ سورة الصافات: ١٠٢-١٠٧.

(٢) يريد الشاعر الحج المستحب، مستوحيا من قول الرسول محمد ﷺ في سبطه الإمام الحسين عليه السلام، إذ: رُويَ عن الإمام أبي عبد الله جعفر الصّادق أنه قال: «كان الحسين الحسين عليه السلام يلاعبه ويضاحكه، فقالت عائشة: ما أشد أعجابك يوماً في حجر رسول الله ﷺ بهذا الصبيّ؟! فقال لها: ويلك! كيف لا أحبُّه ولا أعجب به، وهو ثمرة فؤادي وقرة عيني؟ أما إنَّ أمّتي ستقتله، فمَن زاره بعد شهادته كتب الله له حجة من حججي، قالت: حجة من حججك؟! قال: نعم، حجّتين من حججي، قالت: حجّتين من حججك؟! قال: نعم، وثلاث، قال الإمام الصّادق: فلم تزل ترادده ويزيد، حتّى بلغ سبعين حجّة من حجج رسول الله بأعمارها». وسائل الشيعة: ١٤/ ٤٥٠، ح ١٤/١٩٥٧٩، الحر العاملي محمد بن الحسن، مؤسسة آل البيت عليهم السلام لاحياء التراث، قم المشرفة- إيران، ط١، محرم ١٤١٢هـ.

(٣) علج: الرجل الجاف الغليظ، الظالم، الغشوم.

(٤) الفيصل: السيف القاطع.

إلا على طفلٍ رضيعٍ لم يزلْ   قيْدَ القماطِ(١) مقيّداً .. ومُدَلّلا

لم يُمنح الماء الرخيصَ وقدّم الـ   ـدم الثمينَ .. فحرّموه .. وحلّلا

طفلٌ تعلّمتِ الشهادةُ منهُ ما   معنى الشهادة .. يا لِدَرسِكِ كربلا

* * *

مَنْ لَمْ يَزُرْ قبرَ الحسين ويذرفِ الدَّ   مع السخيّ على الضريح مُقبِّلا

لَمْ يَلْقَ غُفراناً ويدخل جنّةً   وجفا محمدَ والوصيَّ ..

ينِ الدعيُّ ابنُ الدعيِّ أرى إلى

لَوْ لَمْ يُرِقْ دمَهُ الحسينُ لعادَ بالدّ   وتعشَّقَ «العُزّى» وأعلى «هُبَلا»(٢)

أوثانها الأولى وعادَ «بلاتِهِ»   كالأنبياء تقابَلا .. و تساءَلا

أرضٌ كأنَّ الزعفرانَ وثائرٌ   فيها .. وَحيناً غازلَتْهُ وغازلا

فتَمَسَّكت به إذ تمسَّكَ مِثلُها   مع كربلاء .. وآدمُ لم يُجْبَلا

عَقَدَ الإلهُ قِرانَ سبطِ محمدٍ   مَهرَ الحسين على الحبيبةِ كربلا

شَهِدت ملائكةُ السماء جميعُها   ووفاؤها بالعهد تحفَظُهُ ولا-

فصَداقُها دَمُهُ على هضباتها   ـمهدي يطلبُ ثأرَهُ مُتَرَجِّلا

تنسى حسينَ الطفِّ حتى يظهر الـ   وإلى رضيعِكَ يا حسينُ مُهرولا

يأتي من النجف الشريف لكربلا   هل كانَ ذنبٌ للرضيع ليُقتلا

فيصيحُ بالدنيا .. ويَحملُ طفلَهُ:   يا كربلا جَدّي .. سأخلُقُ كربلا

يا يوم ثاراتِ الحسين ألا اشهَدي   وأبي الحسين وعترتي لن تُخذلا

اللهُ أكبرُ والرسولُ وحيدرٌ

هذي القيامةُ أين مَن قَتَلوا أبي؟   أهلاً بقائم آلِ أحمدَ .. وَيْ هلا

* * *

---

(١) القماط: قطعة من قماش ونحوه يلف به الرضيع. ويشير الشاعر الى الطفل الرضيع عبد الله بن الحسين أو علي الأصغر الذي ذُبح بسهم غادر.

(٢) اللات وعزى وهبل، أصنام العرب كانت تعبد من دون الله.

يا سيدي العبّاسُ يا مَن جُودُهُ   قد علَّمَ الجودَ المبادئَ في الملا

إنْ كان جودُ الناسِ مِنْ كفٍّ فبالـ   ـكفينِ (١) جُدْتَ لِحَثِّ جُودِكَ سَجّلا

أعلى مصافِ البذلِ حتى قد غدا   قمـرُ الهواشمِ بالمراتبِ أوّلا

وبرغم ما أعطى وجاد فما اكتفى   في قطعِ كفّيه .. استماتَ ليبذلا -

عيناً بسهم ابن اللعينةِ حَرمَلا (٢)   ويـرى بثانيةٍ مصائبَ كربلا

إيهٍ أبا الفضل (٣) الغيورَ أعِرْ فمي   قولاً بحجمِ التضحياتِ لينقُلا

للتائهينَ بكـلِّ فجٍّ ما رأوا   سُبُلَ الرَّشادِ ولا أصابوا مقتلا

يتراقصون على المذاهبِ جُلُّهم   إنْ لاحَ دِرْهَمُها أتاه مُهرولا

ما سرُّ أهلِ البيتِ حين تنافسوا   حَوْلَ الشهادةِ مَن يُضحِّي أوّلا

يا سيدي العباس أسْعِفْ شاعراً   سمّوه بالعباس لحظةَ أقبلا

ليذوبَ بالعباس حُبًّا مُفرطاً   ويَزُخُّ للعباس شِعراً مُذهلا

أرأيتَ كالعباس ثابتَ مبدأٍ   وعظيمَ تضحيةٍ بتلكَ وأنبلا

لأخيه وابنَ أبيه قدّمَ جعفراً   عثمانَ .. عبد اللهِ .. إخوتَهُ إلى -

حُبِّ الحسينِ ودينِهِ وكتابِهِ   ومشى بذاتِ الدَّرْبِ يتبَعُهُم على -

دَرْبِ الشهادةِ وهو نجلُ عليِّها   ما حادَ عَنْ دربِ الفداءِ وحوّلا

❉ ❉ ❉

نُسَخْ من الكرّارِ لو مايزتها   واللهِ طِبْقَ الأصلِ تظهرُ للملا

وطِباقَ جَدِّهِمِ الرسولِ جميعُهُم   كلٌّ بهِ تجِدُ الرسولَ مُمَثَّلا

---

(١) الكفّان: إشارة إلى كفي العباس بن علي ﷺ إذ قُطعت يمينه ثم يساره غدراً حيث كان يحمل ﷺ لواء معسكر الإمام الحسين ﷺ.

(٢) حرملا: إشارة الى حرملة بن كاهل الأسدي الكوفي، من كبار الجيش الأموي الذي قاتل الإمام الحسين ﷺ في كربلاء عام ٦١هـ، كان يجيد رمي السهم، قتله المختار الثقفي في الكوفة عام ٦٦ للهجرة.

(٣) أبو الفضل: كنية العباس بن علي ﷺ نسبة الى نجله الفضل.

صُورٌ حبـاهـا اللـهُ سِـرّاً لـم يَزَلْ   حتـى فنـاء الكـون وحْيـاً مُنْـزَلا

❉ ❉ ❉

بـالعُروة الوُثقى الحُسينِ تَمَسَّكوا   فَبِهِ النجاةُ وبـالحبيبـةِ كـربـلا[1]

والتوأمان الخـالدان على المدى   حـدَّ القيامـةِ أنتُـما فتَـحَمَّلا

---

[1] إشارة الى ما روي عن الرسول ﷺ في الإمام الحسين ﷺ: «إن الحسين مصباح هدى وسفينة نجاة وإمام خير ويُمن وعز وفخر وعلم وذخر». عيون أخبار الرضا: ٦٢/١.

(١١)

«استقبلت تلعفر ركب الرسالة وتستضيف اليوم
موسوعة الحسين»

الموسوعة الحسينية

في

قضاء تلعفر

(الموصل)

٢٠١٢/٧/٨م

(الإتحاد الإسلامي لتركمان العراق)

البعد الجغرافي في دائرة المعارف الحسينية

فقرات ندوة تلعفر (الموصل)

الإتحاد الإسلامي لتركمان العراق

* القرآن الكريم : الحاج محمد علي داود التلعفري

* كلمة الافتتاح : الأستاذ علي أكبر ذنون البياتي

* كلمة السيد قاسم إدريس الموسوي

* قصيدة الشاعر رضا محسن جولاق أوغلو

* قصيدة الشاعر أزهر محمد الملا

* كلمة الدكتور نضير رشيد الخزرجي

* مداخلات ومطارحات وأسئلة وأجوبة

* قصيدة الدكتور عبد العزيز مختار شبّين (د. حسين أبو سعود)

* كلمة الختام : الدكتور عباس جعفر الإمامي

البعد الجغرافي في دائرة المعارف الحسينية

(١١)

مدينة تلعفر (الموصل)[1]

ندوة في الموصل تحاور

الموسوعة الحسينية تعكس وحدة المجتمع العراقي[2]

تحت شعار (استقبلت تلعفر ركب الرسالة وتستضيف اليوم موسوعة الحسين) وبحضور عدد من الأدباء والكتاب ومدراء المؤسسات الحكومية المدنية والعسكرية وممثلي منظمات المجتمع المدني وشخصيات دينية وعشائرية من مذاهب مختلفة، أقام الاتحاد الإسلامي لتركمان العراق في

---

(١) تلعفر: أكبر أقضية محافظة الموصل (نينوى)، يقع شمال غربها على مسافة ٧٠ كيلومتراً محاذياً لسوريا، ويبعد عن بغداد بالسيارة نحو ٤٤٠ كيلومتراً، وعلى الخارطة ٣٦٠ كيلومتراً، وهو أكبر أقضية العراق أهله من التركمان، وطلب مجلس رئاسة الوزراء مطلع عام ٢٠١٤م تحويله الى محافظة.

(٢) تم توزيع التقرير الخبري من قبل المركز الحسيني للدراسات على وسائل إعلام مختلفة، ونُشر في الكثير منها، على سبيل المثال: صحيفة صوت العراق (www.sotaliraq.com) بتاريخ ١٥/٧/٢٠١٢م، موقع مؤسسة النور الثقافية (www.alnoor.se) بالتاريخ نفسه، وموقع مؤسسة الرسول الأعظم في سيهات (www.rasoolest.com).
وقامت وكالة بلاد نيوز بنشر الخبر على الرابط التالي /http://biladnews.net/permalink) (4170.html وبالعنوان التالي: الاتحاد الإسلامي لتركمان العراق في الموصل يقيم ندوة ثقافية حوارية عن دائرة المعارف الحسينية بلندن.

الموصل مكتب تلعفر وبالتعاون مع المركز الحسيني للدراسات في لندن يوم الأحد ٢٠١٢/٧/٨م[1] ندوة ثقافية حوارية عن دائرة المعارف الحسينية لمؤلفها وراعيها الفقيه الدكتور محمد صادق الكرباسي، وبحضور عدد من وسائل الإعلام المرئية والمقروءة[2].

بعد آي من الذكر الحكيم تلاها الأستاذ محمد علي التلعفري[3] قدم

---

[1] غادرنا محافظة ديالى في وقت متأخر من عصر يوم الجمعة ٢٠١٢/٧/٦م وحطَّ رحالنا في ناحية تازة التي تبعد عن مركز محافظة كركوك نحو ١٠ كيلومترات، في منزل الحاج ابو جواد علي جعفر محمد الإمامي المولود في تازة سنة ١٩٥٥م، وهو شقيق الشيخ الدكتور عباس الإمامي، وقام الشقيقان الكريمان بالضيافة على أتمها وقد توزعت بين دار الشقيق ودار الوالدة التي تبعد نحو ٦٠ متراً عن دار الشقيق.

وكانت تازة هي مقر انطلاقنا الى مدينة تلعفر يوم الأحد ٢٠١٢/٧/٨م والعودة إليها مساءً، ومنها انطلقنا إلى محافظة أربيل يوم الاثنين ٢٠١٢/٧/٩م ثم دهوك يوم الثلاثاء ٧/١٠/ ٢٠١٢م ثم السليمانية يوم الأربعاء ٢٠١٢/٧/١١م، وإليها عدنا مساءً بعد انتهاء ندوة السليمانية وأقمنا ندوة كركوك يوم الخميس ٢٠١٢/٧/١٢م، ومنها انطلقنا قافلين إلى مدينة بلد التي وصلنا إليها في أول الليل من اليوم نفسه.

والمفيد ذكره أن الدكتور عباس الإمامي رغم المرض الذي ألمّ به لكنه رافقنا الى أربيل، ولكن شدة المرض ومضاعفاته وخشيته من أن يؤثر مرضه على عمل وفد الموسوعة الحسينية والندوات الفكرية والمهرجانات الثقافية في أربيل ودهوك والسليمانية فقد آثر العودة الى كركوك مُكرهاً من أجل العلاج حتى يمكنه مواصلة مشاركته الفعالة في الندوات اللاحقة.

[2] وصلنا الموصل ظهراً وبقينا فيها لنحو ساعة حيث استقبلنا الشاب سالم بن محمد يونس بن يوسف آلاي بيك المولود في مدينة تلعفر عام ١٩٩٠م وأخذنا الى مدينة تلعفر، وعلى مداخلها استقبلنا الشاب جمال بن فاضل بن عزيز آلاي بيك الذي أخذنا الى وسط المدينة وهي مسقط رأسه حيث ولد فيها سنة ١٩٨٨م، وكان الحاج فاضل عزيز آلاي بيك قد هيأ لنا سفرة طعام العشاء بحضور عدد من أعلام مدينة تلعفر ولكن الوقت لم يسعفنا لحضورها فكان علينا إن لبينا الدعوة أن نبيت الليلة في تلعفر وهذا ما يؤثر على الندوة القادمة في مدينة أربيل، إذ لم يحبذ قائد شرطة تلعفر العقيد علي هادي عباس عبيد الذي حضر الندوة،انطلاقنا الى كركوك مساءً بعد انتهاء طعام العشاء وذلك لضرورات أمنية في الطريق بين تلعفر والموصل.

[3] محمد علي التلعفري: هو ابن داود بن ابراهيم، مدرس وتربوي وقارئ للقرآن الكريم، ولد في تلعفر سنة ١٩٥٠م، وفيها نشأ ودرس وتخرج من إعدادية الموصل الصناعية، مارس وظيفة التعليم في إعدادية تلعفر الصناعية التي يعود له الفضل في فتحها أول مرة، تعرض لمضايقات كثيرة من قبل السلطة لأسباب مذهبية منع على إثرها من اعتلاء المنابر وحضور المجالس لقراءة القرآن الكريم.

مسؤول مكتب الاتحاد السيد قاسم إدريس الموسوي [1] نبذة مختصرة عن الموسوعة الحسينية وعن مؤلفها وعن المركز الحسيني للدراسات في لندن، وعن الوفد الزائر، مثمناً الدور الذي تتحمل أعباءه دائرة المعارف الحسينية في توثيق تراث النهضة الحسينية.

من جانبه أكد مدير الندوة الأستاذ علي أكبر البياتي [2] في كلمة قصيرة على ان الإمام الحسين ﷺ بنهضته المباركة واستشهاده وتضحياته أيقظ الأمة من سباتها الطويل، وعلَّمها كيف تعيش حرة أبيّة، فصار الحسين كتابا جامعا وسِفرا خالدا تقرأه الأمة جيلاً بعد جيل، ففي كل عصر ومصر يأخذ من هذا الكتاب زاده الروحي ليداوي جراحاته ويغذي روحه ويحقق أهدافه.

رئيس وفد الموسوعة الحسينية إلى العراق الدكتور نضير الخزرجي قدّم شرحاً عاماً عن الموسوعة ورؤية آية الله الشيخ محمد صادق الكرباسي حول المسيرة الحسينية بأبعادها واتجاهاتها المختلفة وآثارها المستقبلية، مسلطاً الضوء على البعد الجغرافي في عمل الموسوعة واهتمام المؤلف بالبعد

---

(1) قاسم ادريس الموسوي: هو حفيد موسى، كاتب وإعلامي عراقي، ولد في مدينة تلعفر عام ١٩٧٨م، وفيها نشأ ودرس وأكمل في الموصل المعهد التقني الالكتروني، واصل دراساته الجامعية في بغداد ونال من كلية التربية «بكالوريوس لغة انكليزية» عام ٢٠١٤م، مسؤول الإعلام في مكتب الاتحاد الإسلامي لتركمان العراق في قضاء تلعفر، وتعرض للتهجير القسري في حزيران يونيو ٢٠١٤م بعد سيطرة المسلحين على تلعفر وسكن بغداد مؤقتاً.

(2) علي أكبر البياتي: هو ابن ذنون بن يونس علي بوش البياتي، أديب وشاعر ومعلم تربوي، ولد بحي الخضراء في تلعفر عام ١٩٥٢م، نشأ ودرس في مسقط رأسه وتخرج معلماً من معهد إعداد المعلمين في الموصل سنة ١٩٧٦م، مارس التعليم الابتدائي الى جانب الكتابة النثرية والنظم باللغتين العربية والتركمانية إلى جانب إدارة الكثير من الندوات والمهرجانات والمؤتمرات في المجالات المختلفة، تعرض للتهجير القسري في حزيران يونيو ٢٠١٤م بعد سيطرة المسلحين على تلعفر وهاجر الى سنجار ثم الفرات الأوسط، تاركاً مكتبته وكتاباته النثرية والشعرية تحت رحمة القصف والسرقة، ويسكن حاليا في إحدى المواكب الحسينية المقامة في طريق يا حسين بالقرب من مدينة خان النص بين كربلاء المقدسة والنجف الأشرف، من مؤلفاته: لمحات عن حياة السيد الملا محمود البرزنجي التلعفري، مع الصادقين، على هامش مؤتمر السقيفة.

الجغرافي في متابعة حركة النهضة الحسينية، حيث استهل الخزرجي حديثه عن الجغرافية وعلاقتها بمسيرة التاريخ وبخاصة الملاحم والحروب، وقيام مؤسسات علمية في توثيقها وتدريسها.

ووجد المتحدث ان المحقق الكرباسي استطاع ولأول مرة أن يوثق مسير الحسين جغرافياً وزمانيا عبر ثلاث مراحل، الأولى : حركة الحسين من المدينة إلى مكة ومنها إلى كربلاء مكانياً وزمانياً، والثانية : حركة الأسر وانتقال الرأس الشريف من كربلاء إلى الشام مروراً بالكوفة والمدن والقصبات على طول الطريق إلى دمشق، والثالثة : حركة عودة رأس الحسين إلى حيث الجثمان في كربلاء المقدسة حسب مشهور الروايات، وحركة الرأس من دمشق إلى فلسطين واستقراره في القاهرة حسب الرواية المصرية التي لا يميل إليها المؤلف ولكن يوثقها جغرافيا وتاريخيا من باب الأمانة العلمية ووجود الشواخص والمقامات في هذه البلدان[1].

ولفت الخزرجي إلى حقيقة الشعار الذي تحمله الندوة الثقافية (استقبلت تلعفر ركب الرسالة وتستضيف اليوم موسوعة الحسين)، ذلك ان الرأس الشريف حمل من كربلاء مروراً بالكوفة ثم مدينة الموصل ووضع في كنيسة بالقرب من معسكر الغزلاني [2] ثم تلعفر وسنجار ودمشق، وهنا التقى الزمان والمكان، وبذلك استطاع الكرباسي أن يوثقهما من خلال التأكيد على الجانب الجغرافي في عمل الموسوعة الحسينية.

---

(1) أوفدني المحقق الكرباسي الى القاهرة في الفترة ٢٥-١٩ حزيران يونيو ٢٠١١م من أجل توثيق عمراني وتاريخي وجغرافي لمقام رأس الحسين عليه‌السلام في القاهرة وكل ما يتعلق بالنهضة الحسينية من آثار في القاهرة على علاقة بحركة الرأس الشريف حسب الرواية المصرية، وكذلك توثيق لمرقد السيدة زينب الكبرى، وكان الاهتمام منصبا على مقام الرأس الشريف، حيث نزلنا في فندق المالكي الملاصق للمقام، وصاحبني في رحلة العمل الأستاذ بحر كاظم الحلي الذي كان يوثق العمل عبر عدسة التصوير.

(2) معسكر الغزلاني : يقع على بعد ثلاثة كيلومترات جنوب شرق مركز مدينة الموصل في الجانب الأيمن من نهر دجلة.

وأشار الخزرجي إلى واحدة من اكتشافات الكرباسي بما يتعلق بوجه الشبه بين المسافة بين الصفا والمروة في مكة المكرمة، والمسافة بين مرقدي الإمام الحسين وأخيه العباس في كربلاء المقدسة، فهما متقاربتان، وكما كانت تبحث هاجر عن الماء لابنها إسماعيل الذي اسمه بالعربية (عبد الله) كان العباس يبحث عن الماء لعبد الله رضيع الإمام الحسين ﷺ.

وفي ختام الكلمة أجاب المتحدث على أسئلة الحاضرين بما يتعلق بتفاصيل عن دائرة المعارف الحسينية، ثم ألقى عضو الوفد الزائر الدكتور عباس جعفر الإمامي كلمة بالمناسبة تحدث فيها عن فضل المناسبات الدينية وبخاصة ما يتعلق بالإمام الحسين، ودورها في ربط الأمة بقادتها مؤكداً: إنَّ المؤمنين يتوجهون إلى مراسيم الزيارة والعبادة أفراداً وجماعات، وهذه الحركة تعبير عن التواصل مع أهداف الإمام الحسين ﷺ وترجمة للقيم التي ضحى من أجلها، على اعتبار انَّ الإمام الحسين إمام الوحدة للمسلمين وانه لا يوجد مسلم لا يهتم بإمامة الحسين وقدسيته، فالحسين ليس لطائفة أو لجهة سياسية أو لقومية فالكل يكن له الاحترام والتقدير، داعياً إلى جعل الحسين إماما وملهماً لوحدتنا الوطنية، وختم كلمته بأبيات من الشعر من نظمه.

ولم تخل الندوة من الأدب المنظوم، إذ تخللتها قصائد باللغتين العربية والتركمانية لشعراء مدينة تلعفر واحدة للشاعر أزهر الملا⁽¹⁾ ومطلعها (بحر الوافر):

<hr>

(١) أزهر الملا: هو ابن محمد بن يونس بن حيدر الملا، من الأدباء الشعراء، ولد في مدينة تلعفر عام ١٩٧٧م، نشأ ودرس في مسقط رأسه، وأكمل الدراسة الجامعية في بغداد ونال من جامعتها بكالوريوس آداب لغة عربية سنة ٢٠٠٠م، وعاد الى تلعفر ليمارس التدريس في إعدادية الفرقان، وتعرض للتهجير القسري في حزيران يونيو ٢٠١٤م بعد سيطرة المسلحين على تلعفر وسكن ناحية عون في كربلاء المقدسة، بدأ بنظم الشعر العمودي الموزون المقفى منذ تسعينيات القرن العشرين الميلادي، عضو اتحاد أدباء نينوى، عضو نقابة المعلمين، أُنتخب قبل حوادث تلعفر رئيسا لاتحاد أدباء تلعفر، شارك في مهرجانات ومسابقات كثيرة في داخل العراق وخارجة عن طريق الشبكة الكهربية (النت) وفي سنة ٢٠١٢م تم اختيار قصيدته المشاركة في امير الشعراء من بين (٧٠٠) قصيدة للمشاركة في=

طلبتَ المجدَ لم تخشَ الصعابا   وطلَّـقت اللــذائــذ والــرغــابـا

وقصيدة باللغة التركمانية للشاعر رضا جولاق[1]، كما أهدى المركز الحسيني للدراسات في لندن قصيدة في مديح وثناء مدينة الموصل بعامة وقضاء تلعفر بخاصة، وهي من نظم الشاعر الجزائري الدكتور عبد العزيز شبين، قرأها بالنيابة الأديب الدكتور حسين أبو سعود، جاء في مستهلها (بحر الطويل):

كَفَاكَ الهَوَى خَمْرًا صَبُوحًا لِتَسْكَرَا   وَإِنْ شِئْتَ ماءَ الوَرْدِ فَأْتِ تَلَعْفَرَا

من جهة أخرى ومن أجل تعزيز التوثيق المعرفي التقى الوفد الزائر[2] بالعلامة السيد جواد البرزنجي[3] واطلع على مكتبته العامرة وعدد من المخطوطات والوثائق التي تؤرخ لمدينة تلعفر[4].

=   البرنامج التلفزيوني المشهور «امير الشعراء»، له قصائد منشورة في الكتب والجرائد الرسمية منها جريدة صدى العفراء والراية ونينوى الثقافية والقلعة، نشر له قصائد في النجف الاشرف وكربلاء المقدسة، له ديوانان مخطوطان هما: براعم النهائض، وطوق الشفاه.

(١)   رضا جولاق: هو ابن محسن جولاق أوغلو، أديب وقاص وشاعر وناقد وباحث في الفلكلور التركماني، ولد في تلعفر عام ١٩٥٢م، نشأ ودرس في مسقط رأسه، وأكمل الدراسة في الموصل ونال من جامعة الموصل الشهادة الجامعية (البكالوريوس) في قسم الاجتماعيات، عاد الى تلعفر ليمارس التربية والتعليم، وتعرض للتهجير القسري في حزيران يونيو ٢٠١٤م بعد سيطرة المسلحين على تلعفر وسكن النجف الأشرف، له عشرات المؤلفات المطبوعة والمخطوطة، من دواوينه المطبوعة: من أجل الحياة، أنا لست بالذي يموت، ونشيد السلام.

(٢)   سبق للعلامة السيد جواد البرزنجي أن زار مكتب دائرة المعارف الحسينية في كربلاء المقدسة عام ٢٠١١م واطلع على حجم التناج المعرفي الذي يبذله الفقيه الدكتور محمد صادق الكرباسي.

(٣)   جواد البرزنجي: هو محمد جواد ابن الملا محمود ابن الملا محمد علي محيي الدين البرزنجي: من علماء تلعفر وأعلامها، ولد فيها سنة ١٩٥٢م، درس على والده الذي كان له دور كبير في شد لحمة المسلمين في تلعفر، ثم واصل دراساته الحوزوية العليا في مدينة النجف الأشرف لنحو عشر سنوات، تولى بعد رحيل والده عام ١٩٩٠م زمام الحوزة العلمية في تلعفر وأشرف على مسجد أهل البيت ﷺ حيث فيه مرقد والده، وهو وكيل معتمد لكل مراجع التقليد، من مؤلفاته: كشكول البرزنجي، البرزنجيون الحقيقيون في مدينة تلعفر وسنجار وتوابعهما قديماً وحديثاً، ورسالة توضيحية في اثبات السادة البرزنجية في مدينة تلعفر.

(٤)   شاركنا الأستاذ قاسم الموسوي في الحصول على التراجم والسير الذاتية لعدد من الأسماء الواردة هنا، فجزاه الله خيراً.

فقرات ندوة مركز شباب تلعفر (الموصل)

الاتحاد الاسلامي لتركمان العراق

رعى الإتحاد الإسلامي لتركمان العراق الندوة الفكرية الخاصة بدائرة المعارف الحسينية، والتي عقدت في قاعة مركز شباب تلعفر عصر الأحد ٢٠١٢/٧/٨م تحت شعار «استقبلت تلعفر ركب الرسالة وتستضيف اليوم موسوعة الحسين»، وتضمنت الفقرات التالية:

(١)

◉ آيات من القرآن الكريم تلاها المقرئ محمد علي داود التلعفري.

(٢)

في كربلاء بانت معاني الإباء

◉ كلمة عريف الحفل الأستاذ علي أكبر ذنون البياتي، ونصها:

الحسين وما أدراك ما الحسين، ذلك السبط الذي أشبعه رسول الله لثماً وتقبيلاً، وتربى في حضنه وأودعه ذلك الحب الأزلي الإلهي، واليوم أصبح قبلة للزائرين المؤمنين.

الحسين الذي أيقظ الأمة من سباتها الطويل، وعلّمها كيف تعيش حرة أبية، إنه الحسين أبي الضيم أبى إلا أن يعيش حرا. وقف بأبي وأمي وقفة لا

تدانيها وقفة على طول التاريخ، ويبقى خالداً على مر العصور كالطود الشامخ بعد أن حمل الأرواح على الأكف مع نفر من الأجلاء لا يبالي بالموت أَوَقَعَ عليه أم العكس.

كانت الملحمة التي صنعتها (ملحمة الطف الخالدة) بانت فيها أسمى معاني الشموخ والإباء، كانت صراعاً ومعركة فاصلة بين الحق والباطل، وبين الخير والشر، كانت صراعاً من أجل الخلود واندحار الأهواء الفاسدة، فخرج الحسين ﷺ من ذلك الامتحان العسير والمنازلة التاريخية منتصراً أيما انتصار، وتحطمت أسطورة الجيش الأموي الذي زعم البعض أنه لا يُقهر، إلا ان الحسين ﷺ روى شجرة الإسلام المحمدي الأصيل بدمه الطاهر.

هكذا أصبح الإسلام محمدي الوجود حسيني البقاء[1] بعد أن كسّر سيوف البغي والضلال .. نعم هكذا هو الحسين ﷺ .. كتاب جامع وسِفر خالد، الكتاب الذي يفسره الزمان جيلا بعد جيل مع تسابق الزمن، ففي كل عصر ومصر يأخذ الإنسان من هذا الكتاب زاده الروحي ليداوي جراحاته ويغذي روحه ويحقق أهدافه، ففي الحسين تجسدت كل معاني البطولة والشجاعة، فئة قليلة غلبت فئة كثيرة على رمضاء كربلاء بسلاح الإيمان والعقيدة والصبر والتقوى.

هكذا عاش الحسين ﷺ ومن بعده أحرار العالم رغم أنوف أعداء الإسلام والإنسانية، فالحسين إذن هو الكوثر الرقراق الذي يروي ظمأ الثوار.

---

(1) مقولة: (إن الإسلام محمدي الوجود والحدوث وحسيني البقاء والاستمرار) تُنسب للسيد جمال الدين الأفغاني (١٢٥٤- ١٣١٤هـ)، وبعضهم ينسبها الى الشيخ محمد حسين كاشف الغطاء (١٢٩٤- ١٣٧٣هـ)، للمزيد، راجع: قالوا في الإمام الحسين: ١٢٢/١، محمد صادق الكرباسي، المركز الحسيني للدراسات، لندن، ط١، ١٤٣٥هـ (٢٠١٤م).

(٣)

٭ كلمة السيد قاسم إدريس الموسوي، مسؤول مكتب تلعفر للاتحاد الإسلامي لتركمان العراق، قدم فيها شرحا موجزاً عن دائرة المعارف الحسينية.

(٤)

«أبا الشهداء»

٭ قصيدة الشاعر أزهر محمد الملا، وهي بعنوان «أبا الشهداء» في ٢٣ بيتاً من بحر الوافر، ينتهي بتقريظ دائرة المعارف الحسينية ومؤلفها المحقق الكرباسي، ومتنها:

طلبتَ المجدَ لم تخشَ الصعابا وطلَّقت اللذائذ والرغابا

ورحت إلى المنايا في صحابٍ يرونَ مع الخضوع الشهدَ صابا

تقاتل زمرةً لم تدر إلّا الـ ضلالة رائداً والغدرَ دابا

ولمّا تثن عزمك وهو فردٌ جيوشٌ لم تعف خزياً وعابا

رأيتَ الحقَّ يصرخُ مستغيثاً فكنتَ له بنهضتك الجوابا

ولم تحمد عليه الصبر حيناً ولم تزحم به الكرب الصعابا

وما رمت انتصاراً في جهادٍ ولكن رمت للحقِّ الغلابا

لتهدي تائهاً ضلَّ الصوابا فتكشف عن مبادئك النقابا

أبا الشهداء يا قبساً تجلى على كونٍ دجى دهراً شهابا

على أفق طغت فيه الرزايا فلست بواجدٍ إلا اكتئابا

فأحرارٌ تضامُ بكل أرضٍ وأعبدةٌ تسومهم العذابا

وأفرادٌ تنعم دون جهدٍ وآلافٌ تكدُّ ولن تثابا

وهذي بالفرات العذب غصّت وتلك من الظما استقت سرابا

شـرادم مـن أمـيـة ذات عـسـفٍ	تـشـابـه فـي تـوحـشـهـا الـذئـابـا
قـد اتـخـذت مـن الإجـرام نـهـجـاً	يـذلُّ لـهـا الـمـعـاطـس والـرقـابـا
وقـد بـعـدت عـن الإسـلام روحـاً	وإن تـكـن ادعـت مـنـه اقـتـرابـا
وزاد يـزيـدهـم فـي الـفـسـق فـتـكـا	وفـي الـجـور اعـتـسـافـاً واغـتـصـابـا
فـلـم تـرَ لـلـشـهـادة مـن مـردِّ	وقـدمـت الأحـبـةَ والـصـحـابـا
وفـزت بـنـيـلـهـا وهـي الأمـانـي	وسـاء عـدوك الـبـاغـي مـآبـا
أبـا الـشـهـداء يـا شـمـسـاً تـجـلـى	عـلـى أرض سـرت فـيـهـا الـضـبـابـا(١)
ونـهـجُـكَ لـم يـزل ألَـقـاً لـدهـرٍ	بـه نَـبَـعَـت مـعـارفـنـا عِـذابـا
ومـن أرض الـطـفـوف لـنـا شـعـاعٌ	أضـاء بـمـسـحةٍ رؤيـا الـرحـابـا
فـلـلـكُـربـاسـي مـوسـوعـةٌ فـي	فـي جـمـيـع الإرث مـوسـوعٌ كـتـابـا

(٥)

«إِمَامُ حُسَيْنْ يَاشِيُورْ»(٢)

❊ قصيدة باللغة التركمانية للشاعر رضا محسن جولاق أوغلو، وهي من بحر الهزج المثمّن السالم:

---

(١) الضبابا: إشارة إلى جزيرة المملكة المتحدة وعاصمتها لندن التي اشتهرت فيما مضى بعاصمة الضباب ومنها انطلق العلامة الكرباسي منذ عام ١٩٨٧م في تأليف الموسوعة الحسينية.

(٢) قصيدة باللغة التركمانية بعنوان «الحسين يحيا»، قفّى أبياتها باللغة العربية وسجّعها الدكتور عبد العزيز شبّين، بعد أن ترجمها الأستاذ عمر عزيز آلاي بيك، المولود في مدينة تلعفر ١٩٦٦/٧/٣م، وقد بذل الأستاذ آلاي بيك والأستاذ علي شكر خضر علي البياتي المولود في طوز خورماتو عام ١٩٧٥م جهدهما في تفريغ القصيدة من شريط الندوة على الورق، وقد عصيت بعض الكلمات القليلة على الفهم رغم أن الأستاذ آلاي بيك اتصل بالشاعر أكثر من مرة وقرأ عليه القصيدة، ولكن الشاعر كما أخبرنا ترك كل أوراقه ومقتنياته بما فيها القصيدة في مدينة تلعفر التي اصبحت نهباً للمسلحين منذ حزيران يونيو ٢٠١٤م، ولا يتذكر كل أبيات القصيدة، لاسيما وأن الوضع النفسي والاجتماعي الذي عليه يعيش مع أسرته الهجرة القسرية في احد الحسينيات بين كربلاء والنجف تحول دون تذكر كامل القصيدة.

إِمَامْ حُسَيْنْ هَرْ زَمَانْ يَاشِيُورْ
دُورُّو كَرْبَلا چُولُونْدَهْ وُلْوَلَهْ غَوْغَايَا بَاخْ

ظُلْمُونْ سِيَاهْ چِهْرَهْ سِي
أُو قَانِلِي أُولَايَا بَاخْ

پِيغَمْبَرْ فِرْقَاسِنِي قَاتِنْمِشْ بِيزْ زِمْپارَهْ
جَاهِلِيَّتْ دُنْيُورْ يُوقُوشْ مَاجَارَايَا بَاخْ

يَزِيدْ خَلِيفَهْ أُولْمُوشْ حُسَيْنْ دَنْ بَيْعَتْ إِسْتَرْ
صَانْكِي كَسْرى مُلْكُودُو بُو حَقْسِيزْ دَعْوَايَا بَاخْ

أَيْ دِيَا خَلِيفَهْ يَا بَاشْ قَالْدِرْدِي بِيرْ عَاصِي
گَلْ حَقِّي گُوزُونْدَهْ گُورْ بَاطِلْ إِدِّعَايَا بَاخْ

بِيلِيرْمِسِنْ حُسَيْنْ كِيمْ أُو صَاحِبْنْ يَزِيدِّرْ
أُو أُمَيَّهْ تُورُونُو بُو عَالِي سِيمَا يَا بَاخْ

أُو بِيرْ طَلِيقْ أُوغْلُودُورْ پُوشْت پَزَوَنگْ بِيرِسِي
بُوشَاهِي مَردَانْ أُوغْلُو نَسْلِي مُصْطَفى يَا بَاخْ

أُو چِنگَنَهْ هِنْدْ أُوغْلُو مُعَاوِيَهْ بِيلِنْدَنْ
بُونَا حَرَامْ سُوتْ وِيرَنْ، أُو مَعْصُومْ زَهْرَايَا بَاخْ

أُونْلارْ نَمَازَا دُورْمُوشْ بُونْلارْ إِچْكِي إِچَنْلَرْ
بُورَادَا أَذَانْ سَسِي، أُورَادَا زُرْنَايَا بَاخْ

طَانْرِينِينْ هِدَايَتِي حُرُّ يُولا گَتِرْدِي
هَرْ دَمْ قَاپِسِى آچُوخْ جَنَّتِي أَعْلَايَا بَاخْ

لَالَه لَرْ بُوُيُونْ بُوكْمُوشْ آغَاچْلَارْ سَاچِينْ دُوكَنْ
مَأْتَمْ توطان صحرايا آغْلايَان سَمَايَا بَاخْ ⁽¹⁾

___

(١) ترجمة الأبيات (١-١١) وتسجيعها :
الحُسَيْنُ إمامٌ حَيٌّ بِكُلِّ زَمانٍ يُرى   هذا صَخَبٌ وَبُكا ببيدِ كَرْبَلا ياقوتِ الثَّرى =

بِيلْمَمْ نِجَا مَلْكَلَرْ إِمْدادِنَا قُوشْمادِي

أَمَّا أَمْرِيْ خُودَادِرْ يَازِيلانْ قَضَايا باخْ

فُرَاتّانْ سُو دُولْدُورْدُو خَيْمَلَارِي آلْدِيلارْ

قُولّارْ كَسُكْ نَهْ شِكِلْ بُو چَارَاسِيزْ سَقَايا يَا باخْ

قُوجَاغِينْدَا بَالاسِيْ دِينْسِيزْلَرْدَنْ سُو إِسْتَرْ

أُوخْلانِمِيشْ مَحْزُونْ بَبَكْ گُوزُونامْ بَابَايا باخْ

كِيمْ كِيمْسَهْ سِيْ كَسِيلْمِيشْ أَلِيْ قِيلِيجْ تُوتْمَايانْ

تَكَرْ تَكَرْ يُورُويَيْنْ زَوَّالِيْ خَسْتَهْ يَا باخْ

چِپْلاقْ دِوَه لَرْ أُسْنَهْ شَامَا سُورْگُونْ گِيدِيُورْ

كَرْبَلَا قَاهْرَامَانِيْ پَاكِيزَهْ حَوْرَايَا باخْ

يَزِيدِينْ گُوزُو يُولْدَا بِيرْ أَرْمَغانْ بَكْلِيُورْ

أُوزُونْ مِزْرَاقْ أُوجُونْدَه كَسِيكْ باشْ قَفَايا باخْ

ظَالِمَا باشْ أَگْمَدِيْ زِلَّتْ قَبُولْ إِيتْمَدِيْ

دِينْ أُوغْرُونَا جَانِنِيْ أَدَادِيْ عَطَايا باخْ

ظَالِمَا قَارْشِيْ قُويْمَاقْ يُولُونْ قُورْدُو عَالَمَه

تَارِيخِنْ يَادِيگَارِيْ جَانْلِيْ عَاشُورَايَا باخْ

= أَثَرُ الظُّلْمِ بَدا على المَلامِحِ دامِسَاً   فانْظُرْ إلى وَقْعَةِ الطَّفِّ دَمُها يَجْري أغْبَرَا

شَوَّهَتْ دينَ طَهَ فِرَقُ الضَّلالةِ والعَمى   مُنْتَكِسًا في جاهِلِيَّةٍ صاحِبايَ إليهِ انْظُرا

لَمَّا وَرِثَ العَرْشَ يَزيدُ أرْغَمَ الحُسَيْنَ على بَيْعَةٍ   زاهِقَةٍ كَأنَّما غَدا كِسْرى أوْ قَيْصَرَا

للسُّلطانِ قالَ: هذا أنا رافِضًا مُتَمَرِّدًا،   يَرى نفْسَهُ صادِقًا كَيْفَ ادَّعى جاهِلاً وامْتَرى

هُوَ الحُسَيْنُ أتَعْرِفُهُ؟ وَيزيدُ لَكَ صاحِبُ   نَسْلُ أُمَيَّةٍ، وذاكَ نَجْلُ كَوْكَبٍ أزْهَرَا

ذاكَ ابْنُ الطُّلَقاءِ مُخَنَّثٌ طالِحُ   وَذا ابْنُ شاه مِرْدان مِنْ عِرْقِ المُصْطفى نَوَّرَا

خَرَجَ ذاكَ مِنْ ضِلْعِ هِنْدٍ وَمُعاويةٍ أعْوَجَا   الحَرامُ حَليبُهُ، وَشُبَيْرُ مِنَ الزَّهْراءَ رَضَعَ الأطْهَرَا

هَؤُلاءِ يُنادونَ إلى الصَّلاةِ خُشَّعَا   وَأولئك مِزْمارُهُمْ إلى الخُمورِ زَمْجَرَا

هَدى اللهُ الحُرَّ إلى الحَقِّ راشِدًا مُكَرَّمَا   أبَدًا إلى النَّعيمِ فُتِّحَ بابُهُ لَنْ يَرى القَهْقَرى

أزْهارُ الخُزامى ذَبُلَتْ في بَيْدائِهِمْ والسَّما   تَنْدبُهُمْ عِنْدَ خَريفٍ يَأكُلُ مِنَ الأشجارِ ما أثْمَرَا

هَمِيشَهْ مَشْعَلِي قَالْدُرُورْ حَقْ قُولَّارِي

تَانْرِينِنْ مُعْجِزَهْ سِي نُورِي تَجَلَّايَا بَاخْ

زُورْلُوخْلَارَا دُوزمِيَانْ مُجَادَلَهْ وِيرْمَهْ سِين

حُرْ دُوشُونْجَهْ أُوغْرُونَا إِشْكَنْجَهْ جَافَايَا بَاخْ

پَادِشَاهْ تَخْتَّانْ دُوشَرْ سَلْطَنَتْ آلْتْ أُوسْتْ أُولُورْ

آدِي قَالَانْ شَهِيدَهْ يَادِگَارِ هَالَايَا بَاخْ[1]

هَرْ عَصِرْدَهْ يَزِيدْ وَارْ هَرْ عَصِرْدَهْ وَارْ حُسَيْنْ

هَرْ زَمَانْ حَقْ صَاحِبِي هَرْ زَمَانْ زُورْبَايَا بَاخْ

يَزِيدِينْ جِنَايَتِي هَرِيفِينْ يُوزْ قَارَاسِي

إِسْلَامِينْ شَنْ يُوزُونْدَهْ قَاپْ قَارَا دَامْغَايَا بَاخْ

چِيرْكِينْ چَهْرَه سَاقْلَانِرْ قَارَا پَرْدَه آرْدِينْدَا

حَقِيقَتَهْ أَرِيشْمَكْ إِسْتَرْسِنْ آيْنَايَا بَاخْ

چَاغْلَارِيْ بِيرْ بِيرِينِه بَاغْلَايَانْ بِيرْ كُوپْرُو وَارْ

هَنْگَمَهْ تِكْرَارْلَانِرْ بُوگُونْكُو قَاوْغَايَا بَاخْ

<hr>

(1) ترجمة الأبيات (12 - 22) وتسجيعها:

لِماذا لَمْ تَهْرَعِ المَلَائِكَةُ راكِضَةً إلى نَصْرِهِ   لَعَلَّهُ أمْرُ اللهِ كانَ مَكْتُوباً مُقَدَّرَا

أباحوا الخِيامَ وَهْوَ يَمْلَأُ القِرْبَةَ عُنْوَةً بِشَطِّ فُراتِهِ   هذا السَّقَّاءُ مَقْطُوعُ الذِّراعَيْنِ غايَتُهُ شَدُّ العُرَى

عَبْرَةٌ على مَنْ بِصَدْرِهِ وَهْوَ يَرْجو مِنْ فاسِقٍ غَرْفَةً   الرَّضِيعُ الذَّبِيحُ كَئِيبٌ فانْظُرْ عَسى أنْ تَصْبِرَا

يا مَنْ نُحِرَ أهْلُهُ لا يَسْتَطِيعُ حَمْلَ حُسامِهِ   فانْظُرْ إلى السَّقِيمِ يَمْشي كَسِيرَ الخُطى مُبَعْثَرَا

فَوْقَ قُلوصٍ سُلْسِلوا مُقَيَّدِينَ دونَ سَرْجِها   تَرى سَيِّدَةَ كَرْبَلا شامِخَةً أبَتْ أنْ تُقْهَرَا

ظَلَّ يَزِيدُ مُنْتَظِراً ما يُهْدى إلَيْهِ مِنْ فَلَاتِهِ   هذا الرَّأسُ حُزَّ على السِّنانِ اخْضَوْضَرَا

لَمْ يَرْكَعْ لِظُلْمِ العِدى وَلَمْ يَرْضَ هَوانَهُ   وَفي سَبِيلِ دِينِهِ وَهَبَ نَفْسَهُ مُنْذِرَا

نَهَجَ لِلْكَوْنِ مَنْهَجًا لِمُقاوَمَةِ الطُّغا   ةِ فاقْرَأْ بِذِكْرى عاشورا التَّارِيخَ المُسَطَّرَا

عِبادُ اللهِ أبَدًا يَحْمِلونَ المِشْعَلَ مُوقَدًا   إعْجازُهُ ظاهِرٌ فابْصِرْ تَرَ النُّورَ الأكْبَرَا

مَنْ لا يَصْبِرُ عَلَيْهِ أنْ لا يُخاطِرَ جاهِدًا   فَيُعَذَّبَ بِالجَفا مِنْ أجْلِ أنْ يُعَبِّرَا

المُلْكُ يَهْوي والمَمْلَكَةُ تَتَغَيَّرُ فَجْأةً   وانْظُرْ إلى الشَّهِيدِ رَسْمُ نُورِهِ يَبْقى مُقْمِرَا

ظَالِمْلَرْدَنْ قُورْتَالْمَاقْ إِيچُونْ دُعَا سَاوُرْدُوخْ

أَلِـي قَانْلِي جَلَّادِنْ صُوِي قَاسِي قَامَايَا بَاخْ

دُوغْرُو دِيمِيشْ أُولُولَرْ أَرْجِي يِتَنْ ظُلِمْ إِيدَرْ

آدَامِنْ بُوِينُونْ قِيرَانْ بُو سَحَّارْ دُونِيَايَا بَاخْ

حُسَيْنِي بِيزْ أُولْدِيرْدِيكْ آرْدِنْدَانْ آغْلايَانْ بِيزْ

أُولْدُورُوبْ قَبْرِينْ قَازَانْ قَاتِلْ أَشْقِيَايَا بَاخْ

دِيلْدَه حُسَيْنَه قُرْبَانْ أَمَّا نَصَرَتْ إِسْتَسَاخْ

هَلَه قِلِيجِنْ آلِيبْ قَاچَانْ حَاوَاوَايَا بَاخْ

تَرُورْدَنْ دَرْتْ يَانَارِيزْ أَمَّا تَرُورْ بِيزْدَه دِيرْ

يَانْلِشْلِيغِي قِنَارِيزْ بِيزْدَكِي خَطَايَا بَاخْ

حَرَامِيلَرْ جُوبْلَرِينْ دُولْدُورمَاغَا گَلْمِشْلَرْ

يِتِيمْلَرِينْ آغْزِينْدَانْ چَالِنَانْ لُوقْمَايَا بَاخْ

دُوكُونْمَاكْ قَرَا گِيمَاكْ حُزْنْ إِفَادَاسِدِيرْ

هَرْ مُحَرَّمْ آيِنْدَا مَرَاسِمِ إِحْيَايَا بَاخْ (١)

---

(١) ترجمة الأبيات (٢٣ - ٣٣) وتسجيعها :

لِكُلِّ زَمَانٍ أُمَّةٍ حُسَيْنٌ وَيَزِيدُهُ   تَرَى أَهْلَ الحَقِّ بِهِ يُجَابِهُونَ المُنْكَرَا

عَلَى مُحَيَّا يَزِيدَ المُجْرِمِ وَصْمَةُ الذُّلِّ مَهَانَةٌ   إِشْرَاقُ الإِسْلَامِ غَيَّبَهُ أَثَرُ الأَسْوَدُ وَعَفَّرَا

يَتَوَارَى وَجْهُ القُبْحِ خَلْفَ جِدَارِ دُجْنَةٍ   حَدِّقْ في المِرْآةِ بَحْثًا عَنِ الحَقِّ تَجِدْ ما لا يُرَى

خَيْطٌ يَرْبِطُ بَيْنَ الأَزْمِنَةِ مِثْلُ سُلَّمٍ   حَالُ جِسْرِهِ تَرَاهُ في صِرَاعِ اليَوْمِ مُكَرَّرَا

كَمَا دَعَوْنَا وَرَجَوْنَا النَّجَاةَ مِنْ أَلْفِ ظَالِمٍ   فَيَدُ الجَلَّادِ جَرَتْ بِالدِّما أَحَدَّتْ خِنْجَرَا

قَالَ الحُكَمَاءُ: صِدْقًا تَحَكَّمَ الجَوْرُ في الوَرَى   سَاحِرَةٌ هِيَ الدُّنْيَا تَحْطِمُ عُنْقَ مَنْ أَدْبَرَا

قَالُوا: قَتَلْنَا الحُسَيْنَ وَبَكَيْنَا على قَبْرِهِ   وَحَفَرْنَاهُ ما أَشْقَاهُمْ وَأَسْعَدَ مَنْ أُقْبِرَا

نَقُولُ: فَدَيْنَا الحُسَيْنَ وَأَرَدْنَا نَصْرَهُ   وَهَمُّ الجَبَانِ أَنْ يَثْلِمَ سَيْفَهُ مُدْبِرَا

نَكْرَهُ الإِرْهَابَ وَلَكِنَّهُ في ذَوَاتِنَا كَامِنٌ   نَكْشِفُ سَوْءَاتِهِ وَنَخْشَى عَلَى سَوْءَاتِنَا أَنْ تَظْهَرَا

مَلَأَ النَّهَّابُ جُيُوبَهُمْ لَمَّا إِلَيْنَا أَتَوْا   فَانْظُرْ إِلَى الرَّغِيفِ يُنْهَبُ مِنْ فَمِ اليَتَامَى بِالعَرَا

صِفَاتُ الغَمِّ لَطْمٌ وَهذَا السَّوَادُ بُرْدُهُ   فَانْظُرْ إلى مَرَاسِمِ مُحَرَّمٍ حِينَ يَلُوحُ أَحْمَرَا

إِمَامْ حُسَيْنِي سِيُوْمَكْ أُونُونْ يُولُونْ طُوتْمَاقْدِيرْ
عَمَلِيْ فَتْوَاسِنَا مُخَالِفْ مُلَّايَا بَاخْ

حُسَيْنْ مَظْلُومْ أُولَالِيْ بَاشِمِيزْ رَاحَتْ دَگِيلْ
جَزَامِيزِيْ چَكَرِيزْ گِيچَانْ بَدْ دُعَايَا بَاخْ

آدِيمِيزْ مُوسَالْمَانْدِيرْ إِسْلَامْ بِيزْدَنْ بَرِئْدِيرْ
يَتْمِشْ إِيكِّيْ فُرْقَايَا بُوتَايَا أُوتَايَا بَاخْ

حَقْ شَهِيدِيْ حُسَيْنِدَنْ عِبْرَتْ آلِنَايِمْ بَنْ
إِسْلَامِينْ بَاشِنْدَاكِيْ بُوسْكُولُّو بَلَايَا بَاخْ

إِسْلَامْ حَلَالْ بُويُورْمَازْ قَتْلِنِيْ قَارْدَاشِنِيْ
صُوچْسُوزْ گُنَاهْسِيزْ أُولَانْ بِيكَازْ بِينَوَايَا بَاخْ

بُوغَازْمِزْدَنْ قُوپَانْ بِزِيمْ أُوزْ پَرَامِيزْلَا
جَدَّهْ أُوقُولْ جَامِعْتَا پَاتْلَايَانْ بُومْبَايَا بَاخْ

بِيزَهْ پَلَانْلَارْ قُورَانْ يُوزُو دُوسْتْ قَلْبِي خَاينْ
فِتْنَلَرِينْ آنَاسِيْ بُويُوكْ آجْدَاهَايَا بَاخْ

زَوَالِّيْ مِلَّتْلَرِينْ قَانِينْ بُوشَا تُوكُويُورْ
گُونْدَهْ بِيرْ قُويْرُوغُونُو بَاسَانْ أَمْرِيكَايَا بَاخْ

بَالْقَانْدَا نَلَرْ أُولْدُو قَارَا بَاغْ أَلْدَنْ گِيتْدِي
چَاچَانْلَرِينْ حَالِينْ صُورْ گَلْ غَزَّهْ يَافَايَا بَاخْ

بُوتُونْ بُونْلَارْدَانْ بَتَرْ بِيزْدَكِيْ قَانْ يَارَاسِيْ
هَرْ كَسْ أُولُومْ آغْزِينْدَا دِيزِيلْمِيشْ سِرَايَا بَاخْ

بِيرْ تُورْكَهْ أُوغْرَامَاسِينْ عِرَاقِينْ بَلَاسِينَا
هَدَفْ إِسْلَامْدِي بُوگُونْ گَلْ دَرِينْ يَارَايَا بَاخْ

<hr>

(١) ترجمة الأبيات (٣٤-٤٤) وتسجيعها :
إنْ أَحْببتَ الحُسَيْنَ فانْحُ نَحْوَهُ طائِعاً   ولا تَكُنْ كالوُجودِ مُخالِفاً نَهْجَهُ مُغَيِّرَا =

دِينِي يَانْلِشْ آنْلاديغْ گَرِيدَه قُويْدُو بِيزِي

بَاخْ إِسْلامْ دُونْيَاسِينَا صُونْرَا أُورُپَايَا بَاخْ

بِيزْ طَاشِدِيغ عَالَمَهْ بِيلْگِي مَشْعَلَهْ سِنِي

بِيزْ زَمَانْ طَلَبَهْ لَرْ قِبْلاسِي زَوْرَايَا بَاخْ

عَالَمْ إِعْتِرَاف إِيدَرْ بِيزْدَكِي كَشِفْلَارَا

دَقِيقَهْ صَايَانْ سَاعَتْ إِسْطِرْلاب كِي گَايَا بَاخْ

عِلْمْ وَعِمْرَانْ آدِي مَدَنِيَّتْ دُونْيَاسِي

أُولْكَمِيزْدَنْ دُنْيَايَا سَاچِيلان ضِيَايَا بَاخْ

بِيزْدَنْ أُوگْرَنْدِيكْلَرِي شِمْدِي بِيزَه دُونُيُورْ

بِيزْ قَارَانْلِيقْ إِيچِنْدَه أُورَادَا لَامْپَايَا بَاخْ

عَالَمْ گُوكْلَرَه گِيدَرْ بِيزْلَرْ نَيْنْ وَايْنْدَا

آلْدَانْمِشِزْ مَالا بِيزْ جَاها بِيزْ إِغْوَايَا بَاخْ

بُو إِنْتَرْنِت چَاغِينْدَا هَرْبِيرِ دُولاپْ تُوزاق

آلْتِمِيزَا صُو مِنْدِي دآلْمِشِزْ خُورْيَايَا بَاخْ

دُوشْتُوغ بِيرْبِيرِ يِمِيزَه قُورْطْ دُوشْتُو گُوفْدَمِيزَا

أُنْجَه دَرْدِي تَشْخِيص إِيتْ صُورّاسه دَوَايَا بَاخْ

= لَمْ نَعْرِفْ دَعَةً مُذْ قَضى شُبَيْرُ مَغْلُوبًا مُرْغَمَا   فالصَّبْرُ بالدُّعا يَجْعَلُ عُسْرَ المَظْلُومِ مُيَسَّرَا

مُسْلِمُونَ نَحْنُ رَسْمًا ولكِنْ لَمْ تُؤْمِنْ قُلُوبُنا   لَقَدْ تَشَعَّبْنا اثْنَتَيْنِ وَسَبْعِينَ فِرْقةً وَمَعْشَرَا

مِنْ حُسَيْنَ شَهِيدِ الحَقِّ نَقْبِسُ عِبْرَةً   تَرى كَرْبَ الدِّينِ العَظيمِ يا مَنْ دَرى

الدِّينُ لا يُبِيحُ لَكَ قَتْلَ أَخِيكَ فاتَّعِظْ   هذا الوَدِيعُ المِسْكِينُ لَمْ يَفْعَلْ جَرِيرَةً في الوَرى

مِنْ أَفْواهِ الشَّعْبِ تُؤْخَذُ الأَمْوالُ عُنْوَةً   رُعْبُ القَنابِلِ في شَوارِعِنا ومِحْرابِ عِلْمِنا تَفَجَّرا

صَدِيقُكَ ظاهِرًا وَفِي الباطِنِ خائِنٌ قَلْبُهُ   هذي الفِتَنُ هامُها يُرِيكَ التِّنِّينَ الأَكْبَرَا

سَفَكَ هَدَرًا دِماءَ الشُّعوبِ الذَّليلةِ ماكِرًا   أَمْريكَ الخَصْمُ تُخْفي عَنْكَ الشَّرَّ الأَخْطَرَا

قَدِ اسْتَعْمَرَتْ قُرْباغ فَسَلْ عَنْ شيشانَ في أَرْضِهِمْ   واسْتَشْعِرْ حالَ يافا وَغَزَّةَ، بالبلقانِ ماذا جَرى؟

مِنْ كُلِّ مُرٍّ جُرْحُنا الدَّامي الأَمْرُ عُمْقُهُ   والكُلُّ يُواجِهُ الهَلاكَ صَفًّا أَعْسَرًا يَتْبَعُ أَعْسَرَا

دُعائي أَنْ لا يَلْحَقَ التُّرْكُمانَ ما أَصابَ فُراتَهُمْ   دِينُنا مُسْتَهْدَفٌ فَعايِنْ جُرْحَهُ العَميقَ المُقْفِرَا

ئـُويانِنْ آينْ قَاخ أَياغا قَاخ أَيْ إسْلامْ أُمَّتِي

سَنِي گَرِيدَه قَويانْ نَـلَـرْدِر أُوطَايَا بَاخْ

صَانْمَا كِي أَسْكِي گُجونْ بِيرْدَه دُونَرْ قَابَاسِي

أُوردا صَرف إدِ يِـلانْ أمَاگَه بَاهَايَا بَاخْ

حِكَايَهْ جُوخْ أُوزُونْدُورْ بِيتَانْ تُوكَنَنْ دَگِيلْ

گِجِلَـرْتوت قولاغِي آغْلامَا رِضَايَا بَاخْ[1]

(٦)

٭ كلمة الدكتور نضير رشيد الخزرجي: تناول فيها الجغرافية في منهج الدكتور محمد صادق الكرباسي حين تتبعه لحوادث النهضة الحسينية بخاصة وأن مدينة تلعفر شهدت مرور رأس الحسين ﷺ.

(٧)

٭ مداخلات ومطارحات وتساؤلات أجاب عليها رئيس وفد الموسوعة الحسينية.

---

(١) ترجمة الأبيات (٤٥ - ٥٥) وتسجيعها:

لـمْ نَفْهَمْ دِينَا فَتَخَلَّفْنَا لِقِلَّةِ إِدْرَاكِنا

نَحْنُ مَنْ أَوْقَدْنا لِلكَوْنِ العُلُومَ شُعْلَةً

شَهِدَ الوُجُودُ لَنا بِما اكْتَشَفْنا مِنْ بَدائِعِ

العِلْمُ والعُمْرانُ في أمّةِ النَّماءِ اسمٌ شامِخٌ

عَلَّمْناهُمْ زَمانًا والآنَ نَقْبِسُ عِلْمَهُمْ

غَزا العالَمونَ السَّما ونحْنُ مُبْلِسونَ في أمْرِنا

في زَمانِ الشَّبَكَةِ العَنْكَبوتِيَّةِ التي غَرَّرَتْ بِعُقولِنا

صِراعٌ بِداخِلِنا يَأْكُلُ أَبْدانَنا فاسْتَوْحَشَتْ

أمّةَ الإسلام اسْتَيْقِظي واسْتَلْهِمي الرُّشْدَ بُكْرَةً

لا تَظُنَّ أنَّ قُوَّتَكَ قَدْ تَعودُ إلى سالِفِ عَهْدِها

ما أَطْوَلَ القِصّةِ التي لَمْ أَجِدْ حُدودًا لَها

فَقارِنْ عالَمَنا الإسْلامِيَّ وأوروبا وانْظُرْ ماذا تَرى

الزَّوْراءُ مِحْرابُ عِلْمٍ كانَتْ قِبْلَةً في الذُّرى

فانْظُرْ إلى الإِسْطرلابِ ودقائِقٍ ساعَةٍ لا تُزْدَرى

ومِنْ سَما أَرْضِنا على الكَوْنِ شَعَّ نُورٌ وأَقْمَرا

نَعيشُ في دُجى غُروبِنا والشُّروقُ عِنْدَهُمْ نَوَّرا

أَغْرانا المالُ والجاهُ والتّاجُ ومِزْمارُ الهُرا

مَنْ يُدْرِكُنا فَنَحْنُ غارِقونَ في أَحْلامِ الكَرى

لِنَعْرِفَ سُقْمَنا قَبْلَ طَلَبِ الدَّواءِ الذي يُشْتَرى

وأزيحي عَنكِ أسْبابَ غاشِيةٍ خَلَّفَتْكِ في الوَرا

فانْظُرْ إلى الجُهْدِ النَّفيسِ هَلَّا طابَ وأَثْمَرا؟

فلا تَبْكِ لَيْلَكَ راضِيًا عَسى أنْ تَسْتَغْفِرا

٤٤٣

(٨)

«تَلَعْفَرُ جَنَّةُ البَساتينِ»

* قصيدة الدكتور عبد العزيز مختار شَبِّين، قرأها بالنيابة الدكتور حسين أبو سعود، وهي من بحر الطويل الثاني في ٣٤ بيتاً بعنوان «تَلَعْفَرُ جَنَّةُ البَساتينِ»، ونصها:

كَفَاكَ الْهَوَى خَمْرًا صَبُوحًا لِتَسْكَرَا   وَإِنْ شِئْتَ ماءَ الْوَرْدِ فَأْتِ تَلَعْفَرا

وَإِنْ رُمْتَ كِبْرًا مِنْ عَلى صَهَواتِها   تُذَكِّرْكَ عِزًّا يَشْرَئِبُّ وَعَنْتَرا

بِقَلْعةِ عَشْتارٍ تَلَمَّسْتَ مَجْدَها   إِلى الشَّمْسِ مَمْدُودًا وَكَالزَّهْرِ أَخْضَرا

تَمُدُّ الأَيادي نَحْوَ أَشْمَخِ كَوْكَبٍ   فَتَسْمُقُهُ طُولًا إِذا اللَّيْلُ أَغْبَرا

لآشُورَ مِنْ رُوحِ الْحَضَارَةِ نَبْضَةٌ   خَيالُكِ جَلّاها وَقَلْبُكِ سَطَّرا

قَبَسْتِ هُدى الإِسْلامِ عِنْدَ بُزُوغِهِ   لَهُ كُنْتِ في حَرْبِ الْكَرامَةِ مِنْبَرا

عَلى صَفَحَاتِ الْخُلْدِ دَوَّنْتِ آيَةً   تَغَنّى بِها الرُّكْبانُ قَوْمًا وَمَعْشَرا

وَمَهَّدتِ في دَرْبِ السَّلامِ طَرائِقًا   تَسامَيْنَ مِنْ قَعْرِ السُّفوحِ إِلى الذُّرى

تَلَعْفَرُ وَالأَيّامُ تَحْبُلْنَ شُرَّعًا   بِما فيكِ مِنْ سِلْمٍ يَضوعُ مُعَطَّرا

نَشَرْنَ على لَيْلِ الرَّمادِ مَلاحِمًا   تَلَأْلَأْنَ أَبْهى مِنْ نُجومٍ وَأَزْهَرا

أَرى مِنْ بَنيها الفارِهينَ غَمائِمًا   تَسِحُّ نُضارًا بَعْدَ جَدْبِكِ مُمْطِرا

حُصونًا مِنَ الآسادِ مارَ زَئيرُها   على الرُّغْمِ مِنْ صَمْتِ السُّباتِ تَفَجَّرا

لِدَجْلَةَ أَمْواهٌ(١) عَلَيْكِ نَدِيَّةٌ   تَصُبُّ هَداياها سُيولًا وَأَنْهُرا

رَياحينَ أَخْصَبْنَ الْجَديبَ زَواهِرا   وَأَجرَيْنَ مِنْ لَفْحِ الهَواجِرِ كَوْثَرا

وَناغينَ في لَيْلِ الرُّقُودِ يَمائِمًا   بِهِنَّ صَباحُ الصَّحْوِ لاحَ مُبَشِّرا

يُعَطِّرُ أَجداثَ الهُداةِ بِرَوْحِهِ   وَيَرْوي مَقامًا سَعْدُ فيهِ تَنَوَّرا

---

(١) أمواه: جمع ماء.

وَفِيكِ يُزَارُ الصَّالِحُونَ، تَبَارَكَتْ   مَيادِينُ صَارَ الدِّينُ فِيهَا مُصَوَّرَا

أَيَا قَلْعَةَ الثُّوَّارِ، سُؤْدَدَ مَوْصِلٍ   بِكِ افْتَرَّ نَشْوَانًا وَأَشْرَقَ مُزْهِرَا

بِكِ التُّرْكُ أَقْمَارُ الزَّمَانِ قَدِ انْجَلَتْ   بِهِمْ ظُلُمَاتٌ كُنَّ لِلْأَرْضِ مَحْجِرَا

مَعَ الْعُرْبِ سَاسُوا الْمَشْرِقَيْنَ مَعَارِجَا   وَجَازُوا أَنُوشَرْوانَ(١) شَأْوًا وَقَيْصَرَا(٢)

تَلَعْفَرُ جِئْنَا وَالْهَوَى يَسْبِقُ الْخُطَى   إِلَيْكِ يُهَادِيكِ التَّحِيَّةَ عَنْبَرَا

تَلَعْفَرُ يَكْفِيكِ الْحُسَيْنُ مَفَاخِرًا   لأَسْرَى الظَّما مِنْ طَفِّهِ كُنْتِ مَعْبَرَا(٣)

فَقُدْسُكِ رُغْمَ الْحَادِثَاتِ نَهَارُهُ   يَظَلُّ لِأَهْلِ الْبَابِلِيَّةِ مَفْخَرَا

تَجَلَّتْ بِكِ الْحَدْبَاءُ(٤) رَافِعَةَ الإِبَا   ضُحًّى أَذَّنَ الْمِيلادُ فِيهَا وَكَبَّرَا

لأُمِّ الرَّبِيعَيْنِ(٥) انْتَشَيْتِ عَرَائِسًا   وَحُلْمًا بِأَعْرَاسِ الْبَهَاءِ تَبَخْتَرَا

بِكُلِّ دَمٍ مِنْ رَافِدَيْكِ صَحِيفَةٌ   قَرَأْتُ سَناها بِالشَّهَادَةِ أَعْصُرَا

لِصُوبَاش(٦) فَوَّارُ الْحَيَاةِ أَعَادَ لِي   شُعُورَكِ رَيَّانًا وَتُرْبَكِ جَوْهَرَا

---

(١) أنو شروان: هو كسرى خسرو الأول ابن قباد الأول، الملك الثالث والعشرون من الملوك الساسانيين الذي حكم بعد أبيه عام ٩٢ ق.هـ (٣٥١ م) وهو أول ملك ساساني لقب بالعادل، توفي عام ٤٤ ق.هـ (٥٧٩م).

(٢) قيصر: هو يوليوس قيصر غايوس، سياسي ومؤرخ وقائد عسكري روماني، ولد عام ٧٤٥ق.هـ (١٠٠ق.م)، حكم روما عام ٦٩٣ ق.هـ (٤٩ ق.م) حتى عام وفاته، يعتبر أحد أعظم القادة العسكريين في تاريخ الغرب، اندلعت في عهده الحرب الاهلية الرومانية إتهمه كايوس وبروتوس بالاستبداد وتآمرا على قتله عام ٦٨٨ ق.هـ (٤٤ ق.م)، ترك كتابات أدبية وقد فقدت.

(٣) إشارة إلى عبور أسرى الإمام الحسين ﷺ من الكوفة الى دمشق عبر مدينة تلعفر (تل أعفر) نهار الخميس ٦١/١/٢٣هـ، للمزيد، راجع: تاريخ المراقد الحسين وأهل بيته وأنصاره: ٥/ ٩٣، محمد صادق الكرباسي، المركز الحسيني للدراسات، لندن، ط١، ١٤٣٠هـ (٢٠٠٩م).

(٤) الحدباء: إشارة الى منارة الحدباء وسط الموصل وهي جزء من الجامع الكبير (جامع النوري) الذي بناه الحاكم نوري الدين زنكي عام ٥٦٨هـ (١١٧٢م) ويقع في الجانب الأيمن من نهر دجلة، وتعد تلعفر أحد أقضية الموصل (نينوى).

(٥) أم الربيعين: من أسماء مدينة الموصل (نينوى)، وذلك لاعتدال مناخها في الربيع والخريف.

(٦) صوباش: إشارة إلى عين ماء صوباشي الذي ينبع من تحت قلعة تلعفر ويسقي أراضي زراعية واسعة.

عَشِقْتُ الجَمَالَ السِّحْرَ في رَبَواتِها … وكَيْفَ لِمِثْلي أَنْ يُعَابَ ويُعْذَرَا؟

أرى التِّينَ يَسْقي الوَافِدِينَ مَوَاكِبًا … فَلي مِنْ جِنانِ اللَّهِ أَنْ أَتَخَيَّرَا

حُسَيْنُ أتى والنَّهْضَةُ البِكْرُ جَدَّدَت … بِمَوْسوعَةِ الكَرْباس نَهْجًا مُسَطَّرَا

إِلَيْكِ يَسِيرُ العَارِفُونَ بِطَفِّهِ … فَكُوني قِرًى لِلْقاصِدِيكِ ولْوَرَى

يُعَلِّمُ فيكِ الجيلَ هَبَّةَ ثائِرٍ … أرادَ لِعَرْشِ الخَوْفِ أَنْ يَتَبَخَّرَا

فَهَبَّت أبابيلٌ مِنَ الدَّوْحِ خُلَّصٌ … تُهَشِّمُ أفيالاً وَتَقْتُلُ عَسْكَرَا

تُحَمِّلُ أنفاسَ السَّلامِ خَضِيلَةً … إِلَيْكِ مِنَ الكَرْباس حُبًّا مُطَهَّرَا

(٩)

* **كلمة قصيرة للدكتور عباس جعفر الإمامي**، عضو وفد دائرة المعارف الحسينية: تناول فيها العلاقة بين الأمة وإحياء المناسبات الدينية ومنها الشعائر الحسينية.

ملحق (١)
مكتب الاتحاد الإسلامي

جاء في الخبر الذي بثّه مكتب[1] تلعفر للاتحاد الإسلامي لتركمان العراق ونشر في موقع الاتحاد الرسمي، التالي:

تحت شعار: «استقبلت تلعفر ركب الرسالة وتستضيف اليوم موسوعة الحسين».

مكتب تلعفر للاتحاد الاسلامي لتركمان العراق يقيم ندوة عن الموسوعة الحسينية.

تلعفر– أقام مكتب تلعفر للاتحاد الإسلامي لتركمان العراق وضمن برامجه في شهر شعبان المعظم وبمناسبة الولادات الميمونة للأئمة الأطهار ﷺ وبالتعاون مع المركز الحسيني للدراسات، ندوة ثقافية عن

---

(١) وصلنا مداخل تلعفر بعد الظهر وقد استغرق وقوفنا على نقطة التفتيش أكثر من نصف ساعة حتى سمحوا لنا بالدخول بعد مكالمات بين نقطة التفتيش وقيادة عمليات تلعفر، وقد جاء السيد محمد آل فرج الموسوي إلى نقطة التفتيش وتعرّفوا عليه وأجرى بعض الاتصالات ثم أخذنا الى مكتب الاتحاد الاسلامي لتركمان العراق حيث استضافنا السيد قاسم الموسوي وأعضاء المكتب على مائدة الغداء بعد رحلة شاقة تحت لهيب الشمس الحارقة.
والسيد محمد الموسوي هو ابن توفيق بن فرج آل سيد فرج الموسوي، ولد في تلعفر في ٧/ ١/ ١٩٧٠م، من رجال الأعمال الحرة في تلعفر ومن الوجوه الاجتماعية والعشائرية المعروفة، مسؤول المزارات في تلعفر ونائب أمين عام عشائر غرب نينوى الذي يرأسه الشيخ عبد الستار محمد آل طه الجحيشي، غادر تلعفر بعد سيطرة المسلحين عليها في حزيران يونيو ٢٠١٤م، ويسكن حاليا قضاء طويريج بكربلاء المقدسة.

الموسوعة الحسينية حضرها عدد من مدراء المؤسسات الحكومية وممثلو منظمات المجتمع المدني وشخصيات عشائرية.

وقدم مسؤول مكتب الاتحاد السيد قاسم الموسوي أعضاء المركز الحسيني للحضور ثم تلا نبذة مختصرة عن موسوعة الحسين لمؤلفها آية الله الدكتور محمد صادق الكرباسي وعن إصدارات المركز.

واستهلت الندوة بقراءة آيات من الذكر الحكيم وقراءة سورة الفاتحة على أرواح شهداء العراق، بعدها القى السيد حسين ابو سعود قصيدة شعرية عن تلعفر بعنوان «تلعفر جنة البساتين» للدكتور عبد العزيز شبين.

بعدها قدم الدكتور نضير الخزرجي شرحاً مفصلاً عن الموسوعة ورؤية آية الله الكرباسي حول المسيرة الحسينية بأبعادها واتجاهاتها المختلفة وأثارها المستقبلية، مسلطا الأضواء على البعد الجغرافي للنهضة الحسينية. وتحدث عن الجغرافية وعلاقته بالتاريخ، وقال إنَّ الشيخ الكرباسي استطاع ولأول مرة أن يوثق مسير الحسين جغرافياً عبر ثلاث مراحل، الاولى حركة الحسين من المدينة الى كربلاء مكانياً وزمانياً. والثانية حركة الحسين من كربلاء الى الكوفة ومن ثم الى الشام. والثالثة حركة رأس الحسين وفيها جانبان؛ رؤية الرأس تتعالى الى الشام وتعاد مرة اخرى الى كربلاء ويدفن فيها. وهنا التقى الزمان والمكان. فالرأس حمل من كربلاء مروراً بالموصل عند كنيسة[1] بالقرب من

---

(1) كنيسة: هي دير مار ايليا يقع داخل معسكر الغزلاني، أسسه الراهب إيليا الحيري في نهاية القرن السادس الميلادي، ويُسمى الدير بالدير السعيد نسبة الى سعيد بن عبد الملك بن مروان المقتول عام ١٣٢هـ، وكان واليا على الموصل في عهد والده الذي حكم في الفترة ٦٥- ٨٦هـ، وقد بقي سعيد في الموصل حتى عام ٩٩هـ حيث أقدمه عمر بن عبد العزيز إلى دمشق وحلّ مكانه يحيى بن يحيى بن قيس الغسّاني. للمزيد عن الكنيسة والدير ومعسكر الغزلاني ومقام الرأس فيه، راجع: تاريخ المراقد الحسين وأهل بيته وأنصاره: ١١٢/٦، محمد صادق الكرباسي، المركز الحسيني للدراسات بلندن، ط١، ١٤٣٢هـ (٢٠١١م).

معسكر الغزلاني ثم تلعفر ثم سنجار(١) والشام، فالتقاء الزمان والمكان اتضح.

ثم ألقى الأستاذ الباحث عباس الإمامي كلمة بالمناسبة تحدث فيها عن فضل شهر شعبان وهو شهر الامام الحسين ﷺ، وقال: إنَّ المؤمنين يتوجهون إلى الزيارة والعبادة أفراداً وجماعات، وان حركتهم تعبر عن الأخلاق الحسنة تجاه الإمام الحسين ﷺ. وعلى اعتبار ان الإمام الحسين إمام الوحدة للمسلمين وانه لا يوجد مسلم لا يهتم بإمامة الحسين وقدسيته، فالحسين ليس لطائفة او لجهة سياسية او لقومية بل الكل يكن له الاحترام والتقدير، فلنجعل من الحسين إماما وملهماً لوحدتنا الوطنية. وختم كلمته بأبيات من الشعر.

هذا وتخلل الندوة إلقاء قصائد حسينية وباللغتين العربية والتركمانية لشعراء مدينة تلعفر.

---

(١) سنجار: قضاء تابع لمحافظة نينوى يقع على مسافة ١٢٠ كيلومتراً أقصى غرب الموصل مركز المحافظة، على الحدود مع سوريا، وعلى بعد ٤٠٥ كيلومترات شمال العاصمة بغداد، وسكانه خليط من الإيزيدية (وهم الأكثرية) والتركمان والأكراد والعرب.

ملحق (٢)
تفجير أكبر مكتبة في تلعفر

تعتبر مكتبة الإمام محمد الجواد في مدينة تلعفر واحدة من أكبر المكتبات في شمال العراق التي تضم مصنفات ومخطوطات نادرة، وقد تعرضت هذه المكتبة الى التخريب تحت معاول الطائفية البغيضة على يد مسلحين قادمين من خارج الحدود ومن الداخل استولوا على مدينة الموصل في ٢٠١٤/٦/٩م بتواطؤ من بعض الأطراف السياسية والعسكرية.

وحول المكتبة ومسجد أهل البيت عليهم‌السلام ومرقد الملا محمود البرزنجي[١]، أخبرنا العلامة السيد محمد جواد البرزنجي في اتصال هاتفي معه صباح الثلاثاء ٢٠١٤/٧/٢٢م من مدينة النجف الأشرف حيث هاجر اليها قسراً من مدينة تلعفر بعد دخول المسلحين إليها والفتك بأهلها من

---

[١] محمود البرزنجي: هو ابن الملا محمد علي البرزنجي، من أعلام تلعفر وعلمائها البارزين (١٩١٢- ١٩٩٠م) ولد ومات في تلعفر ودفن في الحسينية المتصلة بداره، وكان مرقده مزاراً للموالين تعرض للهدم والتخريب في تموز يوليو ٢٠١٤م، ولد في أسرة بكتاشية علوية تحول الى مذهب أهل البيت عليهم‌السلام ودعا المسلمين الى التوحد والتمسك بأهل البيت عليهم‌السلام وصية نبي الإسلام محمد صلى‌الله‌عليه‌وآله، كان من وكلاء مرجعية السيد أبو الحسن الموسوي الإصفهاني (١٢٧٧- ١٣٦٥هـ = ١٨٦٠- ١٩٤٦م)، تعرض إلى مضايقات شديدة من قبل النظام البائد بسبب نشاطه الديني والتفاف الناس حوله من داخل تلعفر وخارجها من السنة والشيعة، ويُعد مسجد أهل البيت الذي بناه عام ١٩٤٢م أول مسجد للشيعة الإمامية في تلعفر.

المسلمين الشيعة، ان مكتبة الإمام الجواد التي بناها والده، تعرضت للتفجير والتخريب وهي تعتبر أكبر وأضخم مكتبة في شمال العراق تضم مخطوطات نادرة تمثل بعضها تراث تلعفر، كما فجر المسلحون مسجد أهل البيت ﷺ الذي يعد أول وأكبر مسجد للشيعة الإمامية في شمال العراق بناه والده الملا محمود الملا محمد علي البرزنجي عام ١٣٦١هـ (١٩٤٢هـ)، وكانت تقف على المسجد مئذنة عامرة طولها نحو ٥٠ متراً تم تفجيرها. وأضاف السيد البرزنجي: إن الحقد الأعمى وصل بالمسلحين الطائفيين ونسائهم انهم حينما كانوا يفجرون قبر والدي كانت النسوة يهللّنَ فرحاً وطرباً تشفياً من شخصية علمائية آمنت بالله ربّا وبالإسلام ديناً وبالنبي محمد ﷺ نبيّا وبأئمة أهل البيت ﷺ قادة وقدوة، وكنّ يرددن القول: (الآن تخلصنا من نشر الإمامية). ويُذكر أن أسرة البرزنجي أسرة عريقة في شمال العراق كانت على مذهب السنّة ثم تحولت الى البكتاشية العلوية ثم الإمامية الإثني عشرية، وكان لهذه الأسرة الدور الكبير في تعضيد المسلمين على حب أهل البيت ﷺ والتمسك بالرسالة الإسلامية ونشر رسالة المحبة والألفة والتآخي بين مكونات الشعب العراقي وهذا ما كان يغيظ رجال نظام العهد البائد الذين كانوا يهجمون على المكتبة والمسجد بين الفترة والأخرى تحت مدّعى البحث عن كتب ممنوعة ويرمون بالمكتبة على الأرض بما فيها من نسخ كثيرة للقرآن الكريم ويمشون بأحذيتهم على كلام الله، ثم جاء أبناء النظام البائد ممّن عميت بصيرتهم قبل أبصارهم، ليسوا المكتبة والمسجد بالأرض (١).

___

(١) تحدثت الأنباء الواردة من تلعفر أن المكتبة تعرضت للتفجير والهدم على يد المسلحين الذين سيطروا على مدينة تلعفر يوم ٢٠١٤/٦/٢٥م بعد اسبوعين من سقوط مدينة الموصل بمؤامرة داخلية وخارجية يوم ٢٠١٤/٦/٩م، وجاء في الخبر تحت عنوان: (مسلحو «داعش» يفجرون اكبر واقدم مكتبة تضم آلاف العناوين النادرة في تلعفر) المنشور يوم ٢٠١٤/٧/١٥م في موقع عراق القانون على الرابط التالي: (http://www.qanon302.net/news/security/2014/07/15/ =

والمفيد ذكره ان مكتبة الإمام محمد الجواد في مدينة تلعفر كانت تضم أكثر من أربعين مجلداً من أجزاء دائرة المعارف الحسينية، رأيتها عند تفقدي للعلامة السيد محمد جواد البرزنجي والاجتماع به لنحو ساعة ثم التوجه الى مركز الشباب لعقد ندوة تلعفر في ٨/٧/٢٠١٢م.

= (25721 بقلم: سجاد عبد الأمير: أقدم مسلحون ينتمون لتنظيم «داعش» على تفجير اكبر واقدم مكتبة في قضاء تلعفر غرب مدينة الموصل. وقال مصدر اعلامي تلعفري، طلب عدم الاشارة الى اسمه ان «مسلحين ينتمون لتنظيم داعش أقدموا على تفجير أكبر وأقدم مكتبة في قضاء تلعفر. وأضاف: إن المكتبة تأسست قبل اكثر من ١٠٠ سنة على يد الملا محمود اصلان، ثم تسلمها نجله، الشيخ محمد جواد، أحد أبرز رجال الدين التركمان الشيعة ولفت الى ان المكتبة كانت تحوي عشرات الآلاف من العناوين والكتب والوثائق والمخطوطات، من ضمنها آلاف الكتب والمخطوطات النادرة، واستفاد منها المئات من الباحثين وطلاب الماجستير والدكتوراه من داخل وخارج محافظة نينوى. وبحسب المصدر فانه تم تدمير المكتبة بالكامل بواسطة عبوات ناسفة تم زرعها داخلها، مشيراً إلى أن المكتبة كانت تقع بحي الطليعة وسط تلعفر. وسيطر مسلحون ينتمون لتنظيم داعش على تلعفر (٦٥ كلم غرب الموصل) في الخامس والعشرين من حزيران الماضي، بعد معارك عنيفة استمرت لنحو اسبوعين بين القوات العراقية مدعومة بمقاتلي العشائر التركمانية من جهة وبين مقاتلي عناصر داعش من جهة أخرى. ويقطن تلعفر غالبية شبه مطلقة من المكون التركماني.

(١٢)

«عاصمة نابضة بالحياة تحتضن موسوعة الحياة»

الموسوعة الحسينية

في

محافظة أربيل

٢٠١٢/٧/٩م

(إتحاد الأدباء الكُرد في أربيل)

الأدب المنظوم في دائرة المعارف الحسينية

فقرات ندوة أربيل

اتحاد الأدباء الكُرد في أربيل

* كلمة الأديب عثمان رشاد المفتي

* كلمة الأديب كمال الحاج حسين غمبار

* قصيدة الدكتور عبد العزيز مختار شبّين (د. حسين أبو سعود)

* كلمة الشيخ عمر محمد رسول چنگياني

* كلمة الدكتور نضير رشيد الخزرجي

* مداخلات ومطارحات وتساؤلات

* كلمة شكر : الأستاذ هاشم مزهر الطرفي

الأدب المنظوم في دائرة المعارف الحسينية

(١٢)

محافظة أربيل [١]

في ندوة حوارية

أدباء أربيل يقفون على الموسوعة الحسينية الكبرى [٢]

أقام اتحاد الأدباء الكرد في أربيل وبالتنسيق مع المركز الحسيني للدراسات في لندن يوم الاثنين ٢٠١٢/٧/٩م ندوة ثقافية حوارية، حضرها أدباء وكتاب ورجال دين وعدد من ممثلي الأحزاب السياسية في أربيل، أطلعهم فيها موفد دائرة المعارف الحسينية إلى العراق الدكتور نضير الخزرجي على بعض الجوانب الأدبية في عمل الموسوعة الحسينية [٣].

---

(١) أربيل: من مدن العراق الكبرى تقع على الحدود الإيرانية والتركية الى الشمال من بغداد على بعد ٣٦٥ كيلومتراً بالسيارة و٢٩٠ كيلومتراً على الخارطة، وهي عاصمة إقليم كردستان العراق الذي يضم مدن أربيل والسليمانية ودهوك.

(٢) وزع المركز الحسيني للدراسات التقرير الخبري على وسائل الإعلام المختلفة، ونُشر في الكثير منها، على سبيل المثال: جريدة الشرق البغدادية (www.alsharqpaper.com)، موقع مؤسسة الكوثر الثقافية (www.alcauther.com)، ونشر موقع بانيت (www.panet.co.il) التقرير بتاريخ ٢٠١٢/٧/١٢م وبالعنوان التالي: أدباء أربيل يقفون على الموسوعة الحسينية الكبرى بلندن.

(٣) حللنا في أربيل مع وفد الموسوعة الحسينية في فندق «روكَني جه ميل» في منطقة «خانقه»، كما كانت لي زيارة ثانية لمدينة أربيل في رحلة سياحية بصحبة العائلة لقضاء فترة عيد الفطر المبارك للعام ١٤٣٣هـ، وبقينا فيها لمدة اسبوع من الأحد إلى السبت (١٨ ـ ٢٠١٢/٨/٢٥م)، وكنا منها ننطلق لزيارة الأماكن السياحية في عموم إقليم كردستان العراق.

الندوة التي عقدت تحت شعار «عاصمة نابضة بالحياة تحتضن موسوعة الحياة» افتتحها الأديب عثمان المفتي [1] المستشار الأول لرئيس إقليم كردستان السيد مسعود البارزاني [2]، للشؤون الدينية، مؤكداً على العلاقة الوثيقة بين الشعب الكردي ولغة القرآن، والعلاقة المتبادلة بين الأدبين الكردي والعربي، مشيداً بالشعراء العرب الذي تغنوا بكردستان وأهلها الطيبين مثل الجواهري [3] وأخيراً وليس آخراً هو الأديب الجزائري الدكتور عبد العزيز شبين الناشط في المركز الحسيني للدراسات في لندن الذي قرأ قصيدته بالنيابة الأديب الدكتور حسين أبو سعود، ثم أنشد الأديب المفتي شيئاً من شعره باللغة العربية في مديح أهل البيت عليهم‌السلام، من مجموعتيه الشعرية: رسالة إلى المتنبي، وبريد النور.

---

(١) عثمان المفتي: هو ابن رشاد بن محمد القاضي المفتي، ولد في قلعة أربيل سنة ١٩٤٨م، نشأ ودرس في كنف والده في أروقة العلم في الجامع الكبير في القلعة، أديب وشاعر ومتحدث، ينظم باللغتين العربية والكردية، له اهتمامات ودراسات وبحوث في التصوف والفلسفة والتاريخ والنقد الأدبي والدراسات المقارنة، له عشرات المؤلفات المطبوعة والمخطوطة، منها: عالم الغيب والشهادة، صدى السنين، وأنوار كاشفة.

(٢) مسعود البارزاني: هو ابن الملا مصطفى ابن الشيخ محمد البارزاني، رئيس إقليم كردستان العراق، ولد في مدينة مهاباد الإيرانية في ١٩٤٦/٨/١٦، شارك مع والده في العمل المسلح منذ العام ١٩٦٢م، وشارك في المفاوضات التي كان الحزب الديمقراطي الكردستاني يجريها مع الحكومة في بغداد التي انتهت الى ابرام اتفاقية ١١ آذار عام ١٩٧٠م للحكم الذاتي والتي لم تدم طويلا، تنقل في المسؤوليات داخل الحزب، وبعد وفاة والده عام ١٩٧٩م في واشنطن انتخب رئيساً للحزب الديمقراطي الكردستاني في تشرين الثاني من العام نفسه ولازال، أصبح في العهد الجديد رئيسا لمجلس الحكم العراقي في الفترة ١-٢٠٠٤/٤/٣٠م، وعلى مستوى الإقليم أصبح في ٢٠٠٥/٦/١٢م أول رئيس وأعيد انتخابه ثانية في انتخابات ٢٠٠٩/٧/٢٥م، ومدّد له برلمان الإقليم في ٣٠/ ٢٠١٣/٦ لعامين انتهت في ٢٠١٥/٨/١٩م، وما زال رئيساً حتى يومنا هذا.

(٣) الجواهري: هو محمد مهدي بن عبد الحسين بن عبد علي بن محمد حسن الجواهري (١٨٩٩- ١٩٩٧م)، من مشاهير الشعراء في العراق والعالم العربي، ولد في النجف الأشرف وسكن بغداد وبراغ ودمشق، ومات في الأخيرة ودفن في المقبرة الحديثة في حي السيدة زينب عليها‌السلام، من مصنفاته: حلية الأدب، بين الشعور والعاطفة، ديوان الجواهري.

مـن جانبـه وصـف عضـو اتحـاد أدبـاء الكـرد فـي أربيـل ومنسـق النـدوة الثقافيـة، الأديب كمال غمبار ^(١)، دائرة المعارف الحسينية بأنها موسوعة شـاملة وعقلانيـة تـدل علـى عقلانيـة مؤلفهـا الشـيخ محمـد صـادق الكرباسـي، داعيـاً إلـى عـدم التعصـب الأعمـى لمذهـب معيـن أو ديـن بعينـه، وأهميـة الحاجـة إلـى العقلانيـة والتسـامح، وأنـه مـن الأهميـة أن يلتـزم المـرء بشـخصيته وكفـاءتـه وعقلانيتـه. والمفيـد ذكـره أن الأديـب كمـال غمبـار، مـن الأدبـاء الكـرد الذيـن قـرأوا الموسـوعة الحسـينية بتدبـر، كمـا لـه مسـاهمة فـي بيـان موقـع الإمـام الحسـين ﷺ والنهضة الحسـينية فـي الأدب الكـردي ^(٢) .

الأديـب الشـيخ عمـر چنكانـي ^(٣) الـذي حضـر مؤتمـرات دوليـة عـدة ممثـلاً

---

(١) كمال غمبار: هو ابن الحاج حسين ابن ملا أحمد غمبار، كاتب وأديب عراقي، ولد في مدينة
    كويه بمحافظة أربيل سنة ١٩٣٧م، نشأ ودرس في مسقط رأسه وتخرج من كلية التربية بجامعة
    بغداد عام ١٩٦٢م، مارس التربية والتعليم في مدارس العراق، مارس الكتابة والصحافة وعمل
    في جريدة الوقائع العراقية، وواصل الدراسة العليا وحصل على ماجستير في الأدب والنقد
    العربي كما يحضر لنيل شهادة الدكتوراه في فلسفة الأدب والنقد العربي، له عضوية في
    عدد من الاتحادات من قبيل: نقابة الصحافيين العراقيين، نقابة صحافيي كردستان، اتحاد
    الأدباء الكرد، رابطة النقاد العراقيين، وحاليا مستشار تربوي متقاعد في مجلس وزراء
    اقليم كردستان، شارك في تأليف وترجمة أكثر من عشرين كتاباً مدرسياً، من مؤلفاته:
    مطالعاتي في الجزء الأول من العامل السياسي لنهضة الحسين للكرباسي.

(٢) استلمت من الأستاذ كمال غمبار مخطوطة حملت تاريخ ٢٠١٢/٥/٢٠م فيها آراؤه حول
    الجزء الأول من كتاب «العامل السياسي لنهضة الحسين» للشيخ محمد صادق الكرباسي،
    وقد همّشت على المخطوط وصدر في كتاب مستقل عن بيت العلم للنابهين في بيروت عام
    ٢٠١٤م تحت عنوان «مطالعاتي في الجزء الأول من العامل السياسي لنهضة الحسين» في
    ١٦٠ صفحة من القطع المتوسط.

(٣) عمر چنكاني: هو ابن محمد رسول بن عبد الرحمن، من العلماء الأدباء العراقيين، ولد في
    مدينة السليمانية عام ١٩٥٤م وفيها نشأ ودرس، نال البكالوريوس من كلية الدعوة وأصول
    الدين في الجامعة الاسلامية بالمدينة المنورة عام ١٩٨٠م، وفي العام ١٩٨١م تولى الإمامة
    والخطابة في السليمانية وفيها مارس التدريس في ثانوية الدراسات الاسلامية، في العام
    ١٩٩١م، أنشا في السليمانية مسجد الإيمان ومدرسة عمر بن الخطاب، وتعرض للغلق
    النهائي عام ١٩٩٣م بعد خلاف مع السلطة المحلية، حصل من السودان عام ١٩٩٤م على
    الدراسة التمهيدية للماجستير في علوم الأديان من جامعة أم درمان ثم أبعد من السودان =

عن رئيس إقليم كردستان، أشاد بالعمل الموسوعي والتوثيق المعرفي لدائرة المعارف الحسينية، داعياً إلى التعامل بعقلانية مع النهضة الحسينية باعتبار أن الحسين ملك كل مظلوم على الأرض قاطبة منذ أن كان وسيظل، وقال: فهيا بنا نتعقل مع الحسين فلا نصغِّره في مذهب أو جماعة معينة.

الدكتور الخزرجي موفد الموسوعة الحسينية أشار في كلمته إلى جانب الأدب من عمل الموسوعة الحسينية، وبخاصة الأدب المنظوم الذي استطاع أن يوجد أرضية خصبة توحّد الشعراء من جميع الجنسيات والعقائد على مبدأ التغني بتضحيات الإمام الحسين ﷺ، لاسيما وان نصرة الحق والفداء والتضحية والشهادة مفردات فطرية ينشدها الإنسان أينما كان من أجل حياة حرة كريمة.

وقبل الختام أجاب الدكتور الخزرجي على أسئلة الأدباء والمثقفين، كما شكر الأستاذ هاشم الطرفي حضورهم.

من جهة أخرى زار وفد الموسوعة الحسينية الديوان الثقافي للأديب الأستاذ عثمان رشاد المفتي واطلع على مكتبته العامرة وعدد من الوثائق التاريخية التي تمثل في واقعها تاريخ أربيل، كما انتقل الوفد إلى وسط أربيل لزيارة منزل أسرة آل المفتي وشاهد عن قرب المخطوطات التاريخية للأسرة العلمائية العريقة ولاسيما المقتنيّات الشخصية للمفتي العام الشيخ رشاد المفتي وعدد من الوثائق التي تحكي عن تاريخ أربيل لنحو خمسمائة عام.

<hr>

= ولم يكمل، واصل دراسة الدبلوم في التربية وعلم النفس في جامعة صنعاء باليمن عام ١٩٩٥م ولم يكمل حيث ترك البلد مرغماً، سكن أربيل منذ عام ١٩٩٧م، وتفرغ منذ عام ٢٠٠٤م للعمل في الإعلام المركزي للحزب الديمقراطي الكردستاني ولازال، له برنامج اسبوعي في تلفزيون زاگورس بعنوان «الدين والمجتمع»، ويكتب في جريدة خبات (النضال) لسان حال الحزب الديمقراطي الكردستاني، ومجلة صوت الآخر، من مصنفاته: ١٠٠ حبة من كل بيدر حبّة.

فقرات ندوة أربيل

اتحاد الأدباء الكرد في أربيل

استضاف اتحاد الأدباء الكرد في مدينة أربيل الندوة الفكرية الحوارية للتعريف بدائرة المعارف الحسينية، وذلك في مقر الاتحاد عصر الاثنين ٩/ ٢٠١٢/٧م، وحملت شعار (عاصمة نابضة بالحياة تحتضن موسوعة الحياة)، وجاءت فقراتها كالتالي:

(١)

* **كلمة الأديب عثمان رشاد المفتي** [1]، المستشار الأول للسيد مسعود البارزاني رئيس إقليم كردستان: تناول العلاقة المتبادلة بين المجتمع الكردي والأدب العربي.

----

(١) رشاد المفتي: هو ابن محمد المفتي ابن الملا عثمان ابن الملا أبي بكر ابن الحاج عمر أفندي، من كبار العلماء في أربيل فيها ولد عام ١٩١٥م ونشأ ودرس فيها والتحق بجامعة الأزهر بالقاهرة عام ١٩٣٤م، أخذ محل أبيه المتوفى عام ١٩٤٦م في الإمامة والخطابة والتدريس والفتوى في الجامع الكبير بقلعة أربيل، أديب وشاعر وقاضي وخطيب وإمام، كما تولى القضاء في كركوك عام ١٩٥٦م ثم السليمانية ١٩٥٧م وأخيراً في أربيل حتى بلوغه سن التقاعد القانونية، دأب على احياء ذكرى ميلاد النبي الأكرم محمد ﷺ في الجامع الكبير في قلعة أربيل، لمكانته الدينية والاجتماعية ساهم في حل المشكلات الاجتماعية الأسرية والعشائرية، توفي في مسقط رأسه عام ١٩٩٢م، كان ينظم بالكردية والتركية والعربية والفارسية، كما كتب بالكردية والعربية، من مؤلفاته: راحة الأبدان في صوم رمضان، اعادة الظهر بعد الجمعة لظلمة القبر شمعة، وديوان شعر.

٤٦٣

(٢)

﴿ قرأ الأديب عثمان رشاد المفتي مقطوعات من شعره العربي بالمناسبة في مديح النبي محمد ﷺ وأهل بيته الكرام المنشورة في ديوان (بريد النور)(١)، والمجموعة الشعرية المسماة (رسالة إلى المتنبي)(٢)، وهو الذي أدار الندوة باقتدار.

(أ)

بريد النور(٣)

وهي من بحر الوافر:

فـمـا أدري مـتـى ألـقـي عصـايـا(٤)	ألا يـا لائـمـي بـالـلـه صبـراً
فـأنـهـيـت إلـى الـنـور سُـرايـا	ولـكـنّـي رأيـت الـفـجـر يـبـدو
وفـي أمِّ الـقـرى كـانـت قِـرايـا	ويـمَّـمـتُ الـدِّيـارَ لِـخَـيـرِ قـوم
ومِـن أهـل الـكِـسا(٥) أرجو كِسـايـا	وفـي آلِ الـرسـولِ فَـنـيـتُ حُـبّـاً
وصـار القلب في الجنب حِجايا	وألغيت الحجى(٦) في ذا المقام

---

(١) بريد النور: صدر في أربيل عن مطبعة منار عام ٢٠١٢م.

(٢) رسالة إلى المتنبي: صدر في أربيل عام ٢٠٠٨م.

(٣) الأبيات ٢٨- ٣٧، من قصيدة (بريد النور) المتكونة من ٤٤ بيتاً أخذت عنوان كتاب في ١٧ صفحة من القطع المتوسط صدر في أربيل بطبعته الأولى عام ٢٠١٢م عن مطبعة منارة.

(٤) قال المفتي في هامش الديوان: إشارة إلى الشعر الدارج بين العلماء (الطويل):
وألقت عصاها واستقر بها النوى   كما قر عينا بالإياب المسافر
راجع كتاب قول على قول (١٢) جزءاً للعلامة حسن الكرمي. ويقصد بها نهاية الرحلة بعد تعب شاق وقد تعني (إلقاء العصا) نهاية الحياة.

(٥) أهل الكساء: يريد بهم أهل البيت ﷺ: النبي محمد ﷺ وفاطمة الزهراء ﷺ والإمام علي ﷺ والإمامين الحسن والحسين ﷺ وفيهم نزل قوله تعالى: ﴿إِنَّمَا يُرِيدُ ٱللَّهُ لِيُذْهِبَ عَنكُمُ ٱلرِّجْسَ أَهْلَ ٱلْبَيْتِ وَيُطَهِّرَكُمْ تَطْهِيرًا﴾ سورة الأحزاب: ٣٣.

(٦) الحجى: العقل.

يرى في ظلمة الليل الخَفايا	ومن يجعل حِجاه في القلوب
لمضطر بأن يقبل رَجايا	طلبت اللطف من ربٍّ رحيم
عسى يكشف لبعض من غِطايا(١)	يُزيحُ الحُجْبَ عن عيني قليلاً
وقد بانت من الحور الثَّنايا	فمن نبع الدموع لي وضوءٌ
ولكني سعيت في دُنايا	ولست طالباً حور الجنان

(ب)

رسالة إلى المتنبي(٢)

جمعت أبياتها بين بحري الطويل والكامل:

فإذْ عارضٌ قدْ بانَ والليلُ مُظلمُ	فيا أيكةً فيها البلابلُ غرَّدت
عُشُّ العُقابِ فيستبيحُ ويهدمُ	ولرُبَّما عبثَ الغرابُ بجُنْحِهِ
في غفلةٍ تلجُ البيوتَ وتَدْهَمُ	فحذارِ مِن صَرْفِ الليالي إنَّها
فبقى الزمانُ أنينُهُ لا يُضرَمُ	غفلَ الزمانُ عن ابن مُلْجَمَ(٣) ساعةً

---

(١) قال المفتي في هامش الديوان: الكشف: هو الاطلاع على ما وراء الحجاب من المعاني المغيبة والأمور الحقيقية وجوداً وشهوداً.. قال ابن العربي (١١٦٤- ١٢٤٠م) (البسيط):

والكشفُ أعظمُ منهاجٍ وأوضحُه	العلمُ أشرفُ ما يأتيه من منحٍ
فسلهُ كشفاً فإن اللهَ يمنحُه	فإن سألتَ إلهَ الحقِ في طلبٍ
دعوى الكيان وجودُ اللهِ يفتحُه	وأدمِنِ القرعَ إن البابَ أغلقهُ

الموسوعة الصوفية: ١٢١٩، الدكتور عبد المنعم الحفني، مطبعة مدبولي، ط٥، ٢٠٠٦م. وانظر: الفتوحات المكية: ٤٥٧/٣، ابن عربي محيي الدين محمد بن علي الأندلسي، دار صادر، بيروت.

(٢) الأبيات ٥٣-٦٠ من قصيدة (رسالة الى المتنبي) التي أخذت عنوان الكتاب الصادر بطبعته الأولى في ٤٣ صفحة من القطع المتوسط في أربيل عام ٢٠١٢م عن مطبعة منارة.

(٣) ابن ملجم: إشارة إلى عبد الرحمن بن ملجم المرادي الذي ضرب الإمام علي بن أبي طالب(ﷺ) وهو يصلي في محراب الكوفة في ١٩ رمضان ٤٠هـ، واقتُصَّ منه بعد شهادة الإمام علي(ﷺ) في ٢١ رمضان ٤٠هـ.

٤٦٥

وبقيتْ أكفُّ الدَّهرِ تضربُ صدرَهُ   والنَّفسُ تذهلُ والحَشاشةُ تُضرَمُ

وبقتْ دُموعٌ في المحاجرِ مِنْ دمٍ   تحكي لِفاجعةٍ أجلُّ وأَعظمُ

وإذا القضاءُ أتتكَ منهُ سِهامُهُ   نَفَذتْ إليكَ وذاكَ أمرٌ مُبرمُ

ولكنَّها الأيَّامُ في الناسِ دَولَةٌ   أبداً تجورُ على الكبيرِ وتظلمُ

(٣)

* **كلمة الأديب كمال الحاج حسين غمبار**، نائب رئيس إتحاد الأدباء الكرد: تناول قراءته لدائرة المعارف الحسينية من وجهة نظر أديب كردي.

(٤)

«نشيدٌ لأربيل»

* **قصيدة الدكتور عبد العزيز مختار شَبين**، تلاها بالنيابة **الدكتور حسين أبو سعود**، وهي بعنوان «نشيدٌ لأربيل» من بحر البسيط الثاني في ٣٥ بيتاً، ونصها:

قُمْ رَتِّلِ الشَّوْقَ مِثْلَ الذِّكْرِ تَرْتِيلَا   وَصُغْ نَشِيدَ هَوَى يُهْدى لِأَربِيلَا

مَدِينَةٌ قِدَمُ التَّاريخِ جَلَّلَها   مَهابةً مِنْ عَتيقِ الدَّهْرِ تَبْجِيلَا

وَرَاحَ يَعْرِشُ لِلدُّنْيا مَنارَتَهُ   مِنْها ويَبْعَثُ لِلْعَلْيا التَّهالِيلَا

بها اليَقينُ عَنِ الأَغْيارِ مُنْقَطِعٌ   فيها تَبَتَّلَ صِدْقُ القَلْبِ تَبْتِيلَا

حَثَثْتُ خَطْوي إلى أَبراجِها أَمَلًا   فَلَمْ أَرَ السَّعْيَ نَحْوَ الأُنْسِ مَمْلُولَا

يا آمِلاً رُؤْيَةَ العَنْقا(١) بِذَرْوَتِها   الرَّحْبُ بَيْنَ يَدَيْها كَانَ مَأْمُولَا

سَلْ كُلَّ نَاحِيَةٍ تُنْبِئْكَ عَنْ خَبَرٍ   فيها لِساسانَ لا يَرْوي الأَباطِيلَا

---

(١) العنقاء: طائر اسطوري يُضرب به المثل للدلالة على الارتفاع والعلو، والعنقاء قمة التل أو الجبل.

بِهَا لآشُورَ آيَاتٌ تُحَدِّثُنَا   وفي عُلاهُمْ حَديثٌ جَاوَزَ النِّيلَا

مَدِينةٌ صَاغَتِ الأَمْجَادَ قَلْعَتُها   فازَّيَنَتْ فَوْقَ طَوْدِ العِزِّ إكْلِيلَا

يا مَهْدَ سُومَرَ جَلَّيْتِ البَهَا أُفُقًا   رَأَتْهُ عَيْنُ الوَرَى جِيلاً تَلاَ جِيلَا

أَرْبِيلُ قَدْ مَشَتِ الأَحْدَاثُ مُخْبِرَةً   تُصَدِّقُ الرُّوحُ مِنْ فيكِ الأَقَاوِيلَا

حَكَى الزَّمانُ وَلَمْ تَكْذِبْ لَهُ شَفَةٌ   فَكُلُّ رَسْمٍ جَوابٌ يَحْجُبُ السُّولَا

تَرَى بِها جَامِعَ الخَيَّاطِ(١) مَأْثَرَةً   لَمْ تَرْضَ فَوْقَ ثَراها عَنْهُ تَبْديلَا

يا أُمَّةً حَفِظَتْ دِينًا لَهَا خُلُقًا   فَكُلُّ طَبْعٍ تَجافى كانَ مَرْذُولَا

وِشَائِجُ الدِّينِ أَقْوَى في سَماحَتِها   بَحْرٌ مِنَ الجُودِ طامي يَغْمُرُ الغِيلَا

يا مَرْصَدًا لِلنُّجومِ الزُّهْرِ تَرْمُقُهُ   بِعَيْنِهِ قَدْ رَأَيْتُ النُّورَ مَسْدُولَا

وَنَبْعَ شَلَّالِها المُنْسابِ كَوْثَرُهُ   مَعَ كُلِّ ثَجَّاجةٍ(٢) تَرْوي المَحاصِيلَا

أَكْبَرْتُ فيكِ عُيونَ الطِّيبِ دَافِقَةً   أَرْوَيْتِ مِنْها غَريبَ الدَّارِ مَغْلُولَا

لَكِنَّ سِبْطًا بِحَرِّ الطَّفِّ مَزَّقَهُ الـ   صَدَى، فَأَمْسَى جَديبُ الثَّغْرِ مَجْدُولَا

يا قِصَّةَ الأَلَمِ المَطْعُونِ، أَلْفَ هَبا   عَلَيْكَ سَلَّ حُسامَ الغَدْرِ مَصْقُولَا

يَظَلُّ جُرْحُكَ لِلأَزْمانِ مِجْمَرَةً   وَخَدُّ وَرْدِكَ بِالأَحْزانِ مَبْلُولَا

أَرْبِيلُ بَلْوى حُسَيْنٍ فيكِ أَبْعَثُها   تُشْجِي القُلُوبَ تَسابيحًا مَواوِيلَا

الفِتْيَةُ النُّجُبُ الأَخْيارُ قَدْ عَزَفُوا   في صَمْتِ داجِيَةٍ حَمْقَى تَراتِيلَا

الحُبُّ يَجْمَعُهُمْ، الصِّدْقُ يَدْفَعُهُمْ   والحَرْفُ يَرْفَعُهُمْ غُرًّا بَهاليلَا

مَدِينةٌ أُشْرِبَتْ حُبَّ الحُسَيْنِ رَوَتْ   عَنْهُ دُرُوسَ الفِدا جُمْلاً وَتَفْصِيلَا

---

(١) جامع الخياط: نسبة الى الوجيه جليل بن خليل الخياط التركماني الذي تبرع به، وهو جامع كبير حديث البناء وبطراز تركي عثماني حمل ملامح العمارة الفاطمية والعباسية والأموية، بدأ العمل به سنة ١٤١٧ه (١٩٩٧م) وافتتح بشكل رسمي سنة ١٤٢٨ه (٢٠٠٧م) وتوفي صاحبه قبل فترة قصيرة من الانتهاء من بنائه، اقيم المسجد على مساحة ١٥ الف متر مربع، من مئذنتين ارتفاع الواحدة ٧٣ متراً وقبة وسطية كبرى ارتفاعها ٤٥ متراً، أشرف على بنائه المهندس سيد بهاء الدين محمد. راجع الموسوعة الحرة (ويكيبيديا).

(٢) ثجاجة: من ثجّ: صيغة المبالغة للماء الشديد الانصباب، والغيمة الممطرة.

إِلَيْكِ أَرْبِيلُ مِنْ كَرْبَاسَ أَحْرُفُهُ   تَشَبَّعَتْ بِمَثاني اللَّوْحِ تَحْليلا

خَصِيبَةٌ رَوْضَةُ الأَوْرَاقِ بَيْنَ يَدَيْ   مَنْ حُفِّظوا مِنْ مَعاني السِّفْرِ تَنْزيلا

مِنْ كُلِّ مِحْبَرَةٍ بَحْرٌ يَمُدُّ لَهُ   بِأَحْرُفِ اللهِ ما يُدْني الشَّماليلا(١)

مَوْسُوعَةٌ بِشَذاها طابَ مُغْتَرَفُ   يَلُمُّ جَدْوَلُها قَوْمًا شَعاليلا(٢)

عَلى خُطى لِلْحُسَيْنِ ازْدانَ مَنْهَجُها   نَحْوَ الخُلُودِ بِصافي الشِّعْرِ تَرْسيلا

أَرْبِيلُ يَخْضَلُّ فيكِ الوَعْيُ مِسْرَجَةً   تَنْسَلُّ مِنْها اللُّغى(٣) مَعْنى وَتَخْييلا

كَرْباسُ أَهْدى إِلى عَيْنَيْكِ مِشْعَلَها   يَفُكُّ وَسْطَ الدُّجى ما كانَ مَشْكُولا

أَرْبِيلُ مُدِّي رِسالاتِ الحُسَيْنِ يَدًا   وَأَطْلِقي مِنْ جِمارِ الأَسْرِ مَغْلُولا

مَدينَةَ السِّلْمِ أَبْوابُ الرَّجا انْفَتَحَت   مِنْها انْتَظَرْنَا رَبيعَ الفَجْرِ مَعْسُولا

لِلْكُرْدِ عاصِمَةٌ فَيْحاءُ شامِخَةٌ   تَمْتَدُّ كالأُفْقِ مِنْ هاماتِها طُولا

(٥)

*** كلمة الشيخ عمر محمد رسول عبد الرحمان چنگياني**، ممثل السيد مسعود البارزاني في المؤتمرات الإسلامية الدولية: تناول أهمية قراءة النهج الحسيني بعقلانية والتعامل مع الإمام الحسين ﷺ كشخصية خارج أسوار المذهبية(٤).

(٦)

*** كلمة الدكتور نضير رشيد الخزرجي**، رئيس وفد دائرة المعارف

---

(١) الشماليل: المتفرق.

(٢) شعاليل: المجموعة من الناس.

(٣) اللغى: جمع اللغة.

(٤) في نهاية الندوة أهدى الشيخ عمر چنگياني كتابه الجديد «١٠٠ حبة من كل بيدر حبة» إلى مكتبة المركز الحسيني للدراسات.

الحسينية، سلط بعض الضوء على الجانب الأدبي في عمل الموسوعة الحسينية.

(٧)

❈ مداخلات ومطارحات، وتساؤلات أجاب عليها رئيس الوفد الزائر.

(٨)

❈ كلمة شكر لاتحاد أدباء الكرد قدمها **الأستاذ هاشم الطرفي**، باسم دائرة المعارف الحسينية.

ملحق (١)
موسوعة روضة الحسين

مقطوعة شعرية في تقريظ الموسوعة الحسينية أهداها الشاعر مقداد البرزنجي [1]، خلال وجوده في مؤتمر أربيل، وهي من بحر الكامل المذال.

هي روضةٌ قد أينعتْ للمُتقين	موسوعةٌ قد أورقتْ باسْمِ الحسينْ
وَتَسودُ للأجيالِ أشياءُ اليقينْ	تخضلُّ في آياتِ مجدٍ خالدٍ
في كُلِّ نَفسٍ ترتقي بالمُهتدين	فَتُرتِّلَ الذِّكرَ النبيلَ إرادةٌ
كالشَّمسِ حيثُ تشعُّ بالفكر المبينْ	موسوعةٌ تسمو بأفكارِ الأُلى
يا صوتَ هذا الدينِ يا عزم الحسينْ	هتفَ العُلى بالحق يا موسوعةً
ةُ تظلُّ ملحمةً وعزمَ الموقنينْ	يا مُنشداً هذي الميامينُ الأبا

---

(١) مقداد البرزنجي: هو ابن رياض بن اسحاق البرزنجي الموسوي، شاعر يمارس الأعمال الحرة، ولد في مدينة أربيل في ١٩٧٥/٨/٢١م، وفيها نشأ ودرس وأكمل الدراسة الجامعية في جامعة بغداد وحصل عام ١٩٩٨م على بكالوريوس إدارة الأعمال، ويواصل الآن دراسة الماجستير.

(١٣)

«دائرة حفيد سيد الأنام في ضيافة مدينة التسامح والوئام»

الموسوعة الحسينية

في

محافظة دهوك

٢٠١٢/٧/١٠م

(إتحاد الأدباء الكرد في دهوك)

دائرة المعارف الحسينية وتقعيد العلوم وتأسيسها
فقرات ندوة دهوك
إتحاد أدباء الكرد في دهوك

※ كلمة الأديب حسن علو سليفاني

※ كلمة الدكتور نضير رشيد الخزرجي

※ قصيدة الدكتور عبد العزيز مختار شبّين (د. حسين أبو سعود)

※ مداخلات ومطارحات وتساؤلات

دائرة المعارف الحسينية وتقعيد العلوم وتأسيسها

(١٣)

محافظة دهوك[1]

أدباء دهوك يضيِّفون دائرة المعارف الحسينية[2]

أظهر أدباء دهوك دهشتهم إزاء العمل الموسوعي لدائرة المعارف الحسينية لمؤلفها الدكتور محمد صادق الكرباسي الذي استطاع خلال ربع قرن أن يكتب نحو ٧٠٠ مجلد ويطبع منها ٧٧ مجلداً حتى منتصف ٢٠١٢م.

جاء ذلك في الندوة الثقافية الحوارية التي عقدها اتحاد أدباء الكرد في

---

(١) دهوك: مدينة عراقية على الحدود مع تركيا وهي ثالث مدن إقليم كردستان العراق تقع في شمال غرب مدينة أربيل على بعد ١٦٠ كيلومتراً والى شمال غرب العاصمة بغداد على بعد ٤٨٤ كيلومتراً بالسيارة و٤٥٦ كيلومتراً حسب الخارطة.

(٢) قام المركز الحسيني للدراسات بتوزيع التقرير الخبري على وسائل الإعلام المختلفة، ونُشر في الكثير منها، من قبيل: وكالة فنار الاخبارية (www.4.hathalyoum.net) بتاريخ ٢/ ٨/ ٢٠١٢م، وبتاريخ ٢٠١٢/٨/٣م في موقع وكالة براثا للأنباء (www.burathanews.com) مع إضافة كلمة محافظة إلى دهوك، وبالتاريخ نفسه في موقع باب الحوائج الشهيد عبد الله الرضيع (www.al-asghar.com)

ونشرت جريدة (ئه يري) (www.evropress.org) الصادرة يوم ٢٠١٢/١٢/١١م في دهوك تقريرا عن الندوة في الصفحة الخامسة بقلم مراسلها شاكر أتروشي الذي كان حاضرا الندوة، بالعنوان التالي: (شانده كى مه عارف حوسه ينيه سه ره دانا دهوكى كر)، وترجمته (وفد من دائرة المعارف الحسينية زار دهوك).

دهوك بالتنسيق مع المركز الحسيني للدراسات في لندن في مقر الاتحاد يوم العاشر من شهر تموز يوليو من العام الجاري ٢٠١٢م، وتحدث فيها كل من رئيس الاتحاد الأديب حسن سليفاني [1] ورئيس وفد دائرة المعارف الحسينية إلى العراق الدكتور نضير الخزرجي وعضو الوفد الزائر الدكتور حسين أبو سعود.

في بداية الندوة التي حضرها أدباء وأديبات مدينة دهوك في إقليم كردستان العراق إلى جانب عدد من الإعلاميين والكتاب ورجال الثقافة والفن وبشعار «دائرة حفيد سيد الأنام في ضيافة مدينة التسامح والوئام» أكد الأستاذ حسن سليفاني رئيس اتحاد أدباء الكرد في دهوك على الانفتاح الثقافي الذي يوليه الاتحاد في مدينة يسكنها مواطنون من أديان مختلفة، معتبراً أن الشعار الذي رفعته الندوة الثقافية يظهر واقع المدينة المتسامحة ويعكس في الوقت نفسه طبيعة عمل الاتحاد الذي يهتم بنشر المحبة والوئام بين أبناء الوطن، داعياً إلى توثيق عرى التعاون بين اتحاد أدباء الكُرد والمركز الحسيني للدراسات.

وفيما يخص دائرة المعارف وصف الأستاذ حسن سليفاني الموسوعة الحسينية بأنها عمل جبار وكبير، مبدياً دهشته الكبيرة لهمّة المؤلف الذي استطاع بمفرده أن يرفع قواعد هذه الموسوعة التي هي بحاجة إلى جهود وزارة بكامل طاقتها، وتساءل: كيف أمكن للشيخ الكرباسي أن يتحمل أعباء هذا العمل الكبير دون دعم حكومي؟ فهذا الأمر حسب وصفه محل دهشة

<hr>

[1] حسن سليفاني: هو ابن علو حسن، من أهالي دهوك، ولد في سهل السليفاني بزاخو سنة ١٩٥٧م، أديب وروائي وشاعر وعضو مجلس محافظة دهوك، رئيس اتحاد الكُرد في دهوك، ينظم الشعر باللغتين العربية والكردية، ويكتب بهما، صاحب امتياز «مجلة بهيف» أي مجلة (الخطوة) الصادرة في دهوك، درس في الموصل ثم درس الأدب الانكليزي في كلية الآداب بجامعة دهوك، من مؤلفاته: خبز محلى بالسكر (قصص)، دمي الذي يضحك (شعر)، وكَولستان والليل (رواية).

وحيرة، داعياً إلى إيصال الموسوعة إلى كل البلدان ليطلع العالم على الإبداع المعرفي الكبير، بخاصة وان الإمام الحسين ﷺ استشهد من أجل الحق ومنه استلهمت قيادتنا السياسية وشعبنا الكردي العزيمة على رفض الظلم والعيش بحرية.

من جانبه تناول الدكتور نضير الخزرجي في كلمته نماذج من البعد العلمي في عمل الموسوعة الحسينية، مشيراً إلى حرص المؤلف الفقيه الدكتور محمد صادق الكرباسي في الأبواب الستين من دائرة المعارف الحسينية في أن يضع قواعد كل باب أو أن يؤسس لذلك الباب من خلال تقعيد علمه والبناء عليه بصورة سليمة، بحيث تكون المقدمة بوابة ذلك العلم الذي يبحث فيه المؤلف، كما في كتاب (المدخل إلى الشعر الحسيني)(١) حيث وضع قواعد النظم في الأدب العربي ومراحل تطوره، وكتاب (المدخل إلى الشعر الأردوي)(٢) الذي أنشأ فيه ولأول مرة قواعد النظم الأردوي بمنظار التفعيلة العربية، وكذا في كتاب (المدخل إلى الشعر البشتوي)(٣) و(المدخل إلى الشعر الفارسي)(٤)، أو كتاب (معجم خطباء المنبر الحسيني)(٥) حيث أصّل فيه لتاريخ الخطابة في الحضارات والمدنيات

---

(١) المدخل الى الشعر الحسيني: صدر في جزأين، عن المركز الحسيني للدراسات بلندن، الجزء الأول صدر عام ١٤٢١هـ (٢٠٠٠م) في ٥٥٩ صفحة من القطع الوزيري، والثاني صدر عام ١٤٢٩هـ (٢٠٠٨م) في ٦١٥ صفحة.

(٢) المدخل الى الشعر الأردوي: صدر في جزء واحد عن المركز الحسيني للدراسات بلندن عام ١٤٣٠هـ (٢٠٠٩م) في ٥٣٠ صفحة من القطع الوزيري.

(٣) المدخل الى الشعر البشتوي: صدر في جزء واحد عن المركز الحسيني للدراسات بلندن عام ١٤٣٤هـ (٢٠١٣م) في ٥٣٦ صفحة من القطع الوزيري.

(٤) المدخل الى الشعر الفارسي: صدر في جزأين عن المركز الحسيني للدراسات بلندن، الأول صدر عام ١٤٣٣هـ (٢٠١٢م) في ٤٤١ صفحة من القطع الوزيري، والثاني في العام نفسه في ٣٣٧ صفحة.

(٥) معجم خطباء المنبر الحسيني: في نحو ٢٦ جزءاً صدر الأول عن المركز الحسيني للدراسات بلندن عام ١٤٢٠هـ (١٩٩٩م) في ٥٤٠ صفحة من القطع الوزيري.

المختلفة وأثبت أسس الخطابة الناجحة، والأمر نفسه مع باب (الحسين والتشريع الإسلامي)(١) أو باب (تاريخ المراقد)(٢)، وغيرها من أبواب دائرة المعارف الحسينية.

ووجد الخزرجي في حديثه أن الكثير من مقدمات الأبواب التي جاء بعضها في جزء وأخرى في جزأين هي بمثابة رسائل دكتوراه، ولذلك فليس بمستغرب أن يحصل الشيخ محمد صادق الكرباسي على أربع شهادات دكتوراه نظير جهده المعرفي، كما رأى بوصفه أكاديمياً وأستاذاً جامعياً، صلاحية العديد من أجزاء الموسوعة وبخاصة المقدمات والمداخل منها كمادة علمية للتدريس في الجامعات والكليات لما أتى به المؤلف من جديد أو جدَّد في القديم. كما أشار الخزرجي إلى المقدمات الأجنبية لأعلام البشرية من جنسيات وأديان ولغات مختلفة، والتي خُتم بها كل مجلد، بوصفها علامة بارزة في شغل الموسوعة تحرى فيها الكرباسي بيان رأي الكاتب في حركة الإمام الحسين ﷺ على طريق الإصلاح وعمارة البلاد والعباد.

واستمع أدباء دهوك ومثقفوها إلى قصيدة من نظم الشاعر الجزائري الدكتور عبد العزيز شبين، ألقاها الأديب الدكتور حسين أبو سعود، جاء في مستهلها (الخفيف):

إِنْ يَـتِـهْ فِي كُـهُـوفِـهِ الْمَـتْـرُوكُ   تَـلْـقَـهُ بِـالشَّـوْقِ الرَّحِـيـبِ دُهُـوكُ

فَـلَـهُ فِـيـهَا فُـسْـحَـةٌ وَمِـرَاحٌ   وَبِـهَا لِـلْـغَـرِيـبِ ثَـمَّ أَرِيـكُ

أَهْـلُـهَا الطَّـيِّـبُـونَ مِـنْ جُـودِهِمْ فَا   ضَتْ بُـحُـورٌ وَفَـضْـلُـهُـمْ مَـسْـلُـوكُ

---

(١) الحسين والتشريع الإسلامي: في نحو ١٦ جزءاً صدر الأول عن المركز الحسيني للدراسات بلندن عام ١٤٢١هـ (٢٠٠٠م) في ٥٤٢ صفحة من القطع الوزيري.

(٢) تاريخ المراقد.. الحسين وأهل بيته وأنصاره: في نحو ١٥ جزءاً صدر الأول عن المركز الحسيني للدراسات بلندن عام ١٤١٩هـ (١٩٩٨م) في ٤٢٤ صفحة من القطع الوزيري.

ثم يواصل نظمه فيقول :

بِدَهُوكَ الـمَعَارِجُ ارْتَفَعَتْ مِثْـ   ـلَ سَمَاءِ الْعُلَا بَنَاهَا الـمَلِيكُ

فَإِلَيْكِ الْكَرْبَاسُ مَدَّ جُسُورًا   لِلْـفِدَا تَحْكِي طَفَّهُ وتَبُوكُ

مَرْكَزٌ لِلْحُسَيْنِ يَبْعَثُ ذِكْرَى   لَا يَزَالُ الأَسَى لَظَاهَا يَلُوكُ

وفي نهاية الندوة الثقافية، أجاب موفد الموسوعة على أسئلة الحاضرين، كما عبّرت إحدى الأديبات وهي من الديانة المسيحية عن سرورها لوجود وفد الموسوعة الحسينية في مدينة دهوك للحديث مباشرة مع أدبائها وأعلامها، متعرضة إلى الأدب الثر الذي يحمله تراث الإسلام، ومشيرة إلى كتاب نهج البلاغة للإمام علي بن أبي طالب ﷺ، مؤكدة أنها تعشق نهج البلاغة بما فيه من أدب وحكم وقيم، وأنها لازالت تعمل بوصية أبيها الذي أحبّ علياً من خلال اقتنائه كتاب نهج البلاغة وشروحه، وأورث لنا هذا العشق حيث نظل نعكف عليه متدبرين ننهل من معينه، حسب قولها.

معتبرة أن نجل علي الإمام الحسين هو محل افتخار وهو راية كبيرة وينبغي التعامل مع الفكر الحسيني بجدية.

هذا وكان الدكتور نضير الخزرجي قد وقّع لأدباء دهوك على كتابه الجديد «أشرعة البيان .. قراءة موضوعية في الموسوعة الحسينية»[1]، فضلا عن كتاب «نزهة القلم .. قراءة نقدية في الموسوعة الحسينية»[2]، وكتابه الآخر «التعددية والحرية في المنظور الإسلامي»[3]، كما ان رئيس اتحاد

<hr>

(1) أشرعة البيان قراءة موضوعية في الموسوعة الحسينية، صدر عن بيت العلم للنابهين ببيروت عام ١٤٣٣هـ (٢٠١٢م) في ٧٣٥ صفحة من القطع الوزيري.

(2) نزهة القلم قراءة نقدية في الموسوعة الحسينية، صدر عن بيت العلم للنابهين ببيروت عام ١٤٣١هـ (٢٠١٠م) في ٥٦٠ صفحة من القطع الوزيري.

(3) التعددية والحرية في المنظور الاسلامي دراسة مقارنة: صدر عام ١٤٣٢هـ (٢٠١١م) في ٤٠٠ صفحة من القطع الوزيري عن بيت العلم للنابهين (بيروت) ومكتبة دار علوم القرآن (كربلاء المقدسة).

الأدباء الكُرد في دهوك الأستاذ حسن سليفاني رافق وفد دائرة المعارف الحسينية في جولة ميدانية أطلعهم فيها على منشئات المقر العام للاتحاد، مثنيا على رئيس وزراء إقليم كردستان السيد نجيرفان البارزاني [1] الذي يولي حقل الأدب ومعشر الأدباء اهتمامين كبيرين.

---

(١) نجيرفان البارزاني: هو ابن إدريس بن مصطفى، رئيس وزراء حكومة إقليم كردستان في العراق، ولد في ١٩٦٦/٩/٢١م في قرية بارزان من توابع اربيل، هاجر مع أسرته عام ١٩٧٥م الى ايران ودرس العلوم السياسية في جامعة طهران، ثم عاد الى العراق، وفي العام ١٩٨٩م أصبح عضوا في المكتب السياسي للحزب الديمقراطي الكردستاني وأعيد انتخابه عام ١٩٩٦م، وأصبح فيما بعد نائبا لرئيس الحزب الديمقراطي الكردستاني الذي يرأسه رئيس الإقليم مسعود مصطفى البارزاني، وأصبح نائبا لرئيس الوزراء في حكومة اربيل عام ١٩٩٦م، وفي اذار ٢٠٠٦م اصبح كأول رئيس وزراء في حكومة اقليم كردستان الموحدة خلفاً للدكتور برهم صالح، وأعيد انتخابه لولاية ثالثة في ٢٠١٣/١١/٧م ولازال.

فقرات ندوة دهوك

إتحاد الأدباء الكُرد

تحت شعار «دائرة حفيد سيد الأنام في ضيافة مدينة التسامح والوئام» رعى اتحاد الأدباء الكُرد في دهوك ندوة ثقافية حوارية للتعريف بدائرة المعارف الحسينية، وذلك عصر الثلاثاء ١٠/٧/٢٠١٢م، وتضمنت الفقرات التالية:

(١)

٭ كلمة الأديب حسن سليفاني، رئيس اتحاد الأدباء الكُرد وعضو مجلس محافظة دهوك: تناول أهمية التبادل الثقافي والانفتاح على الآخر.

(٢)

٭ كلمة الدكتور نضير رشيد الخزرجي: تناول نماذج من البعد العلمي في عمل الموسوعة الحسينية.

(٣)

«دهوك الشموخ»

٭ قصيدة الدكتور عبد العزيز مختار شّبِّين، ألقاها بالنيابة الدكتور

حُسين أبو سعود، وهي من بحر الخفيف الأول في ٣٦ بيتاً بعنوان «دهوك الشموخ»، ونصها:

إِنْ يَتِهْ في كُهُوفِهِ المَتْرُوكُ   تَلْقَهُ بالشَّوْقِ الرَّحيبِ دُهُوكُ

فَلَهُ فيهَ فُسْحَةٌ وَ مِراحُ   وَبِهَا لِلْغَريبِ ثَمَّ أريكُ

أهلُها الطَّيِّبُونَ مِن جُودِهِمْ فا   ضَتْ بُحُورٌ وَفَضْلُهُمْ مَسْلُوكُ

كُلُّ طُورٍ عَلى ثَراهَا عِمادُ   شامِخٌ بارْتِفاعِهِ مَحْبُوكُ

عَزْمُهُمْ فيهِ هِمَّةٌ لَا تُجَارَى   وَرُجُومٌ في خَصْمِهِمْ وَ فُتُوكُ

إنبِساطُ اليَدَيْنِ شيمَتُهُمْ يَنـ   شُرُها العِزُّ والإبَا والعُتُوكُ

بِدُهُوكَ الكِرَامُ نَسْلُ كِرامٍ   هِمَمٌ نَحْوَها تَسَامَى المُلُوكُ

بِهِمْ كُلُّ سُؤْدَدٍ لَا يُدَانَى   وَشُمُوخٌ يَعْلُو النَّخيلَ سَميكُ

أترَعَ المَجْدَ فيكِ فَيْضُ غَمامٍ   عَسَلٌ مِن عُيُونِهِ مَسْفُوكُ

النَّهارُ انْتَشَى بِكَرْمِكِ يَشْدُو   فانْتَفَتْ صَحْوًا عَن ضُحَاهُ الشُّكُوكُ

فازدَهَى صُبْحُكِ القَشيبُ عَلَى تُر   بِكِ مُخْضَرًّا فَوْقَهُ الدُّرْنُوكُ (١)

نَفَسُ الفَجْرِ مِن شِفَاهِكِ رَوْحٌ   وَرَبيعٌ مِنَ الجَمَالِ دَلُوكُ

قامَةُ الأُنْسِ يَسْتَظِلُّ بِها مُسـ   تَوْحُشُ المَنْفَى في مَدَاكِ رَبيكُ (٢)

الصُّمُودُ الَّذي يَشُدُّ مَعَالِي   لكِ رَواسٍ تَعْلُو بِهِنَّ السُّمُوكُ (٣)

والرُّغامَى (٤) على ثَرَاكِ تَسَامَى   في عُلاهُ الفَسيحِ ذاكَ الرَّكيكُ

جَنَّةٌ أنْتِ سَهْلُها وَرُباهَا   قَدْ عَلا فَوْقَ رَاحَتَيْكِ نُبُوكُ (٥)

---

(١) الدرنوك: نوع من الثياب المخملية، وهو الستر والفراش الملون بالأصفر والأخضر.

(٢) الربيك: المختلط في أمره الضعيف الحيلة.

(٣) السموك: السقف المرفوع والبناء المرتفع، ومنه السماء.

(٤) الرغامى: الأنف.

(٥) نبوك: اسم من نبك المكان اذا ارتفع.

البَسَاتينُ فيكِ حُلَّةُ عَرْشٍ — لَمْ تُرَوِّعْ مَهَابَهُ السَّيْهُوكُ(١)

لِلْحَضَارَاتِ في خُطَاكِ مَسِيرٌ — والزَّمَانُ العَجُولُ فيكِ دَمُوكُ(٢)

الأَنَاشِيدُ مِنْ عَصَافيرِكِ الخُضْـ — ـرِ دُعَاءٌ زَكَا بِهَا التَّبْريكُ

لِصَلَاةِ الآفَاقِ مِنْكِ تَرَاتِيـ — ـلُ بِهَا النَّصْرُ مُسْتَطَابٌ وَشيكُ

الصَّبَاحَاتُ بِابْتِسَامِكِ مَرْحَى — غَارَ مِنْ رُحْبِ سَاحِهَا اليَرْمُوكُ(٣)

مَوْطِنَ الهِمَّةِ الَّتي صَاغَهَا العَزْ — ـمُ حَكِيمًا فَهَابَكِ المَأْفُوكُ

وَإِلَى ذِرْوَةِ العُلَى سَاقَكِ الشَّأْ — ـوُ حَزِيمًا وَمَا اعْتَرَاكِ هُلُوكُ

قَادَكِ السَّعْدُ نَحْوَ بِرِّكِ حَتَّى أ — تَّضَحَ الدَّرْبُ واسْتَقَامَ السُّلُوكُ

وَمِنَ السِّلْمِ قَدْ سُقِيتِ زُلَالاً — بَيْنَ يُمْنَاكِ قَدْ حَلَا المَكُّوكُ

رَفَّ بَيْنَ العَبِيرِ فيكِ جَنَاحٌ — واسْتَوَى عِنْدَ كُلِّ وَعْرٍ عُنُوكُ(٤)

مِنْكِ تَخْضَرُّ لِلْعِرَاقِ مَسَافَا — تٌ وَيَصْفُو بِأُفْقِكِ التَّلْبِيكُ(٥)

بِدُهُوكَ الحُقُولُ تَفْتَحُ بَابًا — لِلصَّبَا نَحْوَهَا يَصِحُّ الزَّكِيكُ(٦)

تَتَزَكَّى فيكِ النُّفُوسُ انْشِرَاحًا — واتَّعَاظًا يَأْوي إِلَيْكِ الضَّنِيكُ(٧)

لَمْ أَجِدْ صُورَةً كَوَجْهِكِ أَصْفَى — قَبَسًا فيكِ لَا يُقَاسُ شَرِيكُ

فَمَسَاعِي الكَمَالِ يَا أَرْضُ تَتْرَى — بِخُطَاهَا لَمْ يَسْكُنِ التَّحْرِيكُ

بِدُهُوكَ المَعَارِجُ ارْتَفَعَتْ مِثْـ — ـلَ سَمَاءِ العُلَا بَنَاهَا المَلِيكُ

فَإِلَيْكِ الكَرْبَاسُ مَدَّ جُسُورًا — لِلْفِدَا تَحْكِي طَفَّهُ وَتَبُوكُ

---

(١) سيهوك: من سيهك وهي الرياح العاصفة.

(٢) دموك: من دمك وهو الخطو والمشي السريع أو الارتفاع.

(٣) اليرموك: إشارة الى ساحة معركة اليرموك قرب النهر في الأردن، وفي البيت كناية.

(٤) عنوك: الأرض اذا ارتفع فيها الرمل وتعقد وزال فيها الطريق.

(٥) التلبيك: المخلوط والمكدر.

(٦) الزكيك: الرجل في قواه ضعف وخوار.

(٧) الضنيك: من أتعبته الحياة نفسيا وجسديا.

مَرْكَزٌ لِلْحُسَيْنِ يَبْعَثُ ذِكْرى   لَا يَـزَالُ الأَسَـى لَظَاهَا يَـلُـوكُ

سَتُعِيـدُ الأَيَّامُ نَهْـضَتَـهُ الكُبْـ   ـرَى وَيَدْنُـو مِيـعَادُهُ الـمَبْـرُوكُ

السَّلامُ النَّدِيُّ مِنْ صَادِقٍ يَصْـ   ـفُـو هَـوَاهُ وَدُرُّهُ الـمَـسْـبُوكُ

(٤)

* مداخلات ومطارحات وتساؤلات أجاب عليها رئيس الوفد.

ملحق (١)
«موسوعة النور والإشراق»

مقطوعة شعرية من (بحر الكامل) أهداها الدكتور آزاد البرزنجي[1] وهي
في تقريظ دائرة المعارف الحسينية:

وبـهـا حـروف الـنـور والإشـراقِ	مـوسـوعـةٌ تـسـمـو الى الآفـاقِ
هِـيَ مُـقـتـدى لِـلـروحِ والأشـواقِ	تَـنْـهَـلُّ مِـنْ بَـسَـمـاتـهـا أسْـمـى الـعُـلَـى
يـا رَوْضَـةً تـشـدو إلى الـعُـشّـاقِ	هِـيَ تَـرْتَـمـي فِـي سِـفْـرِهـا فـوّاحـةً

---

(١٤)

«السليمانية ملتقى الثقافات تحتضن يتيمة الموسوعات المعرفية»

الموسوعة الحسينية

في

محافظة السليمانية

٢٠١٢/٧/١١م

(رئيس الجمهورية العراقية الأستاذ جلال الطالباني)

جوانب تاريخية وأدبية من دائرة المعارف الحسينية

فقرات ندوة السليمانية
رئيس الجمهورية العراقية

* كلمة مدير الحفل : الأستاذ أحمد حسين الركابي

* كلمة الدكتور أحمد محمد البرزنجي

* كلمة الدكتور نضير رشيد الخزرجي

* كلمة الدكتور شيركو عبد الله

* كلمة الشيخ صلاح الكربلائي الخفاجي

* قصيدة الدكتور عبد العزيز مختار شبّين

* مداخلات وحوارات وتساؤلات

جوانب تاريخية وأدبية
من دائرة المعارف الحسينية

(١٤)

محافظة السليمانية[1]

برعاية رئاسية وحضور متنوع:
السليمانية تحتضن دائرة المعارف الحسينية[2]

عبرت النخب العراقية في إقليم كردستان العراق من ساسة وعلماء دين وأساتذة جامعات وأدباء وممثلي حركات سياسية وحزبية عن أهمية اللقاءات والندوات والمهرجانات الساعية الى توحيد الرؤية تجاه القضايا الإسلامية والإنسانية بما فيها خدمة العراق بخاصة والبشرية بعامة.

---

(١) السليمانية: مدينة عراقية على الحدود مع إيران تقع في شمال غرب مدينة أربيل عاصمة إقليم كردستان العراق على مسافة ١٤٨ كيلومتراً حسب الخارطة و٢٠٠ كيلومتر بالسيارة، وتقع شمال شرق العاصمة العراقية بغداد على مسافة ٣٣٧ كيلومتراً بالسيارة و٢٦٠ كيلومتراً حسب الخارطة.

(٢) تم توزيع التقرير الخبري من قبل المركز الحسيني للدراسات على وسائل الإعلام المختلفة، ونشر في الكثير منها، على سبيل المثال: موقع مؤسسة النور الثقافية (www.alnoor.se) في ٢٠١٢/٧/٢٢م، وكالة نخلة نيوز (www.nakhlanews.com) بتاريخ ٢٠١٢/٧/٢٣م، وبالتاريخ نفسه في صحيفة شمس العراق (www.iraqsunnews.net).

جاء ذلك في الندوة الثقافية الحوارية[1] التي عقدت في قاعة الفن (هُنَر) وسط مدينة السليمانية يوم الحادي عشر من شهر تموز يوليو ٢٠١٢م ورعاها الدكتور أحمد سيد محمد البرزنجي[2] مستشار رئيس الجمهورية العراقية السيد جلال الطالباني[3] للشؤون الدينية والقانونية.

---

(١) جرت تغطية إعلامية واسعة للندوة، ومن ذلك قناة الفيحاء التي بثت في اليوم التالي تقريرا من ٢٤٥ ثانية على الرابط التالي: (http://www.youtube.com/watch?v=3PvJNzIvLNM) كما نشرت خبراً على صفحتها في الإنترنت من وحي تقريرها المتلفز ونصه:
التعريف بالنهضة الحسينية والرسالة الانسانية لثورة الامام الحسين في السليمانية
احتضنت محافظة السليمانية العاصمة الثقافية في اقليم كردستان ملتقى ثقافيا للتعريف بالموسوعة الحسينية للدكتور الشيخ محمد صادق الكرباسي بشأن ثورة الامام الحسين التي حملتها تلك الثورة للإنسانية جمعاء، حضر الملتقى الدكتور احمد البرزنجي ممثل رئيس الجمهورية وجمع من العلماء ورجال الدين والمثقفين.
تقرير: عزيـز قاسم
المتحدثون:

١/ د. نضير الخزرجي: موفد دائرة المعارف الحسينية في لندن.
٢/ الشيخ نجم الدين قادر: مسؤول فرع اتحاد علماء الدين الاسلامي الكردستاني في السليمانية.
٣/ الشيخ صلاح الكربلائي: امام الجماعة في حرم العباس.
٤/ شيركو عبد الله: رئيس اتحاد أدباء الكرد في السليمانية.

(٢) أحمد محمد البرزنجي: ويرجع بنسبه الى الإمام موسى بن جعفر الكاظم، من أهالي السليمانية، عضو اللجنة المركزية في الاتحاد الوطني الكردستاني مساعد الأمين العام، مستشار رئيس الجمهورية للشؤون الدينية والقانونية في إقليم كردستان العراق.

(٣) جلال الطالباني: هو ابن حسام الدين الطالباني، ولد في قرية كلكان بمدينة السليمانية يوم الأحد ٢٤/٧/١٣٥٢هـ (١٢/١١/١٩٣٣م) في أسرة دينية حيث كان والده شيخ الطريقة القادرية في شمال العراق، نشأ ودرس في مسقط رأسه ثم السليمانية ثم بغداد وتخرج من كلية الحقوق بجامعة بغداد سنة ١٩٥٩م، التحق بالحزب الديمقراطي الكردستاني بزعامة ملا مصطفى البارزاني ثم شكّل مع رفاقه في سوريا حزب الاتحاد الوطني الكردستاني سنة ١٩٩٥م، تولى رئاسة الجمهورية في العراق لدورتين منذ سنة ٢٠٠٥م، تعرض لجلطة دماغية في بغداد نقل على أثرها الى ألمانيا للعلاج يوم ٢٠/١٢/٢٠١٢م وظل بها حتى اجراء انتخابات ٣٠/٤/٢٠١٤م وبها انتهت الدورة الرئاسية الثانية، وعاد الى السليمانية يوم ١٩/٧/٢٠١٤م قبل يوم واحد من انتهاء الترشيحات لرئاسة الجمهورية العراقية، وخلفه في تسنم رئاسة العراق السيد محمد فؤاد معصوم الذي فاز بالمنصب يوم ٢٤/٧/ ٢٠١٤م، له كتاب: كردستان والحركة القومية الكردية.

وقال الدكتور البرزنجي في الندوة التي أقيمت تحت شعار «السليمانية ملتقى الثقافات تحتضن يتيمة الموسوعات المعرفية» وهو يشير إلى دائرة المعارف الحسينية : (إننا بكل فخر واعتزاز نرحب بمثل هذه الجهود الثقافية والفكرية، وبكل احترام نثمِّن الخدمات الجليلة التي يقدمها سماحة الشيخ الكرباسي أو قدمها كل مؤمن برسالة جدي الإمام الحسين تلك الرسالة المحمدية الكريمة السمحة التي أصبحت مظلة أمان وأمن لكل مسلم في الدنيا والدين التي روى شجرتها المباركة الإمام الحسين ﷺ بدمه الزكي، حيث أصبح الحسين مثال التضحية والفداء وصار المثل الأعلى لكل مسلم رفض الذل والضيم ويعشق العدل والإنصاف والحرية والانعتاق).

وعبر الدكتور البرزنجي مساعد الأمين العام للاتحاد الوطني الكردستاني عن قناعته بأن نهضة الحسين ﷺ استطاعت أن تميز بين الحق والباطل، وانَّ: (من أجلِّ نعم الله تعالى على البشرية في هذا العصر هو خلاص الشعب العراقي من براثن النظام الغاشم الظالم، ومن فضله تعالى بعد الخلاص من هذه الحثالات البشرية الشريرة المتوحشة أن الشعب العراقي العظيم راح يستعيد عافيته ويخطو خطوات رصينة صوب عالم الديمقراطية وأجواء العدالة وفضاء الحرية واللحاق بالركب الحضاري السائد في العالم).

ودعا الدكتور البرزنجي في ختام كلمته إلى : (إرساء قواعد التآخي والتفاهم وقبول بعضنا البعض نحو المصالحة الوطنية والتقارب بين المذاهب).

من جانبه أطلع موفد دائرة المعارف الحسينية إلى العراق الدكتور نضير الخزرجي الحاضرين على جوانب تاريخية وأدبية من الموسوعة الحسينية مؤكداً ان عقد الندوة الثقافية الحوارية للحديث عن دائرة المعارف الحسينية وهي بلسان عربي وفي مدينة السليمانية حيث يتكلم أهلها اللغة الكردية وهم

على مذهب أهل السنة لهو دليل قاطع بأن العراق لُحمة واحدة وان الشعب العراقي بكل أطيافه وأجناسه ولغاته ومذاهبه يجمعهم حب الإمام الحسين ﷺ الذي انتصر لرسالة الإسلام من أجل المسلمين وصالح البشرية جمعاء كرسالة جده محمد ﷺ العالمية.

وقال الخزرجي : إن الحديث عن الإمام الحسين ﷺ أمر مفروغ منه فعليه السلام يتربع في ضمير كل إنسان حر من مسلم أو غير مسلم، ولكن الحديث مع النخب المثقفة والعلمائية والأدبية هو لبيان أهمية الموسوعة الحسينية لمؤلفها وراعيها المحقق الدكتور محمد صادق الكرباسي الذي استطاع حتى اليوم طبع ٧٧ مجلداً من أجزاء دائرة المعارف الحسينية التي بلغت نحو ٧٠٠ مجلد في ستين بابا من أبواب المعرفة الإنسانية[1]، وهو يعكف منذ محرم عام ١٩٨٧م على توثيق التراث الحسيني والتحقيق فيه، ويتحرى ذكر الحسين ﷺ والنهضة الحسينية في اللغات غير العربية وأدبياتها، ومنها اللغة الكردية التي استنطق فيها أدباؤها[2] في كتاباتهم النثرية والشعرية القيم التي ناضل من أجلها الإمام الحسين ﷺ، فكانت مادة خصبة للمتلقي يستشعرها في حياته اليومية ويتلقاها كزاد من أجل الحرية ورفض العبودية، ولذلك يحق لنا أن نطلق عليها يتيمة الموسوعات المعرفية.

---

(١) لا يخفى أن عدد المطبوع من الموسوعة حتى منتصف عام ٢٠١٦م بلغ ١٠٣ أجزاء من مجموع ٩٠٠ مجلد.

(٢) خلال فقرات الاحتفال تقدم إلينا الأديب الكردي صلاح جلال بديوانه الشعري وعنوانه (سدرة الحسين) تعبيراً عن حقيقة النهضة الحسينية التي استطاعت أن تدغدغ مشاعر المسلمين بكل قومياتهم ومذاهبهم، وقد أخذ الديوان من القصيدة الأولى اسمه، وهو صادر عن مطبعة بيره ميرد في السليمانية في طبعته الرابعة عام ٢٠١٢م، في ٢٠٢ صفحة. وجاء في الإهداء: الروح الخالد للحسين/ كان يرتقي مرقده في رؤياي/ مغطى بأوراق السدرة/ موحداً الشيعة والسنة/ تحت فضاء رايته/ تورق براعم اللغة من اللالغة. وقد أخبرنا الشاعر وكما جاء في الصفحة الثانية من الديوان ان السيدة هيرو إبراهيم أحمد زوجة رئيس الجمهورية العراقية الأستاذ جلال الطالباني، تبرعت بطباعة الديوان على نفقتها الخاصة.

من جانبه رحّب الدكتور شيركو عبد الله[1] رئيس اتحاد أدباء الكُرد فرع السليمانية بالوفد الزائر، وقال في كلمته: (إن مدينتنا اعتادت خلال تاريخها الحافل بالنضال والتضحيات أن تفتح ذراعيها لمختلف الثقافات والاتجاهات الفكرية دون أي تحفظ أو تعصّب، واليوم اذ نستقبل أصدقاءنا وإخوتنا العراقيين الأحبّة القادمين من لندن وبغداد والنجف وكربلاء للمشاركة في الموسوعة الثقافية الحسينية نؤكد ثانية بأن العلاقة الكردية بإخوتنا الشيعة علاقة تاريخية متينة لا ينفصم عُراها على مرّ الزمن).

ووجد رئيس اتحاد أدباء الكُرد في نهاية كلمته ان مدينة السليمانية: (حين تحتضن الموسوعات المعرفية تقدم من جانبها مساهمة متواضعة لإيصال تلك المعارف الإنسانية إلى أوسع الجماهير، وهذا الملتقى تجديد للوفاء بالعهد وتأكيد على تمسكنا بحلفائنا الذين سنكمل معهم مسيرتنا لبناء عراق ديمقراطي فيدرالي تسود فيه المحبة وينبذ الجميع التفرقة الطائفية والمذهبية والدينية).

مسؤول قسم الإرشاد والتوجيه الديني في العتبة العباسية الشيخ صلاح الخفاجي[2] كان حاضرا في الندوة وهو على رأس وفد جاء إلى السليمانية

---

(1) شيركو عبد الله: من أهالي السليمانية، أديب وإعلامي جامعي، رئيس اتحاد الكرد في السليمانية ورئيس تحرير مجلة الكاتب (نوسه ر) الصادرة عن الاتحاد، يكتب بانتظام في الصحافة الكردية منها جريدة كوردستاني نوي (كردستان الجديدة)، واستاذ في جامعة السليمانية.

(2) صلاح الخفاجي: هو ابن حسن بن علوان الخفاجي الكربلائي، ولد في ٢٢/٤/١٩٦٣م في كربلاء المقدسة بمنطقة العلقمي، نشأ ودرس في مسقط رأسه ثم تعرض للاعتقال لأسباب سياسية وهو في صف الخامس العلمي في اعدادية كربلاء وذلك يوم ٢٠/٤/١٩٨٠م وبقي في السجن حتى ٢٣/١٢/١٩٩١، وخلال فترة الاعتقال والسجن درس العلوم الدينية على يد السادة آل الحكيم الذين كانوا معه في السجن، في العام ١٩٩٦م تفرغ للدراسة الحوزوية في النجف الأشرف كما ارتقى المنبر الحسيني، وفي الفترة ٢٠٠١- ٢٠٠٣م سكن لبنان إماماً وخطيبا في جامع الإمام الحسن المجتبى في بعلبك (شارع الشيخ حبيب)، وفي ١/٧/٢٠٠٣م عاد الى العراق وتفرغ للعمل في قسم الشؤون الدينية في =

٤٩٧

لتمتين العلاقات بين العتبات في كربلاء المقدسة وأطياف الشعب العراقي، حيث أثنى على دائرة المعارف الحسينية للمحقق الدكتور محمد صادق الكرباسي وهو في معرض الحديث عن أهمية النهضة الحسينية في تقريب وجهات النظر والتمحور حول سارية الحق التي مثلها الإمام الحسين ﷺ في مواجهة الجبت والطاغوت.

ولم يجد الشيخ الخفاجي رئيس وفد العتبة العباسية فرقاً بين رسالة النبي محمد ﷺ وحفيده الإمام الحسين ﷺ فالنهضة الحسينية تمثل رسالة النبي محمد ﷺ للإنسانية جمعاء وهي مصدر ومنبر ومدرسة للعالم أجمع. وبارك لكل من ساهم في خدمة الإمام الحسين ﷺ من مفكرين وأدباء وشعراء نزولاً عند باقي الخدمات الأخرى لأنهم بعملهم هذا قد بنوا لأنفسهم صرحاً ومجداً عالياً، وهذا تطبيق لقول الرسول ﷺ «أحب الله من أحب حسيناً»(١). ووجد الشيخ الخفاجي أنَّ من الأمور التي كان الأئمة ﷺ يولونها الاهتمام ويدعون أتباعهم ومحبيهم إليها من أجل تخليد تلك المواقف والسير الحميدة هي التشجيع على الكتابة وبكافة أنواعها كنوع من أنواع التوثيق الأدبي بشطريه المنثور والمنظوم(٢).

وتثمينا لمدينة السليمانية بوصفها ملتقى الثقافات ألقى الدكتور حسين

<hr>

= العتبتين الحسينية والعباسية، وفي العام ٢٠٠٥م تفرغ لقسم الشؤون الدينية في العتبة العباسية المشرفة وتولى رئاسته، كما يؤم المصلين في الصلوات اليومية في الصحن العباسي، وهو الآن يدرس مرحلة السطوح العليا في حوزة كربلاء العلمية، واظب خلال توليه مسؤوليته في كربلاء على صعود المنبر الحسيني في لبنان للسنوات العشر الأخيرة، وله مجلس حسيني شبه يومي في صحن العتبة العباسية، له حضور ومشاركات فاعلة في المؤتمرات العلمية والثقافية والدينية وله أبحاث منشورة.

(١) ترجمة الامام الحسين لابن عساكر: ١١٤.

(٢) خلال وجود العلامة الكرباسي في كربلاء المقدسة زاره الشيخ صلاح الخفاجي مساء يوم ٢٦/ ٧/ ٢٠١٢م في محل إقامته في مجمّع السفير الطبي في شارع الشهداء، على رأس وفد من الأمانة العامة للعتبة العباسية المشرّفة منهم السيد عدنان الموسوي.

أبو سعود عضو وفد الموسوعة الحسينية الزائر، قصيدة من نظم الشاعر الجزائري الدكتور عبد العزيز شبين بعنوان «مغاني السليمانية» جاء في مستهلها :

سُلَيْمانِيَّةُ الْمَغْنَى أَغَانِينَا   مِنَ الشَّوْقِ تُنَاغِي وَتُنَادِينَا

فَيَهْفُو الشِّعْرُ مَسْكُونًا بِمَحْيَاهَا   وَقَدْ مَدَّتْ جَنَاحَيْهَا لِتَأْوِينَا

وشهدت الندوة التي أدارها باقتدار الإعلامي العراقي الأستاذ أحمد الحاج حسين الركابي [1] مداخلات عدة عبّرت عن تلاحم الشعب العراقي بكل مكوناته وحبهم الشديد لسيد الأحرار والمجاهدين، كما أجاب الدكتور الخزرجي على أسئلة الحاضرين التي تميزت بالتنوع وحب الاطلاع على خفايا الموسوعة الحسينية [2] .

هذا وكان مستشار رئيس الجمهورية العراقية الدكتور أحمد السيد محمد البرزنجي قد استقبل في مكتبه الرسمي الدكتور نضير الخزرجي والوفد المرافق له، وتناول اللقاء أحاديث متفرقة حول النهضة الحسينية وتأثيرها في

---

(1) أحمد حسين الركابي: هو حفيد عگيلي الركابي، أديب وإعلامي عراقي، ولد في مدينة براغ عاصمة الچيك في ١٣٨٩/٥/١٧هـ (١٩٦٩/٨/١م)، نشأ ودرس فيها لسنوات ثم انتقل مع أسرته الى بيروت وبعدها الى دمشق وفيها درس ثم انتقل الى السويد عام ١٩٨٩م وفيها واصل دراساته الجامعية وحصل على الدبلوم والماجستير في «وسائل الاعلام والاتصال الجماهيري»، وانتقل للسكن في لندن عام ١٩٩٧م ولازال متنقلاً بين العراق والمملكة المتحدة، عمل مديراً لمكتب إذاعة العراق الحر في لندن عام ٢٠٠٢م، وفي ابريل نيسان ٢٠٠٣م انتقل الى بغداد وتولى إدارة شبكة الإعلام العراقي كأول مدير بعد التغيير عام ٢٠٠٣م وهو من المؤسسين لها، وفي آب أغسطس من العام نفسه استقال منها، وفي أبريل نيسان ٢٠٠٤م أنشأ في بغداد محطة راديو دجلة، وفي العام ٢٠٠٧م انتقل الى السليمانية بعد تعرض المحطة في بغداد الى التخريب.

(2) خلال وجودي في العراق التقيت ثانية بالأستاذ أحمد الركابي مساء يوم ٢٠١٢/٨/٢٧ في محل إقامة المؤلف الشيخ محمد صادق الكرباسي في كربلاء المقدسة، وكان لقاءً جميلاً جمعنا والمحقق الكرباسي والوفد المرافق له، وحديث عن ذكريات ندوة السليمانية وأمور أخرى.

الوعي الفردي والجمعي للشعب الكردي المسلم وحضورها الفاعل في الأدبيات الكردية المستنهضة للهمم من أجل الحرية والعدالة الإنسانية(١).

<hr>

(١) يذكر أن مستشارية رئاسة الجمهورية العراقية، وبطلب من الرئيس العراقي الأستاذ جلال الطالباني، خاطبت الفقيه الكرباسي للتشرف والحضور الى السليمانية، وتبنّت سفره والوفد المرافق له ذهاباً وإياباً، ولكن سماحته اعتذر لمشاغله الكثيرة، واكتفى بوفد الموسوعة الحسينية، الذي يحاضر في الندوات والمؤتمرات والمهرجانات، كممثل رسمي عنه في مهرجان السليمانية وغيره من المؤتمرات والمهرجانات في عموم العراق.

فقرات ندوة السليمانية

رئاسة الجمهورية العراقية

رعى الأستاذ جلال الطالباني رئيس جمهورية العراق، متمثلا بمستشاره للشؤون الدينية والقانونية الدكتور أحمد السيد محمد البرزنجي [1]، التظاهرة الثقافية الفكرية التي انعقدت في القاعة الرئيسة في مدينة السليمانية قاعة الفن (هُنَر) عصر الأربعاء ١١/٧/٢٠١٢م تحت شعار: «السليمانية ملتقى الثقافات تحتضن يتيمة الموسوعات المعرفية»، وتضمن جدول المهرجان الحواري الفقرات التالية:

(١)

٭ كلمة البدء: **الأستاذ أحمد الحاج حسين الركابي**، ركّز على أهمية الموسوعة الحسينية في توحيد ثقافات البشرية في طريق بناء الإنسان.

(٢)

نرحب بكم أحسن الترحيب

٭ **كلمة الدكتور أحمد السيد محمد البرزنجي، مساعد الأمين العام**

---

(١) جاء في اللافتة التي رفعتها اللجنة التحضيرية للندوة التالي: برعاية وحضور الأستاذ الدكتور أحمد البرزنجي مستشار الرئيس مام جلال يقيم المركز الحسيني للدراسات في لندن ندوة ثقافية تحت شعار (السليمانية ملتقى الحضارات تحتضن يتيمة الموسوعات المعرفية).

للاتحاد الوطني الكُردستاني ومستشار رئيس الجمهورية للشؤون الدينية والقانونية، وهذه نصها:

إن هذه الندوة تقييم وتحقيق حول الجهود المشكورة للعالم الكبير سماحة آية الله (دكتور شيخ محمد صادق محمد الكرباسي).

إن دائرة المعارف الحسينية مركز ثقافي ملتزم بمنهج أهل البيت قد أصبح ضيفاً عزيزاً على هذه المدينة المباركة مدينة سليمانية، عاصمة الثقافة الكردية، مدينة الملك محمود[1] والعلامة الكردي شيخ معروف النودهي[2] والأب الروحي للأدب الكردي الحاج توفيق (بيره ميرد)[3] والشاعر الخالد

---

[1] محمود: هو ابن سعيد بن محمد بن كاك أحمد الشيخ البرزنجي، يرجع بأصله الى الإمام الحسين بن علي ﵇ من علماء الكرد وقادتهم لُقّب بملك كردستان، ولد عام ١٨٨١م في مدينة السليمانية في أسرة علمائية، شارك أثناء الاحتلال البريطاني للعراق عام ١٩١٤م في الحرب إلى جانب الدولة العثمانية في جبهة الشعيبة جنوب العراق، كما قاتل القوات الروسية المهاجمة لكردستان إيران في الفترة ١٩١٥- ١٩١٦م، وبعد انتهاء الحرب العالمية الأولى شكل حكومة في كردستان في ١٩١٨/١١/١٥م، وفي ١٩١٩/٥/٢١م أعلن استقلال كردستان وأخذ لنفسه لقب «ملك كردستان» ودخل في صراع مع المحتل البريطاني فأسر في معركة دربند بازيان من العام نفسه وارسل الى بغداد وحكموا عليه بالإعدام ثم المؤبد والنفي الى الهند، وفي العام ١٩٢٢م أعيد الى السليمانية وشكل الحكومة ثانية، وبعد سنوات اصطدم بالحكومة المركزية في بغداد في أكثر من مرة وأسر عام ١٩٣١م وأبعد الى جنوب العراق ثم جيء به الى بغداد تحت الإقامة الجبرية، وفي عام ١٩٤١م عاد الى السليمانية واستقر في قرية داري كلي، مات في أحد مستشفيات بغداد في ٩/١٠/ ١٩٥٦م ودفن في الجامع الكبير في السليمانية.

[2] معروف النودهي: هو محمد معروف بن مصطفى بن أحمد الشهرزوري البرزنجي الشافعي، يرجع بأصله الى الإمام الحسين بن علي ﵇، من علماء السليمانية وأعلامها (١١٦٦- ١٢٥٤هـ = ١٧٣٥- ١٨٣٨م)، ولد في قرية نودي بالسليمانية ولذلك يعرف بالشيخ معروف النودهي، درس على والده وعلى أعلام السليمانية، مارس وظيفته الدينية في جامع المدينة في السليمانية حتى وفاته فيها، من آثاره: الفرائد في العقائد، تخميس البردة، ووسيلة الوصول الى علم الأصول، وعنه كتب القاضي محمد الخال كتاب «الشيخ معروف النودهي البرزنجي» المطبوع في بغداد عام ١٩٦١م.

[3] توفيق بيره ميرد: هو ابن محمود بن حمزة المصرفي، من أدباء السليمانية وشعرائها وإعلامييها، =

فائق (بيكه س)[1] ومدينة الإشعاع الفكري والثوري في الآونة الأخيرة بقيادة المناضل (مام جلال الطالباني)، إننا بكل فخر واعتزاز نرحب بمثل هذه الجهود الثقافية والفكرية وبكل احترام نثمن الخدمات الجليلة التي يقدمها سماحة الكرباسي أو قدّمها كل مؤمن برسالة جد الإمام حسين تلك الرسالة المحمدية الكريمة السمحة التي أصبحت مظلة أمان وأمن لكل مسلم في الدنيا والدين التي روى شجرتها المباركة الإمام الحسين ﷺ بدمه الزكي أصبح الحسين مثال التضحية والفداء وصار المثل الأعلى لكل مسلم رفض الذل والضيم ويعشق العدل والإنصاف والحرية والانعتاق.

أيها الأعزاء: لاريب ان التدافع والتزاحم والتخاصم بين الشر وبين الخير قديم قدم الإنسان، فلقد قتل ابن آدم ابنه الثاني[2]. فعلى مر التاريخ

= وشهرته «بيره مرد» أي الرجل العجوز، ولد في السليمانية عام ١٨٦٧م وفيها مات عام ١٩٥٠م، درس في مساجد المدينة، وفي عام ١٨٩٨م سافر الى استانبول وفيها أكمل الدراسة العسكرية العالية وكلية الحقوق، وتقلد مناصب عدة في جهاز الدولة العثمانية ثم تولى عام ١٩١٨م متصرفية لواء أماسيه في تركيا، وبعد قيام الدولة العراقية التركية عاد الى السليمانية عمل في الصحافة حتى وفاته، واشتهر في شعره بقصائد نوروز الحديثة عندما كان يلقيها مع ثلة من أصدقائه على تلة «مامه ياره» في أطراف السليمانية حيث الربيع وفيها دفن حسب وصيته، وأصبح قبره مزاراً يقصده الناس للاحتفال بأعياد نوروز.

(١) فائق بيكه س: هو ابن عبد الله بن حمه (محمد) بن إلياس قوجه، وشهرته فائق بيكه س (الغريب) أديب وشاعر وتربوي عراقي، ولد في قرية «سيتك» في قضاء شهربازار بالسليمانية عام ١٩٠٥م، دخل عام ١٩١١م الكتاتيب ثم المدارس الرسمية حتى عام ١٩٢٣م حيث ذهب عام ١٩٢٤م الى بغداد وتخرج من دار العلوم وفي عام ١٩٢٦م عاد الى السليمانية معلماً ومارس التربية والتعليم، تعرض للاعتقال بسبب نشاطه السياسي ونقل الى مدينة الحلة عام ١٩٣٧م وبعد مدة استقال من وظيفته وعاد الى السليمانية ثم أعيد الى سلك التعليم وظل فيه حتى وفاته في ١٩٤٨/١٢/١٨م، له ديوان طبع عام ١٩٧٠م بعنوان «ديوان بيكس» من إعداد محمد الملا عبد الكريم.

(٢) إشارة إلى قتل قابيل لأخيه هابيل، وفي ذلك قال تعالى: ﴿۞ وَٱتْلُ عَلَيْهِمْ نَبَأَ ٱبْنَيْ ءَادَمَ بِٱلْحَقِّ إِذْ قَرَّبَا قُرْبَانًا فَتُقُبِّلَ مِنْ أَحَدِهِمَا وَلَمْ يُتَقَبَّلْ مِنَ ٱلْآخَرِ قَالَ لَأَقْتُلَنَّكَ قَالَ إِنَّمَا يَتَقَبَّلُ ٱللَّهُ مِنَ ٱلْمُتَّقِينَ ۝ لَئِنْ بَسَطتَ إِلَيَّ يَدَكَ لِتَقْتُلَنِي مَا أَنَا بِبَاسِطٍ يَدِيَ إِلَيْكَ لِأَقْتُلَكَ إِنِّي أَخَافُ ٱللَّهَ رَبَّ ٱلْعَالَمِينَ ۝ إِنِّي أُرِيدُ أَن تَبُوءَ بِإِثْمِي وَإِثْمِكَ فَتَكُونَ مِنْ أَصْحَابِ ٱلنَّارِ وَذَلِكَ جَزَاءُ ٱلظَّالِمِينَ ۝ فَطَوَّعَتْ لَهُ نَفْسُهُ قَتْلَ أَخِيهِ =

انقسمت المجتمعات الى صنفين : الظلمة وأعوانهم في جبهة واحدة، والمظلومون لا سقف لهم غير السماء ولا فراش لهم إلا الأرض كأنهم رعية بلا راع، فمن هنا أسرع المصلحون والمفكرون وأصحاب المبادئ وكبار الفلاسفة والحكماء إلى كثير من التجارب والبرامج والمناهج عسى ولعل يجدون أنظمة وشرائع تضمن للإنسانية حياة سعيدة كريمة لائقة بمكانتها المرموقة تنظم علاقات بعضها مع البعض في مناهج منسقة تكفل الأمن والأمان والسلام للجميع، فرحم الله كل من جمع الناس على الخير وقد بعث الله تعالى الرسل والأنبياء كمصلحين عظماء برسائل مقدسة بهذه الغاية النبيلة والمقاصد الشريفة، فصارت مساندة وتأييد المصلحين ومقاومة الشر والشريرين من أجلِّ واجبات الجماهير الواعية ومن أعظم وظائف العباقرة والمنظّرين، فلم يخل تاريخ البشرية في جميع عصورها المتلاحقة من هذا التدافع بين أنصار الخير وأصحاب الشر.

إنَّ أولي العزم من الرسل : وهم نوح وإبراهيم وموسى وعيسى ومحمد ﷺ بحكم كونهم مرسلين من الله لهداية البشرية كانوا على رأس القافلة وغيَّروا مسار البشرية دوما لمصلحة الجماهير الكادحة، وكانوا طلائع حركات التحرر والتغيير من الأدنى إلى الأعلى وجاهدوا في سبيل نصرة الحق وخذلان الباطل، وكانوا روادا في دفع عجلات الحياة باتجاه التسابق والتنافس على الخير، وفي مقاومة الشر وتطهير المجتمع من شرور الفاسدين والمفسدين.

إنَّ نظرة فاحصة في تاريخ مسيرة الإنسانية تظهر لنا كل تضحية منها ملاحم دامية وحوادث جسيمة ووقائع مؤلمة بالأحزان والآلام والويلات منسوجة لحمتها وسداها بركام من التعارك والتخاصم بين الخير وأصحاب

الشر. ومن الصفحات المضيئة المشرقة انبعاث رسالة نبينا محمد عليه الصلاة والسلام، فلقد أحدثت هذه الرسالة العظيمة أعظم تغيير إصلاحي وتحول جذري في مسار الإنسانية، ومن الطبيعي أن يتصدى لشل مفاصل هذه الرسالة الظلمة وأعوانهم، كما هو شأنهم على مر التاريخ مع كل رسالات الإصلاح وبرامج إحقاق الحق، ولكن بعون الله ومنّه قد دحر الله أعداء الإسلام وردَّ سهام المرتدين إلى نحورهم ونصر دين محمد، وكان في طليعة المدافعين عن رسالته أصحابه من المهاجرين والأنصار وأقاربه وأهل بيته الطاهرين الطيبين، فضحّوا بدمائهم في سبيل الدفاع عن نشر رسالة الإسلام في ربوع العالم المتحضر وكذلك كانوا في حياة النبي وبعد رعايته بـحق كانوا خير أمة أخرجت للناس فقبلوا نور الإسلام عندما نشره محمد ﷺ في جزيرة العرب خلال ٢٣ سنة ورفضوا العنجهية الجاهلية وقضوا بعد وفاة الرسول على ردة الرجعية التي حاولت إحياء العادات القبلية والنعرات العنصرية والطائفية.

إن بيت النبوة وأهل بيت الرسول وعلى رأسهم الإمام علي وأولاده الحسن والحسين ﵇ ومحمد الحنفية[1] كانوا المثل الأعلى في الدفاع عن الإسلام ونصرته وفي مقاومة هجمة الردة والرجعية العربية التي حاولت اغتيال الإسلام والعودة إلى أحضان الجاهلية الأولى وكذلك خيرة أصحاب النبي ومنهم خاصّة أهل بيته الطيبين الطاهرين لجهودهم المشكورة لحماية الإسلام عن الانحرافات، وهم قد حفظوا للإسلام نضارته ونقاوته وأصالته.

ولكن لا ريب ان جبهة الجور والظلم والعدوان وأعوان الجاهلية

---

(1) محمد الحنفية: هو محمد بن علي بن أبي طالب الهاشمي (١٦- ٨١هـ) وسمي بالحنفية نسبة الى أمه خولة بنت جعفر الحنفية، شارك أباه في حروبه الثلاث صفين والجمل والنهروان، اختلفوا في مكان دفنه وقيل في البقيع.

الأولى والعنصرية المقيتة لم يسلموا بسهولة بل كانت تلك الجبهة الشيطانية والإجرامية متضررة من انتصار الإسلام العظيم، تجمع فلولها بين حين وآخر وتهاجم وتحاول عرقلة نور الإسلام فأشعلوا حروباً وأحدثوا فتناً وانشقاقات وانقسامات.

وفي الآونة الأخيرة أعادت الجاهلية الأولى تنظيم صفوفها ودست أنفها في ربوع الإسلام وركزت رايتها الخبيثة في العراق، فأصبح العراق العظيم مرتعاً خصباً لشرذمة شوفينية من أشر خلق الله فعاثوا في الأرض فساداً أكثر من فرعون[1] ونمرود[2] وشداد[3]، فساموا الشعب العراقي بجميع أطيافه وطوائفه وقومياته أشد العذاب حتى نهض الشعب المظلوم وانتفض في ثورة عارمة في وجه الظلم والطغيان وانتصر بعد مقاومة طويلة دامية ومعارك طاحنة صبغت أديم العراق بدماء أبنائه فتحرر من قبضة نظام بوليسي عنصري جاهلي ووحشي مقيت، فكأن كل منتمٍ إلى ذلك النظام الجهنمي المقبور زبانية من زبانية الجحيم لا ضمير ولا وجدان ولا أمان ولا أيمان ولا حياء، فوحوش الغابات أرحم منهم وأكثر مدنية وإنسانية، فمن أجلِّ نعم الله تعالى على البشرية في هذا العصر هو خلاص الشعب العراقي

---

(١) فرعون: هو الوليد بن مصعب بن معاوية بن نمير المعاصر للنبي موسى بن عمران الذي عاش في الفترة (١٥٦٨- ١٤٤٢ ق.ه)، رابع فراعنة مصر واشتهر بفرعون بن رمسيس او منيس، استعبد بني اسرائيل، مات غرقاً في عهد النبي موسى بعد عام ١٤٠٢ ق.ه.

(٢) نمرود: هو ابن كنعان البابلي، وقيل هو ابن كوش، عاش في فترة النبي إبراهيم الخليل الذي عاش في الفترة (٢٢٤٣- ٢٠٦٨ ق.ه)، تسلط على بابل وأعلن الألوهية، وفي السنة الرابعة والعشرين من ملكه قام برمي النبي إبراهيم في النار ولم يفلح.

(٣) شداد: هو ابن عاد ملطاط بن جشم بن عبد شمس بن وائل بن حمير السبئي، من مشاهير ملوك اليمن وفي عهده توسعت تخوم مملكته وتسلط على العباد والبلاد، وقيل هو الذي عاصر النبي هود وطغى وبنى جنة عاد في صحاري عدن.
- عنترة بن شداد بن عمرو العبسي من فرسان العرب في الجاهلية ومن شعراء الطبقة الأولى وله معلقة، كان مغرماً بابنة عمّه (عبلة) مات نحو ٢٢ ق.ه.

من براثن هذا النظام الغاشم الظالم، وان فضله تعالى بعد الخلاص من هذه الحثالات البشرية الشريرة المتوحشة هو أن يستعيد الشعب العراقي العظيم عافيته ويخطو خطوات رصينة صوب عالم الديموقراطية وأجواء العدالة وفضاء الحرية واللحاق بالركب الحضاري السائد في العالم.

إلّا ان الرجعية أعداء الحرية والديموقراطية قد خرجوا من جديد من كهوفهم المظلمة وقد نظموا صفوف فلولهم ويحاولون محاولات مستميتة لاغتيال منجزات الشعب العراقي والعودة به إلى أحضان العنصرية والشوفينية[1] وعرقلة المسيرة المباركة للشعب العراقي وإعادته إلى قيود الاستعباد والاسترقاق، ويريدون إفشال جميع الخطوات الصحيحة التي تمت باتجاه الحراك التحرري وباتجاه المساواة والعدالة حتى يعيدوا الإنسان العراقي إلى أغلاله مستعبدين له كالعبيد، فهم يروجون لإعادة ليل الجهل والجهالة ومحو نهار العلم والمعرفة، وهذا ما نراه مما يجري في جنوب العراق ووسطه من التخريب والتدمير، وفي كثير من دول هذه المنطقة كلها محاولات إجرامية لعرقلة حركات الإصلاح والتقدم المدني والتطور والبناء والالتحاق بالركب الحضاري العالمي، إنهم ضد ثقافة الجماهير وتنورهم وتنورهم الفكري وضد حرياتهم فهم ينظرون إلى الشعوب نظرة الفراعنة والأكاسرة

---

(١) شوفينية: مصطلح غربي وهو تعريب (chauvinism) وأصل الكلمة مستلة من اسم جندي فرنسي هو (Nicolas Chauvin) ولد عام ١٧٩٠م ظل يقاتل في الجيش الفرنسي رغم تعرضه للإصابة نحو ١٧ مرة، ويُضرب به المثل لمن يتعصب في الدفاع عن الوطن، وصارت الكلمة محل استهجان دلالة على التعصب الأعمى في كل شيء، وهو الغلو المفرط، وفي مجال المجتمع والوطن، فإن الشوفينية تعني المغالاة والإفراط في الوطنية والعصبية لبني جلدته مظلومين أو ظالمين، التي قال عنها الإمام علي بن الحسين السجاد(ﷺ) في معرض الإجابة عن حدودها: «العصبية التي يأثم عليها صاحبها أن يرى شرار قومه خيراً من خيار قوم آخرين، وليس من العصبية أن يحب الرجل قومه، ولكن من العصبية أن يعين قومه على الظلم». أصول الكافي: ٣٠٨/٢، ح٧، محمد بن يعقوب الكليني، دار الأضواء، بيروت- لبنان، ط١، ١٤٠٥هـ (١٩٨٥م).

والقياصرة الملاعين يحبون أن يبنوا من الجثث المحروقة والرؤوس المقطعة أهراماً تخلد حكمهم، فالإبادات الجماعية والقبور الجماعية وسفك الدماء وهتك الأعراض والدماء والأشلاء أفضل بضاعتهم لا يحسنون غيرها، فهل يُنتظر من الأفعى غير الشر ونفث السموم؟!

وفي ختام كلمتنا بهذه المناسبة الكريمة نكرر ترحيبنا بكم ونرجو من الله العلي القدير أن يسدد خطانا نحو نشر الخير ونحو جمع الكلمة لإرساء قواعد التآخي والتفاهم وقبول بعضنا البعض، ونحو المصالحة الوطنية والتقارب بين المذاهب فإنني على ثقة تامة من ان سيد الشهداء الإمام الحسين ﷺ يريد منا ذلك، يريد منا الاتفاق والتعاون على البر والتقوى، فهل ضحى الحسين ﷺ بدمه الزكي لأجل أن تبقى الأمة منقسمة على نفسها إلى الأبد يقتل بعضها بعضا؟ كلا وألف كلا، فكفانا التفرق والتشتت والتنابز بالألقاب واجترار الماضي المؤلم بلا جدوى بل لمصلحة أعداء الجميع.

إلى متى ننشغل بقضايا لم نصنعها ولم نشارك فيها أصبحت في عداد مضمون قوله تعالى: ﴿تِلْكَ أُمَّةٌ قَدْ خَلَتْ لَهَا مَا كَسَبَتْ وَلَكُم مَّا كَسَبْتُمْ وَلَا تُسْأَلُونَ عَمَّا كَانُوا يَعْمَلُونَ ۝١٣٤﴾ (١).

والسلام عليكم ورحمة الله

(٣)

＊ كلمة الدكتور نضير رشيد الخزرجي، رئيس وفد الموسوعة الحسينية، أبان فيها عن جوانب تاريخية وأدبية من عمل الموسوعة الحسينية.

---

(١) سورة البقرة: ١٣٤.

(٤)

ثقافة المحبة والأخوة

* **كلـمـة الدكـتور شيـركو عبـد الله، رئيس إتحاد أدباء الكـرد في السليمانية، ونصها:**

سلاماً أيها الحضور الكرام وأهلاً بالضيوف الأعزاء

أصالةً عن نفسي ونيابةً عن إخوتي الأدباء الكُرد في محافظة السليمانية أُرحب بمقدمكم أجمل ترحيب راجين لكم طيب الإقامة في العاصمة الثقافية لإقليم كردستان.

أيها الأعزاء

إن مدينتنا اعتادت خلال تاريخها الحافل بالنضال والتضحيات أن تفتح ذراعيها لمختلف الثقافات والاتجاهات الفكرية دون أيِّ تحفظٍ أو أي تعصُّبٍ، واليوم إذ نستقبل أصدقاءنا وإخوتنا العراقيين الأحبَّة القادمين من لندن ومن بغداد والنجف وكربلاء للمشاركة في ندوة الموسوعة الثقافية الحسينية نؤكد ثانية بأن العلاقة الكردية بإخوتنا الشيعة علاقة تاريخية متينة لا ينفصم عراها على مرّ الزمن، وحسينية الحكيم[1] هي الرمز الحيّ لهذا الإطار التاريخي في علاقات كردستان بالمدن العراقية المقدسة.

وحين تحتضن السليمانية الموسوعات المعرفية تُقدم من جانبها مساهمة متواضعة لإيصال تلك المعارف الإنسانية إلى أوسع الجماهير، وهذا

---

(١) حسينية الحكيم: نسبة الى المرجع الديني الأعلى الراحل السيد محسن بن مهدي بن صالح الحكيم الطباطبائي (١٣٠٦- ١٣٩٠هـ)، تم بناؤها في شارع سالم في السليمانية عام ١٩٩٦م بموافقة الرئيس جلال الطالباني وأشرف على البناء مستشاره الديني آنذاك وكيل وزارة التربية الأستاذ محمد إبراهيم رضا، وهي تعتبر أول حسينية في السليمانية يمارس فيها المسلمون العبادات والمجالس الحسينية.

٥٠٩

الملتقى تجديد للوفاء بالعهد وتأكيد على تمسكنا بحلفائنا الذين سنكمل معهم مسيرتنا لبناء عراقٍ ديمقراطي فيدرالي تسودُ فيه المحبة وينبذ الجميع التفرقة الطائفية والمذهبية والدينية.

مرة أخرى باسم اتحاد الأدباء الكُرد في السليمانية أحييكم بحرارة.

والسلام عليكم

(٥)

*** كلمة الشيخ صلاح الكربلائي الخفاجي**، إمام الجماعة ومسؤول قسم الإرشاد والتوجيه الديني في العتبة العباسية بكربلاء المقدسة: تناول بهذه المناسبة أهمية التوثيق المعرفي.

(٦)

«مغاني السليمانية»

*** قصيدة الدكتور عبد العزيز مختار شَبين**، قرأها بالنيابة الدكتور حسين أبو سعود، وهي في ٣٥ بيتاً من بحر الهزج الأول، بعنوان «مغاني السليمانية»، ونصها:

مِنَ الشَّوْقِ تُنَاغِي وَتُنَادِينَا   سُلَيْمَانِيَّةُ الْمَغْنَى أَغَانِينَا

وَقَدْ مَدَّتْ جَنَاحَيْهَا لِتَأْوِينَا   فَيَهْفُو الشِّعْرُ مَسْكُونًا بِمَحْيَاهَا

بِلَيْلِ الْبُعْدِ مَا جُنَّ تُهَدِّينَا   فَفِي عَيْنَيْكِ لِلْعِشْقِ فَوَانِيسٌ

ثُ رَيْحَانٍ تُرَوِّينَا وَتُحْيِينَا   بِها تَجْري لِظَمْأَى الْأَرْضِ شَلَّالَا

ضِرَارُ الْفَرْشِ تِبْنًا وَبَسَاتِينَا   جِنَانُ اللهِ تُغْري الْعَيْنَ سِحْرًا باخْـ

ـح تَنْسَابُ كَثَغْرِ الْعِطْرِ نِسْرِينَا (١)   رِيَاضًا أَنْعَشَتْهَا نَفَحَاتُ الصُّبْـ

---

(١) نسرين: جمع نسرينة، وهو ورد أبيض ذو رائحة عطرة.

٥١٠

لُجَيْنَا(١) ذَابَ مِنْ جَفْنَيْكِ صَاغَ القَفْـ   ـرِ(٢) عُنْقُودًا تَدَلَّى وَعَرَاجِينَا(٣)

حُقُولاً مِنْ بَهَاءٍ لَمْ أَجِدْ مِنْهَا   مِثَالاً قَدْ يُحَاكِيهَا أَفَانِينَا(٤)

يَدٌ بَيْضَا إِلَيْنَا مَدَّتِ اللُّقْيَا   عَلَى رُغْمِ النَّوَى وَصْلاً لِتُدْنِينَا

نِدَاءٌ مَقْدِسِيٌّ البَوْحِ لِلْفَجْرِ   بِرُؤْيَاهُ إِلَى الأَمْجَادِ دَاعِينَا

دِيَارُ العِزِّ يَهْدِينَا إِلَيْهَا القَلْـ   ـبُ مَا خَانَ الهَوَى غُرًّا مُحِبِّينَا

سُلَيْمَانِيَّةَ المَشْفَى افْتَحِي كَفَّيْـ   ـكِ أَنْهَارًا مِنَ البُرْءِ تُدَاوِينَا

فَنِعْمَ المُنْتَدَى شَمِّي مَرَاعِيكِ   عَلَيْهَا طَابَ بِالصَّحْوِ تَصَافِينَا

وَنِعْمَ الشَّدْوُ تَرْتِيلِي أَغَانِيكِ   عَلَى شَطِّ مَصِيفٍ بَاتَ يُسْلِينَا

دُكَانُ الرَّيِّ أَصْفَى مِنْ سَنَا البَدْرِ   وَأَنْقَى كَوْثَرًا يَنْدَى رَيَاحِينَا

قَرَأْنَا فِيكِ مِنْ أَشُورَ آيَاتٍ   عَلَى ظَهْرِكِ مَمْشًى مَنْ خَطَوْا حِينَا

ذَكَرْنَاكِ وَأَقْمَارُ الوَرَى ضَاؤُوا   وَأُنْسًا أَشْعَلُوا فِيكِ لَيَالِينَا

سُيُولَ اللهِ فِي الأَرْضِ تَبَارَكْتِ   وَجَدْنَا فِيكِ مَا رُمْنَا وَمَا شِينَا

حَوَى وَجْهُكِ أَسْرَارَ التَّحَاسِينِ   فَمَا أَبْهَاهُ إِعْجَازًا وَتَحْسِينَا

وَمَا أَسْنَاهُ نُورًا أَبْيَضَ الخَيْطِ   يُغْشِّي بِالنَّوَاوِيرِ دَيَاجِينَا(٥)

صَبَاحَاتُكِ حُبْلَى بِالمَوَاعِيدِ   بِمَا لَمْ يُرَ فِي الدَّهْرِ تُمَنِّينَا

فَفِي المِيقَاتِ صَادِيكِ(٦) عَلَى نَبْعِ الـ   شَذًا يَسْقِيهِ كَرْمٌ فَيُغْنِينَا

وَقَدْ زَادَكِ لَوْنُ الشَّمْسِ إِشْرَاقًا   سَمَا فِيكِ عَلَى التِّبْيَانِ تَبْيِينَا

سُلَيْمَانِيَّةَ التَّارِيخُ لَا يَكْذِ   ـبُ إِذْ يَرْوِي مَعَالِيكِ وَيُنْبِينَا

---

(١) لُجين: فضة، ويُضرب به المثل لشدة البياض.

(٢) القفر: المكان الذي انعدم فيه الماء والزرع والكلأ والخالي فعزف عن سكناه الناس.

(٣) عراجين: جمع عرجون وهو العذق وما يحمل من تمر يشبه عنقود العنب.

(٤) أفانين: جمع أفنون، وهي الغصون الكثيفة الملتفة التي تتكاثر فيها الطيور.

(٥) الدياجي: الظلمات.

(٦) الصادي: العطشان والظمآن.

عَنِ الأَحْدَاثِ تَخْطُو في نَوَادِيكِ * كَتَبْنَا مِنْ مَعَانِيهَا دَوَاوِينَا

صُرُوفٌ قَدْ كَسَتْكِ الحُزْنَ أَثْوَابَا * عَفَا الثَّوْبُ وَلَمْ تَعْفُ مَآقِينَا

تَلَقَّيْنَا الهَوَى مِنْكِ عَلَى زَهْرٍ * كِ مَعْسُولًا وَمَغْزَى الحُسْنِ تَلْقِينَا

عَرَفْنَاكِ عُرُوشًا مِنْ أَحَادِيثَ * قَبَسْنَا مِنْ لَآلِيهَا مَعَانِينَا

بَحَثْنَا في مَغَازِيكِ عَنِ السُّؤْدَ * دِ في أَرْقَى مَرَاقِيهِ يُلَاقِينَا

بِكَأْسٍ مِنْ زُلَالِ اللُّطْفِ رَوِّى ظَا * مِئَ الطَّفِّ فَعَيْنَاكِ سَوَاقِينَا

فَهَذَا الصَّدُّ لَا يُبْعِدُني عَنْكِ * وَعَنْ صِدْقِ مُنَانَا لَيْسَ يُثْنِينَا

أَتى الرَّكْبُ حُسَيْنِيًّا يُنَاجِيكِ * فَما أَزْكَى مَعَ الحُسْنِ تَنَاجِينَا

أَفِيضِي مِنْ دَوَالِيكِ عَلَى العَطْشى * وَإِنْ عَبُّوا فَإِنَّ الحُبَّ يُظْمِينَا

سَلامُ الطُّهْرِ مِنْ مَوْسوعَةِ السِّبْطِ * غَدَا الحَرْفُ بِهَا يَغْزو المَيَادِينَا

لِكَرْبَاسَ كِتَابُ الصَّبْرِ مَنْجَاةٌ * لِمَنْ يَهْوَاكِ يُهْدِيهِ عَنَاوِينَا

(٧)

٭ مداخلات ومطارحات وأسئلة أجاب عليها رئيس وفد الموسوعة الحسينية.

<h1 style="text-align:center">ملحق (١)</h1>

<h2 style="text-align:center">رعاية رئاسية</h2>

في اليوم التالي لندوة السليمانية نشر موقع (PUKmedia) لسان حال مكتب إعلام الاتحاد الوطني الكُردستاني تقريراً بقلم مراسله الأستاذ خالد النجار[١] جاء فيه[٢]:

المركز الحسيني للدراسات الفكرية في لندن يقيم

ندوة ملتقى الثقافات في السليمانية

برعاية فخامة الرئيس جلال طالباني أقام المركز الحسيني للدراسات في لندن ندوة خاصة لملتقى الثقافات في السليمانية، في قاعة دار الفن، حيث أناب فخامته مستشاره للشؤون الدينية الدكتور أحمد البرزنجي الذي ألقى كلمة في حفل الافتتاح، أشار فيها الى اهتمام ورعاية الرئيس جلال طالباني

---

(١) خالد النجار: هو ابن أحمد بن رشيد، إعلامي وصحفي عراقي يتنقل بين بغداد والسليمانية، ولد في بغداد عام ١٩٥٤م وفيها نشأ ودرس وأكمل دراسته الجامعية في أكاديمية الفنون الجميلة، عمل منذ تخرجه منتصف عام ١٩٧٥م في الصحافة والإعلام وما زال، حيث عمل مراسلاً ومحرراً وكاتباً في نحو ستين وسيلة إعلامية، منها موقع (PUK Media)، وكالة أنباء الإعلام العراقي (واع)، ووكالة أنباء الصحافة الاقتصادي، من مؤلفاته: مبادئ التصميم والإخراج الصحفي.

(٢) نُشر التقرير أيضا في صحيفة الاتحاد (www.alitthad.com/paper) الصادرة في بغداد لسان حال الاتحاد الوطني الكردستاني، مذيل باسم: عصمت نامق شريف، مع تغيير طفيف.

٥١٣

لعقد هكذا ندوات ومؤتمرات، والتي تؤكد على الانفتاح على الأديان وعلى ثقافاتها وخاصة فيما يتعلق بالدراسات الحسينية والاهتمام بالموسوعات المعرفية في شتى العلوم وأبوابها وتناول سيرة الإمام علي ﷺ لأنه يمثل قلم الحق المبلول بدماء شهداء الخير والفضيلة.

ولقد حضر حفل افتتاح الندوة جمع غفير من رجال الدين الأفاضل ومسؤولي المؤسسات الدينية وشخصيات أدبية وثقافية وفكرية في السليمانية وشاركت في حواريات الندوة وألقيت فيها أشعار حسينية وتم تناول شتى المحاور الفكرية والثقافية.

وتحدث الدكتور شيركو عبد الله ممثلا عن اتحاد الأدباء والكتاب الكُرد لـ PUKmedia عن هذا الملتقى وأهميته قائلاً: إن الأدباء والكتاب الكُرد يشاركون دائما في الأنشطة الفكرية والثقافية المختلفة وخاصة، في هذا الملتقى الثقافي الديني لأنه يساهم في تطوير العلاقات الفكرية من خلال الانفتاح على ثقافات الأديان أيضا، كما وان السليمانية كانت ولا تزال مدينة منفتحة على الإبداع وعلى الثقافة منذ تأسيسها.

ويشار الى ان دائرة المعارف الحسينية في بريطانيا تعتبر من المراكز الإسلامية المتفرغة للجوانب الثقافية والعلمية والأكاديمية والدراسات الحسينية الخاصة وهو المركز الثقافي الوحيد في لندن الذي يستعين بشبكة الإنترنت، وله موقع خاص يغطي جوانب كثيرة من نتاجات الموسوعة ويستقبل النخب العلمية الأكاديمية وحملة الشهادات العليا وكبار الباحثين وأرباب العلم والمعرفة للتداول في مستجدات العلوم وتطورات الحياة.

ملحق (٢)
وفد العتبة العباسية كان هنا

كانت المصادفة طيبة ومن غير تحضير مسبق أن يكون وجود وفد العتبة العباسية المقدسة في مدينة السليمانية ضمن جولته في المدن العراقية الشمالية في اليوم نفسه التي انعقدت فيه الندوة الخاصة بدائرة المعارف الحسينية، وجاء في تقرير خبري خاص بالشعبة الإعلامية للعتبة العباسية المقدسة نشر في موقعها (الكفيل) يوم ٢٣ شعبان ١٤٣٣هـ (١٤/ ٧/ ٢٠١٢م) التالي :

بحضور وفد من العتبة العباسية المقدسة :

المركز الحسيني للدراسات في لندن يقيم ندوة ثقافية في محافظة السليمانية .

في ختام جولته لمحافظة السليمانية شارك وفد من العتبة العباسية المقدسة بالندوة الثقافية الحوارية التي أقامها المركز الحسيني للدراسات في لندن بالتعاون مع دائرة الثقافة والإعلام في مدينة السليمانية، وأقيمت الندوة على قاعة الثقافة في المحافظة تحت شعار (السليمانية ملتقى الثقافات تحتضن يتيمة الموسوعات المعرفية) وذلك يوم الأربعاء ٢٠ شعبان ١٤٣٣هـ الموافق ١١ تموز ٢٠١٢م.

وحضر هذه الندوة رجال دين ومثقفون وأدباء من مختلف ألوان الطيف العراقي، أطلعهم فيها الدكتور نضير الخزرجي موفد دائرة المعارف الحسينية لهذه الندوة على بعض الجوانب الأدبية والتاريخية لهذه الموسوعة كما عرّف بمؤلفها آية الله الدكتور الشيخ محمد صادق الكرباسي وبالمركز الحسيني للدراسات وتاريخ نشأته.

وكان لوفد العتبة العباسية المقدسة كلمة في هذه الندوة قام بإلقائها مسؤول قسم التوجيه والإرشاد الديني في العتبة ورئيس الوفد الشيخ صلاح الخفاجي والتي بيّن فيها أن الإمام الحسين ﷺ يمثل رسالة النبي محمد ﷺ للإنسانية جمعاء وهو مصدر ومنبر ومدرسة للعالم أجمع، وهنيئاً لكل من ساهم في خدمة الإمام الحسين ﷺ من مفكرين وأدباء وشعراء نزولاً لباقي الخدمات الأخرى فإنهم بعملهم هذا قد بنوا لأنفسهم صرحاً ومجداً عالياً وهذا تطبيق لقول الرسول ﷺ «أحب الله من أحب حسيناً»(١) ومن الأمور التي كان الأئمة ﷺ يولونها الاهتمام ويدعون أتباعهم ومحبيهم اليها من أجل تخليد تلك المواقف والسير الحميدة هي التشجيع على الكتابة وبكافة أنواعها (حديث- شعر- وغيرها).

كما أشاد الشيخ الخفاجي بالدور الذي تلعبه عتبات كربلاء المقدسة في الوقت الحاضر باعتبارها أصبحت مؤسسات ثقافية وفكرية تعمل على تنمية الوعي لدى عامة الناس بمبادئ الثورة الحسينية الخالدة والتصدي لكل الأفكار الدخيلة والمنحرفة التي تحاول أن تشق صف ووحدة هذا الوطن. وفي ختام كلمته وجه الشيخ صلاح دعوة لجميع الحاضرين لزيارة المراقد المقدسة في محافظة كربلاء.

كما ألقيت في هذه الندوة عدد من القصائد صدحت بها حناجر شاعريها

---

(١) ترجمة الامام الحسين لابن عساكر: ١١٤.

بحب الإمام الحسين ﷺ منها قصيدة للشاعر الجزائري عبد العزيز شَبِّين التي ألقاها بالنيابة عنه الدكتور حسين أبو السعود والتي أشاد من خلالها بدور الإمام الحسين ﷺ بتوعية المجتمع لرفض الظلم ونشر روح العدل والتسامح من خلال النهضة الإصلاحية.

وشهدت الندوة العديد من المداخلات والأسئلة والملاحظات حول هذه الموسوعة وتمت الإجابة عنها من قبل الدكتور نضير الخزرجي.

الصور تتحدث

الصورة قد تلعب دوراً في بعض المـجالات أقوى من الكلام وقد تتحدث الصورة أبلغ من المتحدث ومن هنا فقد أرفقنا الكلمات بلقطات من صور الندوات فوقع في قسمين :

القسم الأول يحتوي على صور الندوات التي أقيمت في المحافظات والأقضية : محافظة بابل، الناصرية، واسط، النجف الأشرف، كربلاء المقدسة، قضاء الكوفة، قضاء طويريج، نواحي كربلاء، محافظة ديالى، الموصل، أربيل، دهوك والسليمانية.

حضور متنوع في جامعة بابل للتعرف على دائرة المعارف الحسينية.
الخميس، 30 رجب 1433هـ (2012/6/21م)

د. سعد الحداد العبودي يلقي قصيدته في تقريظ دائرة المعارف
الحسينية. جامعة بابل، 2012/6/21م

من اليسار: د. نبيل هاشم الأعرجي، الفقيد د. صباح نوري المرزوك.
جامعة بابل، 2012/6/21م

مركز بابل للدراسات الحضارية والتاريخية يستضيف وفد دائرة
المعارف الحسينية، منتصف الجالسين مدير المركز د. بدر ناصر
السلطاني. جامعة بابل، ٢٠١٢/٦/٢١م

د. لهيب الموسوي يدير الندوة الحوارية للموسوعة الحسينية وعلى يمينه د. حسين أبو سعود وعلى يساره د. نضير الخزرجي. الناصرية، الجمعة، 1 شعبان 1433هـ (2012/6/22م)

في قاعة المركز الثقافي بمحافظة الناصرية، مداخلة من أحد شيوخ الناصرية بشأن دائرة المعارف الحسينية. 2012/6/22م

المؤسسة العراقية للثقافة والإعلام (ناس) تستضيف وفد الموسوعة الحسينية، ويرى رئيسها الأول من اليسار الأستاذ غفار عفراوي. الناصرية، 2012/6/22م

جلسة عشاء وعمل ثقافي في الناصرية، من اليمين: غفار عفراوي، فراس الكرباسي، لهيب الموسوي، حسين أبو سعود، نضير الخزرجي، حازم المتروكي. ٢٠١٢/٦/٢٢م

الأستاذ علي فضيلة الشمري يرأس ندوة الموسوعة الحسينية في الكوت وإلى جانبه الشيخ داود سلمان الربيعي. السبت، ٢ شعبان ١٤٣٣هـ (٢٠١٢/٦/٢٣م)

جانب من أعلام ووجهاء وقادة محافظة الكوت (واسط) يلبون دعوة اتحاد الاذاعيين والتلفزيونيين العراقيين للتعرف على دائرة المعارف الحسينية. واسط، ٢٠١٢/٦/٢٣م

الحكومة المحلية في الكوت في حفل توديع وفد الموسوعة الحسينية، ويُرى في المنتصف عضو مجلس محافظة واسط الأستاذ علي غرگان الدلفي. 2012/6/24م

وفد الموسوعة الحسينية يجيب على أسئلة الحاضرين في "مجلس واسطيون الثقافي" في منزل اللواء الطيار المتقاعد حسين علي الشمري. مساء 2012/6/23م

د. محمد باقر الكرباسي في المنتصف يرأس ندوة الموسوعة الحسينية
في قاعة غرفة تجارة النجف الأشرف. الجمعة، 8 شعبان 1433هـ
(2012/6/29م)

جانب من أعلام وأعضاء اتحاد الأدباء والكتاب في النجف الأشرف الذي
استضاف ندوة الموسوعة الحسينية. 2012/6/29م

وسائل الاعلام العراقية كانت حاضرة بكثافة في ندوة الموسوعة الحسينية في النجف الأشرف. 2012/6/29م

اتحاد الأدباء والكتاب في النجف الأشرف ووفد الموسوعة الحسينية يحتفان بالقاصّة الفتية فاطمة قاسم العرداوي. 2012/6/29م

النائب الشيخ محمد الهنداوي يرعى مهرجان كربلاء المقدسة للإحتفاء بدائرة المعارف الحسينية. السبت، 9 شعبان 1433هـ (2012/6/30م)

أعلام وأدباء ووجهاء كربلاء المقدسة يكرّمون في قاعة النور الموسوعة الحسينية. 2012/6/30م

موفد الموسوعة الحسينية د. نضير الخزرجي يتسلم درع الإبداع من رئيس لجنة الشهداء والسجناء السياسيين في مجلس النواب العراقي الشيخ محمد الهنداوي. كربلاء، 2012/6/30م

الفتى أبو الحسن (علي) عباس العيساوي يصدح باسم الامام الحسين(ع) في ندوة الموسوعة الحسينية بكربلاء المقدسة التي رعاها النائب محمد الهنداوي. 2012/6/30م

الشاعر حسين صادق الكربلائي يتولى إدارة مهرجان كربلاء في قاعة النور للإحتفاء بدائرة المعارف الحسينية ويتحف الحاضرين بمقطوعات شعرية من نظمه. ٢٠١٢/٦/٣٠م

الدكتور حسين ابو سعود في قاعة النور بكربلاء المقدسة يجيب على اسئلة الدكتور صلاح العميدي مراسل قناة الانوار الثانية . 2012/6/30م

د. وحيد عبود العيساوي رئيس لجنة العشائر في مجلس النواب العراقي يفتتح ندوة دائرة المعارف الحسينية في جامعة الكوفة. الأحد، 10 شعبان 1433هـ (2012/7/1م)

الشاعر حسن عزيز الكلابي يُنشد للحسين(ع) والوطن في ندوة الموسوعة الحسينية بجامعة الكوفة التي رعاها د. وحيد عبود العيساوي. 2012/7/1م

منصة ندوة الموسوعة الحسينية في جامعة الكوفة: من اليمين: د. حسين أبو سعود، د. محمد المحنا، د. نضير الخزرجي. ٢٠١٢/٧/١م

حضور متنوع في ندوة الموسوعة الحسينية بجامعة الكوفة التي رعاها د. وحيد العيساوي الثاني من اليسار، والأول من اليمين موفد الحوزة العلمية في النجف الأشرف الشيخ علي بشير النجفي. ٢٠١٢/٧/١م

المتحدث الشيخ مالك كامل البو حسون الفتلاوي يرعى في قضاء طويريج بمحافظة كربلاء المقدسة مهرجانا جماهيريا للاحتفاء بالموسوعة الحسينية. الأحد 10 شعبان 1433هـ (2012/7/1م)

الشاعر ميثم الفتلاوي ينشد للنهضة الحسينية في حفل ديوان الشيخ مالك كامل الفتلاوي بقضاء طويريج. 2012/7/1م

ديوان آل الفتلاوي (قضاء طويريج)

مداخلة عن دائرة المعارف الحسينية من أحد وجهاء قضاء طويريج
في حفل ديوان الشيخ مالك كامل الفتلاوي. 2012/7/1م

جانب من الحضور الجماهيري الكبير والمتنوع في مهرجان الموسوعة
الحسينية في قضاء طويريج. 2012/7/1م

ديوان آل الفتلاوي (قضاء طويريج)

موفد المرجعية الدينية في النجف الأشرف الشيخ علي بشير النجفي يؤكد لمهرجان قضاء طويريج الدور الكبير للفقيه الكرباسي في توثيق النهضة الحسينية. 2012/7/1م

مجلدات دائرة المعارف الحسينية حاضرة في منتديات الأمة ووجدانها. ديوان الشيخ مالك كامل الفتلاوي بقضاء طويريج . 2012/7/1م

الشيخ عزيز جفات الطرفي (الثاني من اليسار) يرعى في ناحية السلام بكربلاء المقدسة ندوة عن دائرة المعارف الحسينيّة. الأحد، 10 شعبان 1433هـ (2012/7/1م)

ديوان بني طرف في ناحية السلام بكربلاء المقدسة يغص بضيوفه من أجل التعرف على دائرة المعارف الحسينية. 2012/7/1م

موفد الموسوعة الحسينية د. نضير الخزرجي يلتقي في ديوان عشيرة بني طرف في ناحية السلام بكربلاء المقدسة وجوه البلد وإلى جانبه د. محمد المحنّا. 2012/7/1م

جانب من الحضور الجماهيري المتنوع للاحتفاء بدائرة المعارف الحسينية في ديوان بني طرف في ناحية السلام بكربلاء المقدسة، 2012/7/1م

د. محمد وسام المحنّا (الثالث من اليمين) يرعى في ديوانه بكربلاء المقدسة ندوة عن دائرة المعارف الحسينية. الثلاثاء، 12 شعبان 1433هـ (2012/7/3م)

الشيخ حسين داخل الشمري في ندوة الموسوعة الحسينية في ديوان الدكتور السيد محمد آل المحنا في كربلاء المقدسة يحاضر عن المعارف الحسينية. 2012/7/3م

د. حسين أبو سعود في ديوان الدكتور السيد محمد آل المحنا بكربلاء المقدسة ينشد للسادة آل المحنا قصيدة من نظم الأديب الجزائري د. عبد العزيز مختار شَبّين. كربلاء، ٢٠١٢/٧/٣م

رئيس وفد الموسوعة الحسينية الى العراق د. نضير الخزرجي يتسلم درع الإبداع من راعي ندوة الدكتور السيد محمد آل المحنا بكربلاء المقدسة. 2012/7/3م

نائب رئيس مجلس محافظة ديالى السيد صادق الحسيني يفتتح في قضاء الخالص ندوة التعريف بدائرة المعارف الحسينية. الجمعة، 15 شعبان 1433هـ (2012/7/6م)

حضور جماهيري كبير في قاعة مديرية تربية قضاء الخالص للتعرف على الموسوعة الحسينية ومؤلفها المحقق الكرباسي. ديالى، 2012/7/6م

الشاب سجاد قدوري ينشد الشعر في ندوة الموسوعة الحسينية التي رعتها رابطة شعراء ورواديد المنبر الحسيني في ديالى. 2012/7/6م

العميد المتقاعد الشاعر عباس فاضل الطائي ينشد للإمام الحسين(ع) وأخيه العباس(ع) في ندوة دائرة المعارف الحسينية في قضاء الخالص. 2012/7/6م

الاتحاد الاسلامي لتركمان العراق في قضاء تلعفر بمحافظة الموصل يرعى ندوة جماهيرية للتعريف بدائرة المعارف الحسينية. الأحد، 17 شعبان 1433هـ (2012/7/8م)

السيد قاسم الموسوي يفتتح الندوة الجماهيرية في منتدى شباب تلعفر في محافظة الموصل للتعريف بالموسوعة الحسينية. الموصل، 2012/7/8م

وفد الموسوعة الحسينية القادم من المملكة المتحدة بين أعلام ووجهاء وقادة مدينة تلعفر بمحافظة الموصل. ٢٠١٢/٧/٨م

في مكتبة الامام محمد الجواد في تلعفر بمحافظة الموصل التي تعرضت للتدمير على يد المسلحين: من اليمين: السيد محمد آل فرج الموسوي، د. نضير الخزرجي، العلامة السيد محمد جواد ملا محمود البرزنجي. د. عباس الامامي. د. حسين أبو سعود. ٢٠١٢/٧/٨م

موفد دائرة المعارف الحسينية الدكتور نضير الخزرجي داخل مقر الاتحاد الاسلامي لتركمان العراق في تلعفر يتحدث الى ممثله الاستاذ قاسم الموسوي. 2012/7/8م.

الدكتور حسين ابو سعود والدكتور نضير الخزرجي امام قاعة منتدى شباب تلعفر التي عقد فيها مؤتمر دائرة المعارف الحسينية. ٢٠١٢/٧/٨. م.

الأديب عثمان الشيخ رشاد المفتي يفتتح ندوة الموسوعة الحسينية
في مقر اتحاد الأدباء الكرد في أربيل. الاثنين، ١٨ شعبان ١٤٣٣هـ
(2012/7/9م)

الأديب كمال الحاج حسين غمبار نائب رئيس اتحاد الأدباء الكرد في
أربيل يسلط الأضواء على دائرة المعارف الحسينية. أربيل، 2012/7/9م

الشيخ عمر چنگياني يتحدث في ندوة الموسوعة الحسينية في أربيل
عن النهج الحسيني العقلاني خارج أسوار المذهبية. ٢٠١٢/٧/٩م

وفد الموسوعة الحسينية في الموصل يقف في منزل الزعيم الديني الملا
الشيخ رشاد المفتي على مقتنياته الشخصية. 2012/7/9م

د. نضير الخزرجي في مقر اتحاد الأدباء الكرد في دهوك متحدثا عن المسيرة العلمية للمحقق الشيخ محمد صادق آلكرباسي. الثلاثاء، ١٩ شعبان ١٤٣٣هـ (٢٠١٢/٧/١٠م)

الأديب حسن علو سليفاني رئيس اتحاد الأدباء الكرد في دهوك (الوسط) يستقبل وفد الموسوعة الحسينية. دهوك، ٢٠١٢/٧/١٠م

د. حسين أبو سعود ينشد من نظم الشاعر الجزائري عبد العزيز مختار شبّين، لمدينة دهوك وأهلها وتراثها. ٢٠١٢/٧/١٠م

جولة لوفد الموسوعة الحسينية على مرافق ومنشآت اتحاد الأدباء الكرد في دهوك. 2012/7/10م

د. أحمد محمد البرزنجي مستشار رئيس الجمهورية العراقية يفتتح
في قاعة هنر (الفن) بالسليمانية مهرجان دائرة المعارف الحسينية.
الأربعاء، 20 شعبان 1433هـ (2012/7/11م)

جانب من الحضور الجماهيري المتنوع في قاعة الفن (هنر) في
السليمانية من أجل الاطلاع على مسيرة الموسوعة الحسينية.
2012/7/11م

وفد العتبة العباسية المشرفة برئاسة الشيخ صلاح الخفاجي كان حاضرا في مهرجان السليمانية الخاص عن الموسوعة الحسينية. 2012/7/11م

رئيس وفد الموسوعة الحسينية د. نضير الخزرجي وبجانبه الأستاذ أحمد الركابي، يجيب على أسئلة الحاضرين في قاعة الفن بالسليمانية. 2012/7/11م

وفد الموسوعة الحسينية في المقر العام للاتحاد الوطني الكردستاني في السليمانية يستضيفهم مستشار رئيس الجمهورية د. أحمد البرزنجي (الثاني من اليسار). ٢٠١٢/٧/١١م

قناة كربلاء الفضائية كانت حاضرة في مؤتمر الموسوعة الحسينية في السليمانية. وحوار مع رئيس وفد المركز الحسيني للدراسات بلندن الدكتور نضير الخزرجي. ٢٠١٢/٧/١١م